LES PRÉVISIONS
A LONGUE ÉCHÉANCE

OUVRAGES DU MÊME AUTEUR

Aux éditions **DERVY-LIVRES**
Dans la collection « La Roue céleste »

DICTIONNAIRE ASTROLOGIQUE, Initiation au calcul et à la lecture de l'horoscope.

SUPPLÉMENT TECHNIQUE AU DICTIONNAIRE ASTROLOGIQUE (en collaboration avec J. REVERCHON), brochure de 48 pages de tables numériques pour faciliter les calculs, et simplifier ou supprimer tous les travaux mathématiques concernant la carte natale, les révolutions solaires, et surtout les directions.

HOROSCOPE ANNUEL SIMPLIFIÉ *(L')*, ou les véritables bases de toute prévision astrologique.

Chez d'autres Éditeurs

DIRECTIONS PRIMAIRES SIMPLIFIÉES *(LES)*. Éditions Traditionnelles, Paris.

Collection « La Roue Céleste »

HENRI-J. GOUCHON

Président d'Honneur du Centre International d'Astrologie (C.I.A.)

LES PRÉVISIONS A LONGUE ÉCHÉANCE

Étude expérimentale très détaillée
des
DIRECTIONS & TRANSITS

(Complément des « DIRECTIONS PRIMAIRES »
et de
« L'HOROSCOPE ANNUEL SIMPLIFIÉ »)

Préface d'André Barbault

Manuscrit rassemblé et complété
par Henri-Robert Courand,
Président de la Société Française d'Astrologie

DERVY-LIVRES
6, rue de Savoie
PARIS VIe

ISBN 2-85076-118-4

SOMMAIRE

IDÉOGRAMMES ET ABRÉVIATIONS

Aspects de JUPITER

Aspects de SATURNE

Aspects d'URANUS

Aspects de NEPTUNE

Aspects de MARS

Aspects du SOLEIL

Aspects de VENUS

Aspects de MERCURE

Aspects de la LUNE

Directions du MILIEU DU CIEL

Directions de l'ASCENDANT

PRÉFACE

Bien que j'aie — pour de pures raisons d'éthique — toujours refusé, y compris à mes meilleurs amis et collaborateurs, toute préface ou présentation de livre, entendant encore continuer ce refus dans l'avenir, j'exprime ma satisfaction de faire une exclusive exception avec le présent ouvrage pour témoigner ma gratitude à son auteur.

J'ai fréquenté Henri Gouchon un quart de siècle : d'une part, jamais je ne l'ai entendu un seul instant médire d'un confrère ; d'autre part, toujours je l'ai vu travailler, s'interroger, chercher, dans une permanente insatisfaction de soi.

Quel exemple quand, actuellement sous la coupole d'Uranie, l'on entend trop couramment, avec complaisance, n'importe qui dire n'importe quoi, tant sur le compte de ses pairs qu'en ce qui concerne notre discipline elle-même. Quel grand seigneur fut ce modeste et quel savoir son œuvre transmet à qui se met aussitôt en condition d'écouter et de recevoir.

Ne cherchez pas en lui la transcendance d'une vérité révolutionnaire. Il était beaucoup trop simple pour cela, mais sa fréquentation a l'inestimable vertu de l'authenticité. Car, justement, si l'on veut bien faire taire en soi les prétentions idéologiques ou intellectualistes, et autres artifices de la subjectivité de l'esprit, pour se décaper des inévitables illusions d'un faux savoir qui prennent toujours place en soi avant que ne s'instaure une vraie science, où Dame Astrologie peut enfin parler, il n'y a rien de mieux à proposer que de revenir à l'exercice interprétatif qu'il préconise où, en direct, l'astralisé se rencontre avec ses astralités.

Il y a si peu de chose en la matière et si insignifiante... L'auteur du « Dictionnaire », qui a passé sa vie à vivre concrètement l'astrologie, se devait de nous donner ce dernier ouvrage qui constitue sa moisson d'expérience en l'art de prévoir. En prise directe avec elle, nous avons là un modèle pour apprendre l'astrologie dans l'exercice de vivre.

André BARBAULT

PRÉAMBULE

C'est à l'occasion de l'achat du tome premier de son Dictionnaire astrologique, au moment de sa parution en 1935, que je fis connaissance d'Henri-Joseph Gouchon.

Nous devions nous rencontrer à nouveau au Congrès de 1937, où je présentais une communication sur le dépistage de certaines tares mentales, et dont Henri-Joseph Gouchon était commissaire général.

Ce fut le début de rencontres amicales régulières, et d'une sympathie qui ne s'est jamais démentie. Les difficultés de tous ordres dues à la Seconde Guerre mondiale l'ont encore renforcée, ayant la bonne fortune d'habiter une région où les restrictions alimentaires étaient moindres qu'à Paris. Par la suite nous nous sommes toujours très fréquemment rencontrés, et j'ai toujours suivi de près l'évolution de ses travaux, tant à son chalet de Saint-Mammès qu'à Paris.

Son extraordinaire capacité de travail était bien connue, et il avait toujours en chantier une importante documentation sur les sujets les plus divers. C'était un être exceptionnel qui serait classé, de nos jours, dans les surdoués.

Les années précédent sa mort il avait commencé à rassembler les notes d'un projet de livre qui lui tenait particulièrement à cœur sur l'« Interprétation des Prévisions à longue échéance ».

Il vécut la dernière année de son existence à mes

côtés, et un mois avant sa mort, qu'il avait prévue à quelques jours près, il enregistra une bande magnétique me donnant ses dernières instructions pour la coordination de ses manuscrits, et me demandant de les rassembler, les compléter, et être le dépositaire de ses pensées et de ses conceptions astrologiques.

Ce qui est le but de cet ouvrage.

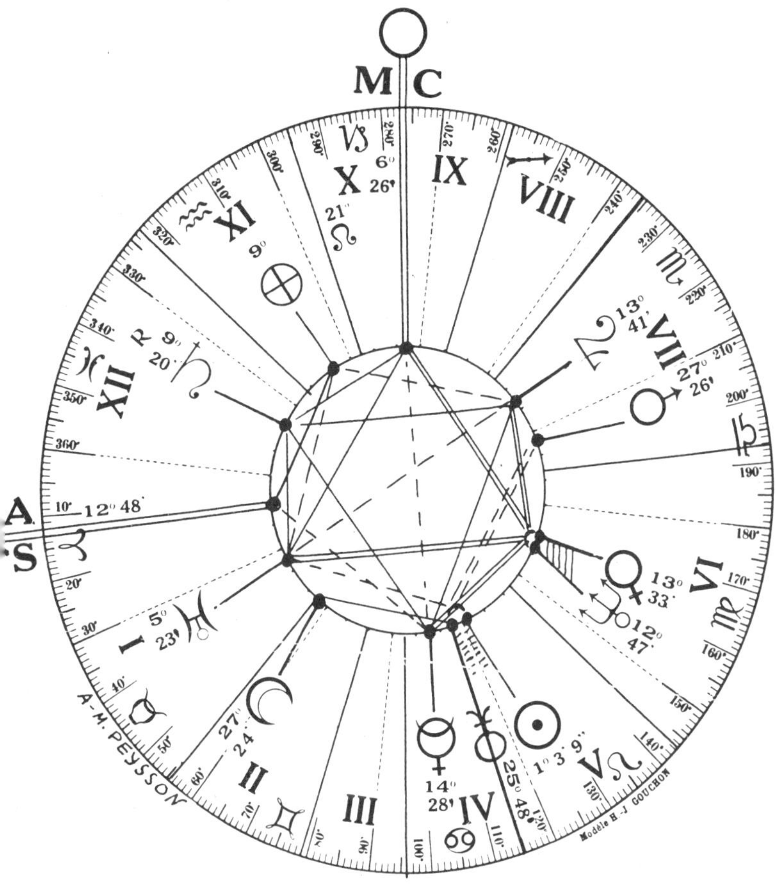

HOROSCOPE NATAL
d'Anne-Marie PEYSSON
née à Marseille le 24 juillet 1935 à 23 h 15
(TS Rect. 18 h 28)
(Données communiquées par Régine RUET)

Principales directions 1967-1974

1967 automne : Mars carré Saturne, Saturne conj. Uranus (veuvage) ;

1968-1969 : Vénus sextil M.C. ; Saturne trigone M.C., Neptune trig. Saturne Vénus opposition Uranus ;

1970 : Soleil sex. Jupiter et Mercure ; Lune trigone Mars ;
1971 : Mars trigone A.S. ; Vénus trigone Saturne ; Mars carré Vénus ;
1972 : Saturne trigone Neptune ;
1973 : Saturne trigone Vénus ;
1974 : Saturne Opp. Jupiter ;

(Ce thème a été choisi comme exemple parce qu'il comporte de très intéressants et très nombreux Transits pour les années 1970 et 1971.)

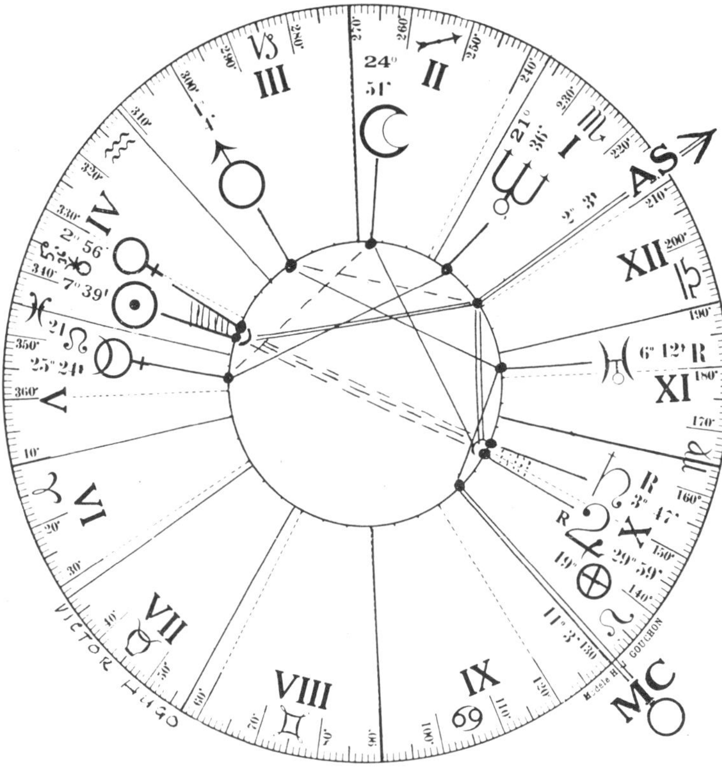

Carte Natale
de Victor HUGO
(V. H. dans les exemples)
né le 26 février 1802 à 22 h 30 (état civil)
décédé le 22 mai 1885 à 13 h 27 à Paris

Latitudes zodiacales

Lune 5° 14 S.— Neptune 1° 40' env. N. — Uranus 0° 45 N.
Saturne I° 53' N. — Jupiter 1° 16' N. — Mars 0° 57 S.
Vénus 1° 22 S. — Mercure 2° 0' N. — Nœud N. 21° 34' Poissons.

Par un heureux hasard on dirait que cette heure d'état civil est exacte à 2 ou 3 minutes près. Le thème n'a donc subi aucune rectification et les directions du M.C. et A.S. sont très satisfaisantes.

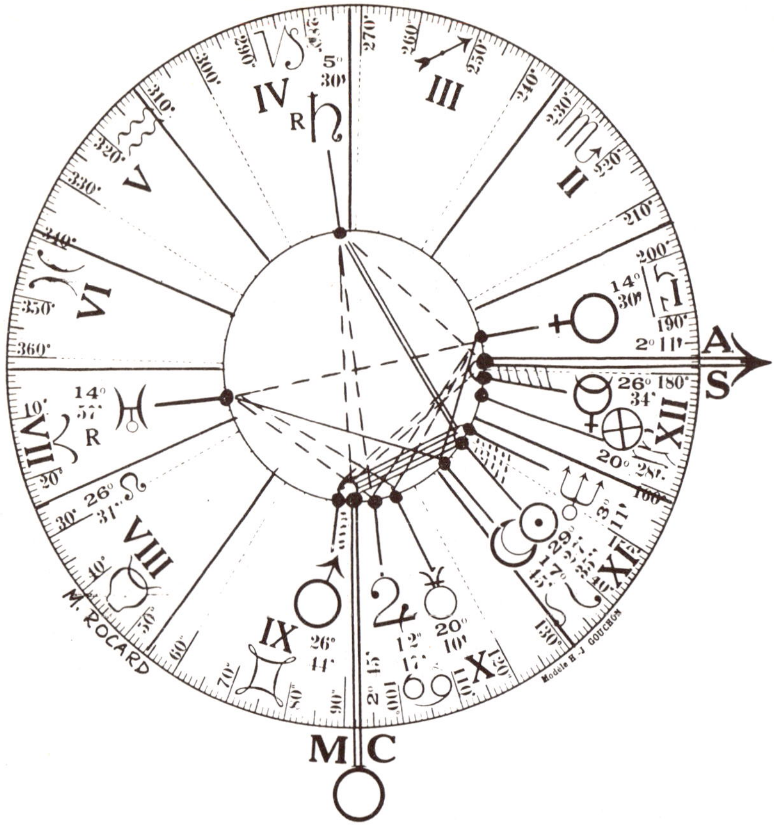

HOROSCOPE NATAL
de Michel ROCARD
né à Courbevoie le 23 août 1930 à 9 heures
(selon l'ASTROLOGUE n° 7)

Président du Parti Socialiste Unifié (P.S.U.) — Candidat à la Présidence de la R.F. le 1.6.1969. A battu Couve de Murville à l'élection partielle du 26.10.1969, il est donc député depuis cette date et semble aspirer à jouer un grand rôle dans la vie politique du pays en raison de son âge.

Principales directions 1969-1974 :

1969 : A.S. sextil Soleil ; Vénus trigone Jupiter ; Mars sextil A.S. ; Neptune conj. A.S. ;

1970 : Jupiter conjonction Lune ; *Neptune carré M.C.* ;
1971 : Rien de très marquant ;
1972 : *Saturne carré Soleil* (C) ; Mercure trig. Mars ; Lune sextil Pluton ;
1973 : Soleil conjonction A.S. ; Saturne trigone Vénus et sextil Uranus ; M.C. trigone Mercure (C)
1974 : *Soleil Carré M.C. ;* (L).

(Les directions du M.C. et A.S. sont calculées sur l'heure natale non rectifiée.)

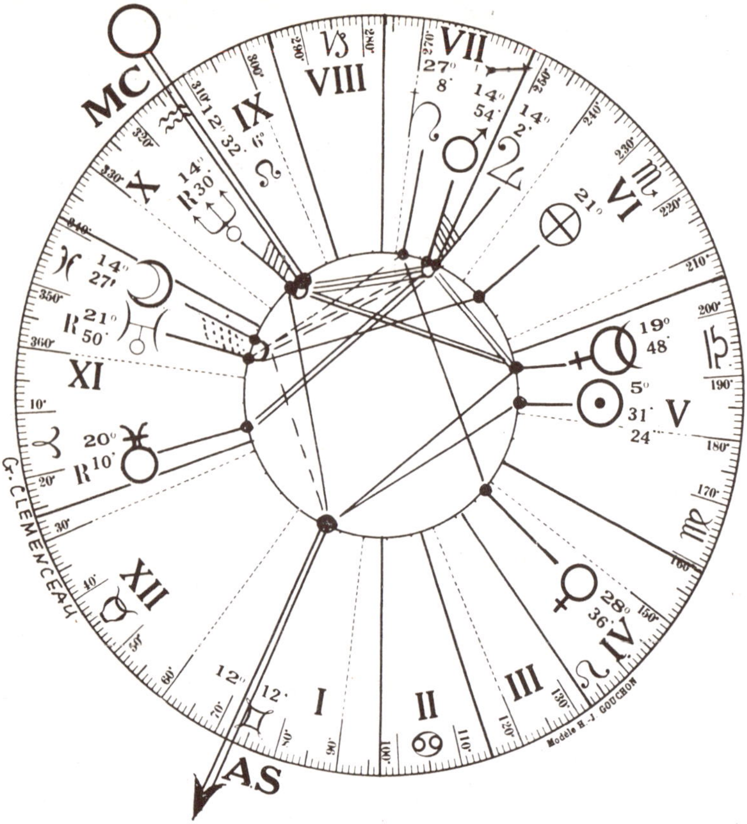

HOROSCOPE NATAL PROBABLE
de Georges CLEMENCEAU
(Le Père La Victoire)
né à Mouilleron-en-Pareds (46° 42' - O h 4 m 0 env.)
le 28.9.1841 à 21 h 30 selon l'E.C.

(Le thème a été rectifié d'une heure pour les raisons exposées au paragraphe 22. La déclaration ayant été faite deux jours après on peut penser également à une erreur de la part de l'entourage.)

Latitudes Zodiacales :

Lune : 3° N. ; Saturne : 50'.N. ; Jupiter : 19'.N. ; Mars 1° 44'S. ; Vénus : 34' S. ; Mercure : 12' S. ; Uranus : 48' S. ; Neptune : 11' S. ; Pluton : 17° S.

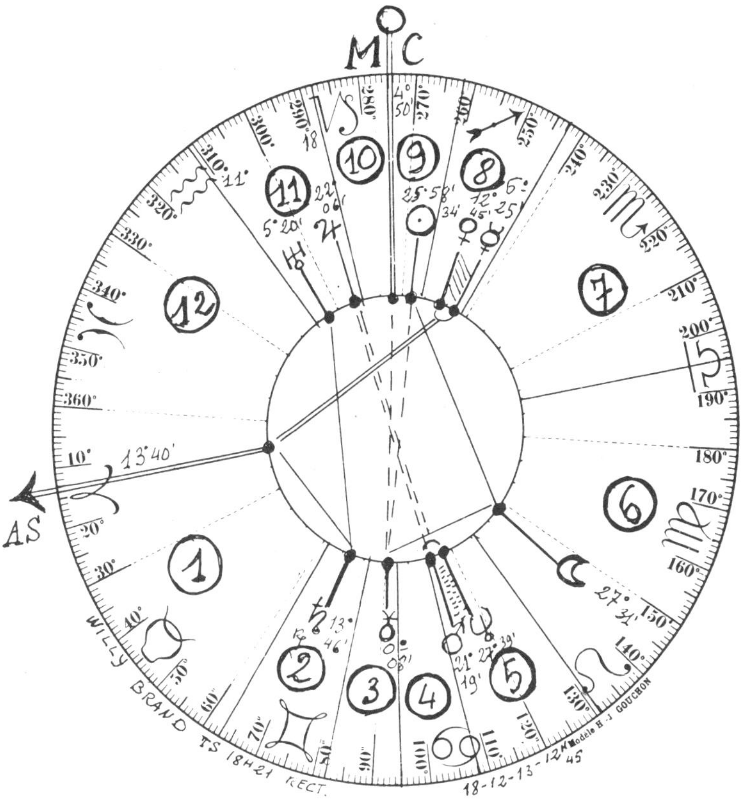

HOROSCOPE NATAL
de Willy BRANDT
né à Lübeck (53° 32' – 0 h 43 m Est)
le 18.12.1913 à 12 h 45
(TS Rect. 18 h 21)

Maire de Berlin pendant de nombreuses années ;
Ministre des Affaires étrangères en 1965 ;
Chancelier de l'Allemagne fédérale le 28 septembre 1969.

Principales directions 1969-1976 :

1969 : Mars sextil Soleil ; Uranus sextil Marx ; Vénus trigone Soleil (C) ;

1970 : Saturne oppo. Uranus ; Uranus trigone Jupiter ; M.C. trigone Uranus (C).

1971 : Saturne trigone Mercure.
1972 : Vénus conjonction Uranus ; Mars trigone Pluton ;
1973 : Jupiter carré Mars ; Neptune carré Uranus ; Neptune sextil M.C.
1974 : Uranus sex. Neptune carré Lune ; Vénus sextil Mercure.
1975 : Marx sextil M.C. carré Uranus.
1976 : Lune conjonction Soleil.

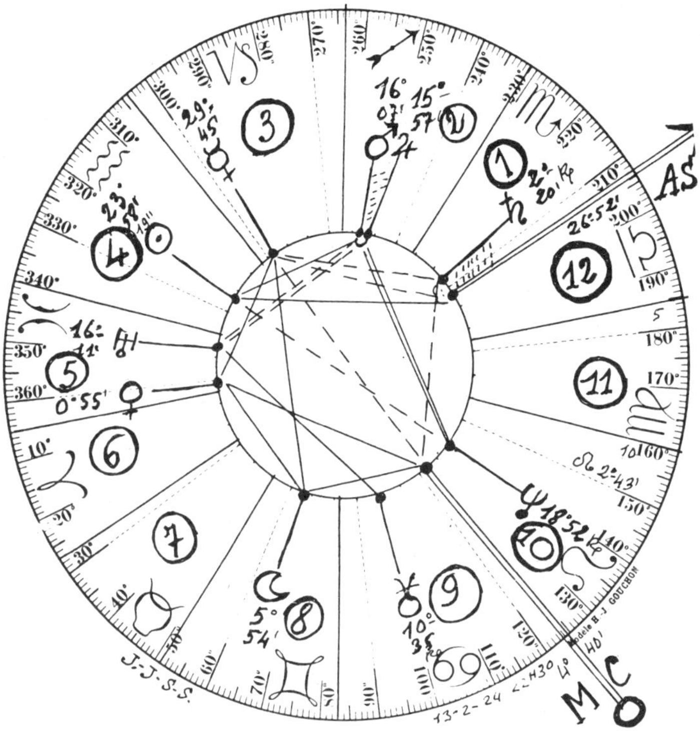

HOROSCOPE NATAL
de Jean-Jacques SERVAN-SCHREIBER
né à Paris le 13 février 1924 à 22 h 30
selon l'E. C. (TS Rect. 8 h 28)

Elu secrétaire général du Parti radical en fin 1969 ;
Elu député de Nancy le 28 juin 1970 ;
Echec de prestige à Bordeaux le 20 septembre 1970 ;

Principales directions 1969-1976

1969 : Saturne trigone M.C. ; Marx sextil Vénus ;
1970 : AS trigone Vénus ; Jupiter sexil Vénus ; Neptune sextil M.C. ;
1970 : Automne : mars carré Saturne (matraqué dans réunion en nov.) ;
1971 : Jupiter carré Saturne ; A.S. opposition Lune ;

1972 : Uranus opp. A.S. ; A.S. carré Mars-Jupiter (C) ; Soleil carré Pluton ;
1972 : Lune trigone Uranus ; Mars opposition MC ; Soleil sex. Saturne (C)
1973 : Jupiter opposition M.C. ; Mars trigone Lune ; Soleil carré Vénus (C) ;
1974 : Jupiter trigone Lune ;
1975 : Uranus carré Mercure ;
1976 : M.C. trigone Mercure ; Neptune carré Pluton ; 1977 :Uranus opp. Saturne.

Il existe une différence de deux heures entre les données de l'entourage et l'E. C. Ce thème dressé pour 22 h 48 semble cependant très vraisemblable, comme psychologie et directions. Il est reproduit ici parce que J.-J. S.-S. aspire à jouer un grand rôle politique au cours des prochaines années.

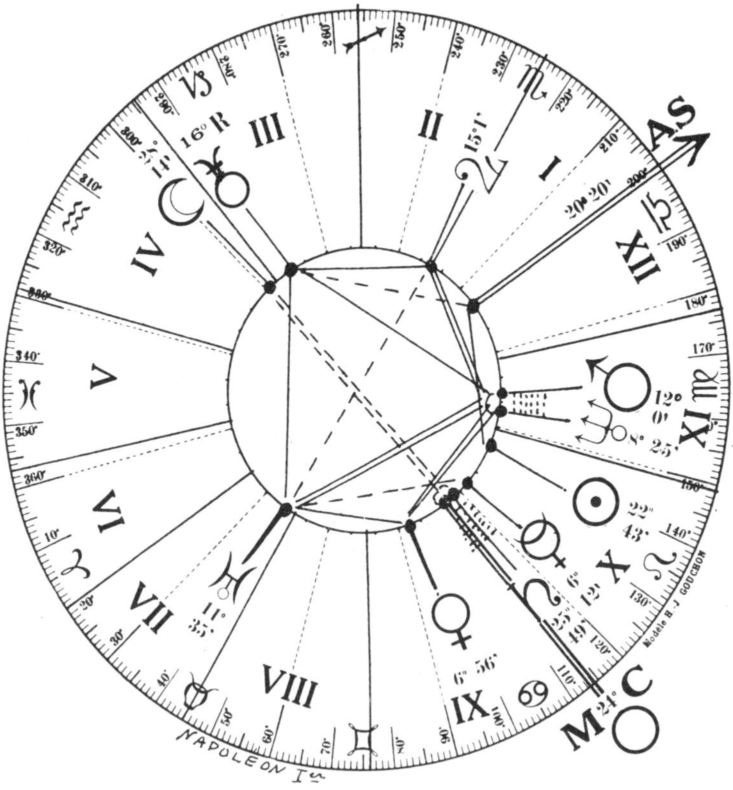

HOROSCOPE NATAL PROBABLE
de Napoléon Ier

né à Ajaccio le 15 août 1769 entre 9 h 50 et midi
selon les biographes.
L'heure la plus vraisemblable serait 11 H

Cette Carte du Ciel est dressée pour 10 h 8 locale parce que cela correspond parfaitement avec un grand nombre de faits saillants de ce destin extraordinaire.

Latitudes zodiacales approximatives :

Lune N. 3° 05' ; Saturne 0° 3' N. ; Jupiter 0° 53' N. ; Mars 0° 58' N. ; Neptune 0° 45' N. ; Vénus 3° 10' S. ; Mercure 0° 20 N. ; Uranus 0° 30 S.

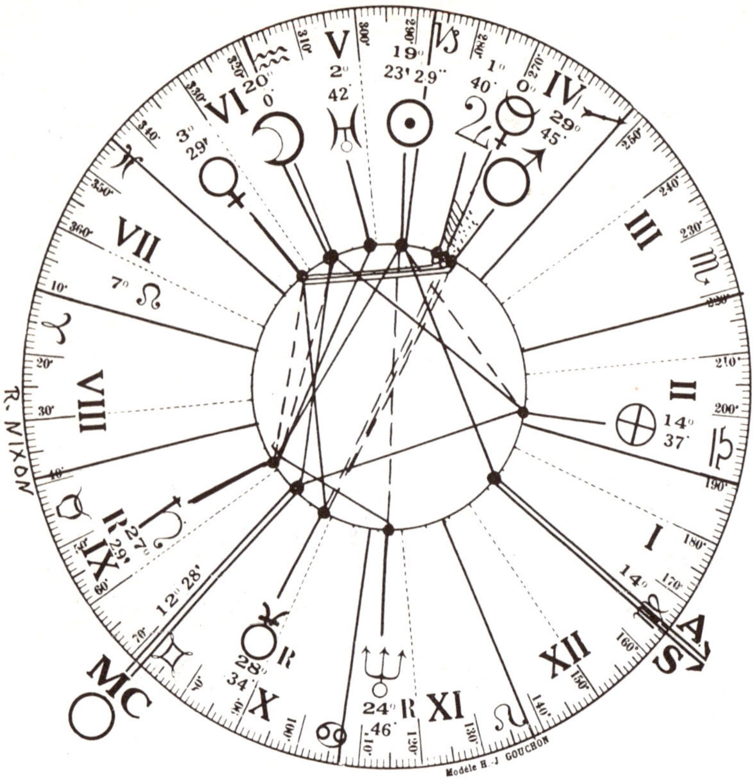

HOROSCOPE NATAL
de Richard Nixon

né le 9 janvier 1913 vers 21 h 30/21 h 50
selon les versions à Yerba-Lynda (Cal.)
34° N. env. ; 7 h 53 Ouest

Vice-président des U.S.A. entre 1952 et 1960.
Echoue contre J.-F. Kennedy en 1960 ;
Est élu Président des U.S.A. le 5 novembre 1968.

Principales directions pour 1968-1974

1968, début : Saturne opposé Soleil ;
1968, fin : A.S. sextil Jupiter ;
1969, pas de grandes directions, Transits très passables ;

1970, début : A.S. carré Uranus ; automne : Soleil carré M.C. et Uranus trig. Neptune ;

1971 : A.S. trigone Vénus ;

1972 : Jupiter carré Saturne ; Soleil opp. A.S. ; Neptune trigone Soleil ;

1973 : M.C. carré Soleil (C) ; Mercure carré Saturne ; Vénus carré Neptune ;

1974 : Saturne conjonction Neptune ; Mars carré Saturne.

Les calculs sont basés sur 21 h 20 (TS 4 h 44) mais on peut avoir des doutes quant à la justesse des données fondamentales parce que la correspondance entre les aspects et les événements n'est pas très satisfaisante. Il faudra voir ce qui se passera en novembre 1972.

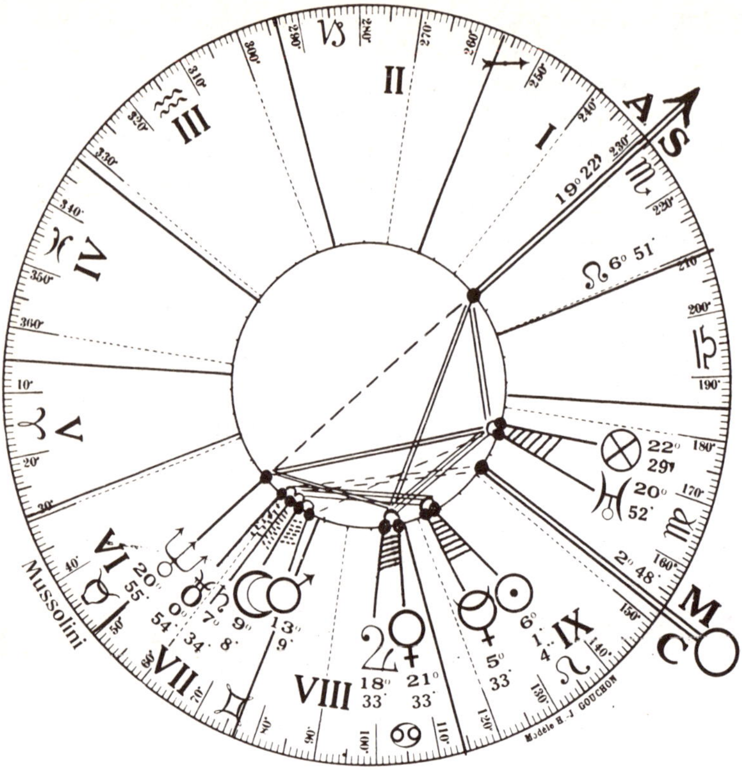

HOROSCOPE NATAL
de Benito MUSSOLINI

né près Forli (45° env. 48 min Est) le 29 juillet 1883

Mussolini a donné lui-même dans ses écrits deux heures différentes de sa naissance, tantôt 14 h tantôt 14 h 15. Cette dernière donnée ne semble pas à retenir et le Ciel dressé pour les environs de 14 h est nettement plus parlant avec Neptune sur la pointe de VII et Uranus extil exact à l'A.S. Le TS adopté ici est de 10 h 19.

Dictateur de l'Italie depuis le 30.10.1922 jusqu'au 25-7-1943 date où il fut arrêté par le Roi et interné pendant 45 jours, puis libéré par les parachutistes allemands le 12.9.1943 et réfugié ensuite dans l'Italie du Nord encore occupée. Tué le 28 avril 1945 vers 16 h 20 (locale été prob.)

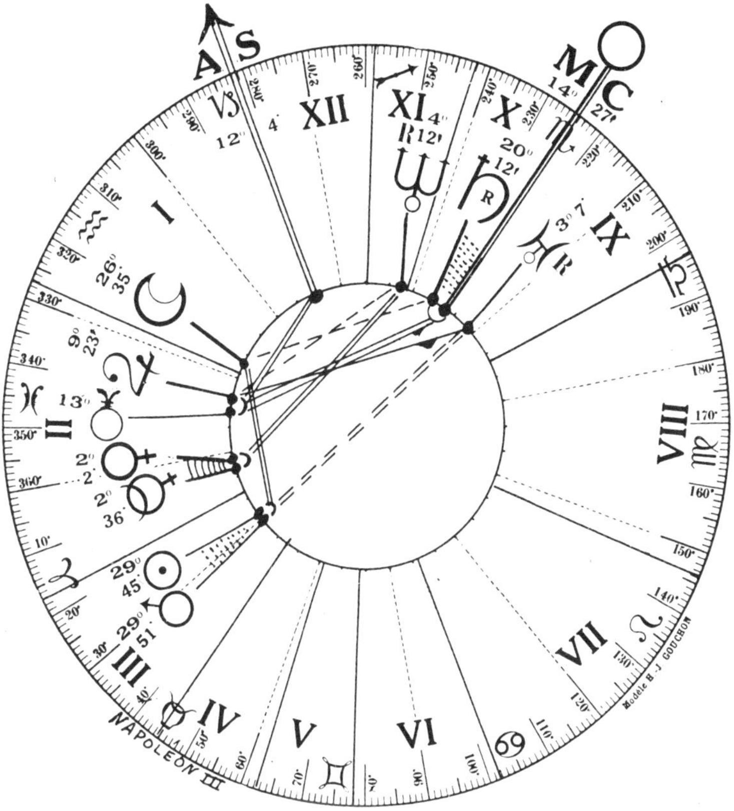

CARTE DU CIEL
de Napoléon III

né à Paris le 20 avril 1808 à 1 heure du matin

Président de la R.F. le 10.12.1848
Empereur le 10.12.1952
Perte du trône et captivité 4.9.1870
Décès le 9.1.1873
Attitudes approximatives :
Lune 5° 14' N. – Neptune 1° 30' N. – Uranus 0° 30' N. – Saturne 2° 30' N.
Jupiter 1° S. – Mars 0° 20' S. – Vénus 1° 30' S – Mercure 2° 30' S.

La carte est dressée pour 0 h 57 locale

CHAPITRE PREMIER

LES DIVERSES MÉTHODES PRÉDICTIVES

(Essai de mise au point et de démonstration)

1 — PETIT INVENTAIRE DES THÉORIES EN CIRCULATION

Si la prévision est un art difficile cela ne provient pas uniquement de la complexité des multiples influences qui sont continuellement en cause — inconvénient contre lequel nous sommes désarmés — mais, ce qui est plus grave — et qui n'est pas à l'honneur des astrologues — c'est qu'il existe dans la littérature astrologique une surabondance de techniques qui viennent principalement compliquer la question et qui sont de nature à décourager celui qui aborde cette étude pour la première fois et qui ne dispose d'aucun critère pour fixer son choix parmi les diverses solutions proposées. Comme j'ai déjà tenté de le faire dans mon **HOROSCOPE ANNUEL SIMPLIFIÉ**, le but de ce livre est de proposer une grande simplification et de tenter de résoudre cet irritant problème, ou, du moins, de proposer une solution basée sur quelque chose de plus solide que les simples considérations théoriques ou bien les exemples isolés qui peuvent faire illusion, mais qui ne constituent en aucune manière une démonstration valable.

Au préalable une énumération des théories les plus courantes — ou les plus invraisemblables — se révèle indispensable pour bien faire ressortir l'urgence d'une simplification :

a) La technique prédictive la plus courante, celle qui est à peu près universellement utilisée est basée sur ce qu'on appelle les **TRANSITS PLANÉTAIRES**, procédé où les passages des planètes rapides sont susceptibles de rendre compte des petits événements journaliers et ceux des planètes lentes des principaux événements du mois ou même de l'année selon la vitesse de l'astre considéré. Ce procédé séduit tous ceux qui ont l'esprit scientifique, parce qu'il est simple et repose sur une base astronomique indiscutable : la position réelle des astres au moment considéré comparée avec le Ciel de naissance. Ce procédé est parfois admis par des chercheurs qui réfutent tout le reste.

b) Au second rang on peut placer les **RÉVOLUTIONS SOLAIRES** dont le principe est aussi très séduisant puisqu'il s'agit d'un horoscope anniversaire dressé chaque année lorsque le Soleil revient à sa place natale, horoscope dans lequel sont théoriquement indiqués les principaux faits devant survenir pendant les 12 mois qui suivent l'anniversaire.

c) Ici on peut placer les **DIRECTIONS SECONDAIRES OU PROGRESSÉES** basées sur la correspondance UN JOUR = UNE ANNÉE de vie. Si le sujet atteint l'âge de 50 ans par exemple, on dressera une carte pour le 50ᵉ jour après la naissance et on fera encore une comparaison avec la carte natale en prenant en considération les aspects entre les planètes progressées et les planètes natales. Jusqu'ici il n'y a rien à dire, le procédé est assez logique et assez séduisant d'autant plus que, selon certains cette équivalence **UN JOUR = UN AN** serait inspirée par un texte biblique. Mais comme les aspects entre ciel progressé et ciel natal ne sont pas très nombreux, on a éprouvé le besoin à un moment donné d'y ajouter les aspects entre **PLANÈTES PROGRESSÉES**, ce qui semble déjà discutable à première vue. Mais là où certains astrologues sont allés trop loin (il me semble que ce sont les Anglais ???) c'est lorsqu'ils ont parlé de **DIRECTIONS PROGRESSÉES PRÉNATALES !!!** (ce qui revient à dire que pour 50 ans il faut étudier une date placée 50 jours avant la naissance. Je me demande si ce ne sont pas de telles théories « farfelues » qui ont grandement contribué au discrédit de l'Astrologie dans les sphères scientifiques ?

d) La quatrième place revient incontestablement aux DIRECTIONS SYMBOLIQUES dans lesquels on fait simplement **AVANCER** tous les facteurs du « radix » d'UN DEGRÉ par AN en longitude. Ces directions, très nombreuses ont toujours un énorme succès parce qu'on les relève à vue d'œil et instantanément, sans aucun calcul. En outre leur grand nombre provoque inévitablement d'innombrables coïncidences, de sorte, qu'à vue d'œil, il est très difficile de déterminer si elles ont une « action » ou s'il s'agit simplement de caprices du hasard. Je crois que ce sont encore les Anglais qui, pour faire plus scientifique ont préconisé de faire avancer les planètes de 59 08" par an au lieu d'un degré et on appelé cela « radix systeme » si ma mémoire est bonne. Une autre solution consistait à prendre le pas du Soleil en **ASCENSION DROITE**, ce qui exigeait déjà quelques calculs mais le procédé est très peu utilisé.

(Les définitions des termes astrologiques peu utilisés seront donnés par la suite.)

e) Par une cruelle ironie du sort, c'est au cinquième rang qu'il faut placer la SEULE méthode réellement **TRADITIONNELLE** de **DIRECTIONS**, si, dans ce classement, on se fonde sur le degré estimatif de son utilisation parmi les astrologues modernes. Cette méthode dite **DIRECTIONS PRIMAIRES** (voir définitions plus loin) trouve ses bases dans les écrits de **PTOLÉMÉE** (IIe siècle). Ce procédé présente un inconvénient par rapport aux quatre précédents : il demande des calculs et un peu plus de temps — deux ennemis de la vie moderne ou, si on préfère, du moindre effort...

Les 5 procédés prédictifs dont il vient d'être question méritent le qualificatif de SÉRIEUX, car ils reposent soit sur des bases astronomiques précises, soit sur une considération symbolique très séduisante. On peut dire qu'il n'y aura plus rien de SÉRIEUX dans les théories qui vont être exposées dans le paragraphe suivant qui mérite le titre de :

2 — LE MIRAGE SÉDUISANT DES INNOVATIONS

Tous les astrologues qui ont voulu appliquer l'Astrologie à la conduite de la vie ont toujours rencontré de grandes difficultés, notamment dans le domaine de la prévision où le contrôle d'un texte ne peut prêter à aucune ambiguïté (tandis que la description d'un caractère ne réclame pas la même rigueur). Et pour obvier à ces difficultés, pour combler un « trou » laissé par une méthode prédictive, il devenait très tentant d'innover et de mettre en route une nouvelle méthode directionnelle ou tout autre procédé prédictif (parfois très en marge de l'Astrologie). Car l'expérience démontre une chose : plus on introduit de facteurs dans un ciel plus son interprétation se trouve facilitée (du moins en règle générale). C'est pour cela que **PLUTON** fut adopté d'enthousiasme par de nombreux astrologues, même avant qu'on soit un tant soit peu fixé sur son rôle. Et si demain l'existence de **MINOS** se trouve confirmée tout porte à croire qu'on se « précipitera » dans cette direction. D'ailleurs ce besoin d'innovation est tellement grand qu'un ouvrage récent nous donne les domiciles, exaltations, etc., de deux planètes qui ne sont pas encore découvertes. Et, en Allemagne il existe au moins une école qui utilise plusieurs planètes **HYPOTHÉTIQUES** !!! Mais je crois bien que c'est dans le domaine des procédés prédictifs — des directions — que les théories le plus fantaisistes ont vu le jour même si on s'est servi parfois d'une base astronomique.

Il est impossible de citer tout ce qui a été fait dans ce domaine, voici seulement quelques exemples :

f) Il existe à travers le monde un système de directions dites TERTIAIRES dans lesquelles on fait correspondre UN JOUR après la naissance à UN JOUR LUNAIRE, soit 27 jours terrestres environ. Cela donne, pour une personne ayant atteint 64 ans l'obligation de dresser un thème pour le 855ᵉ jour après la naissance et pour y lire le destin d'une période de 27 jours seulement. Le procédé est tellement compliqué pour étudier une période de quelques années, que je suis persuadé qu'il n'a jamais été sérieusement expérimenté... Si on examine les choses très superficiellement, cela peut faire illusion, car si je dresse une carte pour le 855ᵉ jour après la naissance, j'y trouverai 10 planètes, 12 Maisons, et un certain nombre d'aspects et ce serait une véritable malchance de ne pas trouver dans tout cela quelque chose qui corresponde à n'importe quel événement qui se produirait en 27 jours. C'est en procédant ainsi qu'on trouve toujours quelques exemples isolés qu'on présente ensuite comme faisant partie d'une loi. A la rigueur on peut encore concevoir que le 855ᵉ jour après la naissance puisse influencer le 855ᵉ jour lunaire, mais que penser de la seconde version de la théorie qui dit qu'on peut tout aussi bien compter les jours à l'envers et considérer le 855ᵉ jour ayant PRÉCÉDÉ la naissance pour avoir des lumières sur le début de la 64ᵉ ou 65ᵉ année ? La théorie est tellement invraisemblable — et inapplicable pratiquement — qu'il est tout à fait inutile d'en tenter une vérification.

g) J'ai entendu parler récemment d'un autre procédé très simple et très séduisant qui préconisait tout simplement de faire correspondre chaque Maison à une période de 6 années de vie et à déterminer les pronostics pour cette période d'après les caractéristiques de la maison « traversée » par le patient (je cite de mémoire). Ici il n'y a plus de base astronomique, donc plus de directions, mais je signale le procédé pour démontrer qu'il ne peut être pris en considération et un simple raisonnement le prouve : si chaque Maison vaut 6 années de vie, le sujet doit traverser sa Maison VIII entre 42 et 48 ans inclus et, logiquement on devrait noter pendant cette période un accroissement sensible des décès, or les tables de mortalité ne font rien ressortir de tel... On pourrait faire la même remarque pour les maladies, pour le mariage, pour la réussite professionnelle, etc., mais tout cela démontre que nous sommes en présence d'un simple procédé divinatoire apparemment dans aucune valeur et, dans tous les cas n'ayant rien à voir avec l'Astrologie ou les directions.

h) J'ai également entendu parler un jour d'un procédé directionnel faisant intervenir l'écart de la lattitude zodiacale de deux planètes. Cela m'a paru tellement invraisemblable que je n'ai pas insisté. Je cite le cas pour démontrer à quelles erreurs on peut se laisser entraîner si on est dépourvu de sens critique et si on ne connaît pas grand-chose en Astrologie.

i) Une théorie approuvée souvent par des astrologues sérieux, mais dépourvus d'expérience ou de sens critique, concerne le POINT GAMMA ou 0° du Bélier qu'on s'est amusé à faire voyager dans les deux sens et à différentes vitesses, portant parfois le pas à 6° et d'autres fois remplaçant le point Gamma par l'A.S. Parmi ces théories, il en est deux qui ont fait un certain bruit à un moment donné.

j et k) Il s'agit des deux POINTS FRANKLAND, c'est-à-dire du point GAMMA qu'on fait mouvoir selon deux PAS différents. Dans le premier cas c'est UN degré par an et, dans le second c'est 4,2827° par année, toujours en longitude. Pour obtenir ce chiffre avec décimales je crois que l'auteur a fixé à 84 ans la durée maximum (en moyenne je suppose) de la vie humaine et, pendant ce laps de temps le point Frankland n° 2 doit effectuer un tour complet du zodiaque. En effet, 4,2827 × 84 = 360° arrondis. Nous sommes donc en présence ici d'une théorie apparemment scientifique puisque l'auteur fait intervenir le 10 000ᵉ de degré dans le calcul. Ceci mérite une vérification qui nous renseignera sur la valeur du procédé et nous fera comprendre, du même coup, comment naissent de multiples théories sans aucune utilité pratique.

3 – COMMENT VÉRIFIER UNE « INVENTION »

C'est très simple, mais il faut avoir la volonté et le courage de le faire avant de mettre en circulation quelque nouvelle théorie directionnelle. En effet, l'« inventeur » ne doit jamais perdre de vue qu'il prend une lourde responsabilité en divulgant de fausses idées qui induiront en erreur ses lecteurs, ses admirateurs et, s'il y a lieu, ses élèves. Cela peut produire une sorte de « boule de neige » jusqu'à ce qu'un autre chercheur sensiblement plus méfiant, vienne par quelques expériences précises mettre à bas un tel château de cartes... Je crois qu'il existe à travers le monde astrologique de multiples groupements ou écoles qui risquent un jour de s'effondrer pour avoir innové à tout prix en se basant seulement sur l'intuition, l'imagination ou quelque raisonnement analogique et sans avoir effectué des recherches sérieuses au préalable...

Cette remarque étant faite, pour vérifier le point Frankland 2e version, je vais simplement considérer 7 événements marquants dans la vie de Napoléon III qui est bien connue et noter la position du P.F. et ses principaux aspects lors de chaque événement :

a) Tentative de STRASBOURG (échec)

Age = 28,55 × 4,2827 = 122° ou 2e du Lion. Ce degré forme un double trigone avec Vénus et Mercure, l'aspect est donc CONTRAIRE à l'événement ;

b) Tentative de BOULOGNE et prison à 32,30 ans

32,30 × 4,2827 = 138 ou 18° Lion. Pas d'aspect précis à 1° près sur ce point. C'est une lacune regrettable, car l'échec eût de graves conséquences pendant 6 ans.

c) Evasion à 38,10 ans

Correspondant à 13° Vierge pour le P.F. Cette fois

la direction serait concordante avec un trigone sur l'A.S. et un sextil sur le M.C. Cela démontre qu'avec n'importe quelle méthode on peut toujours tomber sur un aspect de temps en temps.

d) Proclame Empereur à 44,64 ans

D'où un P.F. à 11° Balance, aspect de nature CONTRAIRE puisqu'il est carré à l'A.S. ;

e) Attentat, sans blessure à 49,74

Le point F. étant à 3° Scorpion nous avons l'aspect le plus précis et le plus concordant de toute la série, car il forme une conjonction à Uranus pratiquement exacte.

f) Perte du trône à 62,37

Le point F. est à 27 Sagittaire. Il se trouve dans une zone tout à fait CONTRAIRE à l'événement puisqu'il est très près du sextil de la Lune et du double trigone sur le groupe Soleil-Mars.

g) Décès à 64,72 ans

Soit un point F. à 7° Capricorne sans aspect précis mais dans le voisinage du sextil de Jupiter. Or selon certaines théories ce point doit surtout intervenir lors de la mort et son absence ici démontre que la théorie est bien incertaine.

Après cet essai, je me suis demandé si le pas d'UN degré par an donnait de meilleurs résultats. Or il n'en est rien et pour ne pas alourdir ce paragraphe je ne cite que deux exemples ; 1) Opposition avec le M.C. lors de la montée sur le Trône ; 2) et un double sextil sur Vénus et Mercure au moment de la perte du Trône.

Une troisième expérience a été faite J'ai repris les 7 événements dont il vient d'être question, mais j'ai **DIMINUÉ** la date de 5 ans, ce qui me donne ainsi 7 événements FICTIFS et pour chacun d'eux, j'ai relevé la position du point F première version, soit UN degré par an de progression. A ma grande surprise j'ai constaté que, par le seul jeu du hasard j'avais QUATRE concordances sur **SEPT** entre l'événement et la position du point F.

Cela démontre abondamment que, dans de telles recherches on ne doit pas se limiter à quelques exemples, il faut au moins trouver **HUIT ou NEUF** concordances sur **DIX** pour que le nouveau procédé mérite une étude plus approfondie. Je crois qu'une méthode sera à rejeter principalement chaque fois qu'on rencontrera des aspects **CONTRAIRES** à l'événement considéré.

Pour terminer ces considérations j'ai fait une expérience portant toujours sur les mêmes 7 dates, mais confrontées avec les directions VÉRITABLES de l'A.S. Or à part la direction de l'A.S. au sextil du groupe Soleil Mars qui se forme pendant sa captivité vers 35 ans environ et dont on ignore les conséquences (je crois qu'il a écrit un livre vers cette époque), tous les autres aspects sont en concordance avec les faits cités. En particulier il ne se forme pas de configurations CONTRAIRES.

En résumé : comme je l'ai déjà écrit plusieurs fois il est indispensable que les « inventeurs » de nouvelles théories interprétatives ou prévisionnelles veuillent bien s'astreindre à quelque vérification sérieuse et chiffrée avant de mettre en circulation leurs découvertes. Sans quoi l'Astrologie va devenir (elle l'est déjà dans le domaine prévisionnel) un véritable « fouillis » dont il sera impossible d'extraire la moindre règle valable. Une clarification est indispensable si on ne veut pas décourager d'emblée les nouvelles vocations, et si on veut réduire les critiques des savants hostiles...

4 — L'IMPÉRIEUSE NÉCESSITÉ D'EFFECTUER UN CHOIX

A la liste précédente il serait donc encore très aisé d'ajouter une demi-douzaine d'autres procédés prédictifs, en général aussi invraisemblables les uns que les autres. Mais ce serait tout à fait inutile, même en ne prenant en considération qu'une dizaine de méthodes, si on veut les appliquer on se trouvera dans chaque cas en présence d'au moins une douzaine de solutions différentes parmi lesquelles il sera à peu près impossible de choisir, même si on dispose d'une part d'intuition. Il en résulte que pour aborder la prévision astrologique il est indispensable de choisir, d'éliminer ce qui est sans valeur. Evidemment on ne peut pas se baser sur de simples raisonnements, sur de simples opinions pour réaliser ce choix qui doit surtout être dicté par l'expérience. Ici je n'ai pas la prétention de résoudre entièrement le problème, mais en adoptant la marche à suivre préconisée on parviendra aisément à trouver l'explication de 9 événements sur 10, parfois même de 19 sur 20. Voici donc ce que je propose :

a) Tous les procédés décrits aux aliénas 6 à 11 sont automatiquement laissés de côté parce que dépourvus de bases dignes de considération.

b) Parmi les 5 procédés considérés comme sérieux j'élimine d'abord les **DIRECTIONS SECONDAIRES**, parce qu'elles ne paraissent pas appartenir à la TRADITION, ayant été mises à la mode par **PLACIDE** vers 1650. D'ailleurs une vérification sur 60 cas de fin brusque a révélé que le système était sans valeur démontable. D'ailleurs depuis des décades j'ai toujours constaté, dans la pratique, que ces directions étaient particulièrement capricieuses et très souvent absentes lors de faits décisifs.

c) Je laisse de côté les DIRECTIONS SYMBOLIQUES bien qu'on rencontre dans leur utilisation d'innombrables concordances, probablement dues au fait qu'elles se rapprochent souvent des directions primaires. Les recherches statistiques faites avec ces directions n'ont donné aucun résultat positif. On peut d'ailleurs remarquer qu'elles sont valables pour toutes les personnes nées le même jour (sauf pour le M.C. et A.S.) donc pas assez « individualisées ».

d) Même si je risque de chagriner leurs partisans convaincus, je laisse de côté, pour le moment les **RÉVOLUTIONS SOLAIRES** au sujet desquelles je n'ai jamais pu effectuer une vérification sérieuse. Mais ici il ne s'agit pas de mettre en doute la valeur de l'horoscope anniversaire, il s'agit simplement de le laisser « en attente » parce qu'il n'est pas possible, en partant des dix planètes, des 12 Maisons et des aspects d'une R.S. de préciser un pronostic qui ne serait pas indiqué par les directions ou les transits. Je pense donc que la R.S. doit être un élément complémentaire et non principal. D'ailleurs, simplement à titre de sondage, voici une petite expérience qui semble bien démontrer que le rôle attribué aux R.S. par certains auteurs enthousiastes est fortement exagéré :

5 — QUELQUES REMARQUES SUR LA PORTÉE DES R.S.

Dans mon « Horoscope Annuel Simplifié », page 61, j'ai publié un tableau donnant les positions natales pour 21 horoscopes de victimes d'accidents d'avion. Pour avoir une idée — très approchée évidemment — de l'importance des R.S. j'ai relevé toutes les positions planétaires au moment de l'anniversaire ayant précédé l'accident et j'ai fait le raisonnement suivant : si le Thème anniversaire a une influence sur les événements qui doivent survenir en cours d'année, tout porte à croire que le relevé des aspects entre les positions du jour et le Ciel natal doit faire apparaître une assez forte prédominance des M.A. puisque tous ces natifs se sont tués en cours d'année. Je n'ai pas pu tenir compte ni du M.C. ni de l'A.S. ignorant le lieu où ils ont passé leur anniversaire (et les aviateurs se déplacent beaucoup !). Après avoir relevé toutes les dissonances majeures (0° — 90° + — 180°) avec un orbe de seulement 2°, je suis arrivé au total de 89 M.A., pour 21 Thèmes résultat qui paraît tout à fait positif à première vue et en faveur de la théorie des R.S. Mais instruit par une expérience déjà longue et un certain nombre de déboires, j'ai cherché un élément de vérification. Ne pouvant faire intervenir le calcul des probabilités (bien trop compliqué) je me suis limité à utiliser ce qu'on pourrait appeler 21 R.S. FICTIVES. Pour cela j'ai simplement décalé de 10° toutes les positions au jour anniversaire et j'ai de nouveau relevé tous les aspects majeurs avec soin (orbe 2°). La totalisation m'a réservé une surprise en faisant apparaître ce que je puis appeler 86 M.A. FICTIFS, soit un chiffre pratiquement égal aux véritables aspects. Evidemment des résultats seraient probablement meilleurs avec le M.C. et l'A.S., mais malgré cela ce « sondage» indique que la portée des R.S. est probablement beaucoup plus faible que ce qu'on croit généralement. Souhaitons qu'un jour des recherches plus approfondies soient faites dans ce domaine, ce qui serait très utile pour savoir quelle attitude adopter. En attendant je crois qu'il est tout à fait logique de considérer l'horoscope anniversaire comme un simple complément des directions. C'était d'ailleurs l'opinion du grand MORIN de VILLEFRANCHE.

6 — ESSAI DE DÉMONSTRATION DE LA RÉALITÉ DES TRANSITS

Il serait tout à fait inutile d'ajouter de simples considérations théoriques à tout ce qui a déjà été écrit sur les transits ou directions. Ce qu'il faut maintenant ce sont des comptes rendus de travaux expérimentaux, même si ceux-ci ne concernent qu'un nombre restreint de cas. Voici une expérience :

J'ai parlé tout à l'heure des 21 thèmes d'aviateurs décédés brusquement. Dans mon **DICTIONNAIRE ASTROLOGIQUE** pages 20 et 21 je publie un tableau donnant des positions pour 40 accidentés de la route, ce qui fait, avec les aviateurs : 61 cas de mort violente.

Pour démontrer la réalité des transits on peut faire le raisonnement suivant : les aspects majeurs sont au nombre de 8 : 4 sont considérés comme « maléfiques » et 4 sont, en principe « bénéfiques ». Or, si l'Astrologie existe, en relevant tous les aspects bons et mauvais le jour de l'accident je dois logiquement trouver une prédominance des angles dissonants et, logiquement, une diminution des B/A. En adoptant uniformément une tolérance de 2° 30' dans les deux cas j'ai obtenu les chiffres suivants :

Pour 61 victimes d'accidents mortels on totalise :

Nombre de mauvais aspects à 2°30'   Nombre de bons aspects :

403 — Conj. 403 Carrés, Opp. 289 sextils et trigones

Mais il convient de tenir compte que dans les M.A. les conjonctions dites bénéfiques ne sont pas totalisées, tandis que pour les textils et trigones sont tous comptés. Dans ces conditions le nombre des B.A. devrait être supérieur aux M.A. d'environ 1/8e et atteindre très approximativement 450, alors que nous n'en avons que 289, soit un écart très considérable pour seulement 61 horoscopes pris en considération. Evidemment il serait de beaucoup préférable de présenter une expérience portant sur quelques centaines de cas, mais on reconnaîtra qu'il s'agit d'un travail assez long et qu'il faut pouvoir trouver du temps pour le faire.

Comme il faut toujours se méfier des coïncidences ou des pièges astronomiques dans les recherches de cette nature, je me suis demandé ce que je pourrais présenter comme épreuve de vérification, mais en considérant cette fois, non plus le décès, mais un événement *réputé heureux* j'aurais bien aimé étudier 50 cas de gagnants à la loterie ou au tiercé, mais je ne les avais pas dans mes archives. C'est alors que je me suis souvenu que j'avais publié en 1938 dans les **CAHIERS ASTROLOGIQUES** 50 dates de naissance et 50 dates de mariage et, comme j'avais conservé ce gros dossier, j'ai décidé de relever les bons et mauvais aspects le jour du mariage, toujours avec orbe de 2° 50'. Dans les B.A. je n'ai pas totalisé les conjonctions bénéfiques afin que la comparaison reste possible avec les M.A.

On me dira peut-être qu'une date de mariage n'est pas forcément une date heureuse, et j'admets très bien des exceptions. Il m'est arrivé au cours de ma vie d'assister à un repas de noces qui s'est terminé par une bagarre générale après quoi la mariée est repartie en pleurant chez sa mère... mais on admettra qu'il s'agit d'une exception certainement très rare. Un mariage avec, en général, une réunion de famille, un repas plantureux suivi d'un voyage de noces faisant apparaître des horizons nouveaux, peut certainement être classé parmi les faits agréables et justifier le raisonnement qui est à la base de cette recherche astrologique. D'ailleurs l'expérience le confirme puisque !

TRANSITS LE JOUR DU MARIAGE A 2° 30' PRES POUR 50 THÈMES MASCULINS :

Nombre de conj. mal. de carrés et d'oppositions : 183	Nombre de trigones et de sextils 283

soit un écart considérable pour seulement 50 cas considérés. J'ajoute que par la suite j'ai ajouté 20 autres cas provenant de la même source, dont 16 naissances féminines, et cela a encore amélioré les résultats en faveur des théories astrologiques.

Bien que restreintes, ces deux expériences parfaitement concordantes vis-à-vis des données astrologiques courantes, constituent à mon avis une réelle démonstration de la **RÉALITÉ DES TRANSITS**.

7 — ESSAI DE DÉMONSTRATION DE LA RÉALITÉ DES DIRECTIONS PRIMAIRES

La réalité des directions primaires sera beaucoup plus difficile à faire admettre par les sceptiques parce qu'il n'existe pas de théorie scientifique qui puisse expliquer clairement ce qui se passe. En effet, comment pouvez-vous faire admettre à un savant officiel qu'un aspect qui se produit dans le Ciel, mettons deux heures après la naissance va correspondre très souvent à un événement qui surviendra vers l'âge de 30 ans ? Je ne crois pas qu'on puisse avancer la moindre explication scientifique et, pourtant, il ne s'agit pas là d'une invention récente puisque **PTOLÉMÉE** en parle au IIe siècle. Je pense que cette théorie fait partie du vestige de quelque vieille civilisation disparue et qu'elle fait partie des innombrables énigmes et mystères que l'on rencontre à chaque pas dans le monde. Par exemple, on ne sait pas encore comment on a pu soulever de blocs de pierre pesant des dizaines de tonnes pour construire la Grande Pyramide...

Sur le plan astrologique je propose cependant une explication justifiant l'action des directions dans le déroulement de la destinée : c'est parce qu'il s'agit d'aspects qui se forment tous pendant les HEURES qui suivent la naissance à un moment où le nouveau-né doit encore être très perméable aux influences extérieures. Il ne faut jamais oublier que, même pour une vie de 90 ans toutes les directions se forment en l'espace de SIX heures.

Jusqu'à ces derniers temps, il s'agissait de ma part d'une simple opinion, d'une simple intuition, mais, depuis, cela a été confirmé par des CONGRÉS MÉDICAUX qui ont constaté le rôle énorme des **PREMIERS JOURS DE LA VIE** sur l'évolution du destin. Or si les premiers jours sont aussi importants que penser des **PREMIÈRES HEURES** ???

Il existe un autre fait — moins précis celui-là — qui aboutit aux mêmes conclusions : j'ai cru remarquer que les directions sont moins efficaces une fois que le natif a atteint un âge avancé, par exemple 70, 75, 80 ans. Mais ce point reste à contrôler.

En résumé, on ne peut probablement pas fournir une explication scientifique des directions, mais il est possible d'en démontrer la réalité par des expériences pratiques. Quelques travaux dans ce sens ont déjà été publiés dans mon DICTIONNAIRE (voir Preuves) ou dans mon H.A.S. Mais la recherche qui va être décrite maintenant est totalement inédite, voici de quoi il s'agit :

Dans les 32 premiers numéros de l'**ASTROLOGUE** j'ai relevé tous les cas de fin brusque. Cela m'a donné une série fort peu homogène puisqu'elle renferme, des accidentés, des suicidés, des pendus, des droguées, de jeunes tués par leurs parents, etc. Il est probable que si les cas se ressemblaient davantage les résultats seraient meilleurs, mais malgré cela ils sont nettement en faveur de l'Astrologie. Les cas de l'**ASTROLOGUE** sont au nombre de 52, j'en ai ajouté 8 autres (des célébrités) pour faire un compte rond de 60.

Pour chacun de ces thèmes j'ai déterminé les positions des planètes « dirigées » pour l'époque de la mort, puis j'ai relevé toutes les dissonances à 1° près. Pour avoir un point de comparaison j'ai effectué le même travail avec les directions symboliques d'1° par an, ce qui constitue à la fois une comparaison valable et un élément pour apprécier la portée de ces directions très utilisées, et très contestées. Voici le résultat de ce travail effectué avec beaucoup de soin :

DANS 60 HOROSCOPES
APPARTENANT A DES ACCIDENTÉS
on trouve au moment du décès à 1° près

Nombre de directions primaires maléf.	Nombre de directions symboliques malef.
235	130

Pour l'ensemble des 60 Thèmes j'ai été amené à effectuer 29 rectifications d'une valeur moyenne de 8 minutes. Cela n'a rien de surprenant si on tient compte que les heures sont presque toujours arrondies. Certains diront peut-être que dans un travail de ce genre on ne doit pas rectifier, mais il ne faut pas perdre de vue que la rectification s'effectue sur un seul aspect et, dans cette expérience même si on retranche les 29 aspects qui ont pu servir à rectifier il reste quand même :

206 directions primaires
contre seulement 130 symboliques,

et l'écart reste largement suffisant pour que le résultat soit pris en considération. Cette expérience, jointe à celles qui ont été faites précédemment démontre également que les **DIRECTIONS PRIMAIRES** ne sont pas une vue de l'esprit, mais une réalité contrôlable avec du temps et de la patience.

(Je signale que la théorie des rectifications est exposée dans mon H.A.S. avec des exemples, et que toutes les définitions techniques seront données par la suite.)

CHAPITRE DEUXIÈME

LES PRÉVISIONS JOURNALIÈRES

8 – LES TRANSITS – BASE DES PRÉVISIONS JOURNALIÈRES – DÉFINITION

Un transit se forme lorsqu'un astre en mouvement dans le ciel passe sur un degré correspondant à la position natale d'une astre quelconque. Par exemple si Jupiter de naissance se trouve à 29° Bélier on pourra dire qu'il y a conjonction Soleil-Jupiter les 18-19 avril 1876 parce que le Soleil passe sur ce degré à cette date. Si le Soleil natal se trouve vers 16° du Lion on pourra dire que Saturne sera pratiquement en conjonction au Soleil pendant les mois de novembre et décembre 1976 parce que Saturne reste stationnaire autour de 18° Lion. Il est évident que ce transit qui dure au moins deux mois sera bien plus important que celui du mois d'avril qui ne dure que quelques jours. Dans la pratique on ne se contente pas de relever les conjonctions, on considère tous les aspects majeurs 0°-60-90-120-180-240-270-300 et on peut même y ajouter les aspects secondaires de 30-45-

135-150°, mais, généralement on se contente des huit aspects principaux : conjonction, sextil, carré, trigone, opposition, second trigone, second carré, second sextil. Si on considère maintenant un Soleil placé vers 10° Lion on pourra dire que pendant tout le mois de décembre 1976 Uranus sera au carré du Soleil, comme on peut le vérifier en consultant l'éphéméride de l'année.

En dehors des aspects mesurés sur le zodiaque on tient parfois compte des **PARALLÈLES DE DÉCLINAISON**, mais plutôt en Astrologie mondiale qu'en généthliaque. Il y a parallèle entre deux astres lorsqu'ils ont la même déclinaison Nord ou Sud, avec une tolérance d'UN degré en règle générale. Que ce soit pour la planète natale ou pour la transitante, la déclinaison se prendra toujours dans l'éphéméride journalière. Les tables de positions planétaires ne sont pas suffisantes la plupart du temps. Il est cependant des auteurs qui préfèrent « tout ramener au zodiaque » et qui négligent les latitudes zodiacales. Dans ce cas on pourra trouver la déclinaison de n'importe quel degré du zodiaque dans les tables de mon **SUPPLÉMENT TECHNIQUE**, pages 15-16-17. Toutefois, si on néglige les L.Z. on s'écarte des données astronomiques et les résultats sont plus aléatoires.

Certains astrologues très minutieux préconisent aussi les transits sur le Ciel de **R.S.**, mais c'est une manière de faire qui n'est pas à conseiller parce qu'elle complique par trop le problème au lieu d'en faciliter la solution. Je crois qu'il faut limiter l'étude de ces transits aux cas exceptionnels, par exemple lorsqu'on croit déceler un gros ennui par ailleurs et qu'on veut mettre l'intéressé en garde.

Je crois qu'il est aussi inutile de relever les transits sur les MI-POINTS, car d'après un essai fait par moi-même et par le professeur Gérard LAFFONT ces mi-points paraissent dépourvus de toute utilité.

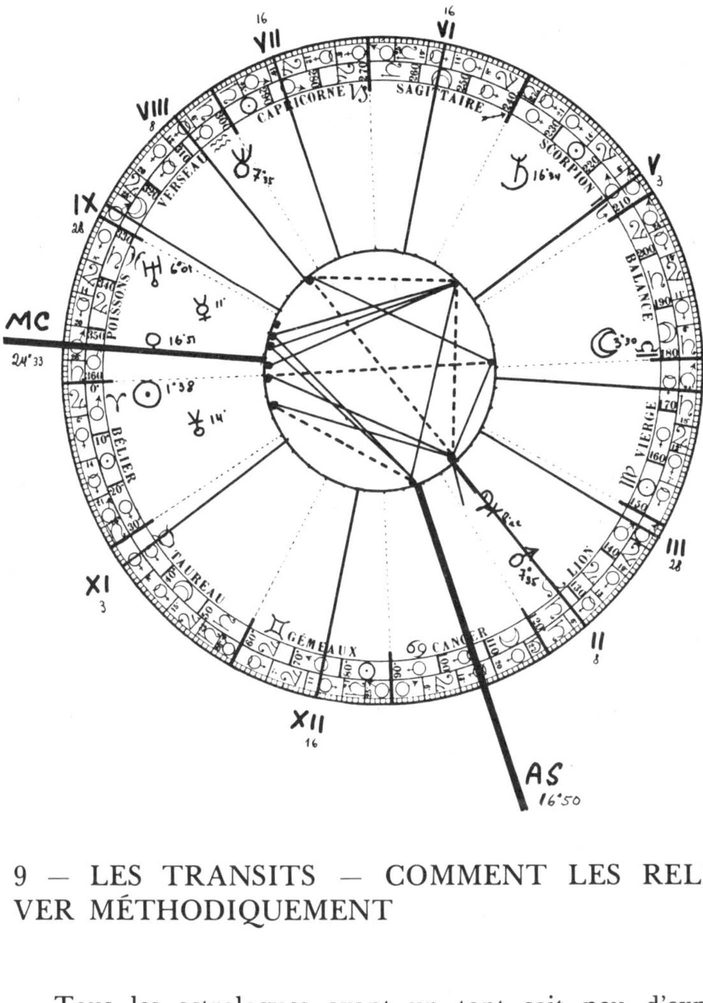

9 — LES TRANSITS — COMMENT LES RELEVER MÉTHODIQUEMENT

Tous les astrologues ayant un tant soit peu d'expérience savent relever les transits à vue sans faire aucun calcul. Toutefois si le relevé doit être fait pour une assez longue période (trois ans par exemple) on risque toujours d'en oublier et, dans ces cas-là il faut établir une sorte de canevas qui indiquera automatiquement la place zodiacale de chaque aspect. Il existe deux moyens pour établir un « tableau des aspects » et je prends tout de suite un exemple pour fournir toutes les explications nécessaires. Nous allons considérer l'Horoscope de la Comtesse de **CASTIGLIONE** parce que ses transits sont très particulièrement nombreux et très « parlants » autour de l'année 1956 et peuvent ainsi constituer un exemple très instructif.

M. Comtesse de CASTIGLIONE
Date 22 mars 1837

Si nous considérons la Carte du Ciel de la page 59 nous constatons que le Soleil se trouve à 1° 38' du Bélier et chaque fois qu'une planète passera sur ce degré zodiacal il y aura « conjonction avec le Soleil natal ». Par exemple, ce fut le cas en mai 1956 lorsque Jupiter forma cette conjonction (elle vient à Paris) ; ce fut le cas en 1879 pour Saturne (perte du fils) ; ce fut le cas pour Neptune en 1861-1862, période marquée par les insuccès de prestige et par des ambulations entre la France et Turin... (pour ne citer que quelques conj. de planètes lentes).

En partant de la position natale d'un astre quelconque on procède de la manière suivante pour trouver ses aspects :

En ajoutant	60°	on obtient	le sextil ;
»	90°	»	le carré ;
»	120°	»	le trigone ;
»	180°	»	l'opposition ;
»	240°	»	le second trigone ;
»	270°	»	le second carré ;
»	300°	»	le second sextil ;
»	45°	»	le premier semi-carré ;
»	135°	»	le premier sesqui-carré ;
»	225°	»	le second sesqui-carré ;
»	315°	»	le second semi-carré.

Si on voulait les semi-sextil et les quinconces, il faudrait ajouter : 30°-50°-210° et 330° mais ces aspects sont peu utilisés.

En appliquant ces indications on peut parvenir à dresser un tableau des aspects sous cette forme :

Dans le **BÉLIER**

à 1° 38' — Conjonction au Soleil ;
3° 30' — Opposition Lune ;

N°		♈	♉	♊	♋	♌	♍	♎	♏	♐	♑	♒	♓	
0° 34'	♄	⚼			⚼			∠			∠			0°
1° 38'	☉	☌		*	□	△		☍		△	□	*		1°
1° 50'	AS		∠♀	∠		⚼♀	∠		⚼♀	⚼		∠♀	⚼	2°
3° 30'	☽	☍		△	□	*		☌		*	□	△		3°
6° 01'	♅		*	□	△		☍		△	□	*		☌	4°
7° 35'	♂	△	□	*		☌		*	□	△		☍		5°
7° 35'	♆	*	□	△		☍		△	□	*		☌		6°
7°														7°
8° 22'	♃	△	□	*		☌		*	□	△		☍		8°
9° 33'	MC		∠			⚼			⚼			∠		9°
0°														10°
1° 0'	☿		*	□	△		☍		△	□	*		☌	11°
2°														12°
3°														13°
4° env	♇	☌		*	□	△		☍		△	□	*		14°
6° 34'	♄		☍		△	□	*		☌		*	□	△	15°
6° 50'	AS	□	*		☌		*	□	△		☍		△	16°
6° 51'	♀		*	□	△		☍		△	□	*		☌	17°
6° 38'	☉		∠			⚼			⚼			∠		18°
18° 30'	☽		⚼			∠			∠			⚼		19°
0°														20°
1°														21°
2° 35'	♂			∠			∠			⚼			⚼	22°
3° 22'	♃			∠			∠			⚼			⚼	23°
4° 33'	MC		*	□	△		☍		△	□	*		☌	24°
5°														25°
6° 0'	☿	∠			⚼			⚼			∠			26°
7°														27°
8°														28°
														29°
		♈	♉	♊	♋	♌	♍	♎	♏	♐	♑	♒	♓	

7° 35' — Sextil à Neptune ;
7° 35' — Trigone à Mars ;
8° 22' — Trigone à Jupiter ;
14° 00' — Conjonction Pluton ;
16° 50' — Carré A.S. ;

Dans le **TAUREAU**

6° 04 – Sextil Uranus ;
7° 35' – Carré Neptune et Mars ;
8° 22' – Sextil à Jupiter ;
11° 00' – Sextil à Mercure ;
16° 34' – Opposition Saturne ;
16° 51' – Sextil à Vénus ;
24° 33' – Sextil M.C.

Pour les signes opposés de la Balance et du Scorpion, on peut remarquer que :
– les conjonctions deviennent des oppositions ;
– les oppositions des conjonctions ;
– les sextils des trigones ;
– les carrés restent des carrés ;
– les trigones de sextils.

Un tableau établi de cette manière est très agréable et facile à consulter, mais sa confection est relativement longue et assez minutieuse. Toutefois il ne faut pas perdre de vue que ce tableau, une fois terminé, sera valable pour LA VIE ENTIÈRE, ce qui vaut la peine de consentir quelques efforts.

Si on désire établir rapidement un tableau des aspects, il faut s'inspirer du cliché de la page 61 et établir d'avance un canevas semblable à celui du modèle.

L'avantage de ce procédé, en dehors de sa rapidité, c'est que les aspects se déterminent automatiquement et qu'on ne risque pas d'en oublier. En effet, si on part du Soleil on marque sa conjonction dans le Bélier, son sextil deux signes plus loin dans les Gémeaux, son carré un signe plus loin dans le Cancer, son trigone dans le signe suivant du Lion, puis on saute un signe et on a l'opposé dans la Balance, on saute encore un signe et le second trigone tombe dans le Sagittaire, le second carré dans le Capricorne et le dernier sextil dans le Verseau.

On peut si on le désire ajouter quelques aspects mineurs, mais c'est généralement inutile.

Une fois établi votre tableau avec soin il faut procéder à un relevé méthodique des transits en feuilletant l'éphéméride mois par mois. Dans toute la mesure du possible il faut des positions au jour le jour sans quoi le travail est sensiblement plus fastidieux, surtout si on veut relever tous les transits. Habituellement on ne prend en considération que les planètes lentes, mais dans le relevé modèle de la page 61 j'ai ajouté quelques transits rapides susceptibles de compléter les autres.

10 — LES TRANSITS — FAUT-IL ÉTABLIR UN HOROSCOPE JOURNALIER ?

A mes débuts, j'ai connu un astrologue qui utilisait largement l'horoscope journalier, mais comme cela n'est guère compatible avec la pratique courante de l'Astrologie, je n'avais jamais eu l'occasion d'expérimenter sérieusement cette conception. Plus récemment ayant fait quelques sondages il m'est apparu nécessaire de bien expliquer de quoi il s'agit : on dresse l'horoscope du jour pour l'heure de naissance, mais pour éviter les variations découlant de l'équation du temps, il faut prendre la distance entre le Soleil natal et le M.C., mais il est préférable de faire cela en *Ascension droite* (A.R.). Pour cela on peut se servir des pages 13 et suiv. du **SUPPLÉMENT TECHNIQUE** ou bien des pages 197 et 198 de l'H.A.S. Voici quelques expériences :

1) Thème du jour le 9.1.1873 jour de la mort de Napoléon III : nous avons le Soleil à 29° 45 et le M.C. à 224° 28. Ces longitudes transformées en Ascension droite nous donnent respectivement 27° 40 et 222° avec une différence de 194° 20'. Il faut maintenant prendre le Soleil pour le 9.1.1873 vers 1 h, soit 289° arrondi et un A.R. de 290° 34' à laquelle il faut ajouter 194° 20' = 484° 54' ou 4° 54' Lion. Mais ce sont des degrés d'**A.R.** qu'il faut encore convertir en longitude, ce qui va nous donner 2° 40' Lion env. On remarquera que ce degré, M.C. du jour, est en carré pratiquement exact à Uranus. L'A.S. correspondant est à 25° 25' Balance, soit très près du sesqui-carré de Jupiter Maître de XII.

Si vous êtes pressé, ou s'il s'agit simplement d'un sondage, vous pouvez simplement prendre la différence en longitude, ce qui donnera très souvent un résultat très approchant. Je prends quelques autres exemples :

Le jour de l'évasion le 25.5.1846 je trouve l'A.S. du jour 3° Cancer soit au trigone exact d'Uranus ; le jour de l'attentat 14.1.1858 l'**A.S.** se trouve à l'opposition du groupe Soleil-Mars ; le jour du mariage 29.1.1853 l'A.S. est en trigone à Jupiter, et le 10.12.1848 lorsqu'il devient Président, le M.C. se trouve à 3° Cancer, soit au trigone exact d'Uranus.

Lorsque Saint-Exupéry se tue le 31.7.1944 je trouve le M.C. en opposition à Saturne et l'A.S. en quadrature du même ;

Le Thème du jour était à peu près identique au Thème de naissance le jour où MERMOZ disparaît (7.1.1936) : M.C. opposé Saturne et A.S. carré à Mars ;

Chez le Général **AILLERET** (Thème dans D.A. p ; 23) il n'y a pas d'aspects majeurs, mais un double semi-carré entre le M.C. et Saturne-Mercure et l'A.S. est en semi-carré à Jupiter et sesqui-carré au Soleil.

Pour le Général **COGNY** le **M.C.** est très près de Pluton et l'A.S. est en carré à Pluton et au semi-carré de Mars.

Il serait facile de trouver d'autres exemples, mais ceux qui précèdent paraissent suffisants pour attirer l'attention sur ce point. Cela peut nous donner pour chaque année un certain nombre de dates « à surveiller ». Il n'y a pas lieu de se préoccuper des Planètes puisqu'elles sont automatiquement prises en compte dans les transits habituels.

11 – LES TRANSITS PARTICULIÈREMENT DANGEREUX

On se trouve devant une série de passages très délicats – ou bien si on pressent dans la vie du sujet quelque changement capital, il est alors conseillé d'examiner « l'environnement céleste » et les répétitions d'aspects existant déjà à la Naissance.

En effet, on comprendra aisément qu'une quadrature entre Uranus et l'A.S. natal (par ex.) sera plus dangereuse si, au même moment Uranus est au carré de Saturne ou même de Mars ou du Soleil dans le Ciel. A l'inverse, si Uranus se trouve au même moment en trigone à Jupiter, ou même à Vénus, à Mercure, son carré sur l'A.S. se trouvera atténué dans une certaine mesure : au lieu d'une maladie, d'un accident, on pourra penser à une simple fatigue nerveuse ou à quelque autre incident désagréable et imprévu, mais sans répercussions sur le cours de la vie. Un exemple récent peut apporter un début de corroboration :

Le comédien Fernand **REYNAUD** (son Thème figure dans l'H.A.S., p. 31) s'est tué sur la route le 28 septembre 1973, à un moment où il n'existe dans son Ciel aucun aspect majeur et, en cours d'année, aucune direction « majeure » sauf une conjonction douteuse à cause de l'heure entre **PLUTON** et l'**A.S.**

Mais, si on « pousse » l'examen jusqu'aux influences de second ordre on va de surprise en surprise, qu'on en juge : **SATURNE et PLUTON** sont tous deux à 45° de l'**A.S.**, de part et d'autre et, ce qui aggrave la situation, ces deux maléfiques sont en carré exact dans le Ciel à cette date. En outre Saturne est conjoint au Soleil à 1° près, de sorte que ce dernier est aussi à 45° de l'A.S. Et il est permis de supposer que l'accident est survenu au moment où le Soleil passait exactement à 45° de l'A.S., ce qui placerait ce dernier à 20° 25' au lieu de 20° 15' position de l'A.S. dans la Carte ci-dessus dressée bien longtemps avant l'accident qui est survenu vers 17 h 45 selon la presse. Comme la position de l'A.S. se trouve pratiquement vérifiée par ce passage du Soleil, il en résulte que la direction de Pluton conj. A.S. se place bien en 1973. En plus des transits il convient aussi « d'éplucher » les aspects mineurs qui peuvent se former en directions, et ici aussi il y a quelques surprises : Saturne est au sesqui-carré de l'A.S. ; le Soleil à celui de Jupiter et très près du semi-carré de la Lune ; Mercure (les voyages) est semi-carré au **M.C.**, tout cela étant suffisant pour provoquer quelque surprise... Je ferai une remarque particulière avant d'abandonner ce cas : ce comédien avait été très malade en 1972, on avait parlé d'ulcère à l'estomac, et comme on peut le voir dans le texte de l'H.A.S. il avait supporté 6 directions sérieuses entre 1970 et 1972. Mais en 1973 lorsque le livre est écrit tout était terminé et ce qui pouvait induire l'astrologue en erreur c'est qu'il avait de très bonnes directions pour les années suivantes : Soleil trigone Mars ; Lune trigone Soleil, etc., et tout permettait de penser que la situation et la santé allaient se redresser... Or, ici aussi, on peut constater que les directions en *formation n'exercent aucune protection* selon toute probabilité. En outre on peut se demander si les influences de 1972 n'auraient pas un certain effet à retardement ? Mais c'est une simple hypothèse.

Comme exemple du même genre on peut mentionner l'assassinat du Président Paul DOUMER (22.3.1857, 3 h, Aurillac) tué le 7 mai 1932 avec Uranus conj. Mars, Pluton carré Mars et Uranus carré Pluton dans le Ciel.

La mort de Jean **MERMOZ** constitue un autre exemple = Saturne et le Soleil sont en carré dans le Ciel et, par rapport au radix : Saturne carré à Uranus-Soleil et Soleil en conj. à Uranus et opp. Pluton (7.12.1936).

Chez Saint-Exupéry qui s'est tué le 31.7.1944, on constate que Neptune et Saturne sont en carré dans le Ciel à 3° et que le premier est carré à Saturne natal et le second en carré au Soleil. On pourrait certes multiplier les exemples mais ceux-ci suffisent pour attirer l'attention sur de telles configurations très délicates. Toutefois voici encore un cas digne de mention : le jour de l'exécution de **MUSSOLINI** 28.4.1945 Soleil et Pluton sont en quadrature dans le Ciel et Pluton passe sur le groupe Mercure-Soleil, tandis que le Soleil est à 90° de ce même groupe. C'est probablement l'exemple le plus caractéristique, Pluton fait songer aux conditions exceptionnelles de cette exécution en relation avec des événements mondiaux et empreinte d'une cruauté particulière : son corps ayant été exposé à la devanture d'une boucherie.

Une autre considération à ne pas perdre de vue dans la recherche des transits particulièrement dangereux concerne les répétitions d'aspects : des exemples illustrent ce point de vue :

Le thème de **CERDAN** comporte un carré Soleil-Jupiter ; lors de son accident le Soleil passe à l'opposé de Jupiter natal.

Pour le Maréchal **BALBO**, Neptune est conjoint à Mercure à la naissance et il est tué sous le carré Neptune-Mercure.

Le ministre **BOKANOWSKY** le Soleil est opposé à Lune-Jupiter et très près d'Uranus, l'avion s'abat lorsque le Soleil reforme les mêmes aspects.

Le général **COGNY** est né avec un carré Uranus-Mercure, son avion s'abat sous une conjonction Uranus-Mercure.

Chez **MERMOZ** la conjonction Soleil-Uranus se trouve à la naissance et le jour de l'accident ; Mars est en carré ou conjonction à l'A.S. à la naissance et à la date de la mort.

Il serait certainement aisé de multiplier les exemples, mais ceux qui précèdent sont suffisants pour faire ressortir l'importance de telles configurations.

Comme contrepartie, le même phénomène pourrait jouer en mode bénéfique et nous aurions alors :

12 — LES TRANSITS PARTICULIÈREMENT INTÉRESSANTS

Par exemple, POMPIDOU a dans son Thème une

conjonction Jupiter-Lune. Il devient Premier ministre le 15 avril 1962 sous un trigone exact de Jupiter sur la Lune, ce n'est pas le même aspect, mais il est de même nature ; le jour de son élection à la Présidence la LUNE est passée au trigone exact de Jupiter.

Giscard d'ESTAING est favorisé à la naissance par une conjonction Soleil-Jupiter, il devient ministre en janvier 1962 lorsque Jupiter est passé sur le Soleil Natal :

Le président NIXON est né avec une triple conjonction Jupiter-Mercure mars et, en novembre 1972 il a été réélu malgré l'affaire du WATERGATE parce que Jupiter venait de repasser sur la même zone zodiacale un mois avant, probablement lorsqu'il a été désigné comme candidat officiel de son parti ?

Il ne faut cependant pas perdre de vue que, dans la plupart des cas il n'est nullement nécessaire qu'il y ait une répétition d'aspects, des concentrations de transits ou de directions suffisent même si elles ne rappellent en rien l'image du Ciel natal. On pourra en voir de multiples exemples par la suite.

Il est une dernière notion que l'on prend parfois en considération : il s'agit simplement de la répétition dans le Ciel du Moment d'une aspect du Thème natal : par exemple **GISCARD d'ESTAING** devient Président avec un sextil Mars-Vénus qui rappelle cet aspect natal mais situé dans des signes différents.

Paul VI est né le jour d'une nouvelle Lune, il est élu Pape le jour d'une nouvelle Lune située dans d'autres signes.

Je pense cependant que cette notion est beaucoup moins importante parce que j'ai tenté une vérification sur une trentaine de Thèmes de fin brusque et je n'ai rien trouvé qui vaille la peine d'être mentionné.

CHAPITRE TROISIÈME

L'INTERPRÉTATION DES TRANSITS ET DES DIRECTIONS

13 – QUELQUES DONNÉES DE BASE, SIGNES ET MAISONS

Voici la correspondance anatomique des différents signes. Ce sont des données traditionnelles qu'il ne faut pas prendre trop à la lettre, mais qui sont admises par la plupart des praticiens. En second lieu quelques données pour interpréter les transits (ou directions) mettant en cause tel ou tel signe.

LE BÉLIER : La tête dans son ensemble, les organes qui s'y trouvent. Toutefois on attribue au Soleil l'œil droit et à la Lune le gauche. Les M.A. concernant ce signe peuvent engendrer des congestions, chutes sur la tête dans certains cas. Le plus souvent de simples migraines.
Sur le plan moral, ce signe peut susciter de l'ardeur, de l'enthousiasme, des initia-

tives, une grande activité, parfois même du surmenage. Les **M.A.** portent aux imprudences, précipitations, discussions. Des transits très puissants peuvent pousser le natif à rechercher une situation indépendante.

LE TAUREAU : Gouverne le cou, la gorge, le larynx, les cordes vocales, les amygdales. Les M.A. provoquent tous les malaises concernant cette partie du corps notamment des enrouements au cours de l'hiver. Si le radix est fortement dissonant l'ablation des amygdales est assez fréquente.

Les bons transits touchant ce signe sont de très bon augure pour faire triompher un point de vue, pour effectuer quelque travail pénible et de longue haleine et en particulier pour réaliser quelques gains provenant du travail. C'est un signe qui est en relation avec l'agriculture et l'élevage. Les **M.A.** engendrent souvent des entêtements regrettables ou des dépenses excessives, parfois des colères dévastatrices, des brouilles définitives, etc.

LES GÉMEAUX : Les bras et surtout les poumons. En collaboration avec le Taureau ces deux signes représentent les voies respiratoires en général et les maladies qui les concernent. Les M.A. touchant ce signe sont plus dangereux pendant la saison froide. Dans les cas sérieux, des blessures ou coupures aux bras ou aux mains. Les M.A. de caractère bénin sont en relation avec les innombrables rhumes qui jalonnent toute existence.

Les **B.A.** touchant ce signe sont très propices pour les études, les lectures,

les correspondances, les activités littéraires ou même artistiques (avec une intervention de Vénus) et dans un domaine plus terre à terre, pour le commerce en général ainsi que pour toute activité en relation avec les voyages.
Les **M.A.** risquent d'engendrer des indécisions, une dispersion des efforts, de mauvaises relations avec l'entourage par suite de calomnies ou médisances. Parfois la poursuite de réalisations dépassant nettement les possibilité intellectuelles ou matérielles du sujet. Parfois on peut constater une baisse de la moralité à la suite de tentations, d'entraînements, etc.

LE CANCER : Notamment l'appareil digestif et les innombrables maladies ou disfonctionnements qui peuvent l'affecter. Très souvent ce sont des excès de liquides qui sont à l'origine des ennuis. Il faut bien examiner si la Lune est impliquée dans les mauvais transits qui touchent ce signe.
Les **M.A.** provoquent souvent des divergences dans la famille, parfois la perte prématurée du père ou de la mère. Dans d'autres cas le sujet est obligé de changer de domicile parce que son local devient indisponible. En général plusieurs changements de résidence au cours de la vie, notamment par suite de mariage.
Les très bons transits, si l'âge est convenable, conviennent très bien pour fonder un foyer ou pour se loger plus confortablement ou même pour devenir propriétaire.

LE LION : Principalement le cœur et le dos. Par extension les troubles de la circulation et les excès de tension. Les M.A. touchant ce signe

seront surtout à prendre en considération si le sujet a déjà atteint un certain âge, ou bien s'il est surmené. Les graves dissonances risquent de provoquer des ennuis concernant la colonne vertébrale.
Dans la vie courante les transits concernant le Lion font penser à des expériences sentimentales, à la naissance d'enfants (s'il y a lieu) et ils favorisent en général des divertissements, les vacances, les spectacles. Les M.A. sont parfois à l'origine de pertes dans les spéculations, ou bien le sujet est tenté de « vivre au-dessus de ses moyens et risque de s'endetter. Complications sentimentales ».

LA VIERGE : La région intestinale et tous les troubles qui s'y rattachent, notamment intoxications et constipation. Parfois ablation de l'appendice. Le plus souvent une simple accentuation des préoccupations du sujet pour son état de santé parce que ce signe tend à exagérer la gravité des Malaises.
Dans la vie courante les transits intéressant ce signe ont une action sur le travail quotidien, en bien ou en mode négatif selon la nature des aspects. Si les M.A. sont sérieux : perte possible de son gagne-pain à la suite de divergences ou discussions. A l'heure actuelle : risque de chômage pour raisons économiques.

LA BALANCE : Les reins et la vessie. Les M.A. de Saturne touchant des astres en Balance (ou bien s'il s'y trouve) provoquent parfois de la lithiase ou des calculs si le thème est très affligé. Le signe semble aussi en relation avec les ennuis provoqués par l'acide urique et probablement avec le diabète.
Par ailleurs c'est un signe qui est en analogie avec le mariage, les associations et les ennemis connus (selon la

tradition). Les M.A. risquent notamment de susciter des divergences au foyer, ou bien des désaccords avec les associés ou collaborateurs intéressés. Les B.A. ont parfois une influence sur les créations artistiques (si la situation le permet). Ils seraient à choisir si on désire se marier ou s'associer.

LE SCORPION : Les organes sexuels et probablement aussi le gros intestin et le rectum. Les M.A. font surtout penser à des déficiences ou à des exagérations sexuelles ainsi qu'aux troubles vénériens dont la fréquence est en hausse depuis quelques temps. On peut se demander si cela ne serait pas lié au passage de Neptune dans le Scorpion entre 1957 et 1971 ? En naissance féminine on peut craindre des complications lors d'accouchements ou bien une ménopause agitée. Ce signe prédisposerait aussi aux piqûres d'insectes ou animaux venimeux et aux infections provenant d'épidémies (de grippe par exemple.).

Les grands transits tombant dans ce signe sont propices aux décisions énergiques, aux travaux demandant des efforts soutenus ainsi que pour se débarasser des besognes en retard ou pour mener à bien quelque travail très urgent. Les très **M.A.** risquent d'engendrer des colères dangereuses, des bagarres à la suite de discussions orageuses ou même de se traduire par des blessures dues soit à la fatalité, soit souvent à des actes de témérité. Le signe est en relation aussi avec les deuils et les héritages. On dit qu'il peut marquer la fin d'une chose pour en entreprendre une autre sur de nouvelles bases.

LE SAGITTAIRE : Les hanches, les cuisses, le nerf sciatique, probablement aussi la circulation artérielle. Il a aussi une influence sur les troubles hépatiques à cause de Jupiter son Maître, et sur les ennuis pulmonaires parce que opposé aux Gémeaux. Les mauvais transits se manifestent parfois par des maladies en cours de voyages ou contractées en pays lointains.
Pour les quatres derniers signes du zodiaque qui gouvernent des parties du corps moins sensibles aux maladies, il est admis que les M.A. peuvent se répercuter sur le signe opposé.
Dans la vie courante les bons transits sont souvent le signe de quelque rentrée supplémentaire ou d'un accroissement du prestige à la suite de quelque circonstance heureuse. Les M.A. prédisposent aux dépenses exagérées, aux gaspillages, parfois au bluff, le sujet voulant se faire valoir, s'imposer. On dit aussi que le jugement risque d'être faussé et que ce n'est pas le moment de prendre des décisions dangereuses, surtout dans le domaine financier et professionnel. Le Sagittaire influence grandement les voyages, surtout à l'étranger et il est prudent d'examiner si les transits sont harmoniques lorsqu'on prend le départ. Le signe est aussi en analogie avec la religion, les retraites, les conversions, etc.

LE CAPRICORNE : Les genoux, les os, les articulations et probablement la peau qui est traditionnellement attribuée à Saturne. Les M.A. prédisposent aux rhumatismes et toutes douleurs chroniques, ils sont parfois la cause de chutes, de fractures, etc. Les sports d'hivers sont à déconseiller si à ce moment les transits sont hostiles. Les transits qui se produisent au cours de l'hiver, sont nettement plus « agissants ».

Dans la vie courante les B.A. tombant dans ce signe sont propices pour une consolidation de la situation, pour une montée en grade (si la situation s'y prête), pour terminer une réalisation en cours depuis longtemps et de nature à couronner une carrière... ou plus simplement pour trouver une occupation plus sûre et plus avantageuse. Les M.A. sont dangereux pour la situation : diminution des rentrées, difficultés accrues en raison de l'ambiance économique, chômage possible pour raisons économiques. Dans certains cas l'influence se manifeste sur le plan familial, notamment par la perte de quelque parent âgé.

LE VERSEAU : La région des chevilles, avec probablement une action sur le système nerveux et sur le cœur. Tendance aux varices et comme pour le signe précédent les M.A. risquent d'engendrer des fractures, entorses, surtout dans la région des chevilles.

Dans la vie courante l'action de ce signe se manifeste surtout dans le domaine des relations amicales et selon la nature des transits on peut supputer s'il s'agira de relations agréables ou seulement très éphémères et sans grand intérêt. Le moment conviendrait surtout pour prendre contact avec des Uraniens. Dans un autre domaine, ce signe très intellectuel et un peu utopique peut faciliter les œuvres très originales susceptibles de permettre au natif de « sortir de l'ombre ». Mais si les aspects sont franchement contraires il y a un risque de perdre son temps dans des conceptions irréalisables. Les **M.A.** du Verseau sont très dangereux pour ceux qui veulent « inventer à tout prix ».

LES POISSONS : Les pieds et toutes les maladies qui les affligent, notamment les malformations, les cors, durillons. Aurait aussi une influence sur le système lymphatique. On admet que le froid aux pieds peut être à l'origine d'une véritable maladie. Comme le signe est complémentaire de la Vierge, les mauvais transits sont de nature à susciter des complications intestinales.

Pour ce signe ce sont surtout les mauvais transits qui sont importants, car ils engendrent des inimitiés sournoises, des fausses accusations, voire des inculpations à la suite de faux témoignages, ou plus simplement ils imposent une période de vie confinée, un séjour en clinique, voire l'obligation de s'exiler dans les cas extrêmes.

Les **B.A.** seraient propices pour prendre sa retraite ou bien pour vivre à l'écart pendant quelque temps et réfléchir à ce qu'il convient de faire ou de ne pas faire.

Voici, maintenant, quelques suggestions pour interpréter un transit tombant dans telle ou telle Maison, ou bien touchant le Maître de la Maison. Tenir compte que la présence dans une Maison est plus importante qu'une simple maîtrise.

MAISON I ou A.S. La constitution physique et les tendances psychologiques (en grande partie). Dans le domaine prédictif les aspects qui touchent l'A.S. ou qui sont formés par lui (en directions, voir plus loin) peuvent indiquer les initiatives du sujet s'ils sont harmoniques ou bien les erreurs, les maladies, les blessures en cas d'afflictions sérieuses dans le Radix.

MAISON II Les questions financières, plus spécialement les gains réalisés par le sujet lui-même. Les aspects de JUPITER-VÉNUS-MERCURE-SOLEIL et LUNE, s'ils sont harmoniques font pressentir un accroissement des disponibilités, voire parfois des coups de chance. Si ce sont des aspects dissonants il faut pressentir des dépenses exagérées, des pertes et toutes sortes de crises selon l'importance des astres en cause. De graves dissonances de Saturne peuvent indiquer des revers définitifs si cela se produit à un âge avancé.

MAISON III Les voyages, les études, les écrits, les frères et sœurs, l'entourage familial ou professionnel. Les dissonances qui touchent cette Maison conseillent surtout la prudence sur la route s'il existe à la naissance de M.A. concernant cette Maison ou la Maison IX. Les bons aspects sont surtout intéressants pour les intellectuels et tous ceux qui travaillent dans les bureaux ou le commerce.

MAISON IV L'ascendance, surtout le père, l'hérédité, l'habitation et les biens immobiliers, la dernière partie de la vie, les changements de résidence ou de situation.
Les **M.A.** affectent cette Maison se traduisent parfois par des deuils dans

l'entourage, par des changements de domicile imposés par les circonstances, quelquefois par des pertes de poste. Les propriétaires de terres ou immeubles peuvent subir des pertes du fait de tempêtes, cyclones, conditions atmosphériques désastreuses. Les bons transits de Jupiter ou les bonnes directions de Vénus-Mercure-Lune peuvent dénoter des acquisitions immobilières très avantageuses, notamment dans les ventes aux enchères.

MAISON V

La vie amoureuse, les enfants, les œuvres, les spéculations, la chance ou malchance au jeu, les rentrées ne provenant pas du travail personnel.

Si l'âge de l'intéressé s'y prête les grands transits touchant cette Maison annoncent surtout des rencontres amoureuses (ou bien des contrariétés selon le cas) ou la naissance d'un enfant. En théorie les **B.A.** des planètes en V devraient indiquer de la chance aux jeux ou loteries, mais cela ne se réalise que dans certains cas et l'auteur de ces lignes, malgré des recherches, ne peut formuler aucune règle sérieuse. En principe, on doit cependant choisir un bon aspect intéressant cette maison pour toute décision concernant un placement. Si les dissonances sont très graves : grosses pertes au jeu ou en Bourse.

MAISON VI

Les maladies passagères, les serviteurs, les emplois subalternes, le travail imposé au sujet par le destin.

Les dissonances concernant cette Maison font surtout pressentir soit des complications dans le travail si le sujet occupe un poste subalterne, ou bien une altération de la santé ayant généralement à son origine une perturbation de la fonction intestinale. Dans les cas sérieux, l'aspect peut marquer l'ablation de l'appendice, mais le plus souvent il s'agit seulement d'intoxication engendrée par une alimentation défectueuse. Les B.A. peuvent aider ceux qui sont à la recherche de personnel domestique.

MAISON VII Le mariage, les associations, les inimitiés, les procès. Si l'âge du sujet est en rapport, il est évident que les grands transits ou les directions touchant des astres en VII (ou bien des planètes en VII à la naissance parvenant à quelque point sensible) sont surtout examinés pour formuler un pronostic sur les dates possibles de mariage. Dans certains cas, cela peut aussi correspondre à une association.

Les dissonances sont de nature à susciter de multiples ennuis, par exemple tension dans la vie conjugale, voire, risques de séparation ou divorce ; complications dans les associations, ruptures de contrat, attaques de la part de concurrents ou ennemis si le natif a une situation en vue, etc. Par son opposition à la maison I des ennuis de santé ou des accidents peuvent aussi correspondre à ces **M.A.**

MAISON VIII Traditionnellement : la mort, les héritages ainsi que les biens du conjoint. Plus généralement on peut admettre que les M.A. intéressant cette Maison tendent à perturber la santé, mais il faut se garder d'en tirer des conclusions catégoriques, car toutes les recherches concernant la date de la mort paraissent avoir échoué jusqu'à présent. On trouvera plus loin une hypothèse pour expliquer ces échecs.

MAISON IX Les grands voyages, les pays étrangers, les tendances religieuses ou philosophiques, les spéculations de l'esprit par opposition au sens pratique de la Maison III.

Les B.A. sont à rechercher si on désire effectuer des grands voyages ou s'expatrier ou pour la réalisation d'une œuvre à tendance spiritualiste. Dans un domaine différent : bonne ambiance pour tout travail d'exploration. Mais ce sont surtout les dissonances qui sont à surveiller à une époque où les accidents de la circulation sont monnaie courante. Se méfier surtout des **M.A. DE MARS-URANUS-SATURNE** et secondairement de **MERCURE** (en directions).

MAISON X ou M.C.

La situation, la profession, les chances d'élévation ou les risques de revers, probablement la mère par opposition à la IV qui est attribuée au père, mais il faut prendre cela dans un sens très large. On dit que la X représente le travail idéal pour le sujet, tandis que la VI dénoterait plutôt une situation imposée par les circonstances.

Les Transits concernant cette Maison sont très importants et peuvent jalonner les étapes principales d'une destinée. Vous trouverez dans la IIIe partie une interprétation détaillée des directions ou transits touchant le **M.C.**

MAISON XI

Les relations amicales, leur rôle dans la vie. Elle semble aussi en relation avec les gains provenant de situations en vue.

Par rapport aux autres Maisons les **B.A.** ou **M.A.** concernant la XI sont d'une portée très limitée : on peut seulement pronostiquer soit des opportunités de nouvelles relations, soit des séparations imposées par le destin ou consécutives à des divergences. Les graves dissonances peuvent signifier : perte d'amis.

MAISON XII Les maladies chroniques, les épreuves, les séjours en des lieux confinés (prisons, hôpitaux, etc.), toutes les contraintes.

Les recherches récentes ont cependant démontré que le caractère nuisible de cette Maison était assez exagéré dans les données traditionnelles. Des amas en XII n'empêchent nullement le succès. Il ne faut donc pas être trop pessimiste dans l'interprétation des grands transits touchant cette Maison. Toutefois les **M.A.** se traduisent souvent par un affaiblissement de la santé, par des passages difficiles touchant la situation et, plus spécialement, par des inimitiés sournoises (dans le voisinage ou dans le cadre professionnel) bien plus désagréables que dangereuses.

14 – QUELQUES SUGGESTIONS EN VRAC POUR L'INTERPRÉTATION

a) **Les 96 points sensibles**

Une planète qui fait le tour du zodiaque, soit en une année, soit dans le cours de la vie peut former (en comptant les aspects à elle-même) (par exemple Jupiter sextil Jupiter natal) 12 conjonctions et oppositions, 24 sextils, 24 carrés et 24 trigones, ce qui nous donne pour chaque Ciel *96 points sensibles.* Dans ces conditions, on comprendra aisément que les transits sont très nombreux au cours d'une vie (même en ne considérant que les « lentes ») et qu'ils ne peuvent pas tous se manifester sur le plan visible. Parfois un aspect peut avoir un effet moral ou physiologique peu visible en apparence. Il en résulte qu'il faut surtout surveiller les aspects des astres qui dominent à la naissance et, pour formuler un pronostic **TENIR SURTOUT COMPTE DES CONCENTRATIONS D'ASPECTS**. On peut aussi se rappeler que chaque fois que survient un fait saillant dans la vie, il existe presque toujours des aspects concordants, par contre le répétition d'un même aspect (ou d'une série) n'indique pas forcément un fait apparent. C'est un fait constaté, mais pas encore expliqué clairement (probablement une question « d'environnement »).

b) L'orbe et la vitesse

Ne pas adopter des orbes trop larges, sans quoi on risque de tomber dans les coïncidences. Les exemples qui figurent plus loin ne tiennent pas compte des transits à plus de 2° 30'. Je crois qu'on pourrait même réduire à 1° pour les « lentes » et porter à 3° pour les rapides. Mais pour la simplification de la lecture du livre la limite de 2° 30' pour les transits et 1° pour les directions a partout été conservée.

En principe plus la marche d'une planète est lente, plus puissant devrait être le transit. Pourtant l'expérience semble démontrer que les transits de Jupiter sont plus efficients que ceux des autres planètes lentes et c'est pour cela que j'ai adopté la classification suivante : **JUPITER-SATURNE-URANUS-NEPTUNE-PLUTON**. Malgré leur durée, les transits de Neptune et Pluton sont moins actifs, probablement en raison de leur éloignement ?

c) Planète transitante — Planète transitée

Il faudrait évidemment pouvoir établir des variations dans les effets d'un transit, selon que l'astre est en mouvement ou est fixe. Il faudrait savoir, en d'autres termes si Jupiter trigone Saturne a la même valeur que Saturne trigone à Jupiter. Dans ce domaine il ne semble pas exister de règles bien déterminées et le problème est apparemment assez difficile à résoudre. Par analogie on peut supposer que la planète en mouvement apporte quelque chose à l'immobile et cette dernière utilisera ce quelque chose dans le cadre de la Maison qu'elle occupe. C'est ainsi que Jupiter sur le Soleil en IV peut valoir au sujet une rentrée d'argent qu'il utilisera pour embellir sa résidence, voire pour devenir propriétaire. Un passage de Jupiter en VII peut se traduire par une opportunité de mariage. Inversement le passage d'Uranus sur un A.S. déjà maléficié peut engendrer un accident brusque et ici ce ne sont pas les exemples qui manquent (voir plus loin).

d) **Le déplacement annuel des « lentes »**

Lorsqu'on doit porter un jugement rapide et à vue sur un thème, il n'est pas inutile d'avoir en mémoire l'amplitude du mouvement des astres en une année. A titre d'indication voici ce qui se passe en 1976 :

JUPITER 15 Bélier à 22 Taureau, soit 36°

Saturne 1° à 16e Lion = 15°

Uranus 6° à 11° Scorpion soit 5°

Neptune 13 à 15 Sagittaire = 2°

Pluton, 2°

Pour chacun de ces astres il se produit une rétrogradation en cours d'année pendant laquelle Jupiter recule de 10°, Saturne 7° env., Uranus 4° env., Neptune et Pluton 2° env. Ce sont des chiffres légèrement variables d'une année à l'autre, mais ils sont suffisants pour une estimation. Il faut aussi tenir compte qu'en cours d'année l'astre peut « pousser » une pointe au-delà de la long. au 31/12. C'est ainsi que Jupiter s'est avancé jusqu'à 1° GÉMEAUX, Saturne en 1975 jusqu'à 3° Lion pour revenir à 1° Lion au 1/1/76. Pour les autres planètes les écarts sont peu sensibles.

e) **L'influence fondamentale des astres**

Dans la rédaction des divers paragraphes de ce livre

il n'était, évidemment, pas possible de tenir compte des combinaisons entre les planètes et les signes ou Maisons, et, encore moins de faire intervenir les Maîtrises. Mais, à la vue du Thème, l'interprétateur un tant soit peu expérimenté pourra aisément supputer dans quelle direction l'aspect considéré pourra se manifester. Il faut cependant considérer que parfois l'événement qui se produit n'est pas en relation directe avec les maisons en cause et que ce sont uniquement les influences fondamentales de deux astres qui paraissent intervenir. On dirait donc qu'il faut d'abord placer en tête l'influence propre des planètes, en second lieu seulement faire intervenir les Maisons. Par exemple dans le Ciel de V. H. lorsque la Lune parvint à la conj. de Mars en III (écrits) il fut victime de sérieuses critiques et échoua à l'A.F. ; lorsque Mars fut en conj. à Vénus en IV il rencontre Juliette Drouet ce qui dût amener pas mal de complications familiales (Maison IV) ; lorsque ce fut Neptune qui arriva à la conj. de Mars en III il présida un Congrès littéraire, mais fut victime d'une congestion quelques jours après. La conjonction de Neptune avec la Lune en II (finances) correspond à une période de ralentissement dans ses publications à cause de son exil. La conjonction d'Uranus à Neptune en Maison I marque une atteinte à sa santé-anthrax très grave). Par contre la conjonction de Mars en III avec Mercure en V ne semble pas avoir provoqué d'aventure sentimentale connue, mais ses fils (Maison III et Mercure) étaient en prison et il dut partir en exil.

Il ne faut pas négliger totalement les signes de départ et d'arrivée de la direction ou du transit, mais cela semble secondaire. Toutefois, dans la conjonction qui vient d'être citée, Mercure dans le XIIe signe est en relation avec le départ en exil, en cachette (et avec de faux papiers).

f) Ne pas oublier « l'environnement »

Il est de toute évidence qu'il est à peu près impossible de rédiger une prévision concernant un sujet sans connaître — au moins approximativement — sa situation afin de pouvoir adapter l'interprétation à son cas particulier. En dehors des considérations concernant son âge, son activité, sa situation matrimoniale, etc., il serait également très utile de posséder quelques renseignements sur son passé, savoir s'il a été chanceux ou malchanceux, calme ou agité, car il y a de grandes chances pour que l'avenir marque des tendances identiques. Ceci est particulièrement vrai pour des célébrités brigant un poste en vue ou devant affronter une élection. Deux exemples vécus illustrent cette constatation : 1° en 1969, Jacques DUCLOS avait d'excellentes directions, il fit une brillante campagne pour l'élection présidentielle malgré son âge. Il savait pourtant qu'il ne pourrait gagner à cause de la situation politique en France à cette époque.

D'autre part Georges **POMPIDOU** était lourdement handicapé par des transits de Saturne de sorte qu'il ne put passer au premier tour. Malgré la persistance de l'hostilité saturnienne il passa au second tour parce qu'il était très connu depuis près de 10 ans et parce que le transit fut apparemment neutralisé par une bonne direction M.C. trigone Lune.

Son adversaire du second tour Alain **POHER** avait de magnifiques influences lorsqu'il fut appelé à l'intérim et on pouvait penser qu'il serait élu Président. Mais c'est ici que je peux appeler « le standing politique » a joué à plein. En effet POMPIDOU était bien plus connu du grand public, il disposait de moyens de propagande bien supérieurs et, handicap sérieux, Alain **POHER** était seulement « sorti de l'ombre » (pour le grand public) depuis deux mois environ. Il dut donc se contenter d'un succès de prestige soit 8 millions de voix, résultat très appréciable mais insuffisant pour gagner. Des phénomènes similaires sont très possibles pour des prix littéraires, pour décrocher un rôle, pour entrer à l'Académie, etc.

L'influence de l'âge interviendra surtout pour les prévisions sentimentales et celles concernant la santé. Dans le premier cas les influences seront particulièrement actives vers 20-25 ans, elles auront plus de peine à se manifester si le sujet est beaucoup plus jeune ou bien plus âgé. Toutefois il n'existe pas de limite d'âge pour s'unir. Une direction matrimoniale survenant lorsque le natif est marié passera le plus souvent à vide (bien qu'une opportunité amoureuse puisse toujours se présenter) et les aspects d'ordre sentimental se réaliseront plus aisément si le sujet est libre ou bien toujours à l'affût de nouvelles expériences. Dans les pronostics d'amélioration de la situation, d'avancement, il faut s'assurer si la chose est possible selon les servitudes qui pèsent déjà sur le travail du sujet. On peut également tenir compte que dans l'ADMINISTRATION l'avancement se fait parfois à l'ancienneté, etc. Même précaution pour les héritages.

g) Les sensibles et les réfractaires

Morin de Villefranche a déjà signalé un phénomène similaire en conseillant d'étudier principalement les horoscopes de fortes personnalités, voire de célébrités. Ces personnages qui ont généralement une vie très mouvementée paraissent nettement plus sensibles aux influences qui nous intéressent ici (directions et transits) que les destinées franchement sans relief. D'ailleurs il est facile de comprendre pourquoi : une conjonction M.C.-Soleil ne pourra pas avoir le même effet chez un homme politique déjà en vue que chez un modeste employé de bureau.

Mais, si ce qui précède est très connu, ces quelques lignes ont pour objet d'attirer l'attention sur un fait particulier qui n'a pas encore été signalé par les astrologues autant que je le sache. Chez des sujets ayant à peu près les mêmes influences, les mêmes situations, des aptitudes comparables, etc., de très grandes différences peuvent exister dans la manière dont sont ressentis les transits et les directions. Et je n'ai pas trouvé d'explication rationnelle. Certes on dirait bien que les signes du Bélier et du Lion résistent mieux que d'autres aux sollicitations du Ciel, mais il s'agit là d'une simple impression. On pourrait probablement songer aussi aux signes positifs et négatifs, aux planètes angulaires, aux planètes masculines, mais la théorie n'est pas établie. Et c'est ici qu'il serait nécessaire de disposer de quelques indications sur la vie passée afin de déterminer si on doit classer le sujet dans la première ou la seconde catégorie. Dans tous les cas si ces considérations n'apportent pas de solutions certaines, elles conseillent une grande prudence à l'astrologue qui s'occupe d'un consultant pour la première fois.

Pour illustrer ces considérations probablement inédites, quelques exemples ne seront pas déplacés :

En ce printemps et été 1976 tout le monde peut constater que F. MITTERRAND tient un rôle capital dans la vie politique du pays, plus spécialement depuis les succès de la gauche aux élections cantonales. Il agit et parle en chef d'État et il voyage beaucoup et rend visite aux personnalités de premier plan des autres pays, comme le ferait un Président ou un Premier ministre officiel. Beaucoup de spécialistes de la politique estiment qu'il sera sous peu soit Président du Conseil soit Président de la R.F. En somme, tout au moins en apparence, tout marche très bien pour celui qu'on peut considérer comme le Chef de la Gauche Unie. Or la situation astrale ne correspond pas du tout à ce brillant tableau : depuis l'automne 1975 Saturne est resté pendant trois mois au carré du Soleil natal, il est ensuite passé sur sa position natale et Jupiter est aussi intervenu en passant au carré de Saturne et à l'opposition du Soleil en **MARS-AVRIL 1976**, et en **JUIN-JUILLET 1976** Saturne est repassé sur sa position natale, au carré du Soleil et à la conjonction de Neptune. Et ce qui est assez extraordinaire c'est qu'**URANUS** est resté, également en juin-juillet très près de la conjonction du Soleil et du carré de Saturne et de Neptune. En somme, on peut résumer la situation en disant que depuis l'été 1975 jusqu'en juillet 1976 inclus, **F. MITTERRAND** a toujours vécu dans une ambiance de transits très critique et que cela ne s'est traduit par aucun ennui grave, du moins en apparence. Je crois qu'on peut classer son horoscope parmi les « réfractaires » mais je ne vois pas d'explication satisfaisante pour justifier ce qui s'est passé, ou plutôt, ce qui ne s'est pas passé. Il y aurait probablement une investigation très poussée à faire, à moins que les données de l'état civil soient fortement erronées. (L'horoscope de F. M. se trouve page 167 de mon H.A.S.)

On peut aussi citer l'exemple du Président Giscard d'Estaing qui, pendant l'été 1973 a très bien supporté quatre dissonances sérieuses : Saturne au carré d'Uranus et de l'A.S. à la conjonction du M.C. et à l'opposition de Mars, tout cela en l'espace de deux mois. Ce passage très critique ne l'a pas empêché de rester ministre au remaniement du mois d'août. On a déjà beaucoup discuté au sujet de l'heure de naissance du Président, mais, malgré tout j'estime que la Carte publiée page 152 de mon H.A.S. est très près de la vérité. Je ne vois pas la possibilité de placer son A.S. en Balance dans le voisinage de la Lune.

D'ailleurs il se peut très bien qu'on trouve un jour une explication aux anomalies constatées chez deux très fortes personnalités.

h) **Maladies chroniques incurables**

Parmi les réfractaires aux influences astrales, aussi bien transits que directions, il est indispensable de faire une place particulière aux maladies chroniques contre lesquelles la Faculté se trouve totalement désarmée. J'ai suivi quelques cas pendant une quinzaine d'années sans parvenir à rattacher à des influences congruentes les aggravations ou améliorations passagères. Tout semble se passer comme si la maladie suivait son cours inexorable quelles que soient les configurations astrales du moment. D'ailleurs nous en avons eu un exemple illustré récemment : la maladie de POMPIDOU s'est aggravée régulièrement sans rémission même une fois qu'il avait dépassé les configurations les plus critiques : Saturne à la double conjonction du Soleil et de Mercure en directions.

i) **Remarque particulière concernant la mort**

Non seulement on ne doit jamais annoncer à un consultant qu'il va mourir à telle époque parce que cela risquerait de le traumatiser, très souvent inutilement, mais on ne doit pas le faire parce qu'une telle prévision, dans l'état actuel de l'Astrologie paraît *impossible sur le plan technique.* Au cours de ma carrière j'ai plusieurs fois entendu parler de recherches pour trouver exactement l'heure de la mort, mais je n'ai jamais entendu dire qu'elles aient abouti. Certes, on pourrait citer tel ou tel cas particulier, mais une réussite isolée n'est pas suffisante pour dicter une règle de conduite, car l'intuition et le hasard peuvent toujours intervenir.

Pour expliquer ces échecs je me permets de formuler une hypothèse qui expliquerait tout : il se peut que chaque individu reçoive au moment de sa venue au monde une sorte de *capital de vie* qui ne serait pas seulement la résultante de son ciel de naissance, mais aussi la conséquence de ses influences héréditaires. Malgré quelques données pour deviner l'hérédité dans un Thème nous ne pouvons pas déterminer ce capital de vie et ce serait seulement lorsque *ce capital serait épuisé* que les Transits et les Directions pourraient intervenir pour mettre un terme à ce passage sur la terre. Ce point de vue serait confirmé par le fait suivant : vu le nombre des directions qui se forment au cours d'une vie, tous les sujets qui atteignent un âge avancé doivent traverser plusieurs fois ce qu'on appelle des « directions mortifères » (c'est-à-dire des dissonances entre le Maître de I et le Maître de VIII ou entre le maître de I ou de l'A.S. et Mars et Saturne qui sont considérés comme significateurs de mort par analogie) et l'expérience démontre que ces passages sont très souvent surmontés sans grandes difficultés.

Par exemple chez **V. H.** Mars est Maître de I ; Vénus et Mercure sont Maîtres de VIII. Or lorsque Mars est parvenu à la conjonction de Vénus il a rencontré Juliette Drouet pour la première fois ; lorsqu'il est parvenu à la conjonction de Mercure en 1851 il a été obligé de s'expatrier. Le passage de l'A.S. au carré de Mercure en 1871 correspond à des ennuis politiques et à la perte d'un fils (Mercure), mais pour ces trois directions on ne signale pas d'atteintes de santé, pas de risques pour la vie. Par contre, en 1885 (lorsque **V. H.** avait épuisé ce fameux capital de vie ???) les directions mortifères deviennent efficientes : Vénus maître de VIII au carré de Saturne en 1884. On pourrait ajouter Vénus (directe) à l'opposition de Neptune en I.

Lors du congrès organisé par la Société Française d'Astrologie en février 1978 à Paris, **H.-R. COURAND** avait fait une communication sur la question de la longévité et, par conséquent la durée de la vie. Bien que portant sur un petit nombre de cas (31) dont 24 étaient encore vivants entre 85 et 90 ans, il ressortait que : le signe des Poissons était le moins fréquent, la répartition dans les éléments était généralement avec deux éléments prédominants, les planètes **MARS et VÉNUS** étant le plus souvent angulaires. Quant aux aspects ils se répartissaient en : 68 trigones, 55 carrés, 63 conjonctions, et seulement 28 oppositions. Les 7 cas décédés (entre 78 et 105 ans) présentaient une prédominance de transits bénéfiques qui laisse supposer que la mort est un événement heureux pour certains :

— un thème présente des transits à 100 % bénéfiques,

— 3 ont des transits à prédominance nettement bénéfique ;

— 2 ont des transits à prédominance faiblement maléfique ;

— 1 a des transits nettement maléfiques.

Il semble donc qu'après un certain âge la notion de maléfique et bénéfique, en ce qui concerne les transits reste à interpréter avec circonspection.

Je prends un autre exemple au hasard : Paul VI. La Maison I est gouvernée par Mercure et la Lune, la Maison VIII est sous la domination de Saturne et Uranus, tous deux en étroite conjonction dans le Scorpion (VIIIe signe). Le caractère mortifère des deux maléfiques est donc évident. Et pourtant la Lune est passée sur Saturne et Uranus il doit y avoir une trentaine d'années, Mercure a formé la même conjonction il doit y avoir au moins vingt ans (inutile de faire le calcul) et il ne s'est rien passé de tragique. Maintenant que le Pape a atteint 73 ans (écrit en 1970) les Maîtres de I et de VIII ne peuvent plus former de directions mortifères et c'est sous d'autres configurations que le saint-père quittera ce monde. Théoriquement, en 1970, on aurait pu pressentir un grand danger vers 1973 sous la quadrature de l'A.S. dirigé au carré de Saturne et Uranus. Dans la réalité il a été très malade en 1973 et surtout 1974, mais en cet début de l'été 1976 il est encore de ce monde, tout en étant très fatigué périodiquement. Ceci pour démontrer qu'il est très difficile d'apprécier l'intensité d'un transit ou d'une direction. Au moment où sont écrites ces lignes (juillet 1976) il y aurait un nouveau danger vers l'automne 1976 avec une double opposition de Jupiter avec Uranus-Saturne, mais l'expérience du passé signifie qu'il faut toujours se garder de toute affirmation par trop catégorique. D'autre part il ne faudrait peut-être pas oublier complètement que « le sage domine ses étoiles ».

La théorie des Anciens concernant l'*hyleg et l'anoerète* (l'astre qui donne la vie et celui qui l'enlève) n'est pas assez précise pour en faire une application pratique et la conclusion c'est qu'il est très difficile de prévoir le moment de la mort, surtout si on veut le faire 20-30 ou 40 ans à l'avance. On peut peut-être s'y risquer si on possède des indications précises sur l'état général du sujet, sur son âge, sur ses tendances pathologiques, mais même dans ce cas on ne doit jamais l'annoncer parce que la certitude mathématique n'existe pas en Astrologie. Il faut être modeste.

j) **Procéder méthodiquement**

Pour supputer l'effet d'un transit ou d'une direction, on peut envisager successivement les divers domaines de la vie et se demander si l'influence va agir de préférence :

- sur le physique, sur l'état de santé ou sur la moral, dans un sens positif ou négatif ;
- si l'aspect peut modifier passagèrement le caractère ;
- sur le plan intellectuel. Si le sujet est jeune, voir les conséquences sur la marche des études, s'il est déjà engagé dans une carrière intellectuelle voir les perspectives de réalisations artistiques, littéraires, etc. ;
- répercussions possibles sur la profession, sur les finances, sur les chances d'amélioration, etc. ;
- son action possible sur la famille, sur le mariage (si l'âge est en rapport) sur les relations familiales, sur les enfants, etc. ;
- s'il faut espérer un accroissement du prestige, une montée en grade, ou bien des difficultés, des revers ;
- enfin s'il faut craindre des épreuves apportées par la Fatalité ou les erreurs ou maladresses du sujet (par exemple, revers apportés par des circonstances extérieures, crises économiques, etc., voir surtout Saturne). Selon les aspects du Ciel natal on pourra

se faire une idée s'il s'agit de difficultés durables ou bien seulement passagères.

En résumé : d'après la position des planètes et des Maisons, d'après l'âge et la situation du natif il faudra adapter à son cas particulier les interprétations générales qu'on trouvera plus loin dans les § 32 et suivants.

k) De la prudence dans la rédaction d'un pronostic

De toute évidence les interprétations que l'on trouvera plus loin concernant chaque aspect ne seront pas à prendre à la lettre ni en totalité, comme cela vient déjà d'être conseillé il faut adapter ces textes à chaque thème particulier en tenant compte qu'ils ne constituent que des aide-mémoire destinés à guider l'interprétateur, à lui rappeler d'emblée les principales significations, en un mot on pourrait dire pour lui donner des idées (car même un astrologue professionnel ne peut pas toujours se souvenir du premier coup des principales significations de chaque combinaison planétaire).

Si on considère les trois directions principales vers lesquelles peut se manifester un transit : **PSYCHOLOGIE-SANTÉ-DESTIN** (sentimental, financier, honorifique) il sera toujours relativement facile d'insister davantage sur un point plutôt que sur un autre, selon la position natale des deux astres, selon les Maisons, selon les influences dominantes et selon l'âge le caractère et la situation du sujet au moment où se forme l'aspect (direction ou transit).

l) Une prudence accrue en ce qui concerne les « catastrophes »

Ce sont les aspects concernant la santé, les accidents et la fin de la vie qui réclament la plus grande circonspection de la part de l'interprétateur. Ne jamais perdre de vue que même avec un Ciel renfermant de multiples dissonances l'intéressé peut très bien atteindre un âge avancé et traverser la vie sans grandes maladies. L'influence de l'hérédité est considérable dans ce domaine. Voyez par exemple le Ciel de V. H., ce ne sont pas les M.A. qui manquent et, pourtant, il n'a été malade que deux fois dans sa vie en 1858 et 1878 (mais il était bien déficient à sa naissance : ... faible et sans voix, si chétif qu'il fut ainsi qu'une chimère, abandonné de tous, excepté de sa mère...).

Dans l'état actuel de l'Astrologie il reste à peu près impossible d'évaluer la durée d'une vie, probablement à cause de l'hérédité. Il est de notoriété publique qu'il existe des familles où l'on devient aisément centenaire, alors que dans d'autres la vie est souvent écourtée ou se termine brusquement.

Au sujet des accidents mortels il ne faut pas être trop pessimiste non plus, car leur nombre ne dépasse guère 6 % y compris les accidents de la route, les plus spectaculaires. Selon les estimations ces derniers seront très nombreux d'ici l'an 2000 puisque les calculs indiquent que 50 % des enfants qui naissent présentement risquent d'être blessés au cours de leur vie. Les jeunes astrologues, qui aiment leur profession, feront bien de creuser ce problème, car une solution, même très partielle pourrait rendre d'immenses services au cours des prochaines décades...

m) Ne pas se décourager dès le début

Ce conseil est très important pour tous ceux qui abordent l'étude des directions parce qu'ils sont automatiquement tentés de vouloir relier chaque aspect à un fait contrôlable dans la vie courante, alors qu'inévitablement un certain nombre de directions vont « passer à vide ». Ce sera surtout le cas des aspects isolés. Mais, en général, s'il s'agit d'un événement qui sorte de la vie courante on doit trouver une justification dans au moins 19 cas sur 20 d'après les recherches de ces dernières années. Pour cela il faut « diriger toutes les planètes » et le **M.C.** et l'**A.S.** et, si nécessaire, faire intervenir les directions dites « converses ». En procédant ainsi on trouvera presque toujours plusieurs directions (souvent soutenues par des transits) dans le cours de l'année où se produit le « coup dur » ou bien quelque grand succès. Dans mon H.A.S. je donne l'exemple de PAPILLON qui est devenu multi-millionnaire à la fin de sa vie à la suite d'un train exceptionnel de directions. Si vous étudiez le

Ciel de quelque célébrité, tenez compte qu'il est préférable de vérifier ou de rectifier l'heure au départ, puisque les données d'état civil sont presque toujours très arrondies. Par exemple pour avoir des directions à peu près concordantes pour Maurice **CHEVALIER** il a fallu envisager une rectification d'une demi-heure et je crois bien que l'état civil de Clemenceau est erroné d'une heure environ, etc.

En fin vous pouvez tenir compte que tous les **M.A.** peuvent concourir à la réalisation d'un ennui, même si les planètes et Maisons en cause ne sont pas en relation avec le fait considéré. Il en est de même pour les **B.A.**, par exemple, on peut constater de bons résultats financiers même si la Maison II ou V ne sont pas concernées par les transits ou directions. On dirait bien que les influences de même nature s'ajoutent les unes aux autres pour se manifester dans la vie du sujet lorsqu'elles sont à peu près à leur point culminant.

n) **Ne jamais s'affoler**

Même devant une série impressionante de M.A. ne pas se laisser envahir par la panique, ne jamais considérer la catastrophe comme inévitable, car nous ne connaissons pas tout en Astrologie et nous ne savons presque rien du rôle du libre arbitre, de la volonté personnelle et, on pourrait probablement ajouter de la Providence. D'ailleurs vous avez vu ce qui s'est passé pour MITTERRAND malgré tous ses transits... Un jour j'ai relevé dans le Ciel d'une artiste connue 9 transits dissonants en l'espace d'un mois avec des aspects durables de Saturne et Neptune. Contrairement à ce qu'on pouvait redouter, il ne s'est rien passé de grave, seulement un incident au cours du tournage d'un film (on a fait à l'artiste une piqure antitétanique par crainte de quelque contagion, rien d'autre de saillant). Il est vrai qu'il n'y avait pas de directions maléfiques à la même époque ce qui fournit peut-être une explication.

On pourrait certainement trouver d'autres exemples, mais ceux qui précèdent sont largement suffisants pour justifier le calme et la prudence.

o) **Les directions — faut-il « diriger » les « pointes des Maisons » ?**

Il est des astrologues qui utilisent largement les pointes des Maisons soit qu'ils « dirigent » ces pointes, soit qu'ils prennent en considération les aspects qui viennent frapper ces pointes. Comme dans ce livre il faut surtout tenir compte des procédés expérimentés afin d'éviter d'introduire dans la pratique astrologique des théories erronées, les directions concernant les pointes des Maisons n'ont pas été envisagées, principalement parce qu'on n'est pas encore absolument certain du mode de domification à adopter et la différence est très sensible selon que l'on utilise l'une des trois méthodes (les plus connues) de domification. En principe, avec les directions des Angles et des Planètes on parvient déjà à expliquer à peu près 18 événements sur 20 en y ajoutant les transits on arrive déjà — à vue d'œil — à expliquer à peu près 19 faits sur 20. On ne voit pas très bien ce que pourrait apporter l'adjonction des 4 pointes des Maisons et de leurs oppositions, cela compliquerait énormément le pronostic, l'inconvénient dépasserait très probablement les avantages. C'est une question qui mériterait une étude sérieuse : un travail pour un jeune astrologue...

N.B. — D'ailleurs, des recherches très récentes faites par deux « conseillers techniques » **MM. COURAND et LOUAISIEL, DU CENTRE INTERNATIONAL D'ASTROLOGIE**, concernant les Transits sur la Maison III et sur la Maison VIII pour une quarantaine de victimes des accidents de la circulation tendent à démontrer que ni les Maisons PLACIDUS, ni les Maisons **RÉGIOMONTANUS** ou **CAMPANUS** ne donnent des résultats probants. En d'autres termes la « pointe » d'une Maison intermédiaire semble sans valeur pour les Transits et tout porte à croire qu'il en est de même pour les directions. Certes, les recherches ne sont pas terminées, mais au stade actuel il y a très peu d'espoir d'un résultat positif. Il est donc préférable de se limiter, pour le moment, aux transits et directions concernant l'**A.S.** et le **M.C.**

CHAPITRE QUATRIÈME

LES PRÉVISIONS A LONGUE ÉCHÉANCE

ou étude des influences annuelles

15 — LE PROBLÈME DE PLUTON

Le lecteur, surtout s'il fait partie de la très jeune génération, sera fortement surpris du peu de place accordée à PLUTON dans ce livre. Cela tient à plusieurs raisons.

1) Certains thèmes qui servent souvent d'exemple, ont été étudiés à une époque où Pluton n'était pas encore « entré dans les mœurs » si je puis m'exprimer ainsi.

2) Dès le début, par raisonnement intuitif, j'ai toujours eu des doutes sur l'importance de Pluton, à cause de sa masse, de son éloignement et principalement de son orbite qui semble sortir de la norme par rapport aux autres planètes. A propos de la masse (qui représente le 1/20e de Neptune, sauf erreur) on m'a fait remarquer que cet astre pouvait malgré tout jouer un rôle de

déclencheur, de mise à feu en quelque sorte, et être à l'origine de faits tout à fait disproportionnés par rapport à sa masse et à son éloignement. C'est une hypothèse acceptable, mais ce n'est qu'une hypothèse...

3) Mais ce qui est plus grave au sujet de l'efficience de ses aspects, c'est l'**INCLINAISON** de son orbite qui se traduit par une latitude zodiacale de 17° environ entre 1840 et 1853 !!! et qui reste souvent supérieure à 12° jusqu'en 1890. Il est donc permis de se demander si les aspects d'un astre situé 17° au-dessus ou en dessous de l'Ecliptique ont la même influence que les autres et sont « interprétables » de la même façon ??

Comme d'habitude, pour tenter d'y voir un peu plus clair et fournir un point de vue qui ne soit pas uniquement basé sur des estimations, je me suis livré à deux expériences :

1) Sur l'horoscope de Victor Hugo j'ai relevé entre 1840 et 1883 35 transits de Pluton par rapport aux planètes lentes. Or sur ces 35 passages, à un mois près, je n'en vois que 3 qu'on puisse rattacher à quelque fait congruent. Or la vie de V. H. est bien connue grâce à ses notes personnelles. En face des trois aspects qu'on peut qualifier de concordants on note divers aspects tout à fait CONTRAIRES à l'événement. Conclusion provisoire : le rôle des transits de Pluton semble tout à fait secondaire, l'influence qu'on lui attribue est toujours exagérée.

2) Dans une seconde expérience j'ai tenté de tester les directions formées par Pluton, ou bien touchant Pluton, et voici le classement pour 60 cas de fin brusque :

SATURNE forme ou reçoit	51 **M.A.** maj.
SOLEIL	47
MARS	46
A.S.	45
VÉNUS	45
M.C.	40
JUPITER	40
NEPTUNE	38

URANUS	36
LUNE	30
MERCURE	28
PLUTON	22

On voit donc, dans ce cas, que le rôle de Pluton est pratiquement insignifiant et ceci est encore plus vrai si, pour ces même 60 Thèmes, on déplace la position de Pluton — en natal et en directions de 10° — ce qui donne des directions fictives dont le nombre trouvé ici est de 23, soit chiffre identique aux directions vraies. La conclusion s'impose d'elle-même.

Dans ce tableau il y a Vénus qui ne semble pas à sa place, elle devrait se situer plus bas près de Neptune ou la Lune, mais dans les cas étudiés il y a divers suicides en relation avec des problèmes affectifs, ce qui explique cette anomalie.

16 — LES TRANSITS SONT INSUFFISANTS

L'observation méthodique des « passages planétaires » telle qu'elle est préconisée dans la première partie de ce livre, est habituellement suffisante pour expliquer (voire pour pressentir) les petits événements journaliers, hebdomadaires ou mensuels dans la plupart des cas. Mais ce simple procédé ne suffit plus si on veut, d'une part, aborder les prévisions à longue échéance — 5-10-20-30 ans ou plus — parce que ce serait excessivement long et souvent impossible, parce que l'astrologue ne disposerait pas des documents astronomiques nécessaires. D'autre part, le seul emploi des Transits ne réussit pas à expliquer certains faits saillants d'une destinée, comme, par exemple, un changement d'orientation ou de situation, un avancement, une distinction honorifique ; une liaison importante ou un mariage, etc., ou, à l'opposé : un revers de fortune, une maladie sérieuse ou un risque accidentel. Dans ces cas-là, que ce soit pour expliquer ce qui s'est passé lorsqu'on fait simplement des recherches, que ce soit pour tenter un pronostic et pour le dater, l'expérience démontre qu'il est bien plus aisé de réussir avec les DIRECTIONS qu'avec les seuls **TRANSITS**. En effet des recherches méthodiques démontrent que ces derniers sont insuffisants et pour appuyer cette opinion, voici quelques exemples :

Je les prends dans la vie de Victor Hugo, qui est bien connue, en me servant de la chronologie établie par Henri Guillemin.

Lorsqu'on étudie méthodiquement une destinée, la première constatation qui saute aux yeux est la suivante : **L'ACTION DES TRANSITS EST TRÈS SOUVENT CAPRICIEUSE**. En effet, V. H. subit deux échecs lorsqu'il posa sa candidature à l'Académie dans le cours de l'année 1836. Ces deux déceptions peuvent très bien s'expliquer par les seuls Transits, principal aspect : **URANUS** opposition à **JUPITER** (en transit).

Par contre, lors de l'échec du 20 février 1840 on ne trouve pratiquement rien, sauf une mauvaise position du Soleil qui, tous les ans, passe sur le même point et qui ne peut servir de base à un pronostic. Tandis que si on relève les influences **ANNUELLES ou DIRECTIONS** on trouve au début de l'année une quadrature entre l'A.S. et **JUPITER**. A la date du 4 octobre 1861 V. H. vend les **MISÉRABLES** pour une somme énorme et vers cette date il n'existe aucun transit important, seulement un sextil entre le Soleil et le **M.C.** qu'il est logique de considérer comme un facteur de déclenchement d'autres influences plus saillantes en action. En fait, vers l'époque de cette vente, à 6 mois près, on trouve cinq directions harmoniques parmi lesquelles une conjonction de la **LUNE** (qui est en Maison II à la naissance) avec Vénus, astre en relation avec le 2e signe et nettement bénéfique. Lorsque **V. H.** doit s'aliter le 30 juin 1858 on trouve au moins 5 transits dissonants pouvant expliquer ce qui s'est passé, mais ils sont appuyés par deux directions maléfiques mettant en cause Mars et le Soleil, Jupiter et la Lune. Par contre, lors de sa congestion du 28 juin 1878 il n'y a plus de transits très proches, mais en directions on trouve un mauvais aspect entre Jupiter et le Soleil, tout à fait dans la note de l'accident, et une conjonction **NEPTUNE-MARS** (Maître de VI). On peut, certes, faire un rapprochement entre le transit de Neptune au trigone de Jupiter et son élection comme sénateur le 30 janvier 1976, seulement ce trigone exact est dépassé depuis avril de l'année précédente et malgré une rétrogradation qui ramène Neptune à 18' de l'aspect au moment de l'élection, il aurait été plus logique pour faire un pronostic de parler du printemps 1875. Tandis que dans le domaine des directions la situation est très claire pour les premiers mois 1876 : M.C. sextil Jupiter et A.S. trigone Jupiter deux aspects tout à fait en harmonie avec une satisfaction de prestige.

Il serait inutile de multiplier les exemples. En général pour tous les faits marquants on constate une sorte de « préparation » par les directions, puis au moment où se produit l'événement tout se passe comme si certains transits, même très rapides, provoquaient une sorte de déclic souvent à la date exacte. D'autre part, il ne semble pas que des transits seuls puissent donner naissance à des faits de nature à modifier le cours du destin. En principe, toutes les étapes saillantes sont jalonnées par des directions. Le moment est donc venu de préciser de quoi il s'agit :

17 — LES DIRECTIONS — DÉFINITION

Sous le vocable général de DIRECTIONS on range tous les mouvements réels ou fictifs que l'on attribue aux astres pendant les heures ou les jours qui suivent la naissance. Ces mouvements vont engendrer, par rapport au Ciel natal, de nombreux aspects — bons ou mauvais — qui seront, en principe, en relation avec les vicissitudes de la vie. Comme ici il est seulement question de directions dites primaires, il n'est plus question de suivre la marche des astres dans l'éphéméride de l'année, il faut que l'astrologue se rappelle bien que ce sera la rotation des Maisons qui entraînera les astres et indiquera l'échéance des directions.

Dans le temps — que ce soit du temps de **PTOLÉMÉE** (IIe siècle) ou du temps du grand astrologue Morin de Villefranche (XVIIe siècle) dont les écrits font toujours autorité — il n'y avait qu'une seule méthode de directions, celle qui est appelée actuellement **DIRECTIONS PRIMAIRES**. Depuis, vers 1650, Placidus inventa ce qu'on appelle maintenant **DIRECTIONS SECONDAIRES** ou **PROGRESSÉES** et bien plus tard, par exemple entre 1900 et 1970 au moins une dizaine de variantes ont été proposées. Ici comme je choisis une méthode aussi simple que possible pour tenter de prévoir, je ne prends en considération que les directions primaires puisque ce sont les seules qui fassent réellement partie de ce qu'on appelle la **TRADITION**. On peut d'ailleurs ajouter que les inventions successives n'ont jamais démontré leur supériorité, ni même leur utilité à l'aide de travaux étendus et méthodiques. En ramenant la technique prévisionnelle à l'utilisation de deux facteurs : **DIRECTIONS** et **TRANSITS** le problème se trouve grandement simplifié et le pronostic bien plus aisé. Il se peut que les directions dites symboliques aient une certaine valeur, mais je crois que c'est une valeur complémentaire, qu'elles peuvent seulement soutenir les directions primaires. Les directions secondaires ne sont peut être pas sans valeur parce qu'elles ont une base astronomique indiscutable, mais leur nombre est trop restreint pour « expliquer » une vie mouvementée (1). Et leur grand inconvénient réside dans le fait que, sauf pour le M.C. et l'A.S., ces directions sont valables pour toutes les personnes nées le même jour, tandis que les directions primaires sont *individualisées* à la fois par l'heure et par le lieu de naissance. En effet, il naît actuellement en France environ 2 400 personnes par jour. Les directions progressées seront donc, en gros, valables pour toutes ces naissances sauf pour les positions de la Lune et des Angles. Dans les directions primaires les heures vont apporter une sélection et si on admet que les directions seront modifiées quelque peu toutes les 12 minutes nous n'avons plus que 20 personnes ayant les mêmes aspects. Mais en faisant intervenir la latitude géographique par ex. de 30 en 30' nous avons 15 catégories différentes entre 43° 30 et 51° 30 et nous obtenons à peu près des directions différentes pour chaque naissance. Ceci est évidemment théorique, cela suppose une répartition régulière dans le temps et l'espace (ce qui n'est pas le cas avec l'énorme

(1) Cette page a été écrite en 1971. Depuis quelques recherches nous font croire que les secondaires sont sans valeur réelle. Leur rôle serait uniquement de « faire travailler » l'intuition de l'interprétateur.

concentration parisienne), mais cela fait comprendre l'utilité et le bien-fondé de ces directions **INDIVIDUALISÉES**.

18 — LES DIRECTIONS — LEUR BASE ASTRONOMIQUE

Ici il n'est plus question de déplacement sur le cercle zodiacal comme pour les Transits (ou pour les « directions progressées ») on suppose simplement que les astres du Ciel de naissance *sont entraînés, en même temps que les Maisons, par la rotation de la Terre sur son axe en 24 heures*. Un exemple fera comprendre ce qui se passe : supposez que vous soyez né une nuit sous un beau clair de Lune. Lors de votre venue au monde votre père est sorti, a regardé la Lune, et a constaté, à vue d'œil qu'elle se trouvait à environ 30° du méridien passant exactement au-dessus de sa tête. A ce moment-là, si on monte votre Thème, la Lune sera très près de la pointe de la Maison XI. Supposons encore que votre père renouvelle son observation deux heures après, la Lune sera alors au Méridien, soit en conjonction avec votre M.C. Ce n'est pas la Lune qui s'est déplacée, c'est le Méridien entraîné par la terre qui est parvenu dans le voisinage de la Lune. Dans les directions cela s'appelle *M.C. en conjonction à la Lune* = 2 heures environ. Vous avez donc là un phénomène astronomique réel qui justifie pleinement la théorie directionnelle. Pour les autres aspects c'est un peu plus complexe, mais la base reste toujours la même. Et comme de tout temps on a admis qu'une heure après la naissance correspondait à 15 années (1 minute = 3 mois) en chiffres ronds, il en résulte que toutes les directions pour un natif qui atteindrait 90 ans se forment pendant les **SIX HEURES QUI SUIVENT LA NAISSANCE**. C'est un point important à ne jamais perdre de vue, car il fait automatiquement comprendre qu'il ne peut exister aucune différence dans le calcul des directions entre une Planète directe et une rétrograde, puisque le déplacement de l'astre n'est qu'une APPARENCE.

Comme c'est le déplacement des Maisons pendant les heures qui suivent la naissance qui est censé « emporter » avec lui les astres et les points sensibles du Thème, on peut dire que calculer ces directions pour 30 ans par exemple, revient à ajouter 2 heures au Temps sidéral natal (T.S.N.), puis faire une nouvelle domification correspondant à ce T.S. et, enfin, **REPLACER CHAQUE PLANÈTE DANS LA MÊME MAISON ET AU MÊME DEGRÉ OCCUPÉ A L'INSTANT DE LA NAISSANCE**. Pour bien faire ressortir que le procédé n'est pas compliqué je prends un exemple dans le Ciel. Au T.S.N. de 18 h 28, j'ajoute 2 h 14 ce qui correspond à 33 ans 1/2 (1 m = 3 mois, 4 m = 1 an) et pour la Latitude de Marseille 43° 1/2 environ, je trouve l'A.S. vers 4° Gémeaux et la Maison II vers 0° Cancer. Or, à la naissance, Uranus se trouve, en gros, au milieu de la Maison I et si on le replace au milieu de la nouvelle Maison qui s'étend du 4° Gémeaux au 0° Cancer, soit vers 17° Gémeaux on obtient à peu près la position d'Uranus « dirigé » à 33 ans 1/2 (le calcul exact donne 18° 20'). Dans le même ordre d'idées on peut placer Vénus vers le milieu de la Maison VI, Mars pas tout à fait au milieu de la VII, Jupiter plus loin que le milieu de la VII, Mercure dans le voisinage de la nouvelle Maison IV, etc. Au lieu de procéder à vue comme nous venons de le faire vous pouvez faire des proportions d'après l'étendue des Maisons et vous aurez des directions presque exactes. Dans tous les cas ce procédé peut servir pour un coup d'œil très général.

J'espère que tout cela vous fait bien comprendre le principe des directions préconisées ici et leur utilité si on désire aborder les prévisions. Il reste à expliquer pourquoi elles sont souvent plus actives que les transits.

19 — LES DIRECTIONS — POURQUOI ELLES SONT « AGISSANTES »

Les praticiens qui « travaillent » régulièrement le problème de la prévision des événements sont parfois étonnés par le fait que l'action des directions est souvent plus *régulière* et plus précise que celle des Transits dont le bien-fondé est pourtant plus aisément admis par un esprit scientifique. Depuis longtemps et à plusieurs reprises j'ai déjà émis l'hypothèse que cela devait provenir du fait que tous ces aspects se forment pendant les quelques heures qui suivent la naissance à un moment où il est permis de supposer que le nouveau-né *est encore très perméable à ce que nous appelons les influences astrales.*

Jusqu'à présent il s'agissait d'une hypothèse, d'une intuition personnelle, mais des travaux scientifiques très récents sont venus confirmer tout à fait ce point de vue. En effet, des « Journées médicales » ont eu lieu à MONACO en fin 1969 début 1970 au cours desquelles « 500 médecins sont parvenus à définir une pédiatrie nouvelle » (Titre d'un article de la revue ELLE n° 1 258). Au cours de ces travaux il a été admis que **L'AVENIR D'UN ENFANT SE JOUAIT PENDANT LES PREMIERS JOURS ET LES PREMIERS MOIS DE SA VIE !!!**

Si les premiers jours et les premiers mois sont si importants que faut-il penser du rôle décisif que peuvent jouer les premières heures ? Voilà une justification inespérée (et en quelque sorte officielle) des directions primaires.

D'ailleurs je vous propose une petite expérience qui est tout à fait en faveur des conceptions avancées ici. Il s'agit d'une comparaison entre l'effet d'un transit déterminé et l'effet d'un certain nombre de directions. Il porte toujours sur la vie de V. H.

20 — DIRECTIONS — UNE COMPARAISON AVEC LES TRANSITS

A titre d'information, voici une confrontation entre Transits et Directions de même nature. J'ai choisi des aspects entre Jupiter et le Soleil et considéré les 15 trigones qui se sont formés dans le Ciel de V. H. entre 1823 et 1883 :
L'orbe adopté est de 30 jours, pour réduire les coïncidences :

Premier trigone	:	12. 9.1823 :	Pour ces deux dates
Second trigone	:	16.12.1823 :	la chronologie ne mentionne rien de précis ; décès petit Léopold.
Troisième trigone	:	5. 5.1824 :	Peut se rattacher à la sortie des « Nouvelles Odes » qui se place en mars.
Quatrième trigone	:	21.12.1827 :	Sortie de CROMWELL également en décembre.
Cinquième trigone	:	15. 5.1828 :	Deux publications
Sixième trigone	:	15. 8.1828 :	peu importantes.
Septième trigone	:	15. 8.1835 :	Rien de particulier à 3 mois près ; sauf voyages.
Huitième trigone	:	5.12.1839 :	Rien de précis ; (échec A.F.).
Neuvième trigone	:	5. 8.1847 :	Rien de précis, mais toute l'année V. H. travaille à son roman « Les Misères », liaison nouvelle.
Dixième trigone	:	15.11.1851 :	On peut lui attribuer un excellent effet de protection, car il semble lui avoir évité la prison et permis de passer en Belgique sans encombre (le 11 décembre 1851).
Onzième trigone	:	10. 7.1859 :	On peut faire un rapprochement avec l'amnistie du 15 août dont il ne voulut pas profiter. Toutefois l'orbe est déjà de 7° !!!
Douzième trigone	:	30.10.1863	V. H. est en pleine période de travail

		après ses vacances habituelles d'été. Pas de fait très précis ; rentre de voyage le 8.10.1863.
Treizième trigone :	30. 6.1871 :	Ne cadre pas parce qu'il correspond à un échec aux élections du 2 juillet (De multiples M.A. en même temps).
Quatorzième trig. :	25.10.1875 :	Sortie 2e volume « d'Actes et Paroles » en novembre.
Quinzième trigone :	10. 6.1883 :	Le plus précis quant à la concordance, car le 9.6 est sortie le tome III de la « légende des Siècles ».

Comme on le voit, les lacunes sont assez fréquentes et cela fait ressortir la difficulté pour rédiger un pronostic en partant des seuls transits. Cela semble aussi confirmer l'opinion émise ici, à savoir qu'il faut aussi une direction pour engendrer un fait saillant. Evidemment, la chronologie n'est peut-être pas rigoureuse, mais elle note tout de même ce qui a marqué dans cette vie. On pourrait augmenter les tolérances, mais alors on risque de tomber dans les coïncidences, la plus grande source des illusions en Astrologie...

Pour faire une comparaison avec ces transits, voici ce que j'ai trouvé pour 13 directions entre Jupiter et le Soleil ou entre le Soleil et Jupiter, directions aussi bien *directes* que *converses*. On trouvera donc *deux fois* les mêmes aspects à des dates différentes. Les directions et les âges sont exprimés en Temps Sidéral pour réduire au minimum les risques d'erreurs et parce que c'est avec de simples additions et soustractions de T.S. que se font toutes les opérations pour relever les directions par le procédé simplifié dont il sera question un peu plus loin.

DIRECTIONS	ÉCHÉANCE DE LA DIRECTION
Jupiter à 150° du Soleil à	1 h 25
Soleil à 150° de Jupiter	1 37
Soleil à 150° de Jupiter (C)	2 22
Jupiter à 150° du Soleil	2 37
Jupiter trigone au Soleil	3 11
Soleil 135° de Jupiter	3 11
Soleil trigone Jupiter	3 47
Soleil trigone Jupiter	4 02
Jupiter trigone Soleil	4 43
Jupiter carré Soleil	5 08
Soleil à 135° de Jupiter	2 42
Jupiter à 135° du Soleil	2 21
Jupiter à 135° du Soleil	3 39

ÉVÉNEMENTS	AGE en T.S.
Sortie HANS D'ISLANDE à	1 h 24 (1823)
Sortie BUG JURGAL	1 36 (1826)
Sortie VOIX INTÉRIEURES	2 22 (1837)
Réception à l'Académie F.	2 38 (1841)
Elu député	3 11 (1849)
Rupture avec parti politique	3 11 (1849)
Sortie de maladie	3 47 (1858)
Sortie MISÉRABLES	4 01 (1862)
Sortie ANNÉE TERRIBLE	4 42 (1872)
Rechute après congestion	5 07 (1878)
Fils malade	2 42 (1842)
Mort du frère	2 20 (1837)
Fille malade	3 40 (1856)

On voit dans cette liste que chaque aspect peut se rattacher (à 3 mois près) à quelque fait concordant. On peut noter que l'année 1849 est jalonnée par deux directions contradictoires ce qui correspond bien aux vicissitudes de l'époque. Enfin, on peut constater que celui qui réfute les directions se prive d'un facteur prédictif de première importance. L'angle de 150° est considéré comme harmonique parce que, logiquement, il doit faire l'équilibre avec celui de 135°.

21 – LES DIRECTIONS – DIFFÉRENCE ENTRE TRANSITS ET DIRCTIONS

Cette différence n'apparaît pas toujours à première vue et dans tous les cas parce qu'il est très probable que la plupart des transits ne font que RENFORCER ou PRÉCISER la réalisation de la direction. Ce point de vue n'est pas nouveau, c'est celui de MORIN DE VILLEFRANCE (1583-1656) que l'expérience confirme très nettement. Mais ce qui est probablement nouveau c'est qu'un transit peut confirmer ou réaliser une direction même si les astres qui forment le transit n'ont pas de rapport avec ceux qui forment la direction. Par exemple, Victor Hugo dut interrompre tout travail le 30 juin 1858 à cause d'un anthrax qui mit sa vie en péril pendant tout le mois de juillet. Cette époque est marquée par une opposition LUNE-JUPITER, mais l'arrêt a été précisé par le passage de Neptune au carré de la Lune (exact à la minute le 13.6. et encore exact à 4' le 30 juin) et par le carré de Jupiter au Soleil exact le 28.6 On peut ajouter que la Lune, par *transit* est parvenue à l'opposition de Jupiter natal dans la nuit du 30 juin au 1er juillet jouant ainsi, en quelque sorte, le rôle de l'aiguille des minutes.

On sera probablement tenté de croire qu'il aurait suffi de considérer les transits pour prévoir une mauvaise période au cours de l'été. Ce n'est pas certain du tout car Neptune est resté pendant deux ans au moins très près du carré de la Lune et on n'aurait pas su quel carré choisir, tandis que Jupiter passe au carré du Soleil tous les 6 ans et V. H. ne fut sérieusement malade qu'en 1858 et 1878. La solution préconisée ici c'est une alliance, une combinaison, des deux procédés.

Il est cependant possible de se faire une idée de la différence qui peut exister entre une direction et un transit en considérant l'exemple suivant, toujours dans la vie de V. H. : le Soleil est parvenu au trigone de Jupiter (converse) en 1862 lors de la sortie des MISÉRABLES, précédée d'un contrat de 300 000 F (soit 90 millions de F 1951 selon le biographe). Tandis que le trigone de Jupiter au Soleil (transit) du 10 juin 1883 marque simplement la sortie du tome III de la LÉGENDE DES SIÈCLES, fait qui n'a rien de comparable au précédent comme INTENSITÉ ou IMPORTANCE. Chez MUSSOLINI, au début de mars 1916 il est nommé caporal et part en permission sous un trigone de Jupiter à Mercure-Soleil-transit) ; en 1921 se forme un sextil Soleil-Jupiter en Directions et c'est la première victoire de ses partisans dans une élection (35 députés élus). On pourrait certes, citer bien d'autres exemples, mais il ne s'agit pas de faire une démonstration chiffrée, il s'agit simplement de se faire comprendre. Il est de toute évidence que les transits des astres rapides qui se produisent tous les ans et qui forment plusieurs aspects dans le cours de la même année ne peuvent pas servir de base à la formulation d'une prévision se rapportant à un fait saillant du destin, ces transits peuvent simplement en préciser le jour (ou la date à quelques jours près).

22 – LES DIRECTIONS – LEUR CALCUL SIMPLIFIÉ

Même par la méthode simplifiée il n'est pas possible de décrire ici le mode de calcul parce qu'il faut pour cela une CENTAINE de pages de Tables numériques et, pour faciliter le travail, il faut que le volume contenant ces tables soit aussi réduit que possible afin d'en faciliter la manipulation. Si vous désirez aborder le domaine de la prévision d'une manière sérieuse il est nécessaire de vous procurer « LES DIRECTIONS PRIMAIRES SIMPLIFIÉES » aux éditions Traditionnelles. C'est un petit livre de 36 pages de texte et 104 pages de tables que j'ai écrit en pensant surtout aux astrologues professionnels, mais que tout le monde peut comprendre. En suivant les indications de ce livre, une fois que vous aurez bien assimilé le procédé, vous pourrez déterminer les directions pour une période de 2 ou 3 ans en l'espace d'une après-midi et une fois que vous aurez adopté ces directions pour vos pronostics vous ne les abandonnerez plus parce que c'est le moyen le plus simple pour se faire une idée de l'atmosphère que le sujet peut rencontrer au cours d'une période déterminée. C'est aussi le moyen le plus pratique pour élaborer des pronostics à longue échéance.

A la rigueur, les explications données dans ces 36 pages sont suffisantes pour assimiler le calcul simplifié des directions, mais, si vous désirez davantage de détails avec de nombreux exemples d'application, vous trouverez tout cela dans mon HOROSCOPE ANNUEL SIMPLIFIÉ, Ed. Dervy (prix 33 F en 1976).

Toutefois, comme la plus grande partie de ce livre est consacrée aux directions, j'exposerai à la fin de l'ouvrage une nouvelle méthode simplifiée de calcul qui vous permettra d'obtenir rapidement la position d'un astre « dirigé » à peu près à 1° ou 2° pour les latitudes courantes.

23 – LES DIRECTIONS : L'INFLUENCE DE L'HEURE DE NAISSANCE

En introduisant dans le texte de nombreux exemples, je n'ai jamais eu l'intention de faire œuvre de statisticien (pour cela il eût fallu procéder différemment) mais simplement d'attirer l'attention sur le rôle capital que jouent les directions primaires dans la plupart des faits saillants d'une vie. J'ai déjà signalé dans mes écrits quelques-unes des causes qui sont à l'origine de l'abandon de ces directions (qui font pourtant partie intégrante de ce qu'on appelle la Tradition), mais il est un « canard » qui a la vie dure et auquel il faut tenter de couper les ailes. Chaque fois qu'il est question de ces directions on se heurte presque toujours à cette objection : « Il faut connaître l'heure de naissance à 4 minutes près, ce qui n'est presque jamais le cas. » Or un tel point de vue EST COMPLÈTEMENT ERRONÉ. En effet un écart de 4 minutes fait effectivement varier les directions du M.C. et de l'A.S. d'une année environ, *mais cela est également vrai* pour les directions symboliques, pour les directions progressées et pour tous les systèmes que l'on pourra inventer. En faisant cette réflexion on oublie également que les directions primaires sont encore ce qu'il y a de plus pratique pour rectifier une heure de naissance. Mais, en dehors du M.C. et de l'A.S. il existe 9 Planètes (10 si on veut inclure Pluton) et il s'agit de savoir quelle est l'influence de l'heure sur les aspects entre Planètes. Pour mettre un terme à cette querelle, j'ai décidé, avec Henry FORTIN d'effectuer des recherches systématiques qui ont donné les résultats suivants :

a) L'influence de l'heure de naissance sur l'échéance d'une direction est peu sensible si la Planète se déplace (du fait de la rotation de la Terre) dans le voisinage des solstices à 30° près.

b) Cette influence est encore peu sensible si l'Astre qu'on « dirige » se trouve, à la naissance, dans le voisinage de l'A.S. à 10° ou 15° ou du M.C., mais avec une moindre tolérance, 5° avant ou après.

c) L'écart dans l'échéance de la direction devient plus sensible si l'astre est loin du M.C. et de l'A.S. avec une sorte de zone critique englobant la fin de la Maison X et la totalité de la Maison XI (voir ci-après).

d) Les écarts sont évidemment plus grands pour les hautes Latitudes géographiques. Si on opérait près de l'équateur il n'y aurait pas de différence. Dans le même ordre d'idées, l'âge peut aussi intervenir, mais très faiblement dans la plupart des cas.

e) On doit surtout s'attendre à des différences si la Planète considérée se trouve en Maison XI ou dans son voisinage et, principalement si cette Maison XI *est à la fin du CAPRICORNE ou dans le VERSEAU.* Voici ce que provoquerait une *erreur de 20 minutes* dans l'heure de naissance pour un astre que nous *supposons à la pointe* de la Maison XI. Les calculs sont faits pour Paris (LG 48° 50').

T.S. Natal	Position de XI au degré près	Erreur dans la direction pour un âge de 45 ans (Planète située en XI)
0 heure	11° Taureau	9 mois environ
2 heures	15° Gémeaux	3 mois environ
4 »	13° Cancer	1 an environ
6 »	8° Lion	1 an environ
8 »	4° Vierge	1 an environ
10 »	0° Balance	3 mois environ
12 »	26° Balance	1 an et 3 mois env.
14 »	21° Scorpion	1 an env.
16 »	17° Sagittaire	3 mois env.
18 »	15° Capricorne	2 ans et 6 mois env.
19 »	1° Verseau	2 ans et 9 mois env.
20 »	19° Verseau	2 ans et 9 mois env.
21 »	8° Poissons	2 ans et 9 mois env.
22 »	0° Bélier	2 ans env.
23 »	21° Bélier	1 an et 6 mois

On peut résumer la situation en disant qu'il existe une zone critique d'environ un quart de cercle depuis le milieu du Capricorne jusqu'au milieu du Bélier, mais cela s'applique uniquement aux Planètes en Maison XI (ou bien à celles qui doivent y être transposées). Dès qu'un astre sort de cette Maison, avant ou après, l'écart diminue rapidement. Les Horoscopes intéressés par ces conditions sont peu nombreux. Il n'est pas facile d'effectuer un calcul des probabilités, mais en examinant les 70 Thèmes qui sont cités dans les exemples on peut avoir une vérification de ce point de vue.

En effet, en considérant seulement la position la plus délicate, la Maison XI dans le Verseau je ne trouve que trois Thèmes répondant à cette condition : EISENHOWER qui aurait la pointe de XI en fin Capricorne et Jupiter au début du Verseau, seulement la L.G. n'est que de 33°-34° et l'écart serait moindre que pour une naissance à Paris par exemple. Je ne fais pas le calcul parce que l'heure de feu le Président des U.S.A. est très incertaine.

Le second Thème répondant pleinement aux conditions requises pour avoir des écarts serait celui de Robert KENNEDY avec la Lune au début de XI à 27° 44

Capricorne. Mais ici l'heure donnée (prob. par les astrologues américains) est 14 h 19, donc il semble inutile de faire des calculs.

Le troisième Thème avec la XI au Verseau est celui d'A.-M. PEYSSON. Il ne comporte pas de Planètes en XI, mais il faut y « transposer » le Soleil qui est à 1° 3' du Lion et, à titre d'exemple, nous allons calculer le sextil du Soleil avec Jupiter aspect qui tombe à 13° 41' Vierge.

L'Horoscope qui est publié ici a été rectifié de 15 minutes et est dressé pour 23 h alors que la naissance se placerait à 23 h 15. Le T.S. adopté est de 18 h 28, sur cette base le sextil recherché se forme à 2 h 13. Si je change le T.N.S. et le porte à 18 h 48, la direction ne se forme qu'à 2 h 18, soit un écart d'un an et 3 mois. Si je ramène le T.S. à 18 h 08 m, l'aspect se forme à 2 h 07, soit un écart de 18 mois. Enfin si je suis encore le T.S. de manière à avoir un écart de 30 minutes par rapport à l'heure supposée exacte, l'écart est porté à 2 ans et 3 mois environ. Si cette nativité était de Paris au lieu de Marseille (43° 18') l'écart serait un peu plus grand mais il ne faut pas oublier que nous avons choisi ici l'astre le *plus sensible* et que pour tous les autres facteurs du Thème l'écart serait bien moindre. Ne pas oublier en outre que c'est à peu près le seul cas très sensible à l'heure sur environ 70 Thèmes considérés. On peut donc conclure que même si l'heure n'est connue qu'à 20 ou 30 minutes près on peut toujours se faire une idée des échéances des principales directions, quitte à préciser ensuite à l'aide des grands transits. On voit qu'on est bien loin des 4 minutes mises souvent en avant par les sceptiques qui, inconsciemment, paraissent chercher dans cet argument une excuse pour ne pas aborder les quelques calculs — même très simples — qu'exige cette technique.

24 — DIRECTIONS — LA NOTION DE COMPENSATION

Cette notion — apparemment nouvelle — est entièrement inspirée par les nombreuses recherches faites au cours de ces dernières années. Elle consiste à admettre qu'une série de directions venant à échéance dans le cours de la même année (ou peu avant ou après) peut très bien se traduire par quelque changement ou événement sortant de l'ordinaire, *sans qu'il y ait intervention des transits* des lentes. Inversement une série de cinq ou six transits de même nature (soit harmoniques, soit dissonants) en l'espace de deux ou trois mois peuvent très bien aboutir à un fait précis et assez saillant sans qu'il y ait intervention de directions. Toutefois une réserve est à faire : l'absence de directions semble bien indiquer que cet événement, quoique d'une certaine portée, n'aura pas de grandes répercussions sur l'évolution du destin, ce qui n'est pas le cas avec des directions marquantes.

Dans la vie de V. H. on peut prendre son mariage comme exemple : en 1822 on ne trouve pas de directions à trois mois près, sauf un aspect de Neptune apparemment étranger à l'union. Comme compensation à la date du 12.10.1822 on peut totaliser 10 transits harmoniques à 3° près, dont plusieurs de Planètes lentes.

Inversement en 1861 lorsqu'il vend les MISÉRABLES 300 000 F (4.10.61) il n'y a presque pas de transits, mais 5 directions « bénéfiques » sont en orbe.

Lors d'un premier contrat le 25.10.1838, les directions ne sont pas très précises, mais on relève 7 transits harmoniques très serrés et le jour même du contrat, le Soleil passe sur l'A.S.

Dans le domaine de la concordance entre directions et transits, on peut mentionner le retour à la vie politique, comme Sénateur, de G. CLMENCEAU le 6.4.1902, après être resté à l'écart pendant 9 ans !!! Cela correspond à la direction JUPITER trigone SOLEIL et la date peut être précisée par le passage de Jupiter au trigone de l'A.S. et, surtout, par le trigone du Soleil sur Mars-Jupiter à 1 jour près.

Au mois d'août 1899 G. C. est malade, il ne peut se rendre à Rennes où il voulait assister à un procès. Or, pendant ce mois on trouve : Neptune opposé Saturne ; Saturne conj. Mars ; Saturne carré Lune ; et Mars conj. Soleil à la date du 15.8.99 (la date du procès n'est pas précisée). Mais il faut dire que ces transits, sans directions ne paraissent pas avoir eu la moindre influence sur le destin du « Père la Victoire ».

25 – DIRECTIONS – LES « DIRECTES » ET LES « CONVERSES »

Il ne faudrait surtout pas croire que les astres se déplacent dans les deux sens, comme certains ont parfois fait semblant de le croire pour dénigrer les partisans des directions. Pour faire comprendre de quoi il s'agit mieux vaut prendre un exemple dans le Ciel de V. H. ou la Lune se trouve à 25° du Sagittaire. Selon la théorie des directions elle se trouve entraînée par la rotation des Maisons et à un moment donné elle aura la même position semblable que celle de Mars qui est à 1° du Verseau. On dira à ce moment que la Lune est conjointe à Mars et que c'est une direction appelée DIRECTE (c'est apparemment la Lune qui s'est avancée sur Mars). Dans cet exemple nous avons considéré la rotation de la terre qui entraîne les Maisons, lesquelles entraînent les Planètes. Au lieu de considérer la rotation de la terre, les Anciens prenaient surtout en considération le mouvement diurne qui, en apparence, transporte Mars vers la Lune et, dans ce cas, on pourrait appeler « directe » la conjonction Mars-Lune. Disons tout de suite que le calcul sera le même.

Dans ce livre j'ai préféré considérer la rotation de la terre parce que cela me semble plus aisé à assimiler par les étudiants.

Considérez maintenant le trigone de Saturne qui tombe à 4° (arrondis) du Capricorne. Ce point du Ciel sera également entraîné vers 1° Verseau où se trouve Mars, mais par CONVENTION on ne dira pas le Trigone de Saturne à la conjonction de Mars, on dira : Mars « converse » au trigone de Saturne et le calcul se fera entre le 4° Cap. et le 1° Verseau. (Cet aspect qui donne une idée de réalisation avec Mars et une idée de succès avec Saturne en X, correspond à la première d'HERNANI en 1830. Même si cela fut une source de discussions on parla de V. H. à cette époque...).

Dans tous les Thèmes on remarquera que les « converses » sont moins nombreuses que les « directes » pour la simple raison que les conjonctions et oppositions se confondent. On ne peut donc calculer en converses que les sextils carrés, trigones pour ne citer que les aspects majeurs.

Au sujet de l'influence on ne peut pas faire de différence entre un aspect en direct et un en converse, pour la simple raison que si on veut considérer le mouvement diurne les directions changent de nom, les converses deviennent directes et inversement. Or, en théorie, on a parfaitement le droit de suivre le mouvement diurne et sur le plan de la réalité on est aussi logique en considérant la rotation de la terre.

Le calcul des « converses » sera un peu plus long parce que chaque fois il faudra « changer de pôle », mais la difficulté n'est pas insurmontable.

Dans les exemples qu'on trouvera plus loin, les converses seront suivies de la lettre (C) pour les différencier des directes qui ne comporteront aucun signe particulier.

26 – DIRECTIONS : FAUT-IL « DIRIGER » LES POINTES DES MAISONS ?

Certains praticiens utilisent en général les directions symboliques dont la réalité n'a pas pu être démontrée par des exemples chiffrés, on ne peut guère considérer cela comme une référence. On peut toujours diriger une pointe et soit par coïncidence, soit par intuition, il est toujours possible d'en tirer une déduction qui se vérifie parfois. Ce qu'il nous faudrait dans ce domaine c'est une recherche sérieuse, mais assez difficile à effectuer vu qu'il existe au moins trois méthodes de domification différentes. Comme je l'ai déjà dit plusieurs fois il nous faudrait un LABORATOIRE ASTROLOGIQUE (dont la fondation a été tentée plusieurs fois, mais qui n'a jamais reçu une extension suffisante). En attendant des travaux valables on peut se contenter de prendre en considération les pointes de X et de I, comme cela se fait toujours (voir chapitre 15).

27 – LES DIRECTIONS : QUELS FACTEURS FAUT-IL « DIRIGER » ? QUELLE TOLÉRANCE ?

Pour les Anciens, le problème des directions était relativement simple : il fallait seulement prendre en considération cinq « Significateurs » : M.C.-A.S.-SOLEIL-LUNE et PART DE FORTUNE et considérer leurs aspects avec les autres éléments du Ciel. Par voie de conséquence on peut estimer que toute direction étrangère à l'un des significateurs était considérée comme sans valeur. Expérimentalement cette théorie ne semble pas se vérifier et, d'après de nombreuses expériences, on dirait bien qu'il est nécessaire de prendre en considération toutes les directions pour expliquer les événements d'une vie mouvementée. En particulier, quelques essais faits avec la PART de FORTUNE ont paru démontrer que ce point était sans valeur réelle et ses directions ne sont pas prises en considération dans les nombreux exemples cités par la suite.

Quant à la notion de SIGNIFICATEURS et PROMETTEURS (dont le rôle ne paraît pas très bien défini par les Anciens), il est également inutile de s'en préoccuper, cela ne ferait que compliquer le problème sans apporter le moindre avantage.

En résumé : l'expérience démontre qu'il faut tenir compte de toutes les Planètes et qu'on peut aussi bien utiliser les directions dites « converses » que les « directes », il n'a pas été possible de discerner une différence dans les effets. Si les « converses » marquées par un (C) sont moins nombreuses dans les citations qui sont faites, cela provient uniquement du fait que leur calcul, même simplifié, est sensiblement plus long que pour les directes. (On pourrait trouver des exemples détaillés de calcul dans mon livre « L'HOROSCOPE ANNUEL SIMPLIFIÉ » en vente aux E. T.)

Il ne semble pas exister des recherches expérimentales sérieuses permettant de fixer exactement l'orbe d'une direction ou d'un transit. Il faut se contenter d'approximations : pour les directions on peut fixer la tolérance à SIX MOIS minimum et UNE ANNÉE maximum. Il serait probablement plus logique de prendre 9 mois avant l'aspect exact et six mois après, parce qu'un aspect peut préparer un événement pendant plusieurs mois, tandis qu'une fois que l'aspect est dépassé il semble peu probable que l'effet puisse se manifester au-delà de six mois. Toutefois dans les exemples cités, comme il s'agit de calculs simplifiés, comme il existe toujours un doute quant à l'heure, une tolérance d'une année sera adoptée avant et après le point culminant.

Pour les transits je préconise 2° 30' ou 3° maximum d'orbe. Toutefois, pour Jupiter qui parcourt parfois 5° en un mois, il serait probablement logique de prendre un orbe en temps, 30 jours par ex.

J'ai cependant constaté très souvent que lorsqu'un transit agit nettement c'est lorsqu'il est très près de son point culminant à 1° près. Dans les exemples cités le terme « exact » ou « ex » signifie que le transit est à moins d'un degré de la longitude exacte de l'aspect.

28 – ASPECTS BÉNÉFIQUES ET ASPECTS MALÉFIQUES ; ASPECTS CONTRADICTOIRES

Les termes **BONS et MAUVAIS** ne sont pas à prendre dans un sens très strict, il est même des astrologues qui estiment que la dénomination est inadéquate et que tout dépend des cas particuliers, qu'un mauvais aspect qui est « maîtrisé » par le sujet peut constituer un facteur de progrès, de succès, etc. Il est probable que ces points de vue sont plus exacts lorsqu'ils s'appliquent au Ciel natal qu'aux Directions ou Transits, car, dans ce dernier cas, et sauf pour les conjonctions et certaines oppositions dont l'effet est parfois positif, on pourra constater, d'après les nombreux exemples cités, que le terme **BON ou MAUVAIS** aspect est presque toujours très près de la vérité et, pour éviter des complications, pour faire un livre qui soit aisément assimilable même par un débutant, il a paru préférable de conserver ces termes qui font image et qui sont aisés à retenir. Parmi les cas où on peut douter de l'influence faste ou néfaste d'un aspect il faut mentionner principalement le passage d'un astre bénéfique sur la pointe de VII. En principe un tel aspect peut agir sur la santé par l'opposition à l'A.S., mais il peut aussi signifier un mariage ou une association, une signature de contrat du fait de la conjonction à la pointe de VII. D'ailleurs, les deux événements ne sont pas obligatoirement incompatibles, la vie est parfois remplie de contradictions. En second lieu, on peut noter aussi le passage d'un bénéfique sur la pointe de IV pouvant se traduire par quelque changement de résidence, par quelque fait heureux dans la famille et pas forcément par un revers dans la situation, fait qui correspondrait à l'opposition avec le M.C.

Dans un domaine voisin il faut signaler aussi que des dissonances correspondent parfois à un événement considéré comme heureux. Par exemple il existe des mariages qui furent conclus lorsque le Ciel comportait des directions dissonantes, dans ce cas on dirait que cela constitue un mauvais présage pour l'avenir de la vie conjugale ou pour l'avenir de toute réalisation conclue sous de tels auspices.

Parmi les grandes difficultés d'interprétation rencontrées par le pronostiqueur il faut placer au premier rang les aspects contradictoires. En effet, il est fréquent de constater au cours de la même année un ou plusieurs B.A. et, en même temps, un ou plusieurs M.A. Il en est de même dans le domaine des transits. Ici, d'après l'expérience, deux solutions sont à envisager :

a) Souvent ce sont les aspects les plus nombreux qui l'emportent ou bien c'est l'aspect que l'on peut estimer le plus puissant ou le plus exact. (Il est évident, par exemple, qu'une direction entre le Soleil et Jupiter sera logiquement plus efficiente qu'une autre, par exemple entre Neptune et Uranus, ou Neptune et Vénus.)

b) Ou bien, comme la vie est parfois pleine de contradictions, les aspects de nature différente se manifestent chacun de leur côté, soit en même temps, soit à peu de distance. Par exemple lorsque **CLEMENCEAU** s'est marié le 23 mai 1869 il y avait en « orbe » quatre transits prédisposant au mariage, mais il existait une dissonance **SATURNE-MARS** qui s'est traduite par une brouille avec le beau-père qui désapprouvait l'union.

Il n'existe pas de règle absolue pour résoudre ce cas

souvent épineux et c'est ici que l'art et l'intuition de l'interprétateur peuvent donner toute leur mesure... On peut ajouter que pour devenir un bon astrologue il ne suffit pas d'étudier, il faut également certaines aptitudes foncières comme pour devenir un bon artiste, un bon musicien, un bon médecin, etc. Il serait très utile de trouver un entraînement de nature à développer l'intuition...

29 – POURQUOI DES EXEMPLES ?

Tout d'abord pour faire ressortir le rôle considérable des directions primaires en face des principaux événements d'une vie et ce, quelle que soit la personnalité considérée.

En second lieu, parce que les exemples peuvent fournir de multiples nuances d'interprétation auxquelles il est difficile de penser dans le texte qui peut seulement s'inspirer de la nature des Planètes et des aspects, sans pouvoir faire intervenir les Signes ou les Maisons. L'examen de certains exemples peut fournir des indications très utiles, faire surgir des idées nouvelles, etc. En troisième lieu ces exemples démontrent que, contrairement à l'opinion de certains, il n'existe pas de *différence* sensible entre Soleil trigone Jupiter et Jupiter trigone Soleil. En quatrième lieu, ces exemples permettent de vérifier si on peut se baser sur les données astrologiques courantes pour fixer l'effet probable de certains aspects. Ils peuvent aussi constituer, en quelque sorte, une « ligne jaune » qui sera un repère utile et qu'il ne faudra pas dépasser dans l'énumération des effets probables.

A propos des exemples on constatera que la même personnalité est parfois mentionnée plusieurs fois pour le même événement. Cela met en évidence la notion de « concentration » des aspects. Un changement saillant dans une évidence la notion de « concentration » des aspects. Un changement saillant dans une vie est presque toujours indiqué par plusieurs directions et plusieurs transits en même temps, ce qui peut entraîner automatiquement plusieurs citations.

30 – POURQUOI DES CÉLÉBRITÉS ?

Pour trois raisons principales :

1) Les fortes personnalités paraissent mieux répondre aux « influences » astrales que les destinées quelconques. En général elles traduisent mieux les différentes possibilités incluses dans le Thème et leur vie est souvent plus mouvementée, d'où une vérification plus aisée de l'effet des directions.

2) Il était indispensable de travailler sur des célébrités dont la vie est connue de tout le monde, afin de permettre tout contrôle et d'éliminer toute accusation de supercherie.

3) On peut penser qu'un tel travail incitera d'autres chercheurs à entreprendre d'autres recherches encore plus étendues et, souhaitons-le, encore plus probantes. Je signale cependant qu'il existe parfois de légères divergences entre les biographies consacrées au même personnage en ce qui concerne les dates exactes des événements cités. Mais cela ne doit pas modifier les conclusions dans l'ensemble.

31 – DIRECTIONS – ESSAI DE CLASSIFICATION PAR ORDRE D'IMPORTANCE

Dans l'étude des transits on commence habituellement par la Planète la plus lente, pour terminer par la plus rapide. Dans les directions on commence souvent par les angles, puis par les Luminaires et ainsi de suite, selon les préférences de chacun. Ici je voudrais proposer un classement plus méthodique qui tienne compte à la fois des transits et des directions. Certes on ne peut pas attribuer au classement proposé une valeur mathématique, mais ce n'est pas la conséquence d'une inspiration, c'est la conséquence de multiples observations de ces dernières années. Il y a donc là un point de vue inédit qui est susceptible de rendre service aux pronostiqueurs. Le classement proposé repose notamment sur l'expérience suivante – qui n'a pas une valeur de statistique, mais qu'on peut considérer comme un essai. J'ai calculé, par le procédé simplifié mais avec soin, les directions pour la date du gain dans 11 horoscopes de gagnants à la loterie ou au tiercé. Parallèlement j'ai effectué le même travail pour 8 victimes des accidents de la circulation. Dans le premier cas ne sont comptés que les B.A., dans le second que les M.A. Le résultat donne le petit tableau suivant :

	Nombre de direction harmoniques à la date du Gain	Nombre de dissonances au moment de l'accident	Total des M.A. et des B.A.
JUPITER	14 B.A.	12 M.A.	26 aspects
SATURNE	3	15	18
URANUS	6	7	13
NEPTUNE	4	9	13
MARS	6	14	20
LUNE	7	12	19
SOLEIL	11	7	19
VÉNUS	10	6	16
MERCURE	6	10	16
M.C.	10	6	16
A.S.	5	11	16

Ce qui frappe dans ce petit tableau c'est l'importance de Jupiter aussi bien dans un cas que dans l'autre. Il est donc logique de le placer en tête de la liste. La position de Saturne au second rang ne soulève aucune objection, mais malgré le très petit nombre de cas il faut noter la différence entre les B.A. et les dissonances. Pour Uranus et Neptune ils seraient à peu près à égalité. Si on s'en tient aux chiffres Mars viendrait au second rang, mais s'il est important en directions, ses transits sont trop rapides pour le classer avant les planètes lentes, la même chose pour le Soleil. Mercure semble se trouver valorisé ici par le nombre de M.A. parce qu'il s'agit de victimes de la route. En définitive je propose donc le classement suivant :

1°	Transit et direc.		de	JUPITER
2°	»	»	de	SATURNE
3°	»	»	d'	URANUS
4°	»	»	de	NEPTUNE
5°	»	»		MARS
6°	»	»	du	SOLEIL
7°	»	»	de	VÉNUS
8°	»	»		MERCURE
9°	»	»	la	LUNE
10°	»	»	de	PLUTON

Cette expérience a été faite il y a cinq ou six ans, elle mériterait d'être refaite avec une cinquantaine de cas de chaque côté, mais je la conserve telle quelle parce que, malgré le nombre infime des cas elle constitue presque une preuve de l'influence astrale et de l'utilité des directions. Si seul le hasard était en cause on devrait trouver un nombre comparable de B.A. et de M.A. pour Saturne, pour Mars, pour le Soleil et Vénus et même pour Neptune, or on constate toujours une différence en faveur des théories astrologiques, sauf pour Mercure pour la raison (vraisemblable) signalée plus haut.

Au sujet du rôle capital de Jupiter, que ce soit en directions, que ce soit en transits (comme cela a été constaté dans d'autres expériences) je me suis souvent demandé si un raisonnement très terre à terre ne pourrait pas fournir une explication. En effet, en dehors du Soleil qu'il faut placer à part, Jupiter est l'astre le plus volumineux — et de loin — du système solaire et si son « influence » est en rapport avec son volume tout s'explique.

A ce propos il n'est peut être pas inutile de rappeler la dimension des planètes en donnant leur diamètre :

JUPITER	142 000 KM	VÉNUS	12 300
SATURNE	120 000	MARS	6 800
NEPTUNE	54 000	MERCURE	4 800
URANUS	50 000	LUNE	3 400
TERRE	12 000	PLUTON	???

Evidemment, un tel raisonnement matérialiste ne sera pas très apprécié par les astrologues spiritualistes, aussi je dirai qu'il s'agit d'une simple « vue de l'esprit ».

31 bis – DIRECTIONS ET TRANSITS : RAPPEL DE QUELQUES RÈGLES D'INTERPRÉTATION

On interprète à peu près de la même façon les directions et les transits avec cette différence qu'il faut attribuer aux seconds un rôle seulement épisodique et, en général, d'une portée limitée. Il ne semble pas que les transits seuls puissent amener des modifications profondes dans une existence.

Par contre, une concentration de directions peut modifier profondément la vie que ce soit dans un sens nuisible : maladies, pertes de situations, échec dans les initiatives, soit dans un sens faste : changements heureux de situation, satisfactions de prestige, réalisations sentimentales, etc. Toutefois, pour les faits très décisifs il faut en général plusieurs directions en l'espace d'un an environ et très souvent ces directions sont soutenues par quelques transits.

Ces remarques générales étant faites, on pourra relire tout le paragraphe 14 et ses 16 alinéas et se reporter ensuite aux textes du chapitre Cinquième où on trouvera une analyse détaillée de tous les aspects qu'on peut rencontrer.

Quelques cas de gagnants à la loterie et d'accidentés sur la route

Nous publions ce tableau parce qu'un certain nombre de cas sont cités dans les exemples surtout pour les numéros 1 à 10

GAGNANTS à la LOTERIE

	MC	AS	☉	☾	☿	♀	♂	♃	♄	♅	♆	DATE GAIN
N°OI	078 I6	I70 I8	28I 26	II7 47	279 49	24I 28	278 55	322 46	087 50	309 57	II9 33	23/0I/35
2	062 06	I58 45	254 08	322 54	272 42	289 55	I86 00	I5I I7	289 I3	I25R39	023R46	NOV. 33
3	76 08	I69 22	I33 56	75 09	I6I I7	I59 06	93 26	I59 I3	93 45	I80 23	55 29	28/08/25
4	I44 43	220 I4	332 I7	I82 50	329 I3	328R46	I70R5I	I84R28	9IR33	I87R02	52 52	30/II/20
5	I39 05	2I6 22	I25 4I	220 0I	II7 II	I05R04	I30 39	232 I6	336R48	I39 25	35 I9	MAI 03
6	269 05	357 39	45 33	I73 2I	4IR22	48R42	I09 3I	268R20	205R36	87 I0	9 26	23/05/I7
7	57 46	I55 35	II2 26	I 3I	I33 57	75 28	I83 25	292R40	7I I8	46 08	345R46	30/II/20
			ACCIDENTÉS DE LA CIRCULATION (Mortels)									date accident
I	II9 07	204 00	293 07	099 54	308 09	287 25	28I 46	066 52	275 I4	007 48	I53 I0	I8/7/66
2	078 02	I70 36	96 20	3I0 35	II0 30	50 43	42 26	I70 2I	I03 I8	74 38	I83 42	2I/7/66
3	69 25	I62 45	35I 58	345 08	0 I9	308 50	260 20	9I 24	348 II	282 II	99 52	II/8/66
4	I97 05	260 25	II7 45	248 55	I23 25	I02 43	279 I4	II3 46	357 2I	280 0I	I02 57	28/I0/66
5	30I 45	56 I2	292 I2	I46 I5	28I 50	252 20	64 56	I45 35	80 58	65 I2	I84 I4	I6/II/66
6	90 00	I80 00	I5 I6	252 05	0 46	329 I3	77 32	76 40	56 03	57 53	I78 03	I6/II/66
7	62 20	I58 02	0 I0	322 I9	I7 55	8 53	33 04	6I 48	338 24	278 I6	97 37	26/II/66
8	I67 00	239 I6	I47 02	I38 50	I28 47	I78 50	206 2I	I75 42	3II 58	27 I7	I59 26	28/II/66
9	I23 35	206 05	3I9 43	3I0 37	3I5 45	6 3I	8I 55	33 44	267 44	4 50	I50 I7	I2/0I/66
I0	3I5 33	73 20	I76 02	69 44	I86 38	I55 29	73 27	I37 24	86 I6	68 50	I8I 33	08/04/66
II	I84 55	252 I5	I6 46	300 52	27 I6	30 25	339 58	I69 38	94 46	70 09	I87 44	I3/07/66
I2	338 34	94 34	6I 25	62 47	53 40	35 04	I44 40	I0 5I	323 0I	I5I I4	223 49	06/02/66
I3	37 50	I38 25	34I 08	306 22	3I8 49	5 44	204 34	233 I3	33I 58	28 45	I63 I6	27/02/66
I4	I50 25	225 I5	79 38	I38 3I	I00 06	I02 44	I05 32	35 32	40 05	53 37	I72 44	08/05/66
I5	I95 00	256 I5	I76 02	2I I9	I96 I4	I42 02	I50 03	I78 33	I77 45	336 55	I35 0I	06/06/66
I6	232 40	29I 20	273 28	39 I2	268 I0	3I6 46	8I 32	I77 00	97 36	70 I2	I86 23	27/06/66
I7	354 50	II0 50	37 44	37 59	53 42	40 43	28 42	30I 24	I49 I9	87 44	203 I0	I3/07/66

Naissances féminines : N° 2-4-5-de la seconde série . LOTERIE;tous de sexe masc. prob.
Calculés par : H. COURAND; H. FORTIN; H. GOUCHON .-

CHAPITRE CINQUIÈME

INTERPRÉTATION DÉTAILLÉE DES DIRECTIONS & TRANSITS

ASPECTS DE JUPITER

Analogies jupitériennes : La chance, l'ordre, l'organisation, l'expansion, la hiérarchie, le jugement, l'équité, la justice légale, la richesse, la prospérité, les gens en place, les magistrats, les banquiers, les hautes sphères sociales ou politiques, les oncles.

32 — SIGNIFICATION GÉNÉRALE DES DIRECTIONS ET TRANSITS DE JUPITER

Comme il s'agit du « Grand Bénéfique » on consultera surtout les aspects harmoniques pour pressentir, ou même annoncer, des améliorations, des changements heureux, voire des coups de chance. Le domaine où pourra se manifester l'influence sera à déterminer d'après les Maisons occupées par Jupiter et par l'astre avec lequel il forme l'aspect ainsi que par la position en signe et en tenant compte de l'importance que tiennent les deux astres dans le Ciel natal.

Ceux qu'on appelle « bons aspects » laisseront presque toujours entrevoir une phase de bonne santé, une phase de récupération si nécessaire, ainsi qu'une période d'optimisme, de confiance au cours de laquelle le sujet pourrait se laisser entraîner à des excès s'il ne se maîtrisait pas, mais comme Jupiter représente la mesure, le plus souvent ces aspects donnent seulement du courage et de la confiance pour aller de l'avant, voire pour faire preuve d'audace.

Intellectuellement, le jugement, les facultés d'organisation, d'ordre, ainsi que les aptitudes pour le commandement, pour la direction d'une entreprise se trouvent accrues de sorte qu'on peut dire que la valeur personnelle se trouve en mesure d'aider la chance en vue d'améliorer la situation, quelle que soit l'activité.

Dans les affaires, c'est habituellement une période de facilité, de réussite, d'expansion avec à la fois accroissement du prestige professionnel et amélioration de la situation financière. Ces aspects paraissent spécialement intéressants pour les hommes politiques, pour les magistrats, les banquiers et les chefs d'entreprise en général. De toute évidence, ces directions ou transits seront surtout actifs si Jupiter avoisine le M.C. ou l'A.S. à 15° près ou le F.C. et D.S. à 5° près, ou bien s'il est le Maître du M.C. ou de l'A.S. On peut ajouter que les natifs ayant le Soleil ou l'A.S. dans le Sagittaire ou les Poissons sont spécialement sensibles à ces influences.

Si, à première vue, lorsqu'il s'agit de Jupiter, on pense surtout aux aspects harmoniques, il ne faudra jamais négliger les dissonances dont le rôle a été mis en évidence par des travaux effectués au cours de ces dernières années (voir n° 19) parce qu'elles sont parfois nettement plus dangereuses que ce qu'on aurait pu penser *a priori*. On peut citer deux exemples récents et illustres : lors de l'opération du Général DE GAULLE du 17 avril 1964, on trouve une seule direction importante dans le « voisinage » de cette date : A.S. opposé Jupiter, aspect qui ne semble nullement en rapport avec ce qui s'est passé. Et pourtant le 5 mars 1964 Jupiter « transitait » également l'opposition de l'A.S. et... on doit se demander si l'opération n'a pas été décidée à cette époque, seulement le Président devait aller au Mexique du 16 au 30 mars et il ne pouvait logiquement pas faire un tel voyage à la sortie de l'hôpital... Cette concordance entre le transit et la direction semble bien indiquer qu'il s'agit d'une action assez imprévue d'un aspect de Jupiter. On trouve également une opposition de l'A.S. à Jupiter lors du décès de J. F. **KENNEDY**, mais aussi d'autres aspects.

Lorsqu'il s'agira de mauvaises directions ou de mauvais Transits on pourra donc craindre des troubles congestifs ou de la circulation, des ennuis hépatiques et certaines données parlent même d'une influence de Jupiter sur les poumons, mais cela n'a pas été vérifié. Au moral, on doit surtout craindre une surestimation des capacités, des crises d'amour-propre et des erreurs d'appréciation d'où des décisions parfois trop risquées. Dans les affaires, il faut surtout redouter les dépenses fastueuses, excessives plutôt que des baisses dans les gains. Le prestige peut se trouver menacé par suite de discordes avec patrons ou chefs. Parfois on enregistre des pertes de situation, des ruptures d'engagements ou de contrats, des ennuis avec l'Administration (au sujet d'impôts, par exemple). Pour les artistes, les hommes politiques : baisse de notoriété, échec possible lors d'une élection ou candidature.

S'il s'agit d'un simple TRANSIT harmonique, on pourra escompter une rentrée d'argent, une satisfaction professionnelle passagère, une démarche réussie, un petit coup de chance dans les domaines les plus divers selon le rôle de jupiter à la naissance. On pourra choisir ce jour-là (à 5 jours près environ) pour une démarche délicate, pour entreprendre quelque chose, pour solliciter une faveur auprès de quelque personnage influent. Si le transit est dissonant, se méfier des excès alimentaires, éviter les gaspillages, les dépenses inutiles, ne pas demander de faveurs, ne pas jouer ou spéculer et ne pas prendre de décision engageant l'avenir. Si la dissonance est accompagnée d'autres aspects sérieux on peut penser à une crise du foie, à la perte d'un procès, à un divorce, à un revers de situation, à une menace de scandale, etc., mais pour un fait d'une telle importance il faut généralement une « concentration » de mauvaises influences à peu près en même temps.

33 – JUPITER EN BON ASPECT AVEC LE M.C. (ou inversement) (angles de 0°-60-120° et 30 et 150°

a) Signification des directions

C'est théoriquement la configuration la plus séduisante pour tout ce qui se rattache à la situation professionnelle, au prestige, à la réussite financière et à toute satisfaction honorifique. Ce qui caractérise ces aspects c'est le fait que très souvent les bienfaits annoncés surviennent spontanément, sans que le sujet soit obligé de fournir un effort particulier.

Ce sont des aspects qui peuvent parfois se traduire par de véritables coups de chance sur le plan financier ou professionnel, principalement s'il existe des possibilités dans le Ciel de naissance et si le rôle de Jupiter est primordial. Pour ceux qui ont une vie publique, ce serait un bon moment pour tenter une « percée » dans une carrière artistique ou pour affronter une élection dans le domaine politique. C'est aussi une influence remarquable pour les fonctionnaires, pour ceux qui travaillent dans les banques ou les assurances, pour les magistrats, etc. Dans tous ces cas des espérances d'avancement existent que ce soit en raison de leurs capacités, de leurs mérites ou simplement à la suite de quelque appui provenant de personnalités influentes. Pour les P.-D.G. ce serait le moment de tenter des extensions, des innovations et, pour tout le monde, c'est un passage où chacun peut tenter quelque chose pour améliorer son sort, on peut même songer à un changement d'orientation, de place si les conditions le permettent. L'aspect est évidemment plus actif pour les personnes qui ont une situation indépendante que pour celles qui sont esclaves de quelque règlement ou soumises au bon vouloir d'un employeur. Dans certains cas, une telle direction non isolée peut signifier le point culminant d'une destinée notamment sur le plan honorifique.

b) **Signification des transits**

L'effet d'un simple passage de Jupiter est très souvent similaire, mais il annonce un fait de moindre portée, un succès plus transitoire, un événement intéressant mais qui ne modifiera pas les perspectives du destin (à moins que le transit vienne soutenir une ou plusieurs directions). On pourra espérer une satisfaction passagère dans le travail ou les finances, la réussite dans une démarche, quelque bonne nouvelle concernant la situation, des félicitations venant accentuer le prestige professionnel, un appui de quelque personnalité en vue, une proposition d'affaire à réaliser, etc. On peut choisir ce transit à 5 ou 10 jours près pour toute initiative demandant un peu de chance pour aboutir.

Exemples de directions

G. POMPIDOU, 1969, Président R.F. : Jupiter conjonction au M.C. ;
POINCARÉ, 1912, Premier ministre : Jupiter conjonction M.C. ;
CHABAN-DELMAS, 1969, Premier ministre : M.C. trigone Jupiter ;
CH. FLOQUET, 1888, Premier ministre : M.C. sextil Jupiter ;
MUSSOLINI, 1922-1923, Premier ministre : Jupiter conjonction M.C. ;
J. VERNE, 1856, le père avance 50 000 F : M.C. trigone Jupiter ;
V. H., 1845, Pair de France : Jupiter sextil M.C. ;
V. H., 1876, Sénateur : M.C. sextil à Jupiter ;
A. FRANCE, 1896, élu Académie F. : Jupiter trigone M.C. ;
PAPILLON, 1969 env., devient brusquement millionnaire : Jup. conj. M.C. ;

Exemples de transits

NAPOLÉON Ier, 14.6.1800, victoire de Marengo : Jupiter sextil M.C. ;

NAPOLÉON III, 24-3-1860, annexion Savoie et Nice : Jupiter tri. M.C. ;

A. POHER, 10.3.1966, Président du Conseil de l'Europe : Jup. tri. M.C. ;

V. H., 7.1.1841, élu Académie F. : Jupiter trigone M.C. ;

MUSSOLINI, 11.2.1929, signature accords de Latran : Jupiter trigone M.C. ;

MUSSOLINI, 29.1.1901, début vie publique : Jupiter trigone M.C. ex. ;

MUSSOLINI, 30.10.1922, Premier ministre : Jupiter sextil M.C. ;

Noter la similitude entre Directions et transits en octobre 1922. Pour les accords de Latran on peut noter que les pourparlers ont duré 6 ans...

P. DOUMER, 13.5.1931, Président de la R.F. : Jupiter trigone M.C. ;

G. CLEMENCEAU, 6.4.1902, Sénateur : Jupiter conjonction M.C.

Quelques réserves sont à faire au sujet du transit de Jupiter sur le M.C. et bien qu'il ne faille pas en tirer des conclusions définitives je dois citer trois exemples qui tendent à démontrer que ce passage n'est pas obligatoirement harmonique : 1) chez une consultante j'ai constaté le décès de sa mère le jour exact où Jupiter transitait son M.C. ; 2) chez un consultant une sérieuse perturbation de santé le jour où Jupiter passait sur le M.C., mais cela ne s'est pas produit aux passages suivants ; 3) enfin, un exemple célèbre : le Général de Gaulle eût un malaise le 1.2.1967 aux obsèques du Maréchal Juin, or Jupiter passait exactement sur le M.C. le lendemain !!! Des remarques similaires m'ont été faites par quelques confrères. Il faudrait probablement tenir compte des aspects qui touchent Jupiter, dans le Ciel, au moment du transit. Dans le cas du général, Mars était au carré de Jupiter exact le 3.2. Des recherches ultérieures permettront probablement de préciser la théorie.

Remarque complémentaire au sujet des transits de Jupiter au M.C.

Au lieu de considérer seulement le passage de Jupiter

sur la pointe du M.C. à quelques degrés près, on peut aussi tenir compte de tout le passage de cet astre en Maison X, ce qui peut donner de meilleurs résultats. Voici un exemple, toujours dans la vie de Victor Hugo (V. H.) :

1er Passage : 1825-1826 : Chevalier Légion d'Honneur et naissance de Charles Hugo.

2e : 1836-1838, avec trois conjonctions exactes : préparation premier contrat important, mais à peu de distance de la conjonction du 18.2.1837, mort d'Eugène le 5.3, ce qui semble démontrer qu'un B.A. ne neutralise pas les dissonances.

3e :1848-1850, succès aux élections.

4e : 1860-1861, contrat de 300 000 F et termine les MISÉRABLES.

5e : 1872-1873, Termine QUATRE-VINGT-TREIZE.

6e : 1884, dernier voyage en Suisse.

On dirait que l'efficacité du passage s'atténue avec les années, phénomène qu'on constate aussi avec les directions. Cela est d'ailleurs très compréhensible.

34 — JUPITER EN MAUVAIS ASPECT AVEC LE M.C. OU INVERSEMENT
(Angles de 90-180 et 45-135°)

a) **Signification des directions**

On pourrait en quelque sorte prendre la contre partie de ce qui a été dit pour les bons aspects : période de crise, d'insuccès, dc pertes ou du moins de manque à gagner dans le domaine professionnel. Dans les cas graves, il peut se produire une perte de poste, une rupture de contrat, un revers de fortune plutôt à la suite de gros ennuis administratifs ou de l'hostilité de personnages influents qu'à la suite d'une vraie malchance personnelle. C'est une influence qui peut aussi signifier la perte d'un procès, un divorce aux torts du consultant, ou, plus simplement dans les cas bénins, des réclamations, des contestations sur les prix et les difficultés pour faire rentrer les créances pour les situations indépendantes. Il faut veiller à la précision des contrats, bien s'entendre au sujet d'un travail ou d'une fourniture, etc. Pour les situations modestes, il faut éviter de contrarier les directeurs ou patrons, ne pas solliciter de faveurs et ce n'est pas le moment de songer à un changement d'orientation ou même de résidence. Dans certains cas soucis possibles au sujet de parents plutôt âgés (on dit que Jupiter représente les oncles), voire quelque décès et préoccupations au sujet d'héritages. Toutefois, le passage sur la pointe de IV dans un « bon » Thème devrait plutôt indiquer quelque réalisation immobilière, un changement propice de résidence, quelque amélioration dans les relations familiales s'il y a lieu. Chez les P.-D.G. l'aspect peut indiquer une atteinte au prestige, un risque de démission, une crise pour l'ensemble de l'entreprise, des procès onéreux, voire un risque de faillite dans les cas extrêmes. Chez les CÉLÉBRITÉS il y a des risques de baisse de notoriété, d'échec dans des initiatives, voire des menaces de scandale même si le sujet n'a rien à se reprocher personnellement. Pour tout le monde, c'est un passage pendant lequel il ne faut pas surestimer ses capacités, ni compter sur la chance financière ou professionnelle ; il est préférable de ne rien tenter de difficile. Comme constatation assez inattendue on trouve parfois des dissonances entre le M.C. et Jupiter lors d'une fin accidentelle. Le n° 1 des accidentés de la route est touché par une quadrature M.C.-Jupiter et le n° 5 par une opposition M.C.-Jupiter. Il faut cependant éviter d'en tirer des conclusions par trop catégoriques. L'environnement céleste du moment pourrait peut-être fournir des explications pour les différents cas.

b) Signification des transits

Si on est en présence d'un transit isolé, cela fait simplement penser à une dépense excessive, à un échec dans une démarche, à une baisse passagère des gains, à une discussion avec directeur, patron ou client, à la conclusion d'une mauvaise affaire parce que le sujet, trompé par son jugement, aura surestimé ses capacités. Pendant quelques jours il est conseillé de ne rien entreprendre de difficile, et d'éviter les achats importants ainsi que toute discussion.

Exemples de directions

G. C., 1872, disparaît de la vie politique pendant 3 ans !!! M.C. carré Jup.

Maréchal Juin, 1959-1960, brouille avec le Pouvoir : Jupiter carré M.C. ;

Mar. LECLERC, 1940, campagne de France, blessé, vie pénible : M.C. 90° Jup.

M. CHEVALIER, 1933, divorce : M.C. opposition Jupiter ;

V. H., 1874, mort François-Victor : M.C. carré Jupiter (C) ;

Général COGNY, 1968, se tue (avion) : M.C. carré Jupiter.

Aviateur n° 15, 1960, se tue : M.C. carré Jupiter (en VIII) ;

Comtesse de CASTIGLIONE, 1878, changement domicile : M.C. carré Jupiter ;

Exemples de transits :

Gén. De GAULLE, 20.1.1946, démission brusque : Jupiter carré M.C. ;

Gén. De GAULLE, 8.9.1961, attentat sans bles. : Jup. opp. M.C.

NAPOLÉON III, 30.10.1836, échec tentative Strasbourg : Jup. carré M.C. ;

CH. FLOQUET, 3.1.1893, échec élections : Jupiter carré M.C. ;

V. H., 29.1.1828, mort du Père : Jupiter carré M.C. ;

V. H., 11.12.1851, départ exil : Jupiter carré M.C. ;

MUSSOLINI, 23.2.1917, blessure sérieuse : Jupiter carré M.C. ;

Maréchal PETAIN, 23.7.1951, décès : Jupiter opposition M.C. exact ;

Anne-Marie PEYSSON, 2.9.1967, veuve : Jupiter 135° M.C. ;

Giscard d'ESTAING, 1.6.1969, l'élection brusquée à la

Présidence l'empêche de se présenter : Jupiter carré M.C.

Bien entendu il n'est pas question de prétendre que le Maréchal PÉTAIN est décédé à cause d'un transit de Jupiter par rapport au M.C., mais un tel aspect est apparemment venu renforcer les autres influences et par l'opposition exacte semble préciser le moment critique. Même remarque pour les autres aspects.

35 – JUPITER EN BON ASPECT AVEC L'ASCENDANT OU INVERSEMENT (Angles de 0-60-120 et 30-150°)

a) Signification des directions

C'est d'abord un passage de très bon augure pour la santé, et si le sujet est jeune, il peut en résulter un excellent développement, une croissance harmonieuse. C'est aussi un aspect qui peut jouer un rôle protecteur pendant toute la durée de la direction ou bien faciliter un retour vers l'équilibre en cas d'ennuis précédemment. Toutefois, pour les adultes, on dirait que la conjonction prédispose légèrement aux excès et troubles congestifs, surtout si l'astre n'est pas très bien disposé à la naissance.

Au moral, c'est un indice d'optimisme, de confiance, de bon jugement. Le sujet est généreux, compatissant et tout disposé à rendre service à ceux qui le méritent. Ses capacités d'organisation sont accrues et le moment convient tout à fait pour toutes réalisations nouvelles compatibles avec ses connaissances et sa situation du moment. Sur le plan de la situation, les conséquences sont semblables à celles qui découlent habituellement des bons aspects avec le M.C. avec cette différence que dans le premier cas les opportunités, les « coups de chance » sont plus fréquents qu'avec les aspects sur l'A.S. qui font davantage penser aux initiatives personnelles. Il y aurait donc ici une alliance harmonieuse entre l'effort du sujet et le rôle de la chance ou les occasions qui peuvent se placer sur sa route.

On se trouve donc en présence d'une période tout à fait convenable pour rechercher des protections, des améliorations, des avancements ainsi que pour changer d'orientation s'il y a lieu ou pour entreprendre quelque chose de neuf. Il est suggéré de rechercher des appuis parmi les personnes haut placées et pour ceux qui seraient tentés par une carrière sociale ou politique ce serait le moment de se manifester. Il en est de même pour amorcer une carrière artistique, mais même dans les postes subalternes ces aspects peuvent amener des améliorations parce que le sujet remplit mieux ses obligations et se fait davantage apprécier par ceux qui l'emploient. Pour tout le monde c'est un des meilleurs aspects pour décider des spéculations, des achats, pour lancer des affaires, etc. (il est conseillé d'éviter toute exagération par rapport aux moyens dont on dispose). Dans un Ciel très favorisé ces influences peuvent signifier un gain aux courses, aux jeux, à la loterie, sans qu'il soit possible d'édicter des règles précises dans ce domaine.

b) **Signification des transits**

Pendant un certain temps, par exemple un mois ou deux, on peut escompter une existence plus agréable au cours de laquelle tout réussira plus aisément, notamment les démarches auprès de personnes influentes ou après de directeurs, de patrons. Très souvent il se produira une rentrée d'argent, l'apparition d'un client aisé, une montée du chiffre d'affaires, s'il s'agit d'une situation indépendante. Dans les banques, les assurances, la fonction publique, les grandes administrations, etc., on peut espérer une augmentation, un changement agréable de travail, mais, dans ce dernier cas il faut habituellement la simultanéité de plusieurs aspects agissant dans le même sens. S'il existe des menaces de contestations, procès, réclamations, etc., on peut tenter un arrangement à l'amiable. Ce serait aussi un passage pour contrat de mariage. Tenir cependant compte que le passage de Jupiter sur le M.C. ou l'A.S. peut varier d'un cycle à l'autre (probablement à cause de l'âge, de l'environnement astral du moment (aspects qu'il forme dans le Ciel lors du transit) ou des influences qui l'encadrent dans le cours de l'année.

Exemples de directions

NAPOLÉON Ier, 1802, consul à vie : A.S. trigone Jupiter ;

NAPOLEON III, 1840, président R.F. : A.S. conjonction Jupiter ;

NIXON, 1968, président U.S.A. : A.S. sextil Jupiter ;

R. KENNEDY, 1964, sénateur : Jupiter trigone A.S. (C) ;

V. H., 1876, Sénateur : A.S. trigone Jupiter ;

MUSSOLINI, 1936, succès de prestige (Ethiopie, etc.) : Jup. sex. A.S. ;

Gal BOULANGER, 1888, grand prestige : Jupiter trigone A.S. (C) ;

A. FRANCE, 1896, réception A.F. : Jupiter conj. A.S. ;

N.M. Sétif, 16.2.1909, 23 h, en 1969, Tiercé 18 000 : Jup. Conj. A.S. ;

BONHOURE, 1933, premier gagnant loterie : Jupiter conj. A.S.

Exemples de transits

NAPOLÉON III, 2.12.1851, coup d'État Jupiter sextil A.S. ;

A. LEBRUN, 10.5.1932, élu Président R.F. : Jupiter trigone A.S. ;

DE GAULLE, 1.6.1958, investiture : Jupiter conj. A.S. ;

G. CLEMENCEAU, 6.4.1902, Sénateur : Jupiter trig. A.S. exact ;

V. G. E., 8.1.1959 Secrétaire d'État Finances : Jupiter sextil A.S. ;

MUSSOLINI, 23.3.1925, se lève après 2 mois de lit : Jup. sex. A.S. ;

MUSSOLINI, décembre 1915, se marie : Jupiter trigone A.S. ;

A. POHER, 19.8.1938, se marie : Jupiter trigone A.S. ;

DOUCIEUX, 23.1.1935, loterie 1 million : Jupiter sex. A.S. exact ;

36 – JUPITER EN MAUVAIS ASPECT AVEC L'A.S. (ou inversement) (Angles 90-180 et 45-135)

a) Signification des directions

Il faut remarquer que le passage de Jupiter sur la pointe de VII n'a pas une action néfaste dans tous les cas ni dans tous les domaines de la vie. Si le passage semble bien agir sur la santé, comme signalé déjà dans certains exemples, il peut très bien signifier une association ou un mariage principalement si l'astre est bien placé et bien aspecté à la naissance. En général, à partir d'un certain âge les dissonances de Jupiter peuvent se manifester par des troubles congestifs, par de la tension, des ennuis de la circulation du sang et des troubles hépatiques. Jupiter semble aussi en relation avec l'asthme. Très souvent ce sont les excès alimentaires, les imprudences qui déclenchent les manifestations. Plus rarement on trouve un de ces aspects lors d'accidents, d'opération ou même de décès, mais il est probable que cette influence ne constitue qu'un facteur complémentaire, surtout s'il s'agit d'un transit.

Sur le plan moral et intellectuel on dirait qu'il en résulte une baisse passagère de la droiture, du sens du devoir. Le sujet, tourmenté par des soucis financiers, risque d'y remédier en mettant en œuvre des procédés discutables si le radix dénote une nature faible et influençable. Parfois ce sont simplement des erreurs de jugement ou une surestimation des capacités organisatrices ou financières qui sont la cause d'échecs ou même de revers de fortune. Dans les cas bénins il s'agit seulement de maladresses qui viennent priver le sujet des protections ou appuis dont il éprouvait le besoin. Sous ces aspects il faut éviter les décisions délicates ainsi que les changements. En affaires, notamment dans les situations indépendantes il faut s'attendre à une baisse des rentrées, à des risques de contestation ou procès, à des ruptures d'accords, de contrat, de commandes. Parfois l'avenir peut se trouver compromis par une mauvaise interprétation des circonstances ou des opportunités. Se méfier des illustrations. Ce n'est pas le moment d'effectuer des ventes à crédit, de tenter des spéculations ou de solliciter des prêts. Prendre garde aux ennuis administratifs et fiscaux. L'aspect ne signifie pas toujours une phase de malchance, mais il est prudent de ne pas tabler sur des circonstances heureuses tant que durera l'aspect.

b) Signification des transits

On peut craindre les mêmes ennuis que ci-dessus, mais avec moins d'intensite et une durée très limitée (par exemple un ou deux mois). On peut penser à un malaise passager consécutif à quelque excès, à une mauvaise opération financière ou simplement à une dépense excessive engagée dans de mauvaises conditions. Baisse des gains pendant quelques semaines si la situation est indépendante, quelque démarche désagréable et onéreuse à effectuer, parfois discussions dans le ménage ou avec associés ou collaborateurs sans graves conséquences. Ne pas compter sur la chance pendant deux semaines environ.

Exemples de directions

J. F. KENNEDY, 1963, assassiné : A.S. opposé à Jupiter ;
POINCARÉ, 1934, décès : A.S. carré Jupiter ;
DE GAULLE, 1964, opération : Jupiter opposé à l'A.S. ;
MUSSOLINI, 1908, deux fois en prison dans l'année : Jup. 90° A.S. ;
V. H., 1840, échec candidature A.F. : A.S. carré Jupiter ;
CERDAN, 1949, se tue avion : Jup. carré A.S. probable :
Aviateur n° 5, 1936, se tue : A.S. carré Jupiter en XII ;
Aviateur n° 9, 1936, se tue : A.S. opposé Jupiter.

Exemples de transits

GEORGE VI, 21.3.1949, opéré : Jupiter carré A.S. ;
A. POHER, mai-juin 1969, échec élect. Prs. R.F. : Jup. 90° A.S. ;

V. H., 1878, congestion et rechute : trois carrés Jup. A.S. dans l'année ;
Gén. AILLERET, 9.3.1968, se tue avion : Jupiter opp. A.S. probable ;
J. F. KENNEDY, 15.8.1963, perte d'un fils : Jupiter M.V. opp. A.S. ;
Gén. BOULANGER, 4.4.1889 : poursuites : Jupiter opp. A.S. ;
G. CLEMENCEAU, oct. 1920, malade aux Indes : Jupiter carré A.S. ;
MUSSOLINI, 11.9.1926, bombe sous voiture, non blessé : Jup. 90° A.S. ;
MUSSOLINI, 31.10.1926, attentat lég. bles. Jupiter 90° A.S. ;
MUSSOLINI, 16.11.1929, échec élections : Jupiter 90° A.S.

Remarques particulières

a) Comme on vient de le constater diverses dissonances de Jupiter sont mentionnées afin que le praticien ne soit pas tenté de considérer comme quantité négligeable les M.A. du « grande bénéfique ». Comme signale déjà, les recherches de ces dernières années ont fait ressortir la portée des dissonances de cette planète. Toutefois il ne faudra pas exagérer en sens contraire et voir tout en noir dès qu'apparaîtra un tel aspect. Tenir surtout compte des concentrations et ne pas oublier que les « passages à vide » restent très nombreux aussi bien en transits qu'en directions. Ceci est valable pour toutes les planètes et tous les aspects.

b) Comme on pourra le voir par la suite dans les différents textes consacrés aux aspects, certaines directions ont une action similaire bien formée par des facteurs différents. Par ex. les directions Jupiter-M.C. peuvent avoir une ressemblance avec Jupiter-Soleil ; Jupiter-Vénus avec Jupiter-Lune, etc., et il aurait été logique de renvoyer souvent le lecteur d'un texte à l'autre. Mais ce livre n'est pas à lire comme un roman, du bout à la fin, le plus souvent il sera simplement consulté pour tel ou tel aspect. Dans ces conditions il a paru préférable de donner intégralement, pour chaque aspect, toutes les significations les plus vraisemblable, pour faciliter le travail du lecteur.

37 – JUPITER EN BON ASPECT AU SOLEIL OU INVERSEMENT (Angles de 0-60-120 et 30-150°)

a) Signification des directions

C'est une des meilleures configurations pour la santé et spécialement pour « récupérer » à la suite de quelque déficience. Pendant le jeune âge il peut en résulter un excellent développement corporel, un renforcement de la vitalité, un épanouissement harmonieux. Pour les personnes d'un certain âge il faut cependant se méfier de la conjonction qui peut se traduire par des exagérations et faciliter l'apparition de troubles congestifs, surtout si les astres sont plus ou moins dissonants dans le radix. Sous ce rapport ces aspects ressemblent à ceux formés par Jupiter et l'A.S.

Sur le plan moral et intellectuel il en résulte une accentuation des bons sentiments, de la serviabilité et du sens du devoir. Le sujet prend conscience de ses responsabilités. Le jugement, se trouve affiné, il devient plus synthétique, et saisit d'emblée les avantages ou les points faibles d'une situation ; son sens de l'organisation et ses capacités de commandement s'en trouvent accrues et c'est souvent sous de telles influences que se placent les décisions capitales d'un destin. Ce sont les aspects les plus intéressants pour les hommes politiques, pour les banquiers, les peintres, pour les hautes sphères sociales et pour tous les P.-D.G., mais tous ceux qui sont dans la fonction publique peuvent aussi en bénéficier largement, de même que toutes les carrières indépendantes.

Dans le domaine de la situation, de grandes possibilités de progrès, d'avancement, de nouvelles initiatives heureuses ainsi que des gains supplémentaires sont à escompter. Le moment convient pour toutes opérations concernant l'argent et, si le thème natal est très brillant, on peut même espérer quelque gain dû uniquement à la chance. L'artiste, l'écrivain, l'homme politique peut tenter de se faire connaître, de se porter en avant et celui qui est en attente d'une nomination ou de toute satisfaction d'amour-propre peut rechercher des appuis, des protections parmi les hautes sphères sociales ou politiques. C'est probablement le meilleur aspect pour obtenir une décoration, pour accéder à un poste un tant soit peu honorifique. Pour tout le monde, ce sont des aspects à ne pas négliger (car il ne sont pas nombreux au cours d'une vie si on se limite aux directions) parce qu'ils peuvent représenter une occasion unique pour améliorer son sort que celui-ci soit brillant ou modeste. Ici aussi il semble se produire une alliance harmonieuse entre les capacités et les initiatives du sujet et les opportunités chanceuses qui peuvent survenir. Si on désire un poste plus avantageux on a des chances de recevoir un bon accueil de la part des responsables ; si on est à son compte c'est le moment de tenter une expansion, une réorganisation, voire une modernisation parce que les circonstances peuvent soutenir les efforts, et parce que le sujet est généralement animé par de bonnes idées grâce à l'action équilibrante de Jupiter. Chez les célébrités, l'aspect peut correspondre aussi bien à un démarrage qu'à une sorte de point culminant dans l'évolution de la carrière. Même remarque pour la situation financière qui est toujours grandement tributaire de Jupiter. En règle générale les aspects entre le Soleil et Jupiter font surtout penser à des succès dans des milieux politiques, officiels, sociaux, mondains, voire scientifiques, tandis que les mêmes aspects Jupiter-Lune dénotent davantage des réussites obtenues grâce aux faveurs et aux sympathies du grand public (notamment dans les carrières artistiques).

b) Signification des transits

Leur influence ressemblera à celle des directions, principalement si le passage de Jupiter est triple dans le cours de l'année, comme cela est très fréquent. On pourra donc s'attendre à une phase de confiance, d'optimisme, de bonne santé, à l'apparition de bonnes idées pouvant apporter diverses satisfactions dans le domaine professionnel et financier principalement, mais tenir compte que l'aspect peut avoir, en quelque sorte, un caractère universel et susciter un coup de chance dans les domaines les plus variés, selon la position des deux astres à la naissance. Toutefois, si le transit n'est pas soutenu par d'autres configurations de même nature, notamment par quelque direction, l'effet restera assez transitoire. Il se produira, par exemple, un passage de travail plus facile, plus agréable, quelque rentrée d'argent, on sera bien inspiré pour faire un achat, voir pour donner un ordre de Bourse, pour solliciter un appui, etc., mais ce sera tout. Dans les carrières libérales, le transit pourra signifier l'arrivée de quelque « gros » client ou plusieurs journées comportant des recettes en hausse, mais tout cela n'aura pas de grandes répercussions sur l'évolution du destin, ce sera ce qu'on appelle un « bon passage » sans plus. Cependant comme les transits de Jupiter ne se produiront que tous les 12 ans il importe de bien les prévoir et de se préparer pour en tirer le meilleur parti possible. On pourra commencer une affaire difficile, rendre visite à un homme de Loi, conclure un accord, signer un contrat, résoudre quelque difficulté avec l'Administration, etc. Pour une femme en âge de se marier, ce serait un moment propice pour une décision, que ce soit dans un sens ou dans l'autre, car l'aspect peut aussi bien préserver d'une erreur que faciliter une réalisation de bon augure. Comme signalé déjà, ne pas perdre de vue que le même transit de Jupiter à 12 ans de distance, peut varier dans ses effets. Considérer l'âge et les conditions de Jupiter dans le Ciel au moment du transit. D'après les recherches effectuées pour écrire ce livre, les directions et transits de Jupiter sont très fréquents aussi bien pour les événements heureux que pour les gros ennuis ou même les accidents.

On peut interpréter les **TRANSITS** du Soleil de la même manière, mais l'effet ne se prolongera que pendant quelques jours.

Exemples de directions

NAPOLÉON Ier, 1795, général : Soleil sextil Jupiter ;
R. POINCARÉ, 1903, sénateur : Jupiter sextil Soleil ;

R. POINCARÉ, 1926-1929, grand Ministère, point culm. carr. : sol. trig. Jup.
G. CLEMENCEAU, 1902, sénateur ; Jupiter trigone Soleil ;
CAILLAUX, 1898, député : Jupiter trigone Soleil ;
A. POHER, 1968, président du Sénat : Soleil sextil Jupiter ;
V. H. 1849, député : Jupiter trigone Soleil (C) ;
V. H. 1858, sort de maladie : Soleil trigone Jupiter ;
V. H. 1861, contrat important : Soleil trigone Jupiter (C) ;
MUSSOLINI, 1921, député : Soleil sextil Jupiter ;
Edith PIAF, 1936, premier gala à l'Olympia : Soleil sextil Jupiter.

Exemples de Transits

Maréchal PÉTAIN, 18.11.1918, maréchal : Soleil trigone Jupiter ;
Maréchal PETAIN, juin 1940, chef de l'État : Jupiter conj. Soleil ;
PIE XII, 2.3.1939, élu pape : Jupiter conjonction Soleil ;
V. H., décembre 1827, publie CROMWELL : Jupiter trigone Soleil, exact ;
V. H., 20.6.1867, reprise HERNANI : Jupiter conjonction Soleil, exact ;
A. FRANCE, août 1894, achat immeuble : Jupiter sextil Soleil M. de IV ;
MUSSOLINI, 24.2.1908, obtient poste professeur : Jupiter conj. Soleil ;
MUSSOLINI, 11.11.1918, grand discours à Milan : Soleil trigone Jupiter ;
LOTERIE, n° 2, gagne sous le sextil Jupiter-Soleil ;
POLNAREFF, été 1966, devient célèbre en 8 jours : Jup. conj. Soleil ;
J. F. KENNEDY, 31.5.1961, voyage à Paris : Jup. trig. Soleil (Jup.M.III) ;
Comtesse de CASTIGLIONNE, 20.10.1856, à Compiègne chez N. III : Jup. Conj. Sol. ex.

38 — JUPITER EN MAUVAIS ASPECT AU

SOLEIL OU INVERSEMENT
(Angles de 90-180 et 45-135°)

a) Signification des directions

La santé peut se trouver altérée à la suite de perturbations provenant d'excès plutôt que de carences : excès de table, excès de poids, excès de tension ou de travail et se manifester par des congestions, des troubles de la circulation, du foie ou par des perturbations cardiaques. Ces aspects sont aussi en relation avec des abcès ou anthrax. Le sujet doit se méfier de l'embonpoint, surtout s'il existe déjà une dissonance en radix. Ces risques seront plus probables si le natif a atteint l'âge mûr ; pendant la jeunesse on peut penser à quelques perturbations dans la croissance ou la formation.

Au moral il pourrait y avoir une certaine négligence des obligations, du sens du devoir chez les personnes peu scrupuleuses. Mais il faut surtout redouter des erreurs de jugement ainsi que des poussées d'amour-propre ou même d'orgueil risquant de se traduire par des décisions franchement nuisibles à l'évolution de la situation et des finances. Dans ce domaine, c'est un aspect qui fait penser à de grands gaspillages, à des dépenses considérables pour soutenir un certain rang, à la prise de risques dans des opérations spéculatives, à des achats désastreux et quelquefois à des pertes à la suite de procès. Dans un ciel malchanceux, et si le natif a vu trop grand, la faillite peut marquer la fin d'un rêve. Sous une telle influence il faut se méfier de tout ce qui est légal, officiel et agir prudemment afin de ne pas s'aliéner les amitiés influentes dont on pouvait disposer. Mais ce ne sont pas toujours les actes et les maladresses du natif qui sont à l'origine des revers, dans certains cas c'est la véritable malchance qui intervient — ou du moins la disparition d'une certaine chance dont on avait pu bénéficier jusque-là — pour renverser le courant. Les changements économiques, les crises, les modifications concernant des lois ou règlements peuvent paralyser une situation, engendrer un long passage de marasme, sinon contraindre à un changement d'activité. Ce sont des aspects dangereux pour toutes les situations indépendantes encore mal assurées, pour toutes les entreprises en cours de lancement et, par ailleurs, pour toutes les demandes d'autorisations ou de faveurs adressées aux sphères officielles ou aux grandes administrations. Ce sont des aspects classiques pour la perte d'un procès que l'on espérait gagner aisément, pour le refus d'un crédit que l'on était presque certain d'obtenir, pour la frustration d'une décoration largement méritée et toutes autres contrariétés de même nature. Une mention particulière est à formuler au sujet des hommes politiques qui peuvent être contraints par les circonstances, par les caprices du corps électoral ou même par des erreurs personnelles d'abandonner la situation élevée à laquelle ils étaient parvenus. Dans certains cas, on peut même chercher à les mêler à des scandales. Ce ne serait pas le moment d'affronter une élection, ni d'espérer un portefeuille...

S'il s'agit d'une femme en âge de se marier, cela peut engendrer des complications par suite de problèmes financiers ou d'hostilité de la part de parents ; si elle est mariée ce sera une période plus ou moins agitée sur le plan conjugal que ce soit à cause de restrictions financières ou par suite de divergences avec le conjoint. Si la Maison VII est très dissonante il pourrait être question de séparation ou de divorce.

b) **Signification des transits**

Même les simples **TRANSITS** peuvent présenter un certain danger, surtout si le même aspect se produit trois fois en peu de temps. Dans une carrière libérale on pourra s'attendre à des difficultés avec quelque client influent, à une baisse passagère de prestige à la suite d'une erreur ou d'un travail défectueux, à quelque réclamation, contestation ou démarche désagréable à faire auprès de l'administration. Il ne faudra pas effectuer des achats onéreux, éviter de conclure des accords, prendre garde aux complications réglementaires ou légales. Si le sujet est au service des autres, veiller à ne pas heurter ceux qui sont au-dessus de lui, s'efforcer de remplir correctement ses obligations professionnelles, mêmes si pendant quelque temps le travail lui est plus fastidieux. Bien entendu ne pas toucher aux jeux ou aux spéculations.

On peut dire que les dissonances Jupiter-Soleil font penser à des ennuis en relation avec les hautes sphères politiques, sociales ou avec des personnalités très influentes, tandis que les M.A. Jupiter-Lune font davantage penser à des échecs provoqués par le grand public, par exemple lors d'une élection ou manifestation artistique ou, dans les situations modestes, par suite d'une certaine hostilité entre le natif et le public qu'il doit servir.

Aussi bien pour les bons que pour les mauvais aspects, il faudra faire une différence entre un transit de Jupiter (lorsque c'est cet astre qui passe aux aspects du Soleil) et un simple passage du Soleil sur Jupiter. L'effet sera comparable, mais de moindre durée et de moindre intensité. Dans le premier cas on peut considérer que l'aspect peut se manifester pendant quelques semaines (on ne peut pas énoncer de règle rigoureuse), tandis que dans le second il ne semble pas qu'on puisse tabler sur plus d'une dizaine de jours, 5 jours avant et après le point culminant. Le plus souvent un passage précis du Soleil réalisera seulement ce qui est en gestation, ce qui est annoncé par d'autres configurations de plus longue durée, même si le Soleil n'est pas en cause dans ces dernières.

On trouvera ci-après un exemple frappant de la différence qui peut exister entre une direction et un transit : Mussolini est tué sous Soleil carré Jupiter en DIRECTIONS, tandis que les trois carrés Soleil-Jupiter en TRANSIT correspondent à une expulsion, à une entrée en prison, à un attentat sans suites appréciables. A noter encore chez V. H. la congestion cérébrale de 1878 avec Jupiter carré Soleil en DIRECTIONS, et la simple interdiction de MARION DELORME en 1829 !!!

Exemples de directions

NAPOLÉON III, 1844, en captivité : Soleil carré Jupiter ;

J. F. KENNEDY, 1956, échec pour la Vice-Présidence : Jupiter 45° du Soleil ;

C. DE MURVILLE, 1969, quitte le Pouvoir et échec élection : Soleil carré Jup. ;

A. FRANCE, 1905, un procès avec Editeur : Jupiter carré Soleil (C) ;
MUSSOLINI, 1945, tué par les partisans : Soleil carré Jupiter ;
V. H., 1878, congestion cérébrale et rechute : Jupiter carré Soleil (C)
R. POINCARÉ, 1923-1924, chute Ministère suite élections : Jupiter carré Soleil ;
Tué sur la route n° 4 : Soleil carré Jupiter ;
Maréchal LECLERC, 1928, blessé : Jupiter carré Soleil.

Exemples de transits

V. H., août 1829, interdiction MARION DELORME : Jupiter carré Soleil ;
V. H., 18.2.1836, échec Académie F. : Soleil Opposition Jupiter exact ;
V. H., 20.2.1840, échec Académie F. : Soleil Opposition Jupiter à 1° ;
V. H., 30.6.1858, alité pour plus d'un mois : Jupiter carré Soleil ex. ;
MUSSOLINI, 7.1.1925, alité pour deux mois : Soleil opposition Jupiter ;
MUSSOLINI, 7.4.1926, attentat, lég. bless. Soleil carré Jupiter ;
MUSSOLINI, 6.4.1904, expulsé : Soleil carré Jupiter ;
MUSSOLINI, 14.10.1911, en prison : Soleil carré Jupiter ;
Robert KENNEDY, 6.6.1968, tué : Jupiter carré Soleil à 51' ;
Maréchal DE LATTRE, 25.9.1914, blessé : Soleil carré Jupiter à 2° ;
Ch. FLOQUET, 5.8.1864, condamné : Soleil carré Jupiter ;

N.B. Comme on peut le constater dans plusieurs exemples, les dissonances de Jupiter ne paraissent pas étrangères aux atteintes à la santé ou même à la vie.

39 — JUPITER EN BON ASPECT AVEC LA LUNE OU LUNE EN B.A. A JUPITER
(Angles de 0-60-120 et secondairement 30 et 150°)

a) Signification des directions

Si cet aspect se produit pendant l'enfance ou la jeunesse, spécialement vers l'âge de la puberté, il est un facteur de croissance et d'épanouissement en facilitant à la fois les fonctions digestives et hépatiques, mais plus tard dans la vie, tout en préservant la bonne santé, il peut inciter le sujet à prendre du poids au-delà de ce qui serait à souhaiter. Pendant l'enfance encore, on dirait qu'il préserve des troubles consécutifs aux contagions. Pendant toute la vie, cet aspect doit faciliter le retour vers un état normal de santé, mais ceci est malaisé à vérifier compte tenu que les biographies n'ont pas à faire de mention lorsque « tout va bien ».

Sur le plan moral : accroissement du bon sens, des idées judicieuses et plus spécialement de l'intuition, d'où probabilité d'excellentes décisions dans la conduite des affaires, parfois même dans le domaine des spéculations si le radix est assez harmonique. Des influences féminines peuvent intervenir utilement dans la situation professionnelle et financière. Semble rendre optimiste.

Bon aspect pour les relations avec le sexe féminin, si le sujet est libre et en âge de se marier et si l'une ou l'autre de ces Planètes est en relation avec la Maison VII (où parfois même avec la V, lorsqu'il s'agit de régulariser une liaison) cette influence harmonique correspond souvent à l'union légale, (ceci surtout en Thème masculin). Bonne période pour affaires administratives, contrats de collaboration, d'association et pour faire valoir ses droits sur le plan légal, si nécessaire.

Parfois réconciliation dans la famille, naissance d'enfants. Si les astres en question touchent la Maison II et si le Ciel natal s'y prête (par exemple, par de B.A. entre Lune et Jupiter) on peut pronostiquer une importante rentrée d'argent pouvant provenir d'un héritage ou par suite d'appuis familiaux et, plus fréquemment, à la suite de bonnes affaires. Les protections, aussi bien masculines que féminines, ainsi que la bienveillance des personnes influentes peuvent jouer un grand rôle dans les avancements inhérents aux carrières administratives, bancaires, etc. Sur un plan plus élevé, il peut en résulter une distinction honorifique, un accès à la vie politique, des débuts ou un succès dans la vie artistique. En général, des progrès dans toute activité qui place le sujet en contact avec le grand public. Pour les hommes politiques, bonne ambiance pour une élection.

Ces aspects ont une certaine ressemblance avec ceux de Jupiter avec le Soleil, mais, dans ce cas il s'agit plutôt de succès en relation avec les hautes sphères politiques, scientifiques, financières, mondaines, tandis que la Lune dénote plutôt les faveurs des femmes, du grand public, des joies concernant la vie familiale ou privée.

b) **Signification des transits**

Dans ce domaine il existe évidemment une grande différence selon que la planète transitante est Jupiter ou la Lune. Dans les premier cas l'effet peut être similaire à celui d'une direction, mais d'une moindre durée et d'une moindre intensité. Quant à la Lune qui aspecte Jupiter plusieurs fois par mois on ne peut en attendre qu'une confirmation d'autre chose, que la détermination de la date précise où un fait peut survenir.

Exemples de directions

A. POHER, 1969, président intérimaire : Jupiter trig. Lune (en X) ;
V. H., 1859, amnistié et LÉGENDE DES SIÈCLES : Jupiter sex. Lune ;
V. H., 1881, manifestation 80e année : Lune sex. Jupiter (en X) ;
NIXON, 1963, remontée après ennuis : Jupiter conj. Lune ;
Maurice DRUON, 1966, élu Académie F. : Jupiter sextil Lune ;
A. FRANCE, 1877, mariage : Lune sextil Jupiter (M. de VII) ;
A. FRANCE, 1899, entre au FIGARO : Jupiter sextil Lune (M. de III) ;
G. CLEMENCEAU, 1865, thèse de Médecine : Lune trigone Jupiter ;
G. CLEMENCEAU, 1874, revient vie politique après éclipse de 3 ans ;

Jules VERNE, 1880, première Michel STROGOFF : Lune sextil Jupiter ;
Jupiter sextil Lune.

Exemples de transits

NAPOLÉON Ier, 8.2.1807, EYLAU : Jupiter conj. Lune ;
J. F. KENNEDY, début nov. 1952, élu Sénateur : Jupiter trigone Lune ;
J. F. KENNEDY, 9.11.1960, élu Président U.S.A. : Lune sex. Jupiter (journée) ;
J. F. KENNEDY, 20.1.1961, en fonctions : Jupiter trigone Lune ;
POMPIDOU, 15.4.1962, Premier ministre : Jupiter trigone Lune ;
MUSSOLINI, aut. 1909, se met en ménage : Jupiter trig. Lune en VII ;
MUSSOLINI, nov. 1961, Fondation parti : Jupiter trig. Lune-Sat. Mars ;
Gén. BOULANGER, 27.1.1889, succès élection : Jupiter sextil Lune ;
H. PERRUCHOT, 1.5.1965, Prix littéraire : Jupiter conjonction Lune.

40 — JUPITER EN MAUVAIS ASPECT AVEC LA LUNE OU INVERSEMENT
(Angles de 90 et 180 et sec. 45 et 135°)

a) Signification des directions

Si ces aspects viennent à échéance pendant la jeunesse, contrairement à ce qui se passe pour les B.A., il peut en résulter des anomalies dans la croissance et même des retards dans le développement corporel et intellectuel. En particulier, les études risquent de se trouver entravées par un manque d'ordre et par des caprices de la mémoire. Des malaises du foie et de l'ensemble de l'appareil digestif sont possibles pendant toute la vie, mais ce sera surtout à partir de 40-50 ans que cette prédisposition pourra se manifester, bien souvent à la suite d'exagérations ou d'erreurs alimentaires, notamment des excès de liquides. Le sujet a tendance à prendre du poids s'il ne se surveille pas au cours de l'année où se forme une de ces directions qui paraissent aussi en relation avec les intoxications et les abcès.

Dans la vie privée ou professionnelle, surtout pour les hommes, il faut craindre des tracas familiaux, plutôt avec des parentes que des parents, et ce n'est pas, non plus, une très bonne période pour l'harmonie conjugale si l'une des deux Planètes intéresse la Maison VII. Ce ne serait pas le moment de songer à un mariage. Risques de contestations, d'ennuis administratifs, de divergences avec directeurs ou patrons et, si le travail est indépendant, forte baisse passagère des rentrées ou accroissement des dépenses pouvant être occasionnées par les femmes en Thème masculin. Eviter de demander des faveurs, des protections lorsque les aspects sont à leur point culminant. Pour les hommes politiques, les artistes et les « célébrités » en général : déceptions au sujet d'avantages espérés, risques d'éclipse ou même d'échec sur le plan du prestige et grandes difficultés financières à la suite de gaspillages. Dans les cas très graves, pour tout le monde : perte de place, perte de procès, risques de divorce, etc., s'il existe des confirmations dans le Ciel de naissance.

Toujours dans les Thèmes masculins, ces aspects peuvent aussi signifier des déceptions au sujet des appuis ou des protections dont on a pu bénéficier précédemment et pour ceux qui travaillent dans de grandes entreprises, il est prudent d'éviter les discussions avec les collègues de sexe féminin afin d'éviter de provoquer des inimitiés, des envies, etc.

b) Signification des transits

Comme pour les B.A. une différence essentielle est à prendre en considération entre les aspects de Jupiter et ceux de la Lune, les premiers pouvant se manifester pendant quelques semaines, les seconds probablement pendant une seule journée. Toutefois, dans les recherches effectuées au sujet des accidents de la circulation (nombre journalier de tués sur la route) il a été constaté que certains aspects de la Lune, par exemple sa conjonction avec Jupiter, tend à diminuer le nombre des tués (par rapport à une moyenne) pendant le jour de l'aspect et pendant les **DEUX JOURS SUIVANTS**. Cette constatation est peut-être à rapprocher du phénomène des marées qui ne se manifeste pas le jour même, mais avec un retard variable. Dans la vie courante, un transit dissonant de la Lune sur Jupiter peut préciser une date ou indiquer une indisposition passagère à la suite d'un excès ou, encore, une dépense non justifiée ou tout autre fait similaire sans conséquences durables.

Exemples de directions

NAPOLÉON III, 1855, ennuis guerre de Crimée : Jupiter carré Lune ;

Paul VI, 1967, gravement malade : Lune carré Jupiter ;

V. H., 1858, sérieusement malade 1 mois : Lune opp. Jupiter ;

NIXON, 1961, ennuis politiques : Lune carré Jupiter ;

Aviateur n° 10, 1936, se tue : Jupiter opp. Lune ;

J. F. KENNEDY, 1944, perte frère : Lune carré Jupiter M/de III (C) ;

E. PIAF, 19 ans, perd une fille : Lune carré Jupiter ;

Comtesse de CASTIGLIONE, 1879, perte fils : Jupiter caré Lune en IV (C) ;

Comtesse de CASTIGLIONE, 1867, veuve : Lune carré Jupiter (Lune en IV).

Exemples de transits

PETAIN, 15.8.1945, condamné : Jupiter carré Lune exact ;

Mal. LECLERC, 27.11.1947, tué avion : Jupiter carré Lune ;

G. CLEMENCEAU, 24.11.1923, décès : Jupiter carré Lune ;

A. FRANCE, 31.5.1922, mis à l'Index : Jupiter opp. Lune ;

A.-M. PEYSON, 2.9.1967, veuve : Lune carré Jupiter (journée) ;

(Il est évident que cet aspect précise seulement le jour et, peut-être, l'heure. Jupiter est en VII.

41 — JUPITER EN BON ASPECT AVEC MERCURE OU INVERSEMENT
(Angles de 0-60-120 et 30-150°)

a) Signification des directions

Bonne période pour l'équilibre nerveux et pour la santé en général. Pendant la jeunesse cet aspect peut favoriser la croissance. Mais c'est surtout sur le plan intellectuel que cette influence est très précieuse, plus spécialement au cours de la période de scolarité où elle peut grandement faciliter les examens tout autant à cause du bon travail fourni par l'étudiant qu'en raison d'une certaine chance concernant les questions posées. Pour tout le monde, c'est une période d'activité intellectuelle judicieuse, méthodique, parfaitement organisée qui peut donner naissance à de très utiles réalisations dans tous les domaines. Le sujet sait s'exprimer avec précision et clarté d'esprit, de sorte que ces aspects sont très utiles aux orateurs, aux conférenciers. Passage excellent pour rédiger un livre ou bien pour le diffuser. Dans un autre domaine, les voyageurs, les représentants, les officiers ministériels, les avocats, les boursiers et toutes les professions libérales doivent largement bénéficier de cette heureuse combinaison Jupiter-Mercure.

Pour tout le monde, les affaires marchent sensiblement mieux et même ceux qui sont au service des autres peuvent espérer quelque amélioration, quelques actes de bienveillance de la part des chefs. Si l'un des astres et en relation avec la X on peut songer à changer d'orientation ou lancer une affaire nouvelle. Les voyages sont facilités. Parfois appuis provenant de frères, de cousins et relations familiales plus faciles parce que l'aspect accentue la diplomatie et la subtilité. On peut choisir ces aspects pour entamer des pourparlers, conclure des accords, tenter de réaliser des transactions, solliciter des prêts et signer un contrat s'il y a lieu.

b) Signification des transits

On peut choisir un passage de Jupiter pour commencer toute chose d'une certaine importance et pour faire aboutir les affaires qui ont probablement été préparées ou amorcées par des directions. L'effet peut revêtir une certaine importance parfois correspondre à un vrai « coup de chance ». S'il s'agit d'un TRANSIT de Mercure il peut convenir pour écrire une lettre, faire une démarche, effectuer un achat, chercher une idée, effectuer une visite ou faire un petit voyage, etc. Bon aspect pour un examen.

D'après les observations faites, les directions et les transits de ces deux planètes paraissent plus importants que ce que l'on aurait pu estimer à première vue.

Exemples de directions

NAPOLÉON Ier, 1810-1811, remariage et fils : Mercure sextil Jupiter ;

NAPOLÉON Ier, 1796, mariage : Jupiter trigone Mercure ;

NAPOLÉON III, 1860, annexion Nice et Savoie : Jupiter sextil Mercure en II ;

MUSSOLINI, 1921, élu député : Mercure sextil Jupiter ;

V. H., 1834, publié dans REVUE DE PARIS (important) : Jupiter trig. Mercure ;

V. H., 1843, première des BURGRAVES : Mercure trigone Jupiter ;

A. POHER, 1969, président intérimaire : Mercure sextil Jupiter ;

Edith PIAF, 1936, premier engagement : Jupiter trigone Mercure (direct) ;

Edith PIAF, 1952, mariage : Jupiter sextil Mercure M. de VII, (C) ;

Jacques DUCLOS, 1969, malgré son âge fit une brillante campagne lors de l'élection à la Présidence de la R.F., ses discours firent sensation : Mercure trigone Jupiter.

Exemples de transits :

NAPOLÉON III, 25.5.1946, Evasion : Mercure sextil Jupiter ex.
J. F. KENNEDY, 12.9.1943, mariage : Mercure trigone Jupiter ;
A. FRANCE, 31.12.1884, légion d'Honneur : Jupiter trigone Mercure ex. ;
A. FRANCE, 16.3.1894, première de THAIS : Mercure conj. Jupiter ex. ;
A. FRANCE, 23.3.1903, première à la RENAISSANCE : Merc. conj. Jup. exact ;
MUSSOLINI, 2.3.1916, nommé caporal et part permission : Jup. trig. Mercure ;
V. H., 17.9.1878, On lui annonce rentrée de 163 000 F : Jup. sex. mercure ;
Michel ROCARD, I.6.1969 ; se fait connaître du grand public en posant sa candidature à l'élection pour la Présidence R.F. : Jupiter conj. Mercure ;
A. FRANCE, 30.4.1909, départ Amérique : Jupiter trigone Mercure ;
G. CLEMENCEAU, 26.7.1965, départ Londres et U.S.A. : Jupiter conj. Mercure;
Mal. LECLERC, 27.1.1943, décoration anglaise : Jupiter trigone Mercure.

42 — JUPITER EN MAUVAIS ASPECT A MERCURE OU INVERSEMENT
(Angles de 90-180 et 45-135°)

a) Signification des directions

Pour la santé, ces aspects paraissent avoir une relation avec les troubles pulmonaires ou intestinaux, les crises d'asthme et les douleurs affectant les membres. C'est une influence qui peut aussi agir sur l'équilibre nerveux, provoquer des dépressions, etc. Sur le plan mental, il est évident que les facilités annoncées dans le paragraphe précédent disparaissent pour être remplacées par des faiblesses, des insuffisances, des distractions. Aspect critique pour celui qui doit passer un examen parce qu'en plus de certaines lacunes dans le fonctionnement des facultés, un facteur de malchance (question difficile par exemple) peut accentuer encore le désarroi du candidat. On peut formuler des tendances analogues pour les écrivains : mauvaise ambiance pour rédiger un livre et pratiquement pas la moindre chance de le placer sous l'influence d'un tel aspect. C'est aussi une phase difficile pour les fonctionnaires qui risquent, par manque de psychologie, de « froisser » quelque personnage influent de leur administration.

Dans les affaires, pour les situations indépendantes, il faut prévoir une baisse à la suite d'erreurs ou de mauvaises idées. Toute campagne de publicité serait stérile et on dirait que ceux qui n'ont pas un fonds très moral ont tendance à se livrer à des « acrobaties » en marge de la Loi pour tenter de redresser le courant le plus souvent sans succès, sans la chance indispensable en toutes choses tout fait défaut sous une telle configuration. Des passages de crise sont aussi à prévoir chez les artistes, les hommes politiques. Ce n'est pas le moment d'envisager une tournée ou bien d'affronter une élection difficile. Période de difficultés pour les exportateurs et les représentants. Pour tout le monde : risques d'irréflexion, de désordre, confusion, immodération, voire d'erreurs de jugement ou de décisions nuisibles. Danger également de contestations, discussions, ruptures de négociations ou de contrats, quelquefois perte de procès. Eviter les pourparlers difficiles et les voyages d'affaires. Se méfier des belles promesses, des bluffs ainsi que des exagérations ou excès de confiance en soi par suite d'une mauvaise évaluation des possibilités ou capacités. Sous un tel aspect il faudrait faire appel à la modestie si on doit envisager de grandes décisions. Eviter tout ce qui touche à la loi. Etablir un budget rigoureux pour l'année qui comporte une telle direction.

b) **Signification des transits**

S'il s'agit d'un passage de Jupiter il faut évidemment lui accorder une certaine importance et le surveiller notamment du point de vue financier et administratif. Ce ne serait pas le moment d'effectuer des achats sortant de l'ordinaire ni de songer à quelque spéculation. Si c'est un transit de Mercure cela peut se réduire à une nouvelle désagréable, à une petite dépense imprévue, une lettre qui se perd, du retard dans le courrier, une réclamation de client ou une observation de la part d'un directeur ou même une critique de la part d'un collègue ou confrère. Pour la santé peut-être un rhume ou une complication intestinale très passagère. Eviter pendant quelques jours tout ce qui exige de la diplomatie.

Exemples de directions

V. H., 1858, maux de gorge : Jupiter carré Mercure (C) ;
V. H., 1878, cesse d'écrire suite congestion : Mercure carré Jupiter ;
PELADAN, 1918, décès : Jupiter carré Mercure ;
Régis DEBRAY, 1966, 30 ans de prison : Jupiter carré Mercure ;
A.-M. PEYSSON, critiques milieu professionnel : Mercure carré Jupiter ;
X.-X., crise financière sérieuse : Jupiter carré Mercure ;
A., n° 5, 1936, tué en avion : Jupiter opp. Mercure ;
R., n° 1, 1966, tué sur la route : Jupiter carré Mercure ;

Exemples de transits

G. CLEMENCEAU, 8.3.1918, attaqué par la Chambre : Mercure carré Jupiter ;
J. F. KENNEDY, 2.8.1943, blessure grave : Mercure carré Jupiter en VIII ;
J. F. KENNEDY, 2.10.1955, opération sérieuse : Mercure carré Jupiter en VIII ;
MUSSOLINI, 18.9.1915, arrive dans les tranchées : Mercure carré Jupiter ex. ;
MUSSOLINI, 28.4.1945, tué par les partisans : Mercure carré Jupiter ;
PH. HENRIOT, 28.6.1944, tué parce que collab. : Merc. opp. Jup. ;

CERDAN, 28.10.1949, se tue avion : Jupiter opp. Mercure ;
PAPUS, 26.9.1916, décès (congestion ?) ; Jupiter carré Mercure ; ex.
Ch. FLOQUET, 18.1.1896, décès : Mercure carré Jupiter ex.

De toute évidence les transits de Mercure paraissent surtout amplifier d'autres aspects et préciser la date des ennuis.

43 — JUPITER EN BON ASPECT AVEC VENUS OU INVERSEMENT
(Angles de 0-60-120 et 30-150°)

a) Signification des directions

Au premier abord on a principalement tendance à examiner ces aspects sous l'angle sentimental, qu'il s'agisse simplement « d'affaires d'amour — ou bien du mariage si l'âge le permet. Cette manière d'envisager les choses ne soulève aucune critique, mais il ne faut pas oublier que ces influences sont de nature à déclencher quelque coup de chance dans tous les domaines, selon leur position à la naissance, selon les aspects du radix, selon les influences « dominantes », etc. Ce sont des configurations très intéressantes parce qu'elles mettent l'accent sur les opportunités heureuses que peut rencontrer le natif, plutôt que sur le mérite personnel, sur les efforts, sur le travail acharné, etc. C'est ici que les occasions suscitées par le destin jouent bien souvent un plus grand rôle que les initiatives. Par exemple c'est sous un tel aspect que le sujet peut bénéficier d'un héritage inattendu, gagner un gros lot, trouver une situation exceptionnelle sans qu'il ait fait la moindre recherche, etc. On peut donc pronostiquer une période de bien être physique dû à un bon fonctionnement du rein et du foie et à un équilibre des diverses fonctions. L'assimilation s'en trouve facilitée et le sujet peut prendre du poids s'il se laisse aller. Sur le plan intellectuel, il en résulte surtout un développement des aptitudes artistiques (peinture et musique notamment) et la période convient tout à fait pour tenter une « percée », pour songer à une exposition, à la sortie d'un disque ou pour la création d'une « première ».

En affaires, ces aspects annoncent une phase de facilité et d'expansion à la suite de quelque coup de chance ou d'une décision particulièrement bien inspirée. Parfois le sexe féminin intervient dans les destinées des hommes, alors que des personnages influents peuvent modifier la destinée des femmes. C'est une bonne période pour toutes démarches administratives, pour solliciter de l'avancement, pour demander une entrevue à quelque personnalité de premier plan, voire pour tenter sa chance dans une spéculation ou un jeu si les deux astres sont bien disposés à la naissance et en relation avec la II ou la V. Comme signalé au début, c'est théoriquement et pour les deux sexes la meilleure influence pour des satisfactions amoureuses, pour conduire des pourparlers de mariage et pour le réaliser. L'influence semble aussi en relation avec un accroissement de la famille. Parfois on dirait que le sujet est sauvé « par miracle » d'un danger inquiétant. La période de satisfaction, de chance, engendrée par de tels aspects doit aussi avoir une excellente influence sur le moral. En somme, une influence que l'on peut considérer comme la plus agréable, sinon la plus décisive quant aux grandes étapes de la destinée.

b) **Signification des transits**

S'il s'agit d'un simple passage il est évident que celui de Jupiter sera de plus grande importance que celui de Vénus et, en dehors de son rôle d'échéancier (très souvent un transit « réalise » et fixe la date de l'échéance d'une direction), il peut s'agir d'une simple rencontre sentimentale agréable, mais sans suite, d'une fête, d'une invitation ou réception ; d'une rentrée d'argent, de la visite d'une cliente aisée, ou client), d'un voyage agréable, de la date de la signature d'un contrat (élaboré sous des influences plus durables), etc.

Exemples de directions

NAPOLÉON III, 1860, annexion Nice et Savoie : Jupiter sextil Vénus ;
J. F. KENNEDY, 1948, élu à la Chambre des Rep. : Jupiter conj. Vénus ;
Martine CAROL, 1959, 3e mariage : Vénus sextil Jupiter ;
A. POHER, 1968, président du Sénat : Vénus sextil Jupiter ;
A. FRANCE, 1896, élu A.F. Jupiter conj. Vénus ;
R. POINCARÉ, 1882, poste premier secrétaire : Jupiter sextil Vénus ;
V. H., 1861, contrat de 300 000 : Vénus trigone Jupiter ;
V. H., 1867, reprise HERNANI : Jupiter trigone Vénus ;
N. F., 16.4.1903, 8 h, n° 43, 1965, gros tiercé : Jupiter conj. Vénus.

Exemples de transits

NAPOLÉON Ier, 25.12.1801, convention de STEYER : Jup. sextil Vénus ex. ;
NAPOLÉON Ier, 4.8.1802, consul à vie : Jupiter sextil Vénus ;
DE GAULLE, 13.1.1945, chef du Gouvernement : Jupiter sextil Vénus ;
LOUBET, 18.2.1899, élu prés. R.F. : Jupiter sextil Vénus ;
P. DOUMER, 13.3.1931, élu prés. R.F. : Jupiter sextil Vénus ;
S. CARNOT, 3.12.1887, élu prés. R.F. : Vénus sextil Jupiter ;
V. AURIOL, 16.1.1947, élu prés. R.F. : Jupiter trigone Vénus ;
G. HANOTAUX, 30.5.1894, ministre : Vénus trigone Jupiter ;
DE LATTRE, 22.3.1927, mariage : Vénus trigone Jupiter ex.
MUSSOLINI, déc. 1915, mariage : Jupiter trigone Vénus.

44 – JUPITER EN MAUVAIS ASPECT AVEC VÉNUS OU INVERSEMENT
(Angles de 90-180 et 45-135°)

a) Signification des directions

D'après les recherches effectuées, ces aspects ne paraissent pas très dangereux car on les rencontre peu souvent dans la vie des célébrités qui ont été examinées. C'est tout à fait normal puisque nous sommes en présence, selon la TRADITION du Grand et du Petit Bénéfique. Toutefois c'est sur le plan psychologique que l'effet est généralement le plus sensible parce que les deux astres ont tendance à accroître les appétits sensoriels, d'où une forte propensions aux excès pouvant engendrer des crises de foie, des reins, ou bien provoquer des abcès, etc., si le sujet y est déjà prédisposé. Ce sont aussi des aspects à surveiller pour la gorge, et la tension, la circulation (surtout si la direction tombe pendant l'âge mûr).

Dans la vie sentimentale, ce sont des aspects qui prédisposent aux aventures, aux troubles dans la vie conjugale par suite d'imprudences dues à la faiblesse morale (le sujet résiste mal aux tentations), parfois le mariage s'en trouve retardé.

Dans la vie courante, les affaires ne paraissent pas spécialement perturbées mais il y a une tendance au laisser-aller et à un accroissement des dépenses très souvent superflues. En naissance masculine, les sorties d'argent sont souvent en relation avec la vie amoureuse. C'est un passage de crise passagère possible pour les peintres, les artistes et les carrières libérales en général travaillant surtout pour le beau sexe. Ce n'est pas un passage à choisir pour entamer une procédure de divorce. Quelquefois : rupture de liaison.

b) Signification des transits

Même les simples transits (surtout ceux de Jupiter qui peuvent se prolonger pendant plus d'un mois) sont à surveiller sur le plan sentimental et financier. Ce n'est pas le moment de spéculer ni d'effectuer des achats onéreux parce qu'on risquerait de se laisser entraîner et de voir trop grand... Surveiller aussi les dépenses occasionnées par le sexe féminin. Eviter de demander des faveurs, des rendez-vous et mettre à plus tard toute démarche sentimentale. Si la santé laisse à désirer il est plus prudent de décliner les invitations, les réunions, fêtes, etc., en raisons des excès qu'elles peuvent provoquer.

Exemples de directions

NAPOLÉON III, 1858, attentat sans suites : Vénus carré Jupiter ;
G. DEFFERRE, 1969, déception sujet élection : Jupiter (en I) carré Vénus ;
E. PIAF, 1948-1949, aventure amoureuse avec fin tragique : Vénus carré Jupiter ;
Mar. LECLERC, 1926, quitte famille pour Maroc : Jup. carré Vénus ;
J. VERNE, 1853, déception sentimentale : Jupiter carré Vénus ;
Comtesse de CASTIGLIONE,1896, souffrante-fo-folle-Jupiter carré Vénus (C) ;

Exemples de transits

E. PIAF, 28.10.1949, gros chagrin d'amour pensées suicide : Vénus carré Jupiter ex.
MUSSOLINI, 28.4.1945, tué vers 16 h : Vénus carré Jupiter à 4' à midi ;
A. FRANCE, 24.8.1924, obligé de s'aliter : Jupiter opp. Vénus Ex. ;
X.X., épistaxis sérieux : Jupiter opposition Vénus ;
Comtesse de CASTIGLIONE, été 1858, vit seule à Turin : Jupiter carré Vénus ;
G. SAND, 8.6.1876, décès : Vénus carré Jupiter ex.
S. CARNOT, 24.6.1894, tué : Vénus carré Jupiter.

Il est probable que ces transits ont simplement provoqué une absence de chance, de protection et facilité ainsi l'action de M.A. existant par ailleurs.

45 – JUPITER EN BON ASPECT AVEC MARS OU INVERSEMENT
(Angles de 60-120 et 30-150°)

a) Signification des directions

Ces aspects sont de très bon augure pour le dynamisme, l'activité, la vigueur physique, le développement musculaire et la vitalité en général. C'est donc une période qui convient aux exploits sportifs, aux voyages, aux initiatives et décisions de toute nature et tout spécialement pour expédier les travaux difficiles et prolongés, mais parfaitement organisés. Le natif devient donc plus apte à donner un coup de collier en raison de son endurance qui se trouve accentuée. De telles influences peuvent marquer une phase saillante du destin parce qu'en dehors d'une plus grande aptitude à l'effort, l'esprit d'initiative et la confiance en soi s'affirment également. Il peut se produire une alliance heureuse entre le travail personnel (Mars) et la chance représentée par Jupiter. Toutefois il faut probablement se méfier des impatiences, des réalisations trop hardies par rapport aux moyens dont on dispose parce que ces deux astres peuvent engendrer des enthousiasmes excessifs si Saturne ne joue pas un certain rôle à la naissance. Bonne période pour les ingénieurs, les banquiers, les P.-D.G. dont les aptitudes organisatrices se trouvent amplifiées.

Financièrement d'importants bénéfices sont à espérer pour les carrières indépendantes mais même dans l'Administration, dans les grandes entreprises, le sujet progressera parce qu'il aura attiré l'attention sur lui par son travail bien conduit.

Socialement possibilités de satisfactions honorifiques, de décorations, d'avancement si la carrière le permet. En principe ces aspects favorisent les militaires, les coloniaux (mais il y en a de moins en moins). Si l'un des deux astres intéresse la V ou la VII l'atmosphère devient automatiquement propice pour une liaison ou un mariage (si l'âge et la situation ne s'y opposent pas) à la suite de quelque décision rapide.

En général bonne période pour les pionniers, les

hommes d'action, les inventeurs et tous ceux qui ont de lourdes responsabilités.

b) Signification des transits

Comme précédemment le transit de Jupiter peut être assimilé à celui d'une direction de plus courte durée et de moindre intensité. Mais, avec Mars on entre dans une catégorie d'aspects qu'il ne faut pas perdre de vue, même si le passage ne dure que quelques jours, car il peut réveiller le courage, l'activité, le dynamisme dont il a été question dans le § précédent. Toute démarche demandant de l'assurance aura plus de chances d'aboutir sous un bon transit de Mars par rapport à Jupiter. Quelques bonnes journées pour les mécaniciens, les dentistes, les médecins, chirurgiens et tous ceux qui sont amenés par leur profession à prendre des décisions rapides.

Exemples de directions

Willy BRANDT, 1970, Prix NOBEL : Jupiter trigone Mars (C.) ;
R. POINCARÉ, 1882, poste de premier secrétaire : Jupiter trigone à Mars ;
V. H., 1833, première MARIE TUDOR, et liaison DROUET : Mars trigone Jupiter (C) ;
V. H., 1881, manifestation pour ses 80 ans : Mars trigone Jupiter (directe) ;
MUSSOLINI, 1907, première idylle marquante : Jupiter sextil Mars M.V. ;
A. FRANCE, 1899, entre au FIGARO : Jupiter trigone Mars (C) ;
INCONNU, 1940, échappe par miracle à la captivité : Jupiter sextil Mars ;
LOTERIE, n° 1, Gain : Jupiter sextil Mars.

Exemples de transits

NAPOLÉON Ier, 3.7.1800, retour à Paris : Jupiter sextil Mars ;

NAPOLÉON III, 25.5.1846, s'évade : Mars trigone Jupiter ;

MUSSOLINI, 17.11.1907, passe examen important : Jupiter sextil Mars ;

MUSSOLINI, 9.1.1910, nommé rédacteur en Chef : Jupiter trigone Mars ;

MUSSOLINI, 21.10.1914, quitte journal pour fonder le sien : Jupiter trigone Mars ;

MUSSOLINI, début 1920, remontée de prestige après crise : Jupiter sextil Mars ;

V. H., 12.10.1822, mariage : Mars sextil Jupiter à 2° 30' ;

V. H., 17.2.1833, liaison Drouet : Jupiter sextil Mars exact ;

V. H., 17.10.1865, entre à HAUTERIVE : Jupiter sextil Mars exact ;

A. POHER, 1.10.1968, président du Sénat : Mars conj. Jupiter à 1° 50' ;

G. CLEMENCEAU, 6.4.1902, sénateur : Mars trigone Jupiter ;

P. DOUMER, 13.5.1931, élu Président R.F. : Mars trigone Jupiter ;

Comtesse de CASTIGLIONNE, 26.6.1856, promenade avec Napoléon III : Jupiter trigone Mars ex.

N.B. – Pour V. H. noter la concordance entre directions et transits au moment de la liaison avec J. DROUET : Mars trigone Jupiter d'un côté et Jupiter sextil Mars de l'autre.

46 – JUPITER EN MAUVAIS ASPECT AVEC MARS OU INVERSEMENT
(Angles de 0-90-180 et 45-135°)

a) **Signification des directions**

Des réserves sont à faire quant à la nature harmonique ou dissonante à attribuer à la conjonction. Il est probable que cela dépend en grande partie de l'ensemble du ciel de naissance. Mais on peut remarquer que cet aspect figure dans le radix d'un grand nombre d'hommes illustres (déjà cités) ce qui porte à croire que sa résultante est plutôt propice que contraire, à moins qu'elle soit très dissonante ou, par exemple en Maison VIII. Par mesure de prudence je la range cependant dans cette rubrique.

En général, tous ces aspects tendent à provoquer des troubles, notamment des congestions des organes régis par ces planètes ou par les signes où elles sont situées à la naissance. C'est habituellement l'organe représenté par celle qui est le plus mal placée ou configurée qui est atteint le premier. Ces aspects paraissent surtout se manifester chez les personnes ayant atteint l'âge mûr ou bien ayant fait de longs séjours sous des climats hostiles, ou, encore, chez tous ceux qui ont une vie très active ou surchargée de responsabilités. La manifestation est souvent assez brusque et on trouve souvent ces aspects dans les cas de fin violente.

Dans la vie courante, le jugement est fortement troublé par l'impatience ou la témérité d'où risques de décisions impulsives pouvant, dans les cas extrêmes, aboutir à des pertes de situation, à des revers de fortune. En particulier, risque de grandes prodigalités ou de décisions trop audaieuses dans le domaine des spéculations ou simplement des initiatives nouvelles. Le sujet risque de surestimer ses compétences.

b) **Signification des transits**

S'il s'agit seulement d'un TRANSIT, le natif doit surtout se méfier des dicussions avec ses chefs et avec son entourage professionnel en général. Il ne doit pas se laisser entraîner par l'impulsion, l'impatience ou la témérité, car ce sont des aspects qui peuvent provoquer des coupures, blessures ou tous autres petits accidents. S'abstenir de tout achat onéreux, de toute initiative financière. En cas de santé fragile, éviter les efforts et les excès pendant une semaine ou deux s'il s'agit d'un passage de Jupiter, pendant quatre ou cinq jours s'il s'agit de Mars.

La conjonction ne semble pas toujours maléfique, on dirait qu'elle fait ressortir une idée de *réalisation* (parfois téméraire).

Exemples de directions

NAPOLÉON Ier, 1804, complot : Jupiter carré Mars ;
NAPOLÉON III, échec tentative coup d'État (1836) : Jupiter conj. Mars ;
NAPOLÉON III, 1844-1846, tentative manquée d'évasion ? Mars carré Jupiter ;
MUSSOLINI, 1922-1923, premier pas comme premier ministre : Mars conj. Jupiter ;
Maréchal JOFFRE, chef d'état-major : Mars conjonction Jupiter ;
V. H., 1868, deux deuils dans l'année : Mars carré Jupiter (C) ;
Régis DEBRAY, 1965, condamné 30 ans de prison : Jupiter carré Mars en VIII ;
R. POINCARÉ, 1916, année très difficile : Mars carré Jupiter ;
G. CLEMENCEAU, 1919, blessé poumon, balle non extraite : Jupiter carré Mars (C) ;

Exemples de transits

Maréchal LECLERC, 13.7.1928, légère blessure : Mars carré Jupiter ex.
MUSSOLINI, fin mars 1915, duel, perd lobe oreille : Jupiter carré Mars ;
MUSSOLINI, 2.3.1921, avion saboté, pas de blessure : Jupiter carré Mars ;
MUSSOLINI, 18.9.1915, dans des tranchées : Mars conjonction Jupiter ;
GOERING, 9.11.1923, échec Putch, blessé : Mars opp. Jupiter à 2° ;
PIE XII, 9.10.1958, décès : Mars opposé Jupiter + 1° ;
A. FRANCE, fin août 1920, malade : Jupiter carré Mars M. de VI ;
A. FRANCE, 31.5.1822, mis à l'INDEX : Mars carré Jupiter ;
A. FRANCE, 2.8.1893, divorce prononcé : Jupiter conjonction Mars à 2° ;
A. FRANCE, 7.12.1905, contestation avec Editeur : Jupiter conjonction Mars ex.
A. POHER, 1.10.1968, président du Sénat : Mars con-

jonction Jupiter ;

G. CLEMENCEAU, 24.11.1929, décès, urémie : Jupiter opposition à Mars ;

G. SAND, 8.6.1876, décès : Jupiter opposé Mars ;

Comme on le voit il est assez difficile d'interpréter la conjonction de ces deux astres, il convient de bien examiner le Radix et de ne pas perdre de vue les aspects qui se forment dans le Ciel lors du transit. On dirait que cet aspect est plus ou moins en analogie avec de lourdes responsabilités.

47 – JUPITER EN BON OU MAUVAIS ASPECT AVEC JUPITER NATAL

En principe, ces aspects ne paraissent pas d'une grande portée et d'ailleurs, sauf le sextil, il sont assez rares en directions. Il n'a pas été possible de faire des remarques suffisantes pour proposer une théorie reposant sur quelque chose de vraisemblable. Quant aux TRANSITS, s'ils sont harmoniques ils peuvent indiquer d'éphémères coups de chance, quelque rentrée d'argent, une décision judicieuse. S'il s'agit de M.A. il faut craindre quelques malaises à la suite d'excès, des dépenses injustifiées, des difficultés administratives, etc.

Exemples de transits

G. POMPIDOU, 15.4.1962, Premier ministre : Jupiter trigone Jupiter à 27' ;

A. FRANCE, 3.8.1864 poste de bibliothécaire : Jupiter trigone Jupiter ;

INCONNU, petit tiercé : Jupiter trigone Jupiter ;

V. H., 5.12.1864, interdiction RUY BLAS : Jupiter opposé Jupiter ;

Comtesse de CASTIGLIONE, 26.6.1856, promenade avec Napoléon III : Jupiter trigone Jupiter ;

C. FLOQUET, 12.1.1892, président Chambre : Jupiter trigone Jupiter exact ;

P. LAVAL, 15.10.1945, fusillé : Jupiter carré Jupiter à 40'.

48 – JUPITER EN BON ASPECT A SATURNE OU INVERSEMENT
(Angles de 60-120° et sec. 30 et 150°)

a) Signification des directions

On peut espérer une amélioration de l'équilibre physiologique du fait de l'atténuation passagère de la tendance aux excès et de l'installation d'une mentalité d'économie des forces. Si une de ces directions se place tard dans la vie elle peut se traduire par un rétablissement inattendu de la santé et prolonger ainsi l'existence. Pendant la jeunesse elles favorisent la croissance et surtout le développement harmonieux du système osseux.

Ce sont de très bons aspects pour accentuer la réflexion, le sens de l'ordre, de la minutie et de la patience. Le moment convient tout à fait pour commencer ou achever une réalisation de longue haleine, notamment pour réaliser le chef-d'œuvre de la vie dans un domaine scientifique ou philosophique. Dans les affaires, bon moment pour une réorganisation ou une extension ; des gains plus importants et plus réguliers sont probables par suite d'une meilleure activité et de l'intervention d'une part de chance. Si le sujet est âgé, l'aspect peut l'inciter à prendre sa retraite et à se retirer à la campagne. Pour ceux qui font carrière dans l'Administration, des avantages sont possibles à la suite de bonnes notes accordées par les chefs. Dans les carrières libérales, sont spécialement concernés les architectes, les hommes de Loi, les banquiers. Dans les carrières artistiques on peut espérer des succès dans des pièces ayant plutôt un caractère historique ou dramatique. Les hommes politiques peuvent accéder à des postes plus élevés. Assez propice pour des satisfactions honorifiques, parfois point culminant de la destinée.

b) Signification des transits

Comme les transits de ces deux planètes se prolongent toujours pendant un certain temps et se répètent souvent trois fois dans le cours d'une année (environ), leur effet peut se rapprocher sensiblement de celui d'une direction. Toutefois pour qu'il en résulte un changement apparent dans la destinée il faut que l'ambiance soit soutenue par une direction. Par exemple CHABAN-DELMAS devient Premier ministre le 21.6.1969 avec Saturne sextil à Jupiter à 2°, mais l'année est marquée par une direction importante du M.C. qui est trigone à JUPITER et par une direction approchante du Soleil au trigone du M.C. (tout ceci si l'heure est à peu près juste). On peut encore citer NIXON élu le 5.11.1968 avec Jupiter trigone Saturne + 1°, mais dans le cours de l'année l'A.S. était très près du sextil de Mercure, du sextil de Jupiter et peu éloigné du trigone de Vénus (l'incertitude de l'heure ne permet pas un calcul très net de ces directions qui sont cependant très vraisemblables).

Exemples de directions

R. POINCARÉ, 1904, mariage : Jupiter sextil Saturne ;
R. POINCARÉ, 1926, « Grand Ministère » point culminant carr. : Saturne trigone Jupiter ;
A. FRANCE, 1896, élu Académie F. Jupiter trigone Saturne au M.C. ;
V. H., 1859, amnistie dont il ne veut profiter : Saturne sextil Jupiter (C) ;

Exemples de transits

Mal. PETAIN, 15.5.1917, chef d'état-major : Saturne trigone Jupiter à 1° 30' ;
V. H., 25.10.1838, contrat important : Saturne sextil Jupiter ;
V. H., 3.6.1841, reçu à l'Académie F. : Saturne trig. Jupiter ;
Edgar FAURE, 10.7.1968, redevient ministre : Saturne trigone Jupiter ;

CHABAN-DELMAS, 21.6.1968, Premier ministre : Saturne sextil Jupiter ;
NIXON, 5.11.1968, élu président U.S.A. : Jupiter trigone Saturne ;
Mal. LECLERC, 26.11.1944, gros succès à Strasbourg : Jupiter trigone Saturne ex.
G. CLEMENCEAU, 17.11.1917, Premier ministre : Saturne trigone Jupiter exact ;

49 – JUPITER EN MAUVAIS ASPECT AVEC SATURNE OU INVERSEMENT
(Angles de 0-90-180 et 45-135°)

a) Significations des directions

D'après les enseignements fournis par les exemples qui ont été passés en revue, il est prudent de ranger la conjonction parmi les mauvais aspects, même si sa nocivité n'est pas aussi évidente que comme pour les carrés ou oppositions. Toutefois tenir compte que, comme pout toutes les données astrologiques, il n'existe pas de règle mathématique, il y a toujours quelques exceptions.

Ces dissonances seront particulièrement sensibles pour les hépatiques, les astmatiques, les hypotendus, les décalcifiés et les rhumatisants. Il en résultera un abaissement de la vitalité en relation avec un des troubles ci-dessus mentionnés, des dépressions, l'apparition de malaises chroniques, des ennuis dentaires, des maladies de peau, etc. Le plus souvent les ennuis seront peu intenses mais traîneront en longueur.

Sur le plan moral et intellectuel, le natif peut se faire critiquer par ses manies par une minutie excessive et par l'impossibilité qu'il éprouve à s'évader des détails inutiles. Il risque de perdre un temps précieux dans des vétilles et de ne plus avoir la possibilité de penser à l'essentiel. Si on avait la possibilité de le vérifier, c'est certainement sous cet aspect que l'on constaterait l'abandon des recherches ou l'enfouissement de multiples manuscrits dans le fond de quelque tiroir...

En destinée, baisse générale dans les affaires probablement sans cause très apparente ce qui fait penser à un fléchissement passager de la chance. Le prestige peut aussi se trouver compromis à la suite de maladresses ou de l'hostilité de personnages influents ; ennuis administratifs, risques de contestations ou même perte de procès. Echéances difficiles, risques de mauvaises spéculations (surtout dans le domaine immobilier), discussions avec l'administration (au sujet d'impôts ?). Parfois une crise sérieuse ou même une perte de situation en relation avec des événements indépendants de la volonté (crises économiques par exemple). Dans les postes subalternes on doit se méfier des discussions, avec directeurs ou patrons. Retards dans la réalisation de tous projets, parfois perte de personnes âgées. Mauvais passage également pour les hommes politiques et tous ceux qui occupent des postes élevés. Ce ne serait pas le moment d'affronter une élection.

b) Signification des transits

Ceux de Saturne peuvent avoir un effet similaire à celui d'une direction, mais l'événement correspondant conserve un caractère plus transitoire et plus superficiel, sauf qu'il précise seulement l'échéance d'une période déjà dissonante par ailleurs. Si le transit est simple, on peut prendre une tolérance de deux mois pour Saturne et un mois pour Jupiter. Si le passage est triple on peut tabler sur une durée de 8-10 mois dans les deux cas.

Exemples de directions

J. F. KENNEDY, 1944, mort d'un frère : Saturne carré Jupiter M. de VIII ;
MUSSOLINI, 1926, trois attentats dans l'année : Jupiter carré Saturne ;
MUSSOLINI, 1945, tué : Saturne carré Jupiter (en VIII) ;
R. POINCARÉ, 1924, chute de son ministère : Jupiter carré Saturne ;
CAILLAUX, 1920, condamné par la Hautre Cour : Jupiter carré Saturne ;

A., n° 18, 1960, tué avion : Jupiter opp. Saturne ;
R., n° 23, tué sur la route : Jupiter opp. Saturne ;
R., n° 20, 1968, tué sur la route : Saturne carré Jupiter ;
V. H., 1883, mort de Juliette Drouet (liaison de 50 ans) : Jupiter carré Saturne (M. de V) ;
X. 6-X. 6, abandon projet de mariage : Saturne carré Jupiter en VII.

Exemples de transits

NAPOLÉON Ier, 18.5.1815, Waterloo : Saturne carré Jupiter ;
J. F. KENNEDY, juin 1937, accident : Jupiter opp. Saturne ;
PETAIN, 27.5.1951, décès : Saturne opp. Jupiter (M. de l'A.S.) ;
JAURES, 31.7.1914, tué : Jupiter opp. Saturne à 24' (Jup. en VIII) ;
Edith PIAF, 11.10.1963, décès : Jupiter carré Saturne à 17' ;
A. FRANCE, 6.6.1892, quitte domicile conjugal : Saturne opp. Jupiter ;
V. H., 5.12.1867, interdiction RUY-BLAS : Saturne carré Jupiter ;
V. H., 27.8.1868, mort de Mme Hugo : Saturne carré Jupiter exact ;
V. H., 11.5.1883, mort de Juliette Drouet : Saturne carré Jupiter ;
POMPIDOU, 1.6.1969, ne réussit pas à passer au premier tour : Saturne opp. Jupiter ;

50 — JUPITER EN BON ASPECT AVEC URANUS OU INVERSEMENT
(Angles de 60-120 et 30-150°)

a) **Signification des directions**

Ces aspects sont des facteurs d'équilibre nerveux et

intellectuel et ils facilitent toutes les réalisations demandant une organisation méthodique du travail et une bonne intuition. Pour les intellectuels, ils sont propices pour mettre au point des œuvres concernant l'occultisme, la philosophie, les religions ou la sociologie. Ils peuvent aussi se prêter à de grands reportages ou à des études concernant des explorations de pays éloignés, etc. Ils peuvent correspondre à une brusque « percée » s'il s'agit d'une carrière politique, artistique ou scientifique, le plus souvent à la suite de coups de chance survenant dans des conditions imprévisibles. Si le Radix est généreux financièrement, on peut aussi espérer d'heureuses spéculations, des rentrées d'argent inattendues, surtout pour les hommes de loi, les exportateurs et toutes les carrières libérales en général. Ce sont des aspects pouvant être la cause de grands voyages (surtout par air, à cause d'Uranus qui semble en relation avec ce genre de locomotion). C'est une période où le sujet doit aussi réussir à accroître le nombre et l'importance de ses relations amicales. S'il poursuit quelque investigation, quelque invention, il doit tenter d'aboutir sous l'une de ces influences. Période de succès pour les personnalités en vue ou bien tentant de se faire connaître, parfois début de carrière. Pour tout le monde : espoir d'amélioration de la situation et des finances à la suite de petits coups de chance ou de circonstances économiques heureuses.

Il peut aussi en résulter un certain désir de changement, d'aventure, mais le sens de la mesure, apporté par Jupiter, permet, en général, d'éviter les initiatives par trop téméraires ou utopiques.

b) **Signification des transits**

Comme pour le n° précédent il faut examiner s'il s'agit d'un transit simple ou bien triple. Dans le premier cas on peut prendre une approximation d'un mois pour Jupiter et de deux ou trois mois pour Uranus. Si le passage est triple (à cause des rétrogradations) l'influence peut persister pendant 8-10 mois et souvent c'est le dernier passage qui est le plus actif. Les aspects entre ces deux astres peuvent être choisis pour toutes décisions financières demandant une part d'intuition et de chance pour aboutir, il en est de même pour toute démarche administrative, pour renouer une relation amicale en suspens, pour effectuer un déplacement par voie aérienne (en raison de l'analogie entre Uranus et l'aviation) ou simplement pour se rendre à l'étranger (Jupiter Maître du IXe signe). En général ces transits marquent un très heureux passage pour toutes les professions indépendantes, et, à un moindre degré pour toutes les naissances ayant ces astres sans M.A. dans le Radix.

Exemples de directions

C. LINDBERGH, 1927, traverse l'Atlantique : Uranus sextil Jupiter (C) ;

R. POINCARÉ, 1894, ministre (première fois) : Jupiter trigone Uranus ;

POMPIDOU, 1962, Premier ministre : Uranus trigone Jupiter ;

V. H., 1825, chevalier de la L.H. : Jupiter sextil Uranus ;

Edith PIAF, 1936, premier engagement : Uranus sextil Jupiter ;

J. VERNE, 1877, grande croisière : Uranus trigone Jupiter (Uranus en IX) ;

Exemples de transits

POMPIDOU, 15.6.1968, élu président R.F. : Jupiter trigone Uranus à 1° 06', le seul transit précis et important à cette date ;

A. POHER, 2.10.1968, président du Sénat : Jupiter trigone Uranus exact ;

P. DOUMER, 13.5.1931, élu président R.F. : Uranus conj. Jupiter à 13' ;

J. F. KENNEDY, 12.9.1931, mariage : Jupiter trigone Uranus en IV ;

A. FRANCE, 23.1.1896, élu à l'Académie F. : Jupiter trigone Uranus exact ;

MUSSOLINI, 6.4.1924, succès élections : Uranus trigone Jupiter ;

MUSSOLINI, 23.2.1925, se lève après 2 mois de lit : Jupiter trigone Uranus ;

MUSSOLINI, 30.9.1938, dernier succès prestige à Münich : Uranus sextil Jupiter ;

Mal. PETAIN, 15.5.1917, chef d'État-major : Jupiter conj. Uranus à 16' ;

V. H., 17.9.1878, on lui annonce une rentrée de 163 000 F : Uranus conj. Jupiter ;

Mar. LECLERC, 26.11.1944, triomphe à Strasbourg : Uranus trigone Jupiter à 12'.

On dirait bien que la conjonction a plutôt des effets heureux pour les honneurs et les finances.

51 – JUPITER EN MAUVAIS ASPECT A URANUS OU INVERSEMENT
(Distances de 90-180° et 45-135°)

a) **Signification des directions**

On peut craindre une période de déséquilibre nerveux pouvant se traduire aussi bien par de multiples malaises (foie à surveiller) que par des idées en apparence géniales, mais dépourvues de tout sens pratique et totalement irréalisables. Le sujet risque de se lancer dans des entreprises dépassant largement ses compétences et son envergure financière. Parfois une période de nette malchance dans les rentrées ou bien ce sont les erreurs, les illusions du sujet qui sont à l'origine de lourds préjudices. Contrairement à ce qui se passe pour les B.A., ce n'est pas le moment d'édifier des théories, d'écrire des livres ou simplement de se lancer dans des réalisations nouvelles exigeant des investissements de nature à compromettre l'équilibre financier. Bien entendu ce n'est pas le moment de spéculer, ni même de « boursicoter ». Il est préférable de ne pas signer de contrats, d'éviter les gros achats ainsi que les grands voyages, par avion notamment. Dans ses relations le sujet manque parfois de diplomatie et risque de heurter ses chefs ou collaborateurs, d'où risque de perte de poste, de rupture d'accords voire de procès. Dans la vie politique et chez les célébrités : risque d'échecs au moins momentanés. Noter que les dissonances de Jupiter interviennent assez souvent dans les accidents ou décès, contrairement à ce qu'on aurait pu croire. Dans certains cas on dirait que l'action bénéfique de cet astre disparaît totalement !

b) Signification des transits

Voir ce qui est dit au n° ??? pour les tolérances à adopter. On peut s'inspirer de qui est dit pour les directions, notamment pour Uranus, mais les transits entre ces deux astres font surtout craindre des périodes où le jugement manquera de mesure d'où des décisions fâcheuses notamment pour les problèmes financiers, pour les questions de prestige, pour les relations amicales. Si l'un des astres influence la Maison VII ce sera une crise dans le ménage ou une union manquée selon le cas, ceci s'il existe déjà des dissonances dans le Ciel natal. Les passages de Jupiter se réduiront le plus souvent à des dépenses inutiles, à des erreurs « diplomatiques », à des contestations administratives ou légales, à des tensions dans les relations amicales, etc. Il sera préférable d'éviter les voyages par air lorsque les aspects seront très « serrés ».

Exemples de direction

G. CLEMENCEAU, 1909, chute ministère : Uranus opposé Jupiter ;
MUSSOLINI, 1913, échec élections : Jupiter carré Uranus ;
A. FRANCE, 1923, malade : Jupiter carré Uranus ;
V. H., 1851, année difficile, exil : Jupiter carré Uranus (C) ;
V. H., 1871, déceptions politiques : Uranus carré Jupiter ;
Cas n° 8, tué sur la route : Jupiter opposé Uranus ;
A 17, 1960, tué en avion : Jupiter carré Uranus ;
R., n° 20, 1968 tué route : Jupiter opposé Uranus.

Exemples de transits

V. H., 18.2.1836, premier échec Académie : Jupiter carré Uranus exact ;

V. H., 29.12.1836, second échec Académie : Uranus opposé Jupiter ;
V. H., 30.6.1858, anthrax très grave : Uranus carré Jupiter ;
V. H., 2.7.1871, échec élections lég. : Jupiter carré Uranus à 2° 30' ;
Gén. BOULANGER, 27.3.1888, mis à la retraite : Jupiter carré Uranus 1° ;
G. CLEMENCEAU, 22.2.1862, 73 jours de prison : Uranus opp. Jupiter et Mars ;
EISENHOWER, 24.9.1955, crise cardiaque : Uranus Lion opp. Jupiter ;
P. LAVAL, 27.8.1941, attentat : Jupiter carré Uranus.

52 – JUPITER EN BON ASPECT A NEPTUNE OU INVERSEMENT (Angles de 0-60-120° et 30-150°)

a) Signification des directions

Des réserves sont à faire au sujet de la conjonction, dont l'action semble cependant à prédominance bienfaisante, s'il n'existe pas de contre-indication dans l'Horoscope natal.

Ces directions paraissent favoriser l'épanouissement des tissus, mais le sujet risque de prendre du poids s'il ne se surveille pas. L'aspect peut aussi faire songer à des protections contre les dangers physiques ou même à quelque guérison « miraculeuse ». Toutefois, Neptune, ne semble pas toujours très efficient sur le plan physique et sur le plan matériel. C'est sur le plan mental et spirituel que ces aspects doivent surtout se manifester et provoquer une accentuation des penchants religieux, voire une conversion, ou plus simplement le désir de se rendre utile, de faire œuvre philanthropique, de se dévouer pour quelqu'un ou pour une cause, etc. L'intuition se trouve aiguisée et peut utilement guider le natif dans tous les domaines, aussi bien dans son travail que dans ses placements ou ses spéculations. Si le Radix est brillant : gains possibles dus uniquement à la chance. Tendance aux voyages, aux croisières, désir de visiter des lieux saints parfois. L'aspect semble aussi rendre plus optimiste, plus confiant en soi. Des opportunités inattendues sont capables d'améliorer le destin. On dirait cependant que les événements que l'on peut attribuer à ces directions ont davantage un caractère Jupitérien que Neptunien. En cas d'accident ou de maladie on dirait parfois que le sujet bénéficie d'une sorte de protection « miraculeuse » et qu'il se rétablit grâce à des soins sortant des voies classiques. Chez les hommes politiques ou les artistes ce peut être une période de réussite grâce à quelque circonstance inattendue. Parfois succès à l'étranger ou l'on voyage.

b) **Signification des transits**

Une certaine prudence est suggérée pour l'étude des transits de Neptune. Si on considère un triple passage sur un point quelconque du Thème l'influence peut se prolonger (comme pour Jupiter, Saturne, Uranus) pendant une dizaine de mois. Mais si on veut considérer un orbe de seulement 2° on se heurte à des grandes difficultés d'interprétation parce que l'influence se prolonge pendant trop longtemps pour formuler un pronostic, l'échéance d'un transit devient ainsi plus problématique que celle d'une direction. Voici un exemple : considérons un ciel avec un astre important à 1° Sagittaire et relevons les périodes où Neptune transite ce point à 2° près, soit entre 29° Scorpion et 3° Sagittaire. On constate que l'aspect ainsi défini entre en orbe le 6 décembre 1969, qu'il se forme à 6' près vers le 4 mars 1970 et qu'il reste en orbe jusqu'au 10 juin 1970. A cette date Neptune sort de l'orbe par rétrogradation et reste en dehors de l'aspect jusqu'au 8 octobre, moment où la tolérance devient à nouveau inférieure à 2° ce qui aboutira à un aspect précis le 4 décembre 1970, puis Neptune s'éloignera jusqu'à 3° 4' le 6 mars 1971 pour rétrograder ensuite jusqu'à 0° 18' et repartir en avant pour dépasser les 3° Sagittaire le 1er décembre 1971. On constate donc qu'avec cette tolérance le transit dure 2 ANS environ (avec une interruption de 4 mois en juin-octobre 1970).

Dans ces conditions il devient difficile de situer un

fait et je suggère de réduire l'orbe à I° si on veut un travail précis. Certes la persistance de l'aspect peut engendrer une « ambiance » susceptible de favoriser d'autres influences plus rapides et c'est dans ce sens qu'il faudrait orienter l'interprétation.

D'autre part bien que Neptune soit bien plus lent que Jupiter il ne semble pas que ses transits soient plus efficients, probablement en raison de son éloignement ou de son action plus subtile, moins sensible sur le plan matériel. On pourra cependant choisir un bon aspect de l'un de ces astres pour toute réalisation demandant à la fois de l'intuition, du jugement et ou de la chance pour obtenir. Ceci s'appliquera spécialement aux questions d'argent, aux voyages, aux relations avec les pays lointains, aux démarches diplomatiques auprès de personnages en place, etc. Il existe une possibilité d'accroître le prestige, voire d'obtenir quelque distinction honorifique si la situation s'y prête bien entendu. Pour tout le monde, ces transits peuvent apporter des satisfactions plus ou moins inattendues.

Exemples de directions

J. VERNE, 1867 voyage U.S.A. : Jupiter trigone Neptune ;

J. VERNE, 1896, gagne procès : Neptune trigone Jupiter ;

V. H., 1825, chevalier Légion d'Honneur : Jupiter sextil Neptune ;

V. H., 1830, première d'HERNANI : Neptune sextil Jupiter (C) ;

A. FRANCE, 1911, gagne un procès : Jupiter trigone Neptune ;

Jean GUITTON, 1954, prix littéraire : Neptune trigone Jupiter ;

MUSSOLINI, 1935-1936, aventure éthiopienne : Jupiter trigone Neptune ;

Mal. LECLERC, 1933, succès de prestige au Maroc : Jupiter trigone Neptune ;

LINDBERGH, 1926-1927, traversée Atlantique : Jupiter trigone Neptune.

Exemples de transits

NAPOLÉON Ier, 14.6.1800, MARENGO : Jupiter sextil Neptune ;
A. LEBRUN, 5.4.1939, élu président R.F. : Neptune sextil Jupiter à 6' ;
CHABAN-DELMAS, 21.6.1969, Premier ministre : Jupiter sextil Neptune exact ;
V. H., 4.6.1848, conseiller municipal : Jupiter trigone Neptune exact ;
V. H., 30.1.1876, sénateur : Neptune trigone Jupiter exact ;
A. FRANCE, 21.3.1886, entre au journal LE TEMPS : Neptune sextil Jupiter à 2° ;
Comtesse de CASTIGLIONE, 26.6.1856, promenade avec Napoléon III : Jupiter sextil Neptune ex.
G. CLEMENCEAU, septembre 1920, voyage aux Indes : Neptune trigone Jupiter.

53 – JUPITER EN MAUVAIS ASPECT A NEPTUNE OU INVERSEMENT (Distances de 90-180° et 45-135°)

a) Signification des DIRECTIONS

Ces aspects paraissent favoriser les perturbations glandulaires et la plupart des ennuis en relation avec des excès alimentaires ou des excès de boissons.

Des troubles hépatiques sont fréquents. Tendance à prendre un poids excessif. Quelquefois des malaises mystérieux provoquant des erreurs de diagnostic et de traitement. Attention aux ennuis provoqués par l'eau ; période de déconseiller pour un voyage sur mer.

Sur le plan intellectuel l'action risque surtout de porter sur le jugement qui se trouve fréquemment faussé par les illusions, les mauvaises intuitions. Le sujet a tendance à se laisser convaincre par les belles paroles, par les idées romantiques, par des promesses mirifiques, tout cela pouvant se traduire par des décisions irréalisables nuisibles à l'essor de la destinée. Dans certains cas le sujet est tenté de se livrer à des expériences mystérieuses à base d'occultisme dont les répercussions sur son mental sont dangereuses. Dans la vie pratique c'est un aspect dangereux pour l'argent non seulement parce que le sens pratique se trouve affaibli mais parce qu'une certaine malchance peut intervenir et se traduire par des achats désastreux, par des pertes, des dépenses fastueuses et inutiles. On peut même redouter des vols, des abus de confiance, des pertes par procès, etc. Ce n'est évidemment pas le moment de se lancer dans des initiatives aventureuses. De la prudence pour les importateurs ou exportateurs, déceptions si on se trouve à l'étranger. Pour les personnes en vue : risque d'inimitiés, de calomnies visant à miner le prestige moral et professionnel. Lorsque la moralité est faible, il peut y avoir tendance à se laisser aller à des actions répréhensibles. Éviter la tentation de marcher sur les lisières du code. Pour les hommes politiques, les célébrités, ce peut être un passage de désillusions, d'échecs. Parfois : ennuis en relation avec la situation générales, crises, catastrophes naturelles, etc. Malgré le caractère bénin des deux planètes on trouve assez souvent des dissonances lors de maladies, accidents ou décès.

b) **Signification des TRANSITS**

Pour la durée des aspects voir ce qui est dit au n° 52 bis. Ce sont surtout des passages où il faut se méfier des illusions professionnelles et financières parce que le sujet aurait tendance à surestimer ses capacités ou à tabler sur des rentrées ou des appuis qui font défaut au dernier moment. Il ne faut rien entreprendre de difficile. Eviter les opérations boursières, ne pas prendre d'engagements pour des achats, etc. Si la santé est délicate se méfier des excès de boisson et surveiller spécialement le foie. Pour tout le monde : Possibilité de complications inattendues portant sur les domaines régis par les Maisons occupées par Neptune ou Jupiter. La différence d'avec une direction réside dans le fait que la première peut « colorer » une année tandis que le transit ne doit pas étendre son action au-delà d'un ou deux mois, sauf si le passage est triple.

Exemples de directions

NAPOLÉON III, 1863, se lance dans l'aventure mexicaine : Jupiter opp. Neptune ;
R. POINCARÉ, 1887, perd un poste important : Jupiter opp. Neptune ;
MUSSOLINI, 1913, échec élections : Jupiter carré Neptune ;
JAURES, 1914, tué motifs politiques : Jupiter opp. Neptune (env.) ;
A., n° 5, 1936, se tue avion : Jupiter carré Neptune ;
R., n° 9, 1966, tué sur la route : Jupiter carré Neptune ;

Exemples de transits

BOULANGER, 22.2.1862, blessé : Jupiter à 135° de Neptune ;
BOULANGER, 30.11.1870, blessé : Jupiter à 135° de Neptune (en VIII) ;
MUSSOLINI, 7.6.1926, attentat sans suites : Jupiter carré Neptune. ex. ;
Ph. HENRIOT, 28.6.1944, tué (collaborateur) Neptune carré Jupiter ;
A. FRANCE, août 1881, sommation huissier : Jupiter carré Neptune ;
G. CLEMENCEAU, août 1893, malade, échec élect. : Neptune opp. Jupiter et Mars ;
G. CLEMENCEAU, 17.1.1920, démission : Jupiter opp. Neptune ;
V. H., 27.10.1855, expulsé de Jersey : Jupiter carré Neptune ;
V. H., début 1861, croit avoir un cancer gorge : Jupiter carré Neptune.

54 — DIRECTIONS ET TRANSITS ENTRE JUPITER ET PLUTON

Pour compléter ce qui est dit au § 15, j'ai encore relevé 32 transits de Jupiter par rapport à Pluton dans le

Ciel de G. CLEMENCEAU, notamment 10 conjonctions. Or, en considérant des passages à quelques mois près, il n'en existe que deux que l'on puisse rapprocher de faits concordants : le départ en Angleterre puis aux U.S.A. en 1865 et les attaques dont il fut l'objet en fin 1892 (mais l'aspect tombe en octobre alors que le passage critique se place en fin décembre. A côté de cela on note deux ou trois événements *contraires* à la nature de l'aspect, par exemple : élection sous un mauvais aspect, démission sous un bon aspect, et rien de précis pour les autres. Comme déjà indiqué on peut donc négliger les aspects de Jupiter à Pluton sans nuire à la rédaction d'un pronostic, cette manière de faire pourrait même simplifier le problème. On peut cependant signaler que, dans le cas de Clemenceau, Pluton a une latitude zodiacale de plus de 17°.

Dans le même ordre d'idées et dans le même Horoscope, si on relève 16 dissonances de Saturne par rapport à Pluton, on en trouve une seule en rapport assez net avec un fait de même nature : une chute du ministère en 1909 sous une conjonction Saturne-Pluton, mais comme ce cas est isolé on ne peut pas dire si c'est là la cause du revers qui correspond beaucoup mieux au carré de Jupiter sur l'A.S. exact le jour même, renforcé par un carré Mars-Saturne.

DIRECTIONS] TRANSITS DE SATURNE

Analogies saturniennes Le temps, la Fatalité, les obstacles, les retards, la cristallisation, les stases, les restrictions, le froid, la justice immanente ; la patience, la minutie, l'économie, l'accumulation, le doute, la tristesse, ce qui touche à la terre, aux pierres, aux mines, aux souterrains, le chercheur, l'archiviste, le méconnu, le malchanceux, les personnes âgées.

55 — SIGNIFICATION GÉNÉRALE

Dans l'interprétation de ces aspects il faudra éviter de se laisser influencer par le qualificatif de « Grand Maléfique » attribué à cet astre par la Tradition. Certes, on ne peut pas prétendre que cette attribution soit totalement dépourvue de sens, mais il ne faut pas oublier que Saturne intervient également souvent dans les grandes réalisations de la vie par ses bons aspects qui annoncent souvent quelque chose de durable et de définitif.

Contrairement à ce qui se passe pour Jupiter que l'on consulte habituellement pour supputer les phases heureuses d'une vie, voire les véritables coups de chance, Saturne par des dissonances en Transits ou Directions jalonnera bien souvent les moments difficiles, les insuccès, les périodes de malchance ou d'absence de chance.

Tandis que Mars annonce plutôt des ennuis découlant d'imprudences, de maladresses, d'actes de témérité et survenant brutalement, Saturne agira plus lentement, plus sournoisement et plus durablement. Parfois son action sera en relation avec des circonstances extérieures (crises, situation sociale, épidémies, etc.). Il représente, en somme, les coups durs dont on peut surtout accuser la FATALITÉ. Qu'il s'agisse d'un bon ou d'un mauvais aspect, les conséquences d'une direction ou même d'un transit important, seront souvent profondes, durables, parfois définitives.

Les M.A. présageront des crises de santé en relation avec le froid, avec des douleurs chroniques, avec des maladies de la peau, avec des stases, des calculs etc. Parfois ce sont aussi des troubles osseux, des fractures à la suite de chutes. Cet astre est aussi en relation avec la surdité, avec les maux de dents et principalement avec les passages de « mauvais moral », de découragement. En destinée ; il peut marquer une perte de prestige, une perte de poste en vue, quelquefois des scandales ou un revers définitif, surtout si ce dernier survient à un âge avancé. Ceci peut surtout s'appliquer aux situations politiques, honorifiques, si Saturne est en relation avec la Maison X ou s'il « gouverne » le Thème.

Les B.A. ne paraissent pas signifier de grands coups de chance, mais seulement l'aboutissement de longs efforts, une sorte de récompense pour les mérites et la bonne conduite du sujet. Comme compensation, les réalisations apportées par Saturne seront en général solides et durables si cet astre est bien configuré à la naissance. On dirait que toute réalisation d'envergure exige un minimum de bonne influence saturnienne. Ce sont des aspects précieux pour les savants, les philosophes, les mathématiciens, les chercheurs, les collectionneurs méthodiques, etc.

L'effet d'un **TRANSIT**, surtout s'il est triple, comme cela se produit souvent, pourra ressembler à celui d'une direction, mais il n'apportera pas de grandes modifications dans l'évolution ultérieure du destin. Le plus souvent il sera seulement question d'un passage de lassitude, de découragement, d'un rhume, d'une grippe, d'une douleur rhumatismale si le natif y est prédisposé, d'un mal de dents. Dans un autre domaine, il peut s'agir de malades dans l'entourage, voire de quelque deuil ou, encore, de soucis concernant les relations familiales avec les parents âgés. Il est conseillé de ne rien décider, ne rien entreprendre, ne pas aller aux sports d'hiver, de se méfier des chutes et contusions si on fait des travaux manuels et, principalement, de ne pas prendre une décision qui serait dictée par le découragement pendant la durée d'un mauvais transit dont il faut se méfier pendant quelques semaines au moins.

56 — SATURNE EN BON ASPECT AVEC LE M.C. OU INVERSEMENT
(Angles de 60-120 et 30-150°)

a) Signification des DIRECTIONS

Le principal effet à attendre de ces aspects ce sera une amélioration de la situation à la suite d'efforts patients et d'un travail méthodique, ou bien, dans une situation élevée, une consolidation du prestige, l'accès à quelque poste convoité depuis longtemps. Dans certains cas ce sera la finition d'une œuvre de très longue haleine, le couronnement d'une carrière, l'accès à un poste qu'on ne pourra pas dépasser.

On peut penser aussi à l'occupation d'un poste comportant de lourdes responsabilités, souvent par suite d'appuis provenant de personnages influents mais généralement âgés. L'aspect signifie parfois le départ de la retraite dans de bonnes conditions.

Si le natif est encore jeune lorsque survient une de ces configurations, il a tout intérêt à profiter d'un tel passage pour fixer son orientation ou bien pour commencer un travail de longue haleine destiné à asseoir son prestige professionnel, notamment si Saturne est bien aspecté à la naissance.

En Thème féminin, si Saturne est en relation avec la VII il peut s'agir d'une union un peu tardive avec un homme sensiblement plus âgé ou bien avec un veuf. En Thème masculin cela pourrait indiquer la régularisation d'une liaison déjà ancienne.

Passage de succès possible pour les hommes politiques, les savants, les historiens, les agriculteurs, les constructeurs. Possibilité de réalisations immobilières, de changements de résidence. On dit aussi que Saturne est en relation avec les grands animaux d'où faveurs possibles pour les éleveurs.

b) Signification des TRANSITS

Si c'est seulement un **TRANSIT** on pourra le choisir pour toute démarche demandant de la réflexion, pour commencer ou pour terminer selon le cas, une besogne minutieuse et de longue haleine, pour étudier quelque problème concernant l'habitation, les projets immobiliers, voire les travaux de jardinage. On pourra aussi solliciter quelque appui de la part de parents âgés si la situation familiale le permet. En général, examiner quelles initiatives il est possible de prendre pour renforcer la position professionnelle.

Exemples de directions

Gal BOULANGER, 1886, grande popularité, ministre : Saturne trigone M.C. et Saturne trigone Soleil exact ;

R. POINCARÉ, 1912, Premier ministre : M.C. trigone Saturne ;

A. FRANCE, 1904, succès au théâtre : Saturne sextil M.C. ;

MUSSOLINI, aut. 1906, obtient poste professeur : M.C. sextil Saturne (C)

MUSSOLINI, fin 1915, se marie : Saturne en VII, Saturne sextil M.C. ;

MUSSOLINI, 1929, accords de LATRAN, 6 ans de négociations : Saturne trigone M.C. (C) ;

V. H., 1838, contrat pour 22 vol. : M.C. sextil Saturne (C) ;
V. H., 1841, élu et reçu A.F. : Saturne sextil M.C. ;
V. H., 1880, cinquantenaire HERNANI : M.C. sextil Saturne.

Exemples de transits

PIE XII, 2.3.1929, élu : Saturne trigone au M.C. exact ;
NIXON, nov. 1951, sénateur : Saturne trigone M.C. ;
A. FRANCE, 10.12.1921, prix Nobel : Saturne trigone M.C. et à l'A.S. ;
Michel ROCARD, 1.6.1969, se fait connaître, candidat prés. R.F. : Saturne sextil M.C. ;
Michel ROCARD (26.10.1969, député : Saturne sextil M.C. et trigone Saturne) ;
MUSSOLINI, 21.10.1914, quitte journal pour fonder le sien : Saturne sextil M.C. ;
V. H., 14.9.1869, président Congrès Paix : Saturne sextil M.C.

On peut encore se faire une idée de la différence entre une direction et un transit en considérant que, pour V. H., le sextil de 1838 (direction) apporte un contrat pour 22 volumes, alors que le sextil du 14.9.1869 (transit) correspond simplement à une éphémère satisfaction de prestige.

57 — SATURNE EN MAUVAIS ASPECT AVEC LE M.C. OU INVERSEMENT (Angles de 0-90-180° et 45-135°)

a) Signification des DIRECTIONS

En principe ce sont les aspects les plus redoutables pour le prestige, pour la situation professionnelle et sociale, principalement si le sujet occupe un poste en vue. Pour tout le monde c'est un passage délicat pour les affaires parce qu'il faut s'attendre, d'une manière générale, à une phase de malchance, ou tout au mois à la disparition de tout facteur adjuvant. Selon l'importance et la position de l'astre à la naissance, ce qu'on appelle la Fatalité peut intervenir et engendrer des déboires, des échec, etc., qu'il n'est guère possible d'éviter, même avec la meilleur volonté du monde, surtout si l'astre reproduit quelque dissonance qui existe déjà dans le radix. En dehors d'une phase de marasme dans les affaires (si le Ciel natal est « passable ») il faut surtout craindre des divergences avec des personnalités influentes pouvant aboutir à une perte de situation ou à quelque changement de poste très désagréable. Par les temps actuels ce sont des aspects qui font penser à la mise à la retraite ou à une période de chômage par suite de crise économique ou de concentration d'entreprises. Dans les situations indépendantes le passage peut se traduire par l'échec des réalisations en cours, parfois la ruine d'une situation et la nécessité pour le sujet de se « recycler » ou de se contenter de situations plus obscures (si le thème est très dissonant).

Ce n'est pas le moment pour commencer quelque chose, ni pour solliciter des appuis. Il est prudent de se mettre sur la défensive, de ne pas compter sur les promesses et d'expédier seulement les affaires courantes. Sur le plan familial, risques de déceptions, divergences, brouilles ou même perte de parents âgés avec complications successorales risquent d'aboutir à des brouilles définitives. En politique : échec aux élections, perte de popularité, retraite définitive et parfois même scandale (même si le sujet n'a rien à se reprocher, car c'est un aspect qui semble aussi en relation avec les injustices). En général les difficultés engendrées par cet astre, ne sont pas très brusques, pas très intenses, mais elles deviennent dangereuses par leur persistance épuisante. Un certain découragement peut en résulter, le sujet ne sachant pas quoi faire pour se défendre efficacement. Dans les cas extrêmes l'aspect peut se retrouver aussi lors d'un accident ou d'un décès.

On dirait que la conjonction n'est pas aussi nuisible que le carré ou l'opposition, mais il faut s'en méfier quand même.

b) **Signification des TRANSITS**

Les ennuis sont du même genre mais plus superficiels et plus épisodiques : par exemple une discussion avec un employeur, un travail très désagréable à effectuer, une fausse accusation à la suite d'une erreur ou malentendu, etc. Ne rien entreprendre pendant quelques jours, éviter les discussions familiales.

Exemples de directions

R. KENNEDY, 1968, tué : Saturne conj. M.C. et M.C. carré Saturne ;
G. CLEMENCEAU, 1871, duel, démission, poursuites : M.C. carré Saturne ;
LOUIS XVI, 1789, M.C. opposition Saturne environ ;
James DEAN, 1955, se tue auto : M.C. carré Saturne ;
V. H., 1871, année de déceptions politiques : M.C. carré Saturne (C) ;
V. H., 1873, mort d'un fils : Saturne carré M.C. ;
Edith PIAF, 1949, pensées de suicide, gros chagrin : M.C. carré Saturne ;
BALBO, 1940, se tue avion : M.C. conjonction Saturne ;
Route n° 30, 1968, se tue : M.C. carré Saturne.

Exemples de transits

De GAULLE, 28.4.1969, démission : Saturne carré M.C. ;
G. CLEMENCEAU, 23.7.1897 mort père : Saturne carré M.C. exact ;
MUSSOLINI, 19.2.1905, mort mère : Saturne opp. M.C. exact ;
A. FRANCE, pri 1911, liaison terminée suicide : Saturne carré M.C. ;
V. H., 2.8.1829, interdiction Marion Delorme : Saturne Conj. M.C. ;
V. H., 25.2.1830, prem. HERNANI, discussions : Saturne conj. M.C. ;
Jean ROYER, 11.4.1974, démission : Saturne conj. M.C. ;

58 – SATURNE EN BON ASPECT AVEC L'A.S. OU INVERSEMENT
(Angles 60-120 et 30-150°)

a) Signification des DIRECTIONS

Ce sont des aspects de bon augure pour la santé parce que le sujet fait preuve d'une grande modération, d'une grande prudence et est enclin à mener une vie régulière et sobre sous une telle influence. Mais c'est surtout sur le plan moral et intellectuel que la période peut devenir intéressante en accentuant la réflexion, l'assiduité au travail, la minutie et la persévérance. De ce fait le natif peut parvenir à surmonter des difficultés qui l'avaient paralysé dans le passé et réussir cette opération intéressante de nature à consolider son prestige et sa position. Dans certains cas ce peut être une période facilitant la réalisation de quelque chef-d'œuvre ou du moins un des travaux les plus intéressants de sa carrière. Très souvent cela se produit après des efforts prolongés pendant des années.

Si le sujet est jeune, c'est un bon passage pour réfléchir, pour choisir la direction des études ou même pour se fixer une orientation, un objectif. Pour tout le monde ces aspects sont de nature à accroître la culture générale, notamment dans le domaine des mathématiques, de la philosophie et de la technique. Amélioration probable de la situation matérielle parce que le sujet travaille plus régulièrement et sait se montrer prudent et économe. Il peut améliorer la gestion de son avoir par des placements judicieux et, s'il y a lieu, les initiatives dans le domaine immobilier ne sont pas à déconseiller. Il ne faut pas compter sur des coups de chance (cela ne cadre pas avec Saturne) comme cela peut se produire avec un aspect de Jupiter, mais les efforts entrepris dans cette ambiance donnent habituellement les résultats escomptés. Ce serait, en somme, le triomphe du mérite personnel. Si l'aspect se forme à un âge avancé : aspiration vers une retraite paisible, à la campagne de préférence, ou bien désir de couronner une carrière par quelque fait particulier auquel on apportera de grands soins.

b) **Signification des transits**

Ils indiquent surtout les bonnes période (quelques semaines) pour prendre des décisions réfléchies ou pour exécuter des travaux demandant de la minutie ou de la patience. Dans certains cas on peut commencer un travail de longue haleine. En cas d'ennuis dentaires ce serait une bonne période pour se faire soigner.

Exemples de directions

R. POINCARÉ, 1926, grand ministère : A.S. trigone Saturne ;
G. CLEMENCEAU, 1889, une réélection : A.S. trigone Saturne (C) ;
NAPOLÉON Ier, 1795, général : Saturne sextil A.S. ;
NAPOLÉON III, 1852, empereur : A.S. trigone Saturne ;
C. FLOQUET, 1892, prés. de la Chambre : A.S. trigone Saturne ;
V. H., 1881, manifestations pour 80e année : A.S. trigone Saturne ;
V. H., 1857-1858, contrat Petite Epopée : Saturne trigone A.S. (C).

Exemples de transits

NAPOLÉON III, 10.12.1852, empereur : Saturne trigone A.S. exact ;
DE GAULLE, 1.6.1958, investiture : Saturne sextil A.S. ;
G. CLEMENCEAU, 13.5.1865, thèse médecine : Saturne trigone A.S. exact ;
A. FRANCE, 28.3.1903, première théât. Saturne trigone A.S. ;
MUSSOLINI, fin 1907, poste professeur : Saturne trigone A.S. ;
V. H., 3.6.1841, réception A.F. : Saturne sextil A.S. ;
V. H., mai 1856, achat Hauteville house : Saturne trigone A.S. ;
Pour n° III, noter l'analogie entre direction et grand transit.

59 – SATURNE EN MAUVAIS ASPECT AVEC L'A.S. OU INVERSEMENT
(Angles de 0-90-180 et 45-135°)

a) Signification des directions

L'effet le plus fréquent de ces aspects portera, évidemment, sur la santé et le moral. Il peut en résulter toutes sortes de malaises saturniens : ralentissement de toutes les fonctions ; rhumes, bronchites, et tous malaises en relation avec le froid auquel le sujet est très sensible, rhumatismes chroniques ; parfois calculs rénaux ou hépatiques ; assez souvent contusions et fractures par suite de chutes. Sous ces directions ou grands transits il est préférable de ne pas songer aux sports d'hiver et, sur la route, se méfier des grands froids, du verglas et de la neige. Ce sont plutôt les jambes, les genoux, les articulations qui sont touchés, et, si le sujet est prédisposé à la décalcification, ce peut être une très mauvaise période, il en est de même pour ceux dont la dentition est défectueuse. Eviter de se faire soigner sous ces aspects, le résultat serait médiocre. Sur le tard, ces directions peuvent signaler l'apparition de tendances maladives que le natif gardera le reste de ses jours. L'action de ces aspects sur le moral est aussi considérable et le découragement ou le pessimisme qui peut en découler vient encore aggraver l'état de la santé ou de la situation et c'est pour cela que ces directions sont souvent très pénibles à traverser.

En destinée : il peut y avoir échec soit parce que le sujet ne dispose plus des forces suffisantes pour exécuter un travail efficient, ou bien parce que la Fatalité intervient et supprime toute opportunité heureuse. Ce peut donc être une période de nette malchance si le Thème natal est déjà médiocre. Parfois, perte de parents âgés ou retraite définitive à la suite de revers ou d'échecs. Il est évident que l'opposition avec l'A.S. peut retentir sur la vie conjugale, sur la santé du conjoint, sur les associations et sur les contestations ou procès. Dans certains cas, attaques sournoises de la part d'inimitiés tenaces. Période de difficultés, de luttes épuisantes, démoralisantes. Il est évidemment prudent de ne rien décider de délicat sous ces aspects, ce qu'il y a de mieux à faire c'est de tenter de conserver un bon moral, de ne pas perdre de vue qu'une direction ne dure pas toujours. D'après l'expérience il ne faut pas oublier que si ces aspects font surtout songer à des troubles chroniques, à des ennuis en relation avec le froid, etc., ils interviennent aussi assez souvent dans les accidents (fractures surtout) et dans les fins brusques.

b) **Signification des transits**

Une attention particulière devra être accordée lorsqu'il s'agira d'un triple passage dont l'action peut se manifester pendant une dizaine de mois. En général ce sera le troisième aspect qui sera le plus important. A titre d'exemple on peut citer le cas du Général DE GAULLE : Une première opposition entre Saturne et l'A.S. se produisit le 24 mai 1968 à son retour de Roumanie. Pendant un jour ou deux on se demanda s'il n'allait pas démissionner... La seconde opposition, moins critique, se produisit le 26 octobre 1968 au moment de son voyage en Turquie, elle semble en relation avec la dévaluation qui se produisit le 22 novembre. Enfin le troisième passage se place le 13 février 1969 au moment de la préparation du référendum, initiative qui est à l'origine de son départ le 28 avril. La concordance des dates n'est pas très exacte, mais c'est bien le dernier passage qui semble avoir eu les conséquences les plus considérables.

Dans une destinée « ordinaire » si le transit est unique, il sera prudent pendant un mois ou deux (notamment si on est en hiver) de se méfier des rhumes négligés, des grippes, des douleurs rhumatismales si on y est prédisposé, et, dans un autre domaine, des chutes, contusions, fractures en relation avec la glace ou la neige. Ce ne serait pas le moment d'aller au sports d'hiver lorsque l'aspect approche de son point exact. Parfois : douleurs dentaires persistantes et petites complications lors de soins s'y rapportant. Sur le plan moral : baisse du dynamisme et de la confiance en soi. Le sujet exagère l'importance des difficultés en vue. Ne pas compter sur les appuis ou promesses de personnes âgées. Tracas possibles au sujet de parents.

Exemples de dirctions

NAPOLÉON III, 1866, échec exp. du Mexique : Saturne conj. Ascendant ;
Aviateur FRONVAL, 1928, carbonisé (chute d'avion) : A.S. carré Saturne ;
MUSSOLINI, 1906, repéré par la police, hésitations sur le choix d'une philosophie : A.S. opposé Saturne ;
G. CLEMENCEAU, 1917-1918, ministère difficile, guerre, diabète : Saturne carré A.S. (C) ;
N° 3, tué sur la route : Saturne 135° de l'A.S. ;
N° 5, tué sur la route ; A.S. conjonction Saturne ;
N° 7, tué sur la route : Saturne 135° de l'A.S. ;
A. 12, 1960, tué avion : A.S. opposition Saturne ;
A. 19, 1960, tué avion : A.S. opposition Saturne ;

Exemples de transits

DE GAULLE, 21.1.1946, démission et retraite 12 ans : Saturne carré A.S. ;
DE GAULLE, 8.9.1961, attentat sans suites : Saturne carré A.S. ;
DE GAULLE, 24.5.1968, mauvais discours : Saturne carré A.S. exact ;
MUSSOLINI, 14.10.1911, 5 mois de prison avec NENNI : Saturne opp. A.S. ;
MUSSOLINI, 1919, année de grandes batailles : Saturne carré A.S. ;
V. H., 1851, année de luttes et exil 11.12.1851 : Saturne opp. A.S. ;
V. H., 26.12.1873, mort de François Victor : Saturne carré A.S. exact ;
A.-M. PEYSSON, 2.9.1967, veuve : Saturne conj. Ascendant ;
Edith PIAF, 10.4.1963, coma et crise folie : Saturne carré A.S. exact ;

60 – SATURNE EN BON ASPECT AVEC LE SOLEIL OU INVERSEMENT
(Distances de 60-120° et 30-150°)

a) Signification de directions

Il existe une certaine ressemblance dans les effets entre les aspects que forme Saturne avec l'A.S. (voir n°s 58 et 59) et ceux qu'il forme avec le Soleil que l'on peut interpréter comme suit :

Une telle direction se formant pendant l'enfance et la jeunesse est de très bon augure pour la croissance et, en particulier, pour le système osseux. Au moral, l'enfant ou le jeune homme tend à devenir plus sérieux, plus conscient de ses devoirs, plus appliqué dans ses études et mieux disposé pour apprécier les mérites de ses parents et professeurs. Ses études peuvent s'en ressentir heureusement, une possibilité de récupérer le temps perdu existe.

Pour tout le monde, sur le plan physique, on peut annoncer une amélioration de la santé non seulement en raison des protections que peut engendrer un tel aspect, mais, plus spécialement parce que le sujet (surtout en naissance masculine, pour les femmes, l'équivalent serait un aspect Saturne-Lune) se préoccupe de l'économie de sa forme vitale et s'efforce d'éviter tout excès dangereux. Il chercher notamment à bien équilibrer les périodes de travail et de repos et à proportionner ses efforts selon son âges et ses forces du moment.

Au moral, et pour tout le monde, ce sont des aspects de réflexion de mesure, de prévoyance, pouvant être choisis pour de grandes décisions visant à organiser ou améliorer la destinée. Si cette direction se place vers l'âge mûr ou au-delà, il peut en résulter une stabilisation définitive à la suite d'un avancement ou d'un changement heureux. Parfois cela indique une retraite dans de très bonnes conditions. Quelle que soit l'époque de la direction, des personnages haut-placés, représentés par le Soleil, peuvent intervenir par leurs appuis ou conseils. Financièrement, accroissement des rentrées pouvant provenir aussi bien du travail que de judicieux placements (immobiliers en général) et parfois d'opérations sur le métal jaune (mais ceci sous réserves).

Les intellectuels, les savants, les artistes doivent tenter de réaliser leur chef-d'œuvre au cours de l'année qui comporte une telle influence. Les hommes politiques, les personnages en vue en général, enregistrent un accroissement mérité de leur prestige à la suite d'initiatives heureuses souvent en gestation depuis un certain temps.

Dans les horoscopes féminins, tout ce qui précède reste valable, mais avec une moindre intensité. Comme effet particulier on peut mentionner des possibilités de liaison ou de mariage avec un homme plus âgé (ayant généralement une belle situation) si l'un des deux astres se trouve en Maison V ou VII ou même s'il est simplement en relation avec la Maison X.

b) **Signification des transits**

Une distinction s'impose selon qu'il s'agit d'un passage de Saturne ou du Soleil. Le premier, considéré avec un orbe de 2°, s'il se produit en mouvement « direct » peut être pris en considération pendant un mois environ ; s'il se produit en « rétrogradation » on peut doubler cette tolérance, enfin, comme cela se produit souvent, si le transit est triple, l'influence peut se prolonger pendant une dizaine de mois et c'est souvent le dernier passage qui est le plus efficient.

Dans tous les cas on peut s'attendre à quelque satisfaction passagère de prestige, à une récompense ou un avancement en récompense d'une conduite exemplaire, à une amélioration de rentrées grâce à un travail minutieux et à une meilleure gestion de l'avoir, si l'un des astres est en Maison II ou V (dans ce dernier cas le moment conviendrait pour un placement judicieux) ou même en X. C'est une période à choisir pour toute décision demandant de la réflexion, pour solliciter une faveur ou un appui auprès de personnalités influentes, pour une rédaction demandant de la patience et de la minutie. On peut aussi espérer quelque bonne nouvelle concernant la réussite d'une démarche faite depuis longtemps. Satisfactions au sujet de la santé ou de l'attitude de parents âgés.

Si c'est seulement un transit du Soleil, on le prendra en considération pendant une semaine environ et les effets peuvent être similaires à ceux qui viennent d'être décrits, mais avec une moindre amplitude, avec une portée insignifiante sur la suite des événements. Ce sont des journées surtout propices pour tout travail minutieux, pour effectuer quelque démarches après avoir bien pesé le pour et le contre. En naissance féminine, le moment peut être choisi pour demander une faveur à l'époux ou bien au père si les astres intéressent les Maison VII-IV ou même X.

Exemples de direction

NAPOLÉON III, 1851, coup d'État : Saturne trigone Soleil et Mars ;
G. BOULANGER, 1886, popularité, ministre : Saturne trigone Soleil ;
G. CLEMENCEAU, 1888, campagne contre Boulanger : Saturne trigone Soleil ;
MUSSOLINI, 1937, traite avec l'Angleterre : Soleil trigone Saturne ;
J. VERNE, 1856, père avance 50 000 F : Saturne trigone Soleil (C) ;
V. H., 1852, s'installe à Jersey : Saturne trigone Soleil (C) ;
V. H., 1859, Amnistié (refuse en profiter) : Soleil trigone Saturne (C).

Exemples de transits

NAPOLÉON III, 25.5.1846, s'évade : Saturne trigone Soleil et Mars exact ;
G. CLEMENCEAU, 21.10.1906, Premier ministre : Soleil sextil Saturne ;
Ed. FAURE, 10.7.1968, redevient ministre : Saturne trigone Soleil ;
MUSSOLINI, 21.1.1909, poste de secrétaire : Saturne trigone Soleil et Mercure ;
V. H., 28.1.1842, public. LE RHIN : Saturne sextil Soleil (Saturne passe en III) ;
V. H., 8.2.1871, député : Saturne sextil Soleil (mais carré Uranus).

61 — SATURNE EN MAUVAIS ASPECT AVEC LE SOLEIL OU INVERSEMENT (Distances de 0-90-180° et 45-135°)

a) Signification des directions

Même si ces astres ne sont pas en relation avec la Maison I ou avec l'axe VI-XII, leurs dissonances risquent toujours — plus ou moins — de porter atteinte à la santé. Le plus souvent, dans les cas bénins, ce sera une simple baisse de vitalité sans manifestations très apparentes, sauf, peut être, une certaine fatigue cardiaque. Dans les cas sérieux (avec un Radix fortement dissonant) ce sera souvent l'apparition de troubles chroniques (pouvant assombrir le reste de la vie si le sujet est déjà âgé) ou, du moins, une crise pénible portant sur les parties du corps en relation avec les signes ou les Maisons occupés par l'un des astres, ou bien concernant les parties du corps en analogie avec Saturne ou le Soleil, par exemple le cœur, les artères, la vue, la peau, les dents, le système osseux, les troubles arthritiques ou les ennuis en relation avec le froid. Si le Ciel natal est assez « violent », il faut craindre des chutes, contusions, fractures, etc., comme pour les aspects entre Saturne et l'A.S.

Sur le plan moral : manque de confiance en soi, crainte de l'avenir, manque de dynamisme pouvant faire perdre de brillantes opportunités. Un tel état d'esprit peut aussi lui aliéner passagèrement certaines sympathies, de sorte qu'il est préférable de ne pas solliciter de faveurs afin d'éviter toute déception ou humiliation de nature à effecter le moral. Ce conseil s'impose également parce que l'aspect risque aussi d'affaiblir le sens diplomatique ou psychologique. En destinée, surtout si les deux astres sont déjà mal disposés à la naissance, il peut en résulter : ralentissement ou crise dans les affaires, ennuis avec patrons, directeurs ou personnages influents, déceptions consécutives à des échecs, perte de poste ou de situation à la suite d'inimitiés, de calomnies ou, parfois, à cause de circonstances indépendantes de la volonté (par exemple, crises économiques). Dans le domaine familial ces aspects marquent parfois la maladie des parents âgés ou même leur décès, ou, plus simplement, une période d'incompréhension entre deux générations. Pour ceux dont l'activité touche à la terre : mauvais passage en raison des conditions atmosphériques, notamment la neige, les grands froids, parfois la sécheresse.

Comme fait particulier, ces influences sont dangereuses si le sujet est victime d'accusations malveillantes parce que souvent les apparences sont contre lui et il peut se heurter à de grandes difficultés pour faire reconnaître sa loyauté et sa bonne foi. Cela peut surtout se constater dans les carrières politiques ou artistiques, où les vedettes sont parfois en butte à des campagnes tendancieuses visant à miner leur prestige. C'est donc pour les personnalités en vue — hommes politiques, artistes, écrivains savants — que ces aspects sont souvent redoutables. Dans les cas extrêmes il peut en résulter un revers de fortune irréparable, notamment si le natif a atteint un certain âge. Pour tout le monde on peut considérer que ces directions ou transits tendent à accentuer le rôle de la **FATALITÉ** et à provoquer des ennuis difficiles à éviter. Une réserve est à faire pour la conjonction qui, parfois, semble simplement signifier quelque chose de saillant dans la vie, mais pas obligatoirement désagréable.

b) Signification des transits

Pour la tolérance à adopter pour les aspects, voir les n° 52-53-54. Si le passage de Saturne est triple on peut l'interpréter comme une direction, mais les conséquences seront moins sensibles sur l'avenir. S'il est simple on peut se reporter à ce qui est dit pour les M.A. touchant l'A.S., mais, sur le plan des relations amicales ou professionnelles, le sujet doit surtout viser à ne pas contrarier les personnages qui sont susceptibles de le protéger ou de l'aider, car ces transits peuvent provoquer des maladresses, ou, du moins, des omissions, des lacunes dans le domaine de la diplomatie et de la psychologie. Baisse possible de prestige s'il s'agit d'une situation en vue. Ne pas compter sur des appuis ou protections et ne pas demander de faveurs tant que dure l'influence. Si c'est un transit solaire on peut craindre quelque léger malaise pendant quelques jours et il faut éviter toute démarche demandant de la chance pour réussir. Éviter les discussions avec les personnes âgées ou les chefs de service, directeurs, etc. En général, rester sur la défensive.

Exemples de directions

NAPOLÉON III, 1973, Opération et décès : Soleil et Mars à 135° Saturne ;
G. CLEMENCEAU, 1909-1910, démission voyage Amérique : Soleil conj. Saturne ;
G. DEFFERRE, 1969, échec élec. Présidence : Saturne carré Soleil ;
MUSSOLINI, 1911-1912, 5 mois de prison avec NENNI : Soleil carré Saturne ;
MUSSOLINI, 1924, affaire MATTEOTTI, risques démis. : Saturne carré Soleil (C)
J. VERNE, 1871, crise financière guerre : Saturne opp. Soleil ;
V. H., 1881, fait premier testament : Saturne carré Soleil (C) ;
A. 8, 1936, tué avion : Saturne carré Soleil ;
A. 16, 1960, tué avion : Soleil conjonction Saturne ;
R. 17, 1966, tué sur route : Soleil carré Saturne.

Exemples de transits

NAPOLÉON Ier, 14.4.1814, Abdication : Soleil carré Saturne ;
NAPOLÉON III, 2.12.1851, coup d'État : Saturne conjonction Soleil-Mars ;
DE GAULLE, 8.9.1961, Attentat : Soleil conj. Saturne exact ;
DE GAULLE, 17.4.1964, Opération : Saturne carré Soleil ;
G. CLEMENCEAU, 19.2.1919, blessé, attentat : Soleil carré Saturne exact ;
J. F. KENNDY, 20.10.1954, gravement malade : Soleil carré Saturne exact ;
V. AURIOL, 31.5.1964, fracture col du fémur : saturne opp. Soleil ;
A. FRANCE, Alité 24.8.1924 : Saturne opposé au Soleil ;

A.-M. PEYSSON, 2.9.1967, veuve : Soleil opposition Saturne ;
V. H., 27.8.1868, Mort de Mme Hugo : Soleil conj. Saturne exact ;
V. H., 2.8.1883, second testament : Saturne carré Soleil exact ;
V. H., 22.5.1885, décès : Soleil carré Saturne.

Il est évident qu'il ne faut pas attribuer aux transits du Soleil, qui se produisent tous les ans, la cause principale des événements cités. Il est plus logique de penser que le Soleil « actualise » d'autres influences plus importantes et en action vers la même époque.

62 – SATURNE EN BON ASPECT AVEC LA LUNE OU INVERSEMENT
(Distances de 60-120° et 30-150°)

a) **Signification des directions**

D'après les recherches effectuées, ces aspects paraissent bien moins importants que ceux intéressant le Soleil, mais cela provient peut-être du fait que les Horoscopes considérés sont surtout masculins. Analogiquement ce sont surtout les femmes et les jeunes filles qui doivent en bénéficier au point de vue physiologique. Il doit en résulter un bon fonctionnement de l'appareil digestif, une croissance rapide si une direction de ce genre se forme pendant la jeunesse. Mentalement, c'est une bonne période pour la mémoire, pour les études, pour la réflexion et même pour l'intuition. En période de scolarité il peut en résulter un brillant succès. Dans le cours de la vie, pour les deux sexes, c'est un passage qui peut inciter à la fondation d'un foyer, à une stabilisation sentimentale ou à un changement de résidence en vue d'obtenir plus de tranquilité. On peut aussi penser à quelque opération immobilière, à une installation etc. Pour les savants, c'est un passage où ils peuvent avancer dans leurs recherches parce qu'il se forme une alliance harmonieuse entre leur réflexion, leur patience et leur imagination. Tard dans la vie, c'est un aspect tout indiqué pour prendre sa retraite de préférence à la campagne.

Chez les personnes devant se produire en public, il existe une possibilité de consolider leur carrière en raison de l'analogie qui existe entre la Lune et le grand public, toutefois cela ne se ferait qu'à la suite d'un effort personnel parce que Saturne ne semble guère susciter des coups de chance. Les hommes politiques peuvent affronter une élection s'ils bénéficient déjà d'un certain prestige, mais l'aspect serait très douteux pour un début, pour un lancement. Pour tout le monde, la période peut permettre une meilleure entente familiale, l'apaisement de certaines animosités, surtout entre les très jeunes et les très âgés. C'est aussi un indice de consolidation dans tous les domaines si le radix n'est pas trop dissonant.

b) Signification des transits

Il est de toute évidence qu'il n'existe pas de commune mesure entre un transit de Saturne et un autre de la Lune. La durée du premier est indiquée dans les trois ou quatre paragraphes précédents et quant aux passages de la Lune il est probable qu'ils ne dépassent pas une journée. Il subsiste cependant un doute à ce sujet puisque des recherches dans le domaine de l'Astrologie mondiale tendent à démontrer que certains aspects lunaires pourraient se manifester au cours du jour même et pendant les deux jours suivants. Mais ceci est noté sous toutes réserves.

On ne peut évidemment pas se fonder sur un aspect lunaire pour formuler un pronostic, mais il peut servir à préciser une date qui serait donnée approximativement par des influences plus lentes.

Les transits de Saturne sur la Lune sont susceptibles d'agir sur la santé (comme ceux sur l'A.S. ou le Soleil) mais ils seront davantage ressentis par le sexe féminin. Pour tout le monde, ils suggèrent de se méfier des excès de liquides, des imprudences au bord de l'eau, d'éviter les lieux humides s'il existe une tendance rhumatisante. Dans la vie familiale : des préoccupations au sujet de l'entourage féminin, notamment au sujet de l'épouse ou des parentes âgées, secondairement au sujet des filles.

Exemples de directions

NAPOLÉON III, 1848, Député et Président : Saturne sextil Lune ;
V. H., 1856, achète Hauteville-House : Saturne sextil Lune ;
V. H., 1876, Elu sénateur : Lune sextil Saturne (C) ;
A. FRANCE, 1888, Liaison durable : Lune trigone Saturne ;
G. CLEMENCEAU, 1874, revient vie politique après 3 ans : Lune trigone Saturne ;
G. CLEMENCEAU, 1880, fonde la « JUSTICE » : Saturne trigone Lune (C).

Exemples de transits

G. CLEMENCEAU, 23.5.1869, mariage et retour France : Saturne trigone Lune exact ;
MUSSOLINI, 2.7.1908, retour pays natal : Saturne sextil Lune ;
V. H., 31.1.1876, Elu sénateur : Saturne sextil Lune à 1° 30' ;
V. H., 27.2.1881, Hommage pour son 80e ann. : Saturne trigone Lune exact ;
PÉTAIN, 19.11.1918, promu Maréchal : Saturne sextil Lune exact ;
J.-F. KENNEDY, 9.11.1960, Elu président : Saturne trigone Lune 3° ;
NIXON, début novembre 1952, Vice-Président : Saturne trigone Lune exact ;
NIXON, 5.11.1968, Elu président : Saturne sextil Lune exact.

63 – SATURNE EN MAUVAIS ASPECT AVEC LA LUNE OU INVERSEMENT
(Distances de 0-90-180° et 45-135°)

a) Signification des directions

Ce sont des aspects à surveiller tout spécialement dans

les horoscopes féminins à cause de la Lune. Mais pour tout le monde on peut craindre une période de moindre résistance qui rend l'organisme plus sensible aux épidémies saisonnières notamment pour les personnes qui vivent habituellement dans des endroits humides. Si au cours de la mauvaise saison il faut surtout penser aux ennuis se rapportant aux voies respiratoires, au cours de belle saison ce sont plutôt des malaises digestifs qu'il faut craindre à la suite d'excès de liquides très souvent ou d'une intoxication par des coquillages par exemple. Des perturbations de nature saturnienne, comme celles signalées déjà (voir n° 53-55) sont aussi assez fréquentes si l'un des astres se trouve en VI ou XII.

L'effet est souvent plus considérable sur le plan moral que sur le physique et c'est un aspect classique de découragement, de doute, de pessimisme et, fréquemment, d'hésitations nuisibles pour les affaires en cours. Mentalement baisse passagère de la mémoire et de l'intuition, ainsi que de l'imagination. Ce n'est pas le moment pour ceux qui s'occupent de prévisions de se lancer dans des considérations risquées. Le sujet éprouve des difficultés pour poursuivre des travaux minutieux. Il doit lutter contre le laisser-aller et la paresse. Financièrement et socialement : passage de malchance ou du moins de difficultés entrainant notamment des retards en toutes choses. Malveillance du voisinage, inimitiés, médisances, calomnies et toute manœuvres sournoises visant spécialement à perturber la vie familiale. Pour les artistes ce peut être une phase de défaveur du public, mauvais passage pour galas, tournées. Tous les personnages en vue risquent de subir des critiques, des campagnes de presse, des échecs aux élections, voire risque de scandale etc. Passage délicat en cas de tension dans le ménage ou la famille. Parfois une sorte de « refroidissement » dans les relations conjugales si l'un des astres intéresse la VII. Sur le tard, possibilité de mise à la retraite prématurée dans de mauvaises conditions. Pour les hommes : ne pas compter sur les promesses ni sur les appuis féminins. Contrairement à ce qu'on pourrait croire d'après la nature de la Lune, ces aspects interviennent assez souvent dans les fins brutales et non seulement dans les deuils consécutifs à la maladie ou la vieillesse.

b) **Signification des transits**

On peut s'inspirer de ce qui précède pour interpréter un transit saturnien, mais en tenant compte de sa durée forcément inférieure à celle d'une direction. Toutefois, si le passage est triple l'influence peut durer plusieurs mois. Il faut craindre surtout des hauts et des bas dans l'état général, des malaises digestifs, des douleurs rhumatismales en relation avec l'humidité ou le froid. C'est aussi un passage à surveiller pour les relations avec le sexe féminin et avec l'entourage familial. Si c'est un simple transit de la Lune on peut penser à une journée de « cafard », à un tracas familial, à un rendez-vous manqué etc.

Exemples de directions

NAPOLÉON III, 1866, déboires sujet du Mexique : Lune opposée Saturne ;
CAILLAUX, 1914, scandale et démission : Lune conjonction Saturne ;
A. FRANCE, 1905, ennuis procès : Saturne conjonction Lune ;
G. CLEMENCEAU, 1929, décès : Lune opp. Saturne ;
J. VERNE, 1848, crise financière : Lune carré Saturne (C) ;
V. H. 1823, mort d'un fils : Saturne carré Lune (C) ;
R. 5, tué sur la route : Saturne carré Lune ;
R. 8, tué sur la route : Lune 135° de Saturne ;

Exemples de transits

NAPOLÉON Ier, 14.4.1814, Abdication : Saturne conjonction Lune ;
PAUL VI, 4.11.1967, opération : Saturne opposé Lune exact ;
HITLER, 30.5.1945, suicide : Saturne opposé Lune exact ;
G. CLEMENCEAU, 17.10.1920, malade aux Indes : Lune conjonction Saturne (journée) ;
E. PIAF, 6.4.1936, arrêtée : Lune carré Saturne dans la journée ;

MUSSOLINI, septembre 1906, ennuis avec police : Saturne carré Lune ;

MUSSOLINI, 16.11.1919, échec élections, baisse tirage : Saturne carré Lune ;

Mireille MATHIEU, 18.2.1968 vers 18 h 45 : accident sérieux : Lune au carré de Saturne au moment de l'accident.

64 – SATURNE EN BON ASPECT A MERCURE OU INVERSEMENT
(Distances de 60-120° et 30-150°)

a) Signification des directions

Ces aspects sont très précieux pendant la jeunesse et toute la période de scolarité parce qu'ils rendent le sujet studieux, minutieux, pontuel tout en accroissant sa logique et son raisonnement. De grands progrès sont donc probables dans les études. Plus tard dans la vie, ce sont des configurations remarquables pour les intellectuels notamment pour les philosophes, les architectes, les agronomes, les ingénieurs des Ponts et Chaussées, les calculateurs et tous les savants en général. Époque propice pour mener à bien des travaux mathématiques, pour la publication d'écrits techniques plutôt que littéraires. Semble aussi faciliter les études astrologiques. Sur le tard, une telle direction peut convenir pour terminer une œuvre ayant exigé de la patience et de la minutie, ou bien pour « couronner » une carrière dans n'importe quel domaine.

L'effet sur la santé doit se manifester par une période de calme, d'équilibre nerveux et de vie régulière dépourvue de toute exagération. En principe, l'effet sur la situation matérielle s'exerce plutôt indirectement : soit par un travail plus régulier et de meilleur rendement, par un sens accru de l'économie et de la prévoyance, voire par une diminution passagère des besoins. Un accroissement du prestige, des progrès dans la situation sont aussi possibles grâce à la diplomatie raisonnée du sujet ou en raison de la bonne réputation qu'il a su se faire. L'aspect peut signifier un résultat préparé depuis longtemps ; il peut convenir pour des pourpalers difficiles, ainsi que pour toute décision concernant des maisons, des terres, des mines.

b) **Signification des transits**

Lorsqu'un transit de Saturne se trouve dans le voisinage de son point culminant il en résulte une action bénéfique sur la réflexion, la concentration, la minutie et le bon sens, de sorte que le sujet peut se risquer à prendre des décisions délicates susceptibles d'engager l'avenir de la carrière. C'est aussi une période rêvée pour mener à bien une étude ardue ou pour procéder à une rédaction difficile. Plus vulgairement, l'influence rend plus aisés, plus soignés, tous les travaux de bureau. A choisir pour correspondances délicates.

On ne peut évidemment pas attribuer des faits très saillants aux aspects de Mercure, mais on pourra tenter d'en tirer parti comme ci-dessus en tenant compte que leur durée ne peut guère dépasser une semaine, alors que Saturne peut agir pendant un, deux, voire une dizaine de mois, selon la nature de son passage (direct, rétrograde ou bien triple).

Exemples de directions

V. H., 1838, signe un important contrat : Saturne trigone Mercure (C) ;
V. H., 1848, Succès politiques : Mercure trigone Saturne ;
G. CLEMENCEAU, 1907, Cure à Carlsbad : Saturne trigone Mercure ;
Edith PIAF, 1952, Mariage tardif : Saturne trigone Mercure (M. de VII) ;
Maréchal GOERING, 1928, député : Mercure M. de X trigone Saturne ;
J. GUITTON, 1961, Élu de l'Académie Française : Mercure sextil Saturne en I ;

Exemples de transits

NAPOLÉON III, 19.3.1871, fin de captivité : Mercure trigone Saturne ;
A. FRANCE, 3.8.1876, devient bibliothécaire : Saturne sextil Mercure à 1° ;
A. FRANCE, 17.10.1916, achète une villa : Mercure trigone Saturne exact ;
MUSSOLINI, 21.1.1909, nommé secrétaire groupe pol. : Saturne trigone Mercure ;
MUSSOLINI, 9.1.1910, nommé rédacteur en chef : Mercure trigone Saturne ;
E. FAURE, 10.7.1968, redevient ministre : Saturne trigone Mercure à 2° 30' ;
G. CLEMENCEAU, 29.11.1975, Prés. Cons. Municipal : Saturne trigone Mercure exact.

65 – SATURNE EN MAUVAIS ASPECT A MERCURE OU INVERSEMENT
(Distances de 0-90-180° et 45-135°)

a) **Signification des directions**

Sur le plan physique, ces aspects attirent surtout l'attention sur les perturbations de santé concernant les voies respiratoires : rhumes tenaces, bronchites, voire congestion à la suite d'un refroidissement. Secondairement, les voies digestives, notamment l'intestin, peuvent être affectées par suite d'intoxications ou de défauts d'élimination. Se méfier des erreurs dans le choix des aliments. La fatigue nerveuse est fréquente et l'action est généralement très sensible sur le plan moral, le sujet devenant inquiet, pessimiste, soucieux de son avenir et très porté à exagérer l'importance de ses troubles. Dans les cas graves (Radix très maléficié) une tendance à la neurasthénie peut donner naissance à des caprices, des manies ou rendre le natif injuste ou agressif dans ses propos. Une telle direction survenant pendant les études non seulement risque de réduire les capacités de travail, mais de susciter une certaine malchance en cas d'examen à passer. Plus couramment cela peut aboutir à une phase de travail difficile, correspondre à un effort désagréable à fournir sans espoir d'en recueillir quelque avantage. Matériellement, l'aspect risque d'être nuisible pour les commerçants et pour tous ceux qui ont une carrière indépendante en engendrant des erreurs, des initiatives mal conçues et vouées à l'échec ou, plus simplement, une période de malchance. Il faut éviter les pourparlers délicats, les voyages d'affaires, la signature de contrats manquant de clarté. C'est aussi un aspect pénible pour les intellectuels et les savants qui risquent de subir des échecs, des refus, des déceptions provenant de tiers ou bien qui découvrent eux-mêmes qu'il se sont fourvoyés dans leurs recherches et que tout est à recommencer. Il est recommandé de conserver un bon moral et de ne pas songer à des démarches ou sollicitations demandant de la diplomatie. Ceux qui ont publié des livres peuvent s'attendre à des critiques malveillantes, ainsi qu'à des déceptions, complications, retards de la part de leur éditeur. Période médiocre pour l'étude de l'Astrologie. Parfois ces aspects ne sont pas étrangers aux opérations abdominables, aux chutes, fractures (surtout des bras) ainsi qu'à tous les ennuis pouvant se rapporter aux voyages qu'il est préférable d'éviter si un transit exact renforce une direction.

b) **Signification des transits**

Les mauvais transits de Mercure par rapport à Saturne sont surtout à surveiller au cours de la mauvaise saison : risque de malaises concernant les voies respiratoires, mauvais moment pour partir en voyage et aussi pour effectuer tout travail intellectuel minutieux. Ce n'est pas un bon jour pour écrire des lettres, faire des démarches ou des achats. Petits ennuis avec l'entourage familial, que ce soit au sujet des enfants ou des parents âgés. Ne pas compter ni sur la chance ni sur l'intuition si vous devez faire un pronostic.

Exemples de directions

G. CLEMENCEAU, 1928, malade : Saturne sesqui-carré Mercure (M de I) ;

Ch. FLOQUET, 1896, décès : Mercure sesqui — carré Saturne (Mercure en I) ;

V. H., 1885, congestion et décès : Mercure (M. III) carré Saturne ;

MUSSOLINI, 1911, 5 mois de prison (délit presse) : Mercure carré Saturne ;

R. 8, se tue sur la route : Saturne sesqui — carré Mercure ;

A. 6, 1936, se tue en avion : Mercure carré Saturne ;

A. 14, 1966, se tue en avion : Mercure carré Saturne ;

R. 7, 1966, se tue en route : Mercure carré Saturne et Saturne carré Mercure.

Exemples de transits

J.-F. KENNEDY, 10.2.1955, malade, opéré : Saturne opp. Mercure en VIII ;

J.-F. KENNEDY, 15.8.1963, mort d'un fils : Saturne carré Mercure en VIII ;

DE GAULLE, 17.4.1967, opération : Saturne carré Mercure exact ;

V. H., 18.5.1885, congestion pulmonaire fatale : Saturne carré Mercure ;

A. FRANCE, 12.10.1924, décès : Saturne opposition Mercure ;

Gal. BOULANGER, 14.8.1889, condamné : Saturne carré Mercure ;

GISCARD D'ESTAING, 1.6.1969.

66 — SATURNE EN BON ASPECT AVEC VÉNUS OU INVERSEMENT

(Angles 0-60-120 et 30-150°)

a) **Signification des directions**

Il subsiste un léger doute au sujet de la nature de la

conjonction, mais on peut la considérer comme étant plutôt harmonique, spécialement pour les problèmes financiers. C'est un passage qui apporte souvent des rentrées.

Pour la santé ces aspects paraissent faciliter la circulation et l'élimination des déchets et, partant, signifier un bon état général, ou bien une atténuation passagère des ennuis chroniques qui peuvent déjà exister. Mais c'est surtout sur le plan affectif que ces directions ou transits doivent être étudiés avec soin parce que très souvent ils marquent un épisode saillant de la vie affective, même si le sujet est déjà âgé. Pour les deux sexes, il existe une tendance à s'éprendre d'une personne plus âgée et c'est notamment le cas pour les jeunes gens qui peuvent tomber amoureux d'une femme ayant l'âge de leur mère... Pour les femmes, c'est assez souvent le mariage avec un homme bien plus âgé, mais ayant une situation solide, ou bien l'acceptation d'une protection dans les mêmes conditions, mais dans tous les cas il s'agit généralement de quelque chose de sérieux et non d'un simple désir d'aventure. Il ne s'agit pas d'emballement, d'imprudence, mais de quelque chose de raisonné. En destinée, probablement en raison de l'analogie qui existe entre VÉNUS et le second signe du zodiaque, il en résulte souvent des rentrées d'argent, tout spécialement lors de la conjonction et c'est aussi une influence de consolidation, de stabilisation quelquefois avec un solide appui provenant de l'autre sexe. Chez les célébrités, ces directions sont surtout ressenties par les artistes dramatiques qui restent dans la ligne des données classiques, et, chez les hommes politiques, on constate assez souvent une période de succès. Pour tout le monde, surtout si l'un des astres est en relation avec la X, c'est un moment tout indiqué pour tenter d'aller de l'avant, une part de chance pouvant intervenir.

b) **Signification des transits**

On pourra choisir un bon aspect de Vénus sur Saturne pour toute démarche ou décision concernant les problèmes de la vie amoureuse ou même familiale ; dans un domaine très différent, l'aspect doit aussi faciliter une opération financière, un achat en raison de la relation qui existe entre Vénus et le deuxième signe ; comme Vénus est en relation avec les dons artistiques, ses transits peuvent aussi apporter au natif des satisfactions dans ce domaine, faciliter des études méthodiques, ce pourrait être un moment à choisir pour tenter une « percée », pour se faire connaître à condition qu'il existe en même temps des influences plus durables. Malgré la nature de Saturne, ce transit semble indiquer parfois de petits coups de chance.

Exemples de directions

NIXON, 1951, élu Sénateur : Saturne trigone Vénus ;

Maurice DRUON, 1966, élu A.F. Vénus (M. III) sextil Saturne ;

A. FRANCE, 1884, Légion d'honneur : Vénus sextil Saturne (C)

MUSSOLINI, 1936, liaison PETACCI : Saturne conj. Vénus ;

Gal. BOULANGER, 1888, point culminant popularité, renonce au pouvoir par amour : Vénus sextil Saturne ;

V. H., 1956-1957, achat Hauteville-House et contrat : Vénus trigone Saturne (C) et Saturne trigone Vénus (C).

Exemples de transits

NAPOLÉON Ier, juin 1807, Friedland et Tilsitt : Saturne trigone Vénus ;

BOULANGER, Ministre et liaison ? 7.1.1886, Saturne trigone Vénus ;

MUSSOLINI, fin 1907, affaire d'amour : Saturne trigone Vénus ;

A. FRANCE, été 1888, liaison durable : Saturne trigone Vénus ;

A. POHER, 2.10.1968, président Sénat : Saturne conj. Vénus exact ;

V. H., 12.10.1822, mariage : Sàturne sextil Vénus M. VII ;

V. H., 3.4.1862, sortie MISÉRABLES : Saturne conj. Vénus ;

V. H., 17.9.1878, annonce rentrée de 163 000 F : Vénus conj. Saturne exact.

67 – SATURNE EN MAUVAIS ASPECT AVEC VÉNUS OU INVERSEMENT (Angles de 90-180 et 45-135°)

a) **Signification des directions**

Il est recommandé de faire preuve de prudence dans l'interprétation de la conjonction dont on ne peut assurer qu'elle soit régulièrement « bénéfique ».

Ces directions et transits peuvent avoir de sérieuses répercussions sur la santé en ralentissant les éliminations ou même en provoquant des stases, des calculs ou autres ennuis pénibles concernant les voies urinaires et les organes génitaux en général. Pour les femmes, une telle direction survenant vers l'âge de la ménopause peut la rendre longue et pénible. Chez les hommes âgés, l'éventualité de troubles prostatiques n'est pas exclue. Pour tout le monde et pour tous les âges il en résulte souvent des maux de gorge, probablement aussi des troubles glandulaires ou de la circulation veineuse. Dans le cas bénins, et toujours pour les natifs d'un certain âge, il faut seulement s'attendre à un fléchissement des fonctions sexuelles, tandis que chez les jeunes il faudrait plutôt craindre une tendance aux excès, voire à la débauche. Au moral ces aspects peuvent faire perdre de vue le droit chemin chez les natures faibles.

Mais c'est évidemment sur les « affaires d'amour » que l'attention se trouve principalement attirée. Ici la vie sentimentale reste toujours aussi active que pour les bons aspects, mais il peut y avoir d'une part, tendance aux aventures intéressées, aux tromperies ou simplement le désir de s'amuser, sans objectifs solides pour l'avenir et, d'autre part, la Fatalité peut intervenir et susciter de dures déceptions. On dirait que c'est surtout le cas pour les jeunes gens qui s'éprennent de personnes trop âgées ou bien trop haut-placées par rapport à leur situation.

Parfois la malchance les fait tomber sur des femmes sans scrupules et à tout âge ce sont des influences qui peuvent marquer une crise même dans les ménages généralement unis si la VII est intéressée par l'aspect. Dans certains cas cela peut indiquer un mariage ou une liaison qui se révèlera malheureuse par la suite. En bref, ce sont les aspects classiques des insuccès ou des déboires dans la vie amoureuse, mais assez souvent le détachement qui se produit sournoisement ne se remarque pas à l'extérieur et la vie commune peut se poursuivre. Quelquefois un projet de mariage paralysé par des obstacles familiaux ou par des problèmes financiers.

En destinée, compte tenu des rapports existant avec le 2ᵉ et le 10ᵉ signe ces influences peuvent agir assez fortement sur l'élévation, sur le prestige et sur les finances. Les tentatives que l'on peut faire pour s'élever ne peuvent guère réunir et les finances peuvent être compromises par des dépenses superflues (parfois à cause de femmes) et principalement par une période de stagnation et de retards. Il est préférable d'éviter toute opération aventureuse sous de tels aspects. Des soucis au sujet de parents âgés, des deuils dans l'entourage, voire un veuvage, sont parfois engendrés par ces influences. La période risque d'être particulièrement difficile pour les artistes ayant atteint un certain âge : un échec subi à ce moment critique pouvant mettre fin à leur carrière. Pour toutes les personnalités en vue : ennuis ou même revers à la suite de calomnies ou de scandale. Pour tous : passage plutôt malchanceux.

b) Signification des transits

Les mauvais passages de Vénus sur Saturne sont à surveiller pour tout ce qui touche aux relations amoureuses et même mondaines, le sujet doit se méfier des maladresses, des impolitesses s'il est appelé à sortir de son milieu habituel ; sur le plan matériel : risques de dépenses imposées par les circonstances, de mauvaises idées pour des achats ou opérations financières. Il faut aussi éviter toute démarche visant à améliorer la situation parce qu'elle risque d'échouer et de susciter un certain découragement. En hiver, se méfier du froid pouvant être à l'origine de maux de gorge ou de malaises concernant la vessie chez les personnes âgées.

Exemples de directions

NAPOLÉON III, 1855-1856, soucis affaire Crimée : Saturne carré Vénus (Saturne en X) ;
A. FRANCE, 1877, mariage malheureux suivi de séparation : Saturne carré Vénus ;
A. FRANCE, 1914, crise passagère de désespoir : Vénus opposé Saturne ;
V. H., 1883, mort de Juliette après 50 ans de liaison : Saturne carré Vénus (C) ;
G. CLEMENCEAU, 1867, brouille passagère avec père : Vénus en IV carré Saturne ;
G. CLEMENCEAU, 1919-1920, blessé et démission : Saturne opposé Vénus ;
MUSSOLINI, 1924-1925, aff. Matteotti (risque de démission), et ulcère estomac : Vénus carré Saturne ;
MUSSOLINI, 1943, arrêté et séquestré pendant 45 jours : Saturne carré Vénus (C) ;
FRANÇOIS Ier, veuvage : Vénus opposition Saturne.

Exemples de transits

CHOISNARD, 10.2.1930, décès : Saturne conjonction Vénus à 13' ;
Mireille MATHIEU, 18.2.1968, accident d'auto interrompant son activité artistique pendant quelque temps : Vénus opposée Saturne exact ;
MUSSOLINI, 9.9.1909, 18 jours de prison : Saturne carré Vénus exact ;
V. H., 29.12.1836, échec élection à l'Académie, Vénus carré Saturne exact ;
V. H., 7.11.1872, battu élections : Vénus carré Saturne ;
V. H., 22.5.1885, décès : Vénus carré Saturne + 2° 30' ;
X., déclaration d'une angine : Vénus carré Saturne.

68 – SATURNE EN BON ASPECT AVEC MARS OU INVERSEMENT
(Angles de 60-120° et 30-150°)

a) Signification des directions

Ce sont surtout des aspects qui permettent de mettre en valeur le mérite personnel, car il ne paraît pas que l'on puisse tabler sur la moindre faveur du sort, sur le plus petit coup de chance lorsque les deux « maléfiques » sont en cause. Mais en rendant le sujet plus confiant en lui, plus entreprenant et courageux (Mars) et aussi plus persévérant, plus minutieux, plus ponctuel et régulier (Saturne) il se produit une sorte de mariage heureux entre l'action et la réflexion, entre l'audace et la patience, dont l'effet ne peut manquer de se manifester sur l'évolution du destin. On peut donc espérer une amélioration de la situation, l'accès à quelque poste comportant plus de responsabilités (en récompense du travail fourni), plus conforme aux aspirations et aptitudes, poste que l'on pourra conserver pendant très longtemps. Sont surtout sensibles à ces aspects (dans les destinées courantes) ceux dont la profession touche aux métaux, à la pierre, à la terre, aux mines, ou bien ceux qui ont des postes très techniques : Ingénieurs, mathématiciens, professeurs, programmeurs etc. on peut y ajouter les carrières impliquant un effort physique, moniteurs, sportifs, etc. Chez les célébrités, on dirait qu'il s'agit surtout d'accéder à des fonctions comportant d'avantage d'autorité et de responsabilités, après une longue période de préparation.

Pour tout le monde, c'est une influence à choisir pour travaux difficiles ou pénibles, pour liquider les affaires en retard etc. parce que la résistance à la fatigue se trouve accentuée.

C'est une bonne période pour constructions, réparations, voire bricolages. Une attention particulière s'impose si ces aspects intéressent le Ciel d'un militaire, car on peut pressentir la bienveillance des chefs et une proposition d'avancement si le règlement ou les usages ne s'y opposent pas. Toutefois, en cette dernière partie du XXe siècle, la portée de ces influences tend à devenir plus faible que pendant les cent dernières années en raison de l'évolution des armées et d'une certaine indifférence des jeunes pour le métier des armes... Par contre, l'intérêt de ces directions ou transits persiste pleinement pour les chirurgiens, dentistes, kinésithérapeutes dont le rôle ne semble pas près de décroître. Tout le monde peut choisir un de ces bons aspects pour une tentative demandant de l'audace ou pour s'engager dans une carrière définitive.

Pour les femmes, on constate parfois un fait marquant dans la vie sentimentale : par exemple un attrait marqué pour un homme appartenant à l'une des professions mentionnées, et il s'agira, en général, à défaut de mariage, d'une affection acceptée après réflexion et destinée à durer.

b) Signification des transits

Avec les **TRANSITS** de Mars nous retrouvons des influences d'une certaine portée qu'il sera bon de surveiller pour tout ce qui touche à l'activité ou aux initiatives. Il sera judicieux de choisir ces passages pour fournir un effort, pour effectuer un travail long et désagréable, voire salissant, ou bien pour réaliser quelque chose demandant de la réflexion, de la force ou de l'adresse manuelle, par exemple une réparation ou petite construction mécanique. On peut penser aussi au jardinage et à tous les travaux de la campagne. Dans le domaine des écrits, l'aspect conviendrait pour quelque compilation fastidieuse, pour vérifier des comptes ou effectuer des corrections.

Exemples de directions

V. H., 1830 et 1831, « Bataille » d'HERNANI et lancement de « Notre Dame de Paris » : Saturne trigone Mars et Mars trigone Saturne (C) ;

NAPOLÉON III, 1851, coup d'État : Saturne trigone à Mars (et Soleil) ;

MUSSOLINI, 1940, petit succès militaire : Mars sextil Saturne ;

DE GAULLE, aut. 1915, Capitaine : Mars trigone Saturne (C) 1° environ ;
BOULANGER, 1862, Capitaine, Saturne sextil Mars (C) à 1° environ.
Maréchal JUIN, 1942, Lieutenant-colonel : Mars trigone Saturne ;
FRANCO, 1936, se lance dans la guerre civile malgré de très mauvais transits : Saturne trigone à Mars.

Exemples de transits

NAPOLÉON III, 25.5.1848, évasion : Saturne sextil Mars exact ;
G. CLEMENCEAU, 26.2.1876, député : Mars trigone Saturne ;
G. CLEMENCEAU, 14.3.1906, ministre : Mars trigone Saturne exact ;
G. CLEMENCEAU, 17.11.1917, Premier ministre : Saturne trigone Mars exact ;
Paul VI, 21.6.1963, élu : Saturne trigone Mars ;
NIXON, 9.11.1968, élu Prés. : Mars trigone Saturne ;
C. de MURVILLE, 10.7.1968, premier ministre : Mars trigone Saturne exact ;
E. FAURE, 10.7.1968, redevient ministre : Saturne trigone Mars ;
A. FRANCE, 17.10.1916, achète villa : Saturne sextil Mars ;
Mar. LECLERC, 6.9.1940, à Londres : Saturne trigone Mars.

69 – SATURNE EN MAUVAIS ASPECT AVEC MARS OU INVERSEMENT (Angles de 0-90-180 et 45-135°)

a) Signification des directions

Cette réunion des deux « maléfiques » constitue théoriquement la configuration la plus inquiétante, aussi bien pour la santé que pour les accidents de toute nature. On peut aussi craindre une période de malchance dans tous les domaines, mais tout spécialement pour le travail, pour les initiatives. Cette manière de voir inspirée par la tradition semble malheureusement être confirmée par l'expérience, notamment dans le domaine des accidents. On peut donc craindre les maladies les plus diverses selon les signes et Maisons contenant l'une ou l'autre de ces planètes, selon les aspects hostiles qu'elles forment etc. On peut surtout pressentir des douleurs rhumatismales, les maladies épidémiques, des troubles se rapportant aux organes sexuels ou urinaires, parfois une opération. Presque toujours une forte baisse de vigueur et de dynamisme rendant le sujet plus sensible à la fatigue musculaire et l'obligeant à interrompre certains travaux auxquels il tenait beaucoup... C'est un passage désagréable pour les sportifs, les mineurs, les maçons, les spéléologues, les travailleurs de force et, plus spécialement pour tous ceux qui sont exposés, de par leurs obligations professionnelles à des éboulements, des chutes, contusions ou fractures. Si les astres en question intéressent la III ou la IX il faudrait éviter les voyages sur la route et se méfier aussi des sports d'hiver lorsque le transit est précis ou que la direction est près de son point culminant. Sur le plan moral, cela peut accentuer les « mauvais caractère, rendre le sujet contestataire », egoïste et obstiné. Son comportement manque totalement de diplomatie et d'esprit de conciliation, ce qui ne facilite pas ses relations sociales ou professionnelles. Certaines maladresses sont même de nature à susciter des inimitiés. En destinée ce sera un passage de ralentissement dans les affaires, parfois même une perte de poste, de situation ou un véritable revers si le radix est tourmenté. Ce n'est pas le moment de se lancer dans des initiatives nouvelles parce que les riques d'erreurs, de maladresses sont évidents, mais aussi parce que ces aspects dénotent une absence — au moins passagère — de chance. Chez les personnages en vue il faut s'attendre à des critiques violentes et plus ou moins injustes. Des revers dans la carrière sont toujours à craindre, soit que le sujet ait mal manœuvré, soit en raison d'une évolution de la situation tout à fait indépendante de sa volonté (par ex. changement de majorité ou risque de scandale). Parfois menaces d'attentat. Déceptions probables chez les chercheurs, les inventeurs qui s'aperçoivent qu'ils n'ont pas les moyens ou les concours nécessaires pour réaliser leurs projets. En général période d'abattement, de retards, d'insuccès risquent de se répercuter sur le moral. Dans certains cas le sujet croit voir de l'hostilité un peu partout, pour peu que le radix dénote déjà des tendances pessimistes. Pour les caractères bien trempés, ces aspects peuvent simplement correspondre à des épreuves affrontées avec grand courage et pouvant constituer, une fois qu'elles sont surmontées, une expérience fructueuse pour l'évolution du destin.

Il est évident qu'il faut retarder toute initiative nouvelle, expédier seulement les affaires courantes, rester sur la défensive. Dans certains cas très rares : dégâts causés par orages, incendies, explosions etc. Chez les femmes : graves discussions ou déceptions sentimentales, voire séparation si la VII est très affligée. Troubles des fonctions féminines, ménopause pénible si la direction tombe vers l'âge critique.

b) Signification des transits

Sous un mauvais aspects de Mars, si on doit effectuer des travaux manuels il faut prendre garde aux contusions, coupures, brûlures ainsi qu'aux chutes. Se méfier des erreurs ou maladresses détériorant des objets d'un usage courant. Ne pas entreprendre ces jours-là des travaux ou bricolages difficiles, ne pas faire d'efforts excessifs engendrant des courbatures ou autres inconvénients. La prudence sur la route est aussi à conseiller. En général petites contrariétés ou malchances pendant quelques jours.

Exemples de directions

R. POINCARÉ, 1887, perd poste important : Saturne carré Mars ;

R. POINCARÉ, 1929, opéré prostate : Mars carré Saturne ;

Gén. AILLERET, 1968, se tue en avion : Saturne opposé à Mars ;

A. FRANCE, 1920, malade : Mars, M. de VI, opposé Saturne ;
Mireille MATHIEU, 1968, grave accident circulation : Mars carré Saturne ;
A.-M. PEYSSON, 1967, veuve, Mars M. de VII carré Saturne ;
CAILLAUX, 1912, chute Ministère : Saturne opposé Mars ;
Mar. LECLERC, 1941, souffre du foie, vie pénible : Mars carré Saturne ;
J. VERNE, 1886, blessé jambe, reste infirme : Saturne carré Mars ;
A. n° 16, 1960, tué en avion : Mars conjonction Saturne ;
LOUIS XIV, 1685, se fait extraire plusieurs dents, par maladresse les chirurgiens abîment une partie du palais. Restera légèrement infirme : Saturne carré à Mars maître de I.

Exemples de transits

GEORGE VI-mars 1949 — opération sérieuse : Saturne carré Mars tout le mois ;
J.-F. KENNEDY, 10.2.1955, opération grave : Saturne opposée à Mars ;
J.-F. KENNEDY, 23.11.1963, assassiné : Saturne carré Mars ;
POMPIDOU, 10.7.1968, démission : Saturne conj. Mars ;
DE GAULLE, 28.4.1969, démission : Mars carré Saturne exact ;
G. CLEMENCEAU, 12.7.1909, chute ministère : Mars carré Saturne ;
V. H., 27.10.1855, expulsé de Jersey : Mars conj. Saturne ;
V. H., juin-juillet 1858, anthrax très grave, vie en danger : Saturne opposé Mars ;
V. H., 26.12.1873, mort de François-Victor : Saturne conjonction Mars exact.

Dans la catastrophe de Pâturages où 54 mineurs trouvèrent la mort, si on recherche les transits de Saturne par rapport aux autres planètes (sauf Pluton non utilisé à l'époque) et si on prend un orbe relativement large de 3° on constate que Saturne forme des M.A. dans 37 cas sur 54. Si on effectue la même recherche pour Mars on trouve des M.A. dans 45 thèmes sur 54. Il n'y a que quatre cas où il n'existe aucun M.A. de Saturne ou de Mars. Tout ceci semble bien confirmer la nature de ces deux astres et leur rôle dans les accidents. En directions, une évaluation très approximative fait ressortir le rôle de Saturne (en directions directes seulement) dans au moins une trentaine de cas, sans tenir compte des aspects qu'il peut recevoir.

70 – DIRECTIONS ET TRANSITS ENTRE SATURNE ET JUPITER, VOIR § 48 et 49 DIRECTIONS ET TRANSITS DE SATURNE AVEC SA POSITION NATALE

Ces directions sont assez rares et elles ne m'ont jamais paru d'une grande portée. On pourra cependant les interpréter, comme d'ailleurs les transits, en considérant qu'elles affirment dans tous les cas l'influence de Saturne, que ce soit en bien, que ce soit en mal. Par ex. consolidation de position, travaux minutieux, réputation personnelle confirmée, appuis ou conseils provenant de personnes âgées etc. ou bien : moral plutôt pessimiste, soucis divers, retards en toutes choses, passage de malchance, douleurs chroniques etc. etc. ? Comme exemples de transits on peut citer :

NAPOLÉON III, 1848, devient président : Saturne trigone Saturne ;
Mireille MATHIEU, avril 1969, chagrin d'amour et voyage annulé : Saturne carré Saturne ;
GEORGES VI, 11.12.1936, devient Roi : Saturne trigone Saturne à 30'.

71 – SATURNE EN BON ASPECT AVEC URANUS OU INVERSEMENT
(Angles de 60-120 et 30-150°)

a) Signification des directions

D'après les exemples feuilletés il ne semble pas que ces directions soient très agissantes sur le plan de la destinée et cela peut très bien se comprendre puisque nous sommes en présence de deux « maléfiques » selon la Tradition. On peut aussi admettre que la planète Uranus agit plus faiblement sur le côté matériel des choses, celui qui est plus aisément relevé par les biographes. Comme compensation, si on peut dire, l'effet doit être considérable sur le plan intellectuel, mental et spirituel. Il est permis de penser qu'il en résulte un accroissement de la profondeur d'esprit, de la concentration, de l'aptitude à la réflexion et à la maîtrise de soi, ainsi qu'une prédisposition plus accusée pour les hautes spéculations philosophiques ainsi que pour l'étude de tout ce qui est en marge des théories rationnelles couramment admises. Ce sont des aspects remarquables pour les occultistes, les astrologues, les magnétiseurs et pour tous ceux qui visent un accroissement de leurs pouvoirs psychiques.

Les chercheurs, les inventeurs, les électroniciens, voire les mathématiciens peuvent bénéficier de bonnes idées pour mener à bien leur recherches ou leurs entreprises, mais il faut plutôt compter sur le travail, sur l'effort personnel que sur les circonstances car ce ne sont pas des planètes très « chanceuses ». En destinée, le natif peut avoir l'occasion d'accroître ses relations amicales plutôt dans les milieux scientifiques ou expérimentés susceptibles de lui rendre service et de faciliter son adaptation aux circonstances du moment afin de bénéficier des opportunités économiques ou autres pouvant se présenter et lui permettre de faire un pas en avant. On peut penser, par exemple, à une occasion inattendue pour réaliser une bonne opération immobilière ou bien pour trouver une nouvelle occupation plus intéressante. Ce serait également une bonne période pour ceux qui voudraient faire de la prospection, expérimenter une nouvelle culture, envisager une réorganisation plus moderne ou mettre en œuvre toute réalisation nouvelle minutieusement préparée. Les écrivains pourraient choisir un tel aspect pour « sortir » un ouvrage scientifique à la fois pratique et original dans sa conception ou présentation. Pour tout le monde, ces aspects peuvent faire surgir une idée, une intuition, dont la mise en route pourrait changer l'orientation de leur destin.

b) Signification des transits

Nous sommes ici en présence de deux astres lents et l'effet de leurs passages ressemblera souvent à celui d'une direction, mais avec une moindre intensité et moins de répercussions durable sur le destin. Bien que Saturne soit plus rapide, ses transits sont souvent plus efficients, plus apparents que ceux d'Uranus, notamment sur le plan matériel, surtout lorsque c'est lui qui « transite ». Si c'est Uranus qui est en mouvement l'aspect portera davantage sur le plan psychique ou intellectuel ; ce sera, en particulier une phase brillante pour les idées nouvelles, pour l'intuition, ainsi que pour la mise au point de toute conception nouvelle reposant sur des bases solides, Saturne venant ici freiner les idées utopiques d'Uranus. Parfois des circonstances tout à fait imprévisibles viennent aider le sujet dans la réalisation de ses plans. En somme une des meilleures influences pour tous travaux intellectuels. Chez les hommes politiques des renversement de situation peuvent les placer au premier plan de l'actualité.

Exemples de directions

CHARLES QUINT, 1515, obtient l'appui du Pape : Saturne trigone Uranus ;

G. CLEMENCEAU, 1865, thèse médecine : Uranus trigone Saturne ;

G. CLEMENCEAU, 1869, mariage et retour en France : Saturne M. VII sextil Uranus ;

J. VERNE, 1878, grande croisière : Uranus en IX, trigone Saturne ;

A. FRANCE, 1916, achète une villa : Saturne trigone Uranus (C) ;
MUSSOLINI, 1902, prend contact avec révolutionnaires : Uranus trigone Saturne.

Exemples de transits

NAPOLÉON III, 19.3.1871, libéré captivité : Uranus trigone Saturne ;
PIE XII, 2.3.1939, élu Pape : Saturne trigone Uranus exact ;
Paul DOUMER 13.5.1931, élu Prés. R.F. : Saturne trigone Uranus ;
MUSSOLINI, 20.10.1914, quitte journal pour fonder le sien : Uranus trigone Saturne.
V. H., 12.10.1822, mariage : Uranus trigone Saturne ;
V. H., 2.9.1839, signe contrat important : Saturne sextil Uranus ;
Jean GUITTON, fin 1963, seul civil invité au Concile : Uranus trigone Saturne.

72 – SATURNE EN MAUVAIS ASPECT A URANUS OU INVERSEMENT (Angles de 0-90-180 et 45-135°)

a) Signification des directions

On peut craindre une période de fatigue ou de dépression nerveuse avec retentissement sur le caractère qui peut devenir dur, agressif, soupçonneux et plus ou moins porté à la contradiction systématique. Le natif risque de se brouiller avec certaines relations à cause de son attitude ombrageuse et déplaisante. Ceci est valable aussi bien pour les TRANSITS que pour les directions.

Sur le plan intellectuel, l'activité peut rester intense, mais elle manque de bases solides, elle peut être faussée par des illusions, par de mauvaises idées et ces aspects peuvent encore marquer des déceptions, voire des échecs insurmontables. Ce n'est pas le moment de lancer une invention, de se mettre en avant, de vouloir innover, car tout cela risque d'échouer assez brusquement, par exemple à la suite d'un petit incident ou inconvénient que le sujet n'avait pas pressenti (le fameux grain de sable). C'est, évidemment un passage pendant lequel il est préférable d'éviter les voyages par air et aussi tout ce qui peut provoquer des ennuis de caractère saturnien : chutes, contusions, fractures.

En destinée, il faut surtout s'attendre à des surprises brutales notamment si on compte sur des appuis amicaux ou sur des relations de toute nature. Les ennuis peuvent être en relation avec des événements d'ordre général — politique, économie, conditions atmosphériques etc. Mais, plus que la situation matérielle, c'est surtout le moral qui peut être atteint et une période de découragement peut dicter des solutions extrêmes et prématurées qu'il sera impossible de réparer par la suite. C'est évidemment un aspect en relation avec les accidents, les maladies graves, les décès souvent brusques. Pour les célébrités : possibilité de revers imprévus sans qu'on puisse en déterminer les causes probables souvent mystérieuses. (On peut craindre la disparition de soutiens sur lesquels s'est appuyé l'intéressé dans le passé). Si l'un des deux astres intéresse la VII il peut y avoir risque de divorce ou de veuvage pour les deux sexes et, la plupart du temps, une période de mésentente à la suite de l'aggravation du caractère ou de la santé du conjoint. Si le radix révèle de grandes capacités, le sujet peut réaliser quelque découverte très viable, mais il restera incompris, tout au moins pendant un certain temps. En somme, si la plupart des dissonances de Saturne annoncent une baisse de la chance (ou de ce que nous considérons vulgairement comme tel), l'intervention d'Uranus apporte un caractère de brusquerie et d'inattendu particulièrement redoutable.

b) Signification des transits

On peut faire les mêmes remarques que pour les B.A. en ce qui concerne le rôle respectif de Saturne et Uranus, mais les aspects de ce dernier feront surtout pressentir des faits brusques, notamment s'il y a risque d'accident dans le Ciel natal. De toute évidence lorsqu'un de ces aspects approche de son point culminant il est suggéré de ne pas prendre l'avion, d'éviter les sports d'hiver, ainsi que toutes les initiatives sortant de l'expédition des affaires courantes. Ne pas compter sur les protections amicales, éviter toutes les discussions. Se méfier des surmenages nerveux, ne pas se laisser accaparer par les soucis, se méfier des idées par trop originales. Si l'un des astres intéresse la X ou la II, une période de marasme dans les affaires est à craindre à la suite de quelque innovation à contre-courant.

Exemple de direction

CHARLES QUINT, 1547, le Pape retire son contingent : Uranus conj. Saturne ;
R. POINCARÉ, 1934, décès : Uranus conjonction Saturne ;
Edith PIAF, 1963, décès : Uranus carré Saturne ;
GOERING, 1923, échec putch et blessé : Saturne conjonction Uranus ;
A.-M. PEYSSON, 1967, brutalement veuve : Saturne conjonction Uranus ;
A. n° 16, 1960, tué en avion : Uranus opposition Saturne ;
V. H., 1836, deux échecs à l'Académie dans l'année : Saturne conjonction Uranus ;
V. H., 1853, s'intéresse spiritisme ; Saturne carré Uranus (C).

Exemples de transits

DE GAULLE, 28.4.1969, démission : Saturne opposé Uranus ;
NIXON, nov. 1960, échec élection : Uranus carré Saturne ;
NIXON, nov. 1962, échec élection : Saturne conj. Uranus ;
MUSSOLINI, 1913, échec élections : Saturne carré Uranus ;
MUSSOLINI, 25.7.1943, séquestré 45 jours : Saturne carré Uranus ;

J.-F. KENNEDY, 21.10.1954, gravement malade : Uranus conj. Saturne exact ;

EISENHOWER, 28.3.1969, décès : Saturne opposé Uranus ;

Gén. AILLERET, 9.3.1968, se tue en avion : Saturne carré Uranus à 26' ;

Sadi CARNOT, 26.6.1894, assassiné : Uranus conj. Saturne exact ;

V. H., 29.12.1836, échec élection A.F. : Uranus opposée Saturne ;

V. H., 2.7.1871, échec élections législatives : Saturne carré Uranus exact ;

V. H., 13.10.1871, mort subite de Charles HUGO : Saturne carré Uranus ;

V. H., 13.10.1878, rechute après congestion : Uranus conj. Saturne ;

Si ces exemples sont particulièrement nombreux, c'est parce qu'ils ont été relevés sans recherches particulières. Bien qu'il faille toujours se méfier des coïncidences, cela semble faire ressortir la grande portée de ces aspects et leur rôle franchement dissonant. Il ne semble pas y avoir une grande différence entre la conjonction, le carré et l'opposition.

73 — SATURNE EN BON ASPECT A NEPTUNE OU INVERSEMENT
(Angles de 60-120 et 30-150°)

a) Signification des directions

En règle générale l'effet se manifestera surtout sur le plan spirituel ou mental et se traduira par une phase exceptionnellement propice pour accroître les tendances idéalistes, ainsi que l'inspiration, l'intuition, la concentration, le raisonnement et, dans certains cas les pouvoirs psychiques. C'est sous de tels aspects qu'un savant, un intellectuel, un artiste, un occultiste, peut traverser ses meilleurs moment, voire concevoir et réaliser le chef-d'œuvre de sa carrière à la suite d'une inspiration géniale ou bien de circonstances imprévues. Ambiance très intéressante pour les occultistes, les magnétiseurs, les radiesthésistes, les astrologues et tous les amateurs d'insolite. Les romanciers à tendance occultiste ou bien ceux qui préfèrent la science fiction parviendront plus aisément à relier les données scientifiques aux fantaisies de leur imagination. On dirait cependant que ces aspects tendent à diminuer le sens critique, d'où nécessité de se méfier des emballements imaginatifs ou de toute promesse ou théorie mirifique. Ne pas considérer quelques cas isolés comme susceptibles d'établir une loi. En destinée ce peut être un indice de changement ou de consolidation à la suite de circonstances extérieures assez inattendues. Par exemple un propriétaire de terrains peut y faire une découverte ou bien les vendre dans des conditions inespérées à la suite d'une opération d'urbanisme. Les prospecteurs, les voyageurs, les hydrographes, les explorateurs, les pêcheurs peuvent remporter des succès considérables sous de tels aspects avec un Ciel natal déjà de bon augure. Les hommes politiques sont parfois favorisés par des revirements inattendus dans l'atmosphère sociale, ou à la suite d'une élection etc. Pour les personnes âgées : incitation à rechercher une retraite dans le calme et de préférence au bord de l'eau. En général satisfactions ayant un caractère moral, intellectuel plutôt que matériel.

b) Signification des transits

Lorsque c'est Saturne qui « marche » l'effet semble plus sensible que dans l'autre cas, car, comme noté déjà, l'action de Neptune est moins active sur le plan matériel. Dans un cas comme dans l'autre un de ces passages peut très bien être choisi pour effectuer un voyage important, pour se rendre à l'étranger, ou bien pour résoudre quelque problème en relation avec l'eau et la terre.

Mais c'est surtout sur le plan intellectuel qu'il est utile de tirer parti de ces transits, d'autant plus qu'ils seront assez rares dans le cours d'une vie. A choisir pour toute réalisation difficile dans le domaine des études ou des écrits plus spécialement s'il s'agit d'occultisme, d'Astrologie, voire de radiesthésie etc.

Exemples de directions

A. FRANCE, 1899, entre au FIGARO : Saturne sextil Neptune (C) ;
A. FRANCE, 1919, titre de Docteur université américaine, BOURDELLE fait son buste : Saturne sextil Neptune ;
V. H., 1841, Élu à l'Académie après trois échecs : Saturne trigone Neptune (C) ;
G. CLEMENCEAU, 1917, président du Conseil : Neptune trigone Saturne.

On peut noter dans ce dernier fait l'intervention des événements extérieurs — la guerre).

Exemples de transits

NAPOLÉON Ier, 2.12.1804, sacré empereur : Neptune trigone Saturne exact ;
NAPOLÉON Ier, 8.2.1807, EYLAU : Saturne sextil Neptune ;
PAUL VI, 21.6.1963, élu : Saturne trigone Neptune exact ;
A. FRANCE, 5.11.1864, devient bachelier : Saturne trigone Neptune exact ;
A. FRANCE, 16.3.1894, première de THAIS : Saturne trigone Neptune à 28' ;
A. LEBRUN, 10.5.1932, élu président R.F. : Neptune trigone Saturne.

N.B — D'après les exemples relevés au cours de mes recherches, ces aspects, tant en directions qu'en transits, paraissent moins importants que tous ceux étudiés précédemment. Cela peut tenir aux lois astronomiques, mais aussi au fait que Neptune doit avoir une action restreinte sur les faits de la vie extérieure qui frappent surtout les historiens.

74 — SATURNE EN MAUVAIS ASPECT AVEC NEPTUNE OU INVERSEMENT
(Distances de 0-90-180 et 45-135°)

a) Signification des directions

On peut surtout craindre des maladies traînant en longueur et ayant une origine psychique très souvent. Le moral peut se trouver profondément affecté, le pessimisme peut faire son apparition ; dans les cas très graves : risque de dérangement cérébral ou tout au moins manque de sens pratique, manies, attachement à des conceptions sans fondement solide, d'où idées irréalisables parce que trop utopiques. Ces aspects, chez les sujets qui y sont déjà prédisposés, peuvent accentuer les tendances à l'éthylisme ou à la toxicomanie. Sous de telles influences, les savants, les artistes, les écrivains, tous ceux qui s'occupent d'occultisme ou de divination, et même les commerçants ou les artisans risquant de s'engager sur une mauvaise route et d'y subir des échecs, voire des revers (difficiles à réparer s'ils ont atteint un certain âge) parce qu'ils ont mal calculé les chances de réussite ou bien largement surestimé leurs capacités professionnelles ou les appuis dont ils pouvaient bénéficier.

Les hommes politiques peuvent voir leur carrière compromise parce que l'ambiance générale a subi des changements tout à fait indépendants de leur volonté ou bien parce que des inimitiés sournoises s'acharnent à leur perte. Dans la plupart des destinées il faut s'attendre à une crise sérieuse et assez prolongée, que ce soit parce que les conditions de travail sont devenue moins propices, que ce soit à la suite d'erreurs ou de négligences personnelles. Tout le monde doit se méfier des projets qui ne reposent pas sur des fondements éprouvés par l'expérience, toute réalisation hasardeuse est vouée à l'échec sous de telles influences. Ne pas faire d'imprudences au bord de l'eau, éviter les grands voyages. Les voyants, les astrologues, doivent se méfier de leurs prévisions sous de tels transits ou directions parce qu'ils sont convaincus d'être dans le vrai (illusion de Neptune) alors qu'ils se trompent totalement. En résumé : tenter de conserver un bon moral et les pieds sur terre, remettre à plus tard tout ce qui est suggéré par l'imagination seule.

b) Signification des transits

S'il s'agit d'un passage de Neptune il sera préférable de ne pas prendre un orbe trop large si on doit formuler un pronostic daté, par ex. 1° seulement.

Quel que soit l'astre « transitant » ce qu'on doit surtout craindre c'est une période pendant laquelle le natif risque d'avoir de mauvaises idées et de se laisser entraîner dans des actions nuisibles pour son prestige ou sa situation. Ce serait surtout une mauvaise configuration pour prendre une décision sur le plan immobilier ou une acquisition risquerait de réserver des surprises onéreuses, peut-être en relation avec l'eau. Il est aussi préférable de se méfier des emprunts immobiliers aux conditions compliquées. Ne pas faire d'imprudences au bord de l'eau. Contrairement à ce qui est dit pour les B.A. ce n'est pas le moment d'écrire une œuvre nouvelle, elle ne serait jamais appréciée.

Exemples de directions

NAPOLÉON Ier, 1814, abdication : Saturne conjonction Neptune ;
R. POINCARÉ, 1876, souffre d'un anthrax sérieux : Saturne opposé Neptune ;
MUSSOLINI, 1905, rentre pays natal et perd sa mère : Neptune conjonction Saturne ;
J. VERNE, 1887, mort de sa mère : Saturne à 135° Neptune (en VIII) ;
V. H., 1885, décès : Saturne conjonction Neptune en I.

Exemples de transits

BOULANGER, blessé gravement le 3.6.1959 : Saturne opposé Neptune à 2' ;
BOULANGER, blessé en duel le 13.7.1888 : Saturne opposé Neptune à 32' (Neptune est en VIII à la naissance)

Édith PIAF, 28.10.1949, très gros chagrin causé par la mort brutale de sa liaison du moment (tué en avion) : Neptune carré Saturne 1° 20' ;

Édith PIAF, 22.9.1962, opération : Saturne opposé Neptune à 2° 30' ;

J.-F. KENNEDY, 10.2.1955, opération : Neptune carré Saturne à 1° ;

MUSSOLINI, 11.9.1926, une bombe sous sa voiture (inutilisée ce jour-là) : Saturne opposé Neptune ;

Aviateur FRONVAL, 28.5.1928, carbonisé : Saturne opposé Neptune à 1°.

N.-B. — Comme on peut le supposer par ces quelques exemples, les dissonances paraissent plus actives que les bons aspects.

DIRECTIONS & TRANSITS D'URANUS

Analogies uraniennes : L'originalité, l'imprévu, la nouveauté, le progrès, l'innovation, les radiations, l'électricité, l'électronique, l'aviation, le savant, l'inventeur, le pionnier, l'astronome, l'astrologue, l'alchimiste.

75 – SIGNIFICATION GÉNÉRALE

Bien que la durée des transits d'Uranus soit supérieure à celle des transits de Saturne, il ne semble pas qu'il faille leur accorder une plus grande influence, c'est du moins ce qui ressort de mon expérience. Conformément au plan adopté pour ce livre, c'est JUPITER qu'il faut considérer comme l'astre le plus actif, aussi bien en directions qu'en transits. Ensuite on peut établir le classement suivant : SATURNE-URANUS-NEPTUNE et, probablement, PLUTON dont le rôle n'a pas été étudié pour ce travail pour différentes raisons (voir paragraphe n° 15).

Il faudra surtout consulter les directions et transits

d'Uranus pour deviner les épisodes brusques et imprévus, agréables ou ennuyeux, qui peuvent survenir au long d'une destinée. Les bons aspects indiqueront surtout une accentuation de l'ingéniosité, de l'activité, de la curiosité sur le plan intellectuel. Le natif pourra être tenté de mettre au point des inventions, des innovations ou, tout simplement, de modifier plus ou moins sa manière de vivre, l'organisation de son travail. Ce sera une bonne période pour les aviateurs, les électriciens, les électroniciens, les ingénieurs, les occultistes, les astrologues, probablement les mathématiciens (avec un aspect de Saturne) et pour tous ceux qui sont à la recherche d'une idée nouvelle ou qui veulent accentuer leurs pouvoirs psychiques ou s'adonner à des recherches en marge de la Science officielle.

Les aspects dissonants ne paraissent nullement diminuer l'activité intellectuelle mais il faut craindre alors des conceptions trop utopiques, trop en « avance sur leur temps » dont les tentatives de mise en pratique peuvent se traduire par un sérieux revers ou par une crise plus ou moins longue selon le nombre ou la durée des aspects. Uranus étant l'astre de l'imprévu, les ennuis qu'il engendre (tout comme les bienfaits d'ailleurs) surgiront brutalement, souvent intensément et il sera malaisé de les pressentir dans le détail. Il faudra surtout surveiller les domaines qui sont en analogie avec le signe et la Maison renfermant Uranus natal.

76 – URANUS EN BON ASPECT AVEC LE M.C. OU INVERSEMENT
(Angles de 60-120° et 30-150°)

a) Signification des directions

Ce sont des aspects qui incitent principalement le sujet à utiliser ses connaissances, son ingéniosité et son intuition en vue d'une amélioration de sa situation, s'il est indépendant, ou bien pour obtenir quelque avantage de la part d'un patron ou de l'organisme qui l'emploie. Parfois les relations amicales interviennent utilement, notamment si Uranus est en relation avec la Maison XI. Ce sont des aspects qui font parfois surgir une opportunité sans aucune intervention personnelle de l'intéressé ; par exemple une amélioration de la situation économique, quelque changement dans la vie politique ou sociale ou simplement des circonstances favorisant l'activité qu'il a choisie. Dans d'autres cas c'est par la modernisation de l'entreprise que l'amélioration survient, par exemple à l'heure actuelle, l'introduction des ordinateurs ou des automatismes dans le travail peut en accentuer le rendement et les bénéfices. Dans une situation subalterne l'intéressé sera peut-être amené à accroître ses connaissances, à briguer quelque diplôme etc. lui assurant une expansion dans ses possibilités. Parfois ces aspects signifient le début d'une situation indépendante, car Uranus engendre toujours un désir de progrès, d'innovation, de liberté. En principe ce devrait être une période faste pour les astrologues, les occultistes, les aviateurs, les électroniciens. Chez les célébrités des circonstances inattendues sont parfois de nature à assurer un démarrage décisif pour l'évolution ultérieure du destin.

b) **Signification des transits**

Sauf en ce qui concerne la durée et l'importance des résultats, il n'existe pas une grande différence entre une direction et un transit. Ce dernier, dont l'échéance est plus aisée à déterminer que celle d'une direction, doit surtout être mis à profit pour faire travailler la matière grise en vue de trouver une solution aux problèmes (surtout professionnels à cause du M.C.) qui peuvent se poser. La même chose s'il s'agit d'envisager un changement de domicile (car s'il se forme un trigone sur le M.C. il ne faut pas oublier qu'il y a en même temps un sextil sur le F.C.). C'est un bon moment pour entreprendre des études, pour effectuer un voyage par air, pour solliciter quelque appui ou se faire des relations s'il y a lieu. La fréquentation des techniciens se trouve facilitée. Il est conseillé de se tenir prêt à saisir toute occasion imprévue qui surgirait.

Exemples de directions

J.-F. KENNEDY, 1948, élu chambre des représentants : Uranus tri. M.C. ;
MUSSOLINI, 1921, succès élections : M.C. sextil Uranus (C) ;
G. CLEMENCEAU, 1920, long voyage Amérique du S. : Uranus trigone M.C. ;
V. H., 1867, Reprise HERNANI : M.C. trigone Uranus (C) ;
V. H., 1883, dernières publications : Uranus trigone M.C.

Exemples de transits

NAPOLÉON Ier, 2.4.1810, remariage : Uranus trigone M.C. ;
NAPOLÉON Ier, 3.7.1800, retour à Paris : Uranus sextil M.C. ;
G. CLEMENCEAU, 6.4.1902, revient vie politique-sénateur : Uranus sextil M.C. ;
G. CLEMENCEAU, 13.5.1865, thèse médecine : Uranus trigone M.C. ;
Mal LECLERC, 10.8.1941, Général : Uranus sextil M.C. ;
Mal LECLERC, 15.12.1942, départ campagne Tunisie : Uranus sextil M.C. ;
Mal LECLERC, 27.1.1943, décoration anglaise : Uranus sextil M.C.

N.-B. — Le petit nombre d'aspects harmoniques trouvés en feuilletant les exemples utilisés dans la rédaction de ce livre, semble bien indiquer que ces B.A. d'Uranus sur le M.C. n'ont pas une action très efficiente, alors que l'effet des dissonances, comme on le verra ci-après, est bien plus apparent. Cela peut s'expliquer par la nature de cette planète.

77 – URANUS EN MAUVAIS ASPECT AVEC LE M.C. OU INVERSEMENT (Angles de 0-90-180 et 45-135°)

a) Signification des directions

En principe ce sont les aspects qui sont de nature à réserver les plus grandes surprises désagréables au cours d'une vie, notamment si le radix est déjà très médiocre (par exemple Uranus dans la dominante et mal placé).

Constatation assez inattendue, découlant des recherches effectuées pour rédiger ces textes : les M.A. entre Uranus et le M.C. paraissent aussi dangereux pour la santé et la vie que s'il s'agissait de dissonances touchant l'A.S. Il est difficile de dire si cela provient d'une relation directe entre ces aspects et la santé ou la vie, ou plus simplement s'il faut considérer une maladie ou un accident comme constituant des revers de destinées (représentée par le M.C.), dans ce cas il s'agirait d'une influence par répercussion, si je puis m'exprimer ainsi. En dehors d'une action sur le corps physique on peut pressentir des crises ou des revers de situation, que ce soit en raison de circonstances extérieures imprévisibles et indépendantes de la volonté, ou, plus simplement à la suite de réalisations trop utopiques ou trop « grandioses » par rapport aux capacités et aux moyens dont on dispose. Les hommes politiques peuvent subir des revers à la suite d'un revirement de l'opinion ou d'une modification des circonstances. Les artistes, les littérateurs, etc. peuvent être les victimes de changements de mode, de genre, et éprouver de grandes difficultés pour s'adapter aux conditions nouvelles, surtout à partir d'un certain âge. Les jeunes doivent se méfier des mauvaises orientations concernant les études ou la profession. Tout le monde doit éviter de se laisser entraîner par des conceptions trop hasardeuses. Si Uranus influence la Maison VII d'une manière ou de l'autre, la période n'est pas sans danger pour l'harmonie conjugale. Si Uranus est en rapport avec la IV ou la X, un deuil brusque dans l'entourage peut survenir. Le meilleur moyen pour franchir ces aspects consiste à rester sur la défensive dans tous les domaines.

b) Signification des transits

Lorsque l'aspect sera très « serré », par exemple à 1° ou moins, il faudra se garder principalement de toute illusion, de toute idée en apparence géniale mais sans fondement réellement solide. C'est sous ces aspects qu'on risque d'abandonner une réalisation en cours qui est très viable, pour se lancer dans l'aventure, avec tous les aléas que cela peut comporter. Le plus souvent ce sont les erreurs, les exagérations du sujet qui sont à l'origine de ses déboires, mais si le ciel natal est très dissonant on peut alors craindre des coups de malchance imprévisibles mais tout de même sans conséquences définitives s'il n'existe pas de directions. Sur le plan sentimental on peut craindre une interruption des pourparlers de mariage à la suite de quelque complication imprévisible, mais qui sera vraisemblablement surmontée s'il s'agit d'un seul transit.

Exemples de directions

MUSSOLINI, 1901, semble avoir inventé les grèves sur le tas : M.C. conjonction Uranus ;
Regis DEBRAY, 1965, condamné à 30 ans de prison en BOL : M.C. opposé Uranus ;
A.-M. PEYSSON, 1967, deuil très brutal : M.C. carré Uranus ;
James DEAN, 1955, se tue sur la route : Uranus 135° du M.C. ;
V. H., 1836, deux échecs élection A.F. : M.C. carré Uranus (C) ;
V. H., 1853, s'intéresse « tables mouvantes » : M.C. conjonction Uranus ;
A. 16, 1960, chute d'avion : M.C. opposition Uranus ;
A. 18, 1960, chute d'avion : Uranus opposition M.C. ;
R. 7, 1966, tué sur la route : Uranus carré M.C. ;
R. 9, 1966, tué sur la route : Uranus carré M.C. ;
R. 35, 1967, tué sur la route : Uranus opposé M.C.

Exemples de transits

NAPOLÉON III, 25.4.1855, attentat sans gravité : Uranus opposé M.C. ;

S. CARNOT, 26.6.1894, Assassiné : Uranus conjonction M.C. (probable) ;
PIE XII, 9.10.1958, décès : Uranus conjonction M.C. ;
G. CLEMENCEAU, 23.7.1897, mort du père : Uranus carré M.C. exact ;
É. PIAF, 11.10.1963, décès : Uranus conjonction M.C. ;
V. H., 26.12.1873, mort de François-Victor : Uranus conjonction M.C. ;
V. H., 11.9.1853, Première séance « tables mouvantes » : Uranus carré M.C. ;
Ch. TRENET, fin septembre 1975, volé et battu : Uranus carré M.C.

78 – URANUS EN BON ASPECT AVEC L'A.S. OU INVERSEMENT
(Angles de 60-120 et 30-150°)

a) **Signification des directions**

L'action doit surtout se manifester sur le plan nerveux – ou elle assure un bon équilibre et de la résistance à la fatigue – et dans le domaine intellectuel où elle engendre une très grande activité excitée par de multiples conceptions nouvelles et très originales (parfois trop). On dirait que le sujet est envahi par la soif d'apprendre davantage, de bien se documenter dans des connaissances qui ne sont pas toujours admises par la Science officielle : occultisme, alchimie, divination, astrologie, mais parfois dans des branches plus positives telles que électricité, aviation, radio, électronique etc. et toutes directions situées à l'avant-garde du progrès. C'est unc très bonne période pour les chercheurs, pour les inventeurs, pour les amateurs d'aventures, de voyages extraordinaires, mais aussi pour quelque mise au point, pour tenter de se faire connaître en exposant ses idées ou ses travaux. Alors que les aspects touchant le M.C. font penser à des opportunités, ceux qui touchent l'A.1. dénotent plutôt des initiatives. Pour les professions uraniennes ce peut être le meilleur passage de la carrière pour une réalisation nouvelle, pour une « percée » vers la notoriété, notamment s'il se forme en même temps quelque transits concordant. Ce doit être une phase très bénéfique pour les astrologues parce que ces influences font intervenir la Science et l'intuition en même temps, d'où possibilité de réaliser quelque interprétation ou prévision sortant de l'ordinaire. Semble aussi propice au développement du magnétisme personnel, donc aux guérisseurs. En général quelque surprise agréable en relation avec l'activité intellectuelle du sujet.

b) Signification des transits

Ils sont surtout intéressants pour tous les curieux, les chercheurs les aspirant-inventeurs et, plus généralement pour tous ceux qui ont des études en cours. C'est un excellent passage pour accroître les connaissances et, s'il y a lieu, pour prendre des décisions au sujet de l'orientation technique des études ou travaux. C'est le moment où l'on peut tenter de mettre au point une conception personnelle sans trop de risques de se fourvoyer. Bon passage pour les magnétiseurs, les astrologues, les occultistes etc. L'aspect devrait aussi être propice pour les jeux d'adresse parce que les réflexes se trouvent momentanément améliorés.

P.S. — D'après les observations faites on dirait que les B.A. sur l'A.S. sont moins actifs que les M.A. qui se révèlent franchement plus critiques.

Exemples de directions

POINCARÉ, 1886, chef de Cabinet : A.S. trigone Uranus ;

A. FRANCE, 1909, grand voyage Amérique du S. : A.S. trigone Uranus ;

V. H., 1838, signe contrat 22 volumes : Uranus sextil A.S. ;

V. H., 1848, maire provisoire du 8ᵉ : A.S. sextil Uranus ;

V. H., 1881, manifestation 80ᵉ année : Uranus trigone A.S. (C) ;

MUSSOLINI, 1936, aventure éthiopienne : Uranus trigone A.S. (C).

Exemples de transits

LINDBERGH, 27.5.1927, traverse l'Atlantique : Uranus trigone A.S. probable ;
FRANCO, 28.3.1939, fin guerre civile : Uranus trigone A.S. probable ;
Mal LECLERC, 6.8.1940, arrive Londres : Uranus sextil A.S. exact ;
Mal LECLERC, Oct. 1926, part Maroc : Uranus sextil A.S. ;
MUSSOLINI, 2.8.1909, rédacteur en chef : Uranus sextil A.S. ;
MUSSOLINI, 6.4.1924, succès élections : Uranus trigone A.S. ;
J.-F. KENNEDY, juillet 1960, « désigné » candidat Pce : Uranus sextil A.S.

79 — URANUS EN MAUVAIS ASPECT A L'A.S. OU INVERSEMENT (Angles de 0-90-180 et 45-135°)

a) Signification des directions

Si Uranus est en relation avec la VI ou la XII ou en dissonance avec l'A.S. il peut en résulter des maladies plus ou moins mystérieuses, difficiles à diagnostiquer et, partant, malaisées à soigner. On peut craindre aussi des erreurs de diagnostic ou des soins non appropriés. C'est surtout le système nerveux qui risque d'être touché avec répercussion possible sur l'équilibre mental dans les cas sérieux.

Psychologiquement il existe une propension aux irritations, aux discussions dans lesquelles le sujet se laisse parfois aller à des exagérations, voire à mettre en avant des arguments très discutables, en un mot, à faire preuve d'une mauvaise foi manifeste. Par suite d'une diminution de la sensibilité, de la bonté, et de la diplomatie, ces aspects se traduisent parfois par des brouilles, des cessations de relations amicales ou même des séparations définitives si l'aspect concerne la Maison VII. Par sa maladresse, le natif perd parfois des relations très précieuses.

Les réalisations envisagées sous de tels aspects, se fondent souvent sur des idées bizarres, sur des théories mal assimilées et mal interprétées, sur une évaluation inexacte des moyens et, dans ces conditions, les chances de réussite sont presque nulles. Le peu de faveur qu'il rencontre dans ses relations risque de faire croire au natif qu'il est victime d'une hostilité systématique, de persécutions, voire de quelque malédiction mystérieuse si les significateurs du mental sont déjà faibles dans le radix. On peut se demander si ces aspects ne seraient pas en relation avec les craintes d'envoûtements, mais le cas doit cependant être assez rare.

L'activité mentale ne se trouve pas ralentie pour autant, mais elle est mal orientée, entrecoupée par des passages de fatigue et ne peut guère donner de résultats. Ce n'est pas le moment de lancer une théorie, de rédiger un document prenant des innovations etc. Passage assez dangereux pour les occultistes, les astrologues qui ne doivent pas élaborer sous ces aspects des pronostics par trop délicats. Pour tout le monde ce sont des aspects que l'on peut rencontrer dans les maladies, les accidents et lors de la fin de la vie lorsqu'elle présente quelque chose d'imprévu et de brusque.

En destinée ce sont souvent de brusques arrêts à la suite de circonstances imprévues et indépendantes de la volonté, ou bien, dans les cas bénins, ce sont simplement des erreurs de tactique ou un manque d'adaptation aux conditions du moment. Pour tout le monde, si Uranus intéresse les significateurs du mariage ce sera une période délicate, car il ne faut pas oublier qu'Uranus est souvent considéré comme la « planète du divorce ». Son action peut aussi retentir sur les associations, les procès, les attaques des ennemis etc. Les événements extérieurs peuvent agir sur le destin. Éviter les voyages en avion pendant la durée de l'aspect. Ne pas surmener le système nerveux.

b) Signification des transits

Lorsque le passage sera très proche de son point culminant il faudra surtout se méfier du surmenage nerveux et tout spécialement des mauvaises idées, Uranus engendrant parfois une suractivité mentale plus ou moins fantaisiste. Si le radix est dissonant, éviter les voyages par air, ne pas solliciter d'appuis amicaux et éviter les discussions conjugales.

Exemples de directions

Impér. CHARLOTTE, 1866-1867, troubles mentaux : Uranus à 45° de l'A.S. ;
Gén. AILLERET, 1968, se tue en avion : A.S. carré Uranus ;
PERRUCHOT, 1967, décès brusque : A.S. carré Uranus (Histoire des peintres) ;
J.-F. KENNEDY, 1944, Opération grave : Uranus carré A.S. ;
J.-F. KENNEDY, 1963, crise conjugale et décès : A.S. carré Uranus ;
MUSSOLINI, 1912, en prison : Uranus carré A.S. (C) ;
MUSSOLINI, 1925, alité deux mois : A.S. carré Uranus ;
J. VERNE, 1878, crampe des écrivains : Uranus carré A.S. ;
A. 12, 1960, tué en avion : A.S. carré Uranus ;
A. 20, 1968, tué en avion : A.S. carré Uranus.

Exemples de transits

PAUL VI, 4.11.1967, opéré : Uranus carré A.S. à 11' ;
????SSO, 23.2.1917, blessure grave : Uranus carré A.S. exact ;
V. H., décembre 1851, dép. exil : Uranus opposé A.S. ;
Imp. CHARLOTTE, 1866, troubles mentaux : Uranus carré A.S. toute l'année ;
POINCARÉ, 21.8.1929, opéré : Uranus 90° A.S. exact ;
A. CARREL, 5.11.1944, décès : Uranus carré A.S. ;
X. incendie court circuit : Uranus carré A.S.

80 – URANUS EN BON ASPECT AU SOLEIL OU INVERSEMENT
(Distances de 60-120 et 30-150°)

a) Signification des directions

Ce sont des aspects très précieux parce qu'ils sont de nature à amplifier les dons intellectuels et à assurer une période d'excellent équilibre nerveux, et de bon rythme cardiaque. Le sujet résiste mieux à la fatigue, au besoin de sommeil et il se trouve dans les meilleures conditions pour « donner un coup de collier » pour s'atteler à une besogne difficile – intellectuelle ou physique –, car il récupèrera très aisément. C'est une influence précieuse pour les sports exigeant des réflexes très rapides. Sur le plan mental il se forme une alliance harmonieuse entre l'ingéniosité d'Uranus et le sens synthétique du Soleil, ce qui est de meilleur augure pour envisager toutes initiatives visant à améliorer le destin.

A peu près toutes les professions (mais surtout les carrières indépendantes) peuvent bénéficier de cette influence qui se traduit souvent par des succès spectaculaires et inattendus, notamment lorsque des circonstances extérieures interviennent aussi (par exemple ambiance économique ou sociale de nature à faciliter l'activité habituelle du sujet). Souvent se sont des coups d'audace qui sont à l'origine d'ascensions rapides dépassant ce qu'il était logique de prévoir. C'est un bon moment pour faire œuvre de pionnier, pour tenter de s'imposer, pour lancer une invention s'il y a lieu etc. Si ces influences sont intéressantes pour toute les professions ayant un caractère technique, elles ne sont pas à négliger chez les personnages haut-placés représentés par le Soleil. Ici on peut espérer des satisfactions honorifiques inattendues, l'accès à des postes élevés, un succès dans une élection etc. etc. Mais tout le monde doit tenter quelque chose pour améliorer son sort sous un tel aspect en faisant appel à son intuition et en se tenant en éveil pour saisir toute opportunité que pourrait faire surgir Uranus. Si cette direction se forme au moment où la santé est déficiente, on peut en espérer une guérison parfois par des moyens en dehors des sentiers battus. Dans certains cas si les astres sont en relation avec la V ou la XI il peut en résulter de nouvelles relations amoureuses ou amicales à la suite de circonstances originales. Si la maison VII est intéressée, et si l'âge est en rapport, il peut en résulter un mariage décidé à la suite d'un coup de foudre. En résumé : aspect très intéressant, à ne pas négliger.

b) Signification des transits

Si c'est Uranus qui est mobile, se reporter à ce qui vient d'être dit, mais en tenant compte que l'influence ne se prolongera que quelques mois et que les faits auront une moindre amplitude : en principe pas de grandes modifications dans la vie. Lorsque le transit est formé par le Soleil, on peut choisir les quelques jours pendant lesquels dure le passage pour résoudre quelque problème scientifique ou technique, pour chercher une idée nouvelle, pour tenter de mettre au point une innovation qui serait en cours ainsi que pour effectuer un voyage par air s'il y a lieu. Si la XI est en cause, le passage peut faciliter l'éclosion de nouvelles relations amicales dans les milieux techniques ou scientifiques. Bon transit pour les astrologues qui sont en face de quelque problème ardu. C'est un moment où ils peuvent élaborer une déduction risquée avec chances de succès...

Exemples de directions

V. H., 1842, Publie LE RHIN : Uranus trigone Soleil ;

V. H., 1876-1877, sénateur et LÉGENDE DES SIÈCLES : Uranus trigone Soleil (C) ;

G. CLEMENCEAU, 1895-1896, « MÊLÉE SOCIALE » et « GRAND PAN » : Uranus trigone Soleil M. III ;

A. FRANCE, 1905, deux ouvrages dans l'année : Uranus sextil Soleil M. III ;

Maurice DRUON, 1966, Élu Académie F. : Soleil trigone Uranus M. de I ;

LINDBERGH, 1927, traversée de l'Atlantique : Uranus semi-sextil Soleil ;

J. VERNE, 1874, première « tour du Monde 80 jours » : Uranus sextil Soleil (C).

Exemples de transits

NAPOLÉON Ier, 2.12.1804, sacré empereur : Uranus sextil Soleil à 2° 30' ;
NAPOLÉON Ier, 2.12.1805, Austerlitz : Uranus sextil Soleil ;
PIE XII, 2.3.1939, Élu Pape : Uranus sextil Soleil ;
R. POINCARÉ, 17.8.1904, Mariage : Uranus trigone Soleil en VII ;
G. CLEMENCEAU, 23.2.1898, Campagne en faveur de ZOLA : Uranus sextil Soleil ;
G. CLEMENCEAU, 16.1.1917, Premier ministre : Soleil trigone Uranus ;
V. H., 5.8.1852, débarque à Jersey : Uranus sextil Soleil à 1° ;
V. H., 20.6.1867, Reprise HERNANI : Uranus trigone Soleil à 1° ;
A. FRANCE, 23.1.1896, Élu académie F. : Soleil sextil Uranus exact ;
A. FRANCE, 28.3.1903, Première de « CRAINQUEBILLE » : Uranus trigone Soleil exact.

N.-B. — D'après un certain nombre de ces exemples, on dirait bien qu'Uranus, Maître d'un signe d'AIR, exerce une influence appréciable sur l'activité littéraire.

81 — URANUS EN MAUVAIS ASPECT AVEC LE SOLEIL OU INVERSEMENT (Distances de 0-90-180 et 45-135°)

a) Signification des directions

Des réserves sont à formuler au sujet de la conjonction dont l'action n'est pas toujours dissonante. Il est probable que cela dépend en grande partie du Ciel natal ainsi que des autres configurations au moment de la direction ou du transit. Les aspects reçus par Uranus (dans le Ciel et non plus dans le Thème) sont aussi à examiner.

On trouvera très souvent de M.A. entre Uranus et le

Soleil chaque fois qu'une destinée sera fortement perturbée par quelque chose de brutal et d'inattendu. Ceci pouvant se produire dans les domaines les plus variés, mais surtout dans les secteurs de la vie appartenant aux Maisons occupées par l'un ou l'autre de ces astres.

Sur le plan physique, ces dissonances risquent de provoquer surtout des passages de fatigue nerveuse à la suite de surmenage le plus souvent, des palpitations ou même des troubles cardiaques sérieux si le sujet y est prédisposé. Comme pour les aspects touchant l'A.S., parfois apparaissent des malaises mystérieux que le médecin ne parvient pas à définir avec une précision suffisante pour les soigner convenablement. Dans des cas plus rares, le natif serait porté à se croire victime de quelque maléfice ou de quelque malchance persistante. Il aurait aussi tendance à ne pas accorder une grande confiance aux prescriptions médicales. Intellectuellement, ces aspects ne doivent pas diminuer l'activité, mais ils risquent d'orienter les travaux dans une voie sans issue parce que le sens pratique fait défaut ou bien les conceptions ne s'accordent pas avec les aptitudes réelles ou avec la mode ou la tendance du moment. Des échecs résultant d'actions trop hardies, trop risquées ou simplement trop utopiques sont aussi très possibles. Ce sont des aspects difficiles à traverser pour ceux qui ont des situations subalternes, car ils aspirent à l'indépendance, ils manquent de diplomatie, d'où risques de divergences avec patrons ou directeurs. Il peut en résulter des changements brusques. Dans les situations indépendantes, les fausses manœuvres, les échecs peuvent provenir d'une surestimation de ses capacités ou de sa chance ou d'une mauvaise appréciation des « débouchés » concernant la nouvelle réalisation envisagée. Ce sont des aspects assez fréquents dans les attentats, les blessures, les fins violentes, notamment s'il s'agit de personnalités de premier plan (probablement à cause du Soleil qui les représente d'une manière générale). Il est d'usage de déconseiller les voyages par air lors des transits d'Uranus ou lorsque la direction se trouve à son point culminant. Parfois les difficultés ou revers sont en relation avec des événements de caractère local, national ou mondial (par exemple des crises dans la spécialité où travaille le sujet). Uranus étant souvent appelée la « Planète du divorce » ses dissonances sont dangereuses pour les deux sexes, mais plus spécialement pour les femmes en raison de l'analogie entre le Soleil et l'époux. Des crises sentimentales ou matrimoniales peuvent donc en résulter, quelquefois séparation ou divorce s'il y a concordance entre une direction et un transit et si Uranus influence la Maison V ou la VII.

Pour tout le monde, il faut éviter les discussions, irritations et toutes les manifestations d'un « mauvais caractère » et remettre à plus tard toute initiative aventureuse (plus spécialement dans le domaine politique où les personnalités en vue peuvent subir des échecs inattendus et imprévisibles. Ce n'est pas le moment de poser sa candidature à un poste de premier plan).

b) **Signification des transits**

Ceux du Soleil peuvent être interprétés de la même façon en tenant compte que leur influence ne sera que de quelques jours. Il sera bon de se méfier de toute manifestation d'originalité excessive, d'éviter les discussions avec les relations amicales, de se méfier des idées plus ou moins utopiques et, si on a le cœur sensible, ne pas forcer pendant quelques jours. Bien entendu ce n'est pas le moment de prendre l'avion. Mais le transit du soleil semble surtout préciser la date d'un ennui annoncé par d'autres configurations.

Quant aux transits d'Uranus, surtout s'il s'agit d'un triple passage, on peut se baser sur ce qui est dit pour les directions, mais tenir compte que les conséquences sur l'évolution du destin seront plus superficielles et éphémères.

Exemples de directions

V. H., 1857, probablement la seule année où on lui refuse deux manuscrits : Soleil carré Uranus (C) ;

G. DEFFERRE, 1969, déception sujet élection : Uranus opp. Soleil ;

É. PIAF, 1949, gros chagrin, pensées suicide : Uranus carré Soleil ;

É. PIAF, 1958, acc. d'auto sérieux : Soleil conj. Uranus ;

A. 3, 1936, tué en avion : Soleil opp. Uranus ;
A. 14, 1960, tué en avion : Uranus opposition Soleil ;
A. 15, 1960, tué en avion : Soleil carré Uranus ;
R. 25, 1968, tué sur la route : Uranus opposition Soleil ;
R. 33, 1967, tué sur la route : Soleil carré Uranus.

Exemples de transits

NAPOLÉON Ier, 9.5.1812, départ Grande Armée : Uranus carré Soleil à 1° ;
NAPOLÉON III, 2.12.1851, coup d'État : Uranus conj. Soleil et Mars ;
NAPOLÉON III, 25.4.1855, attentat sans blessure : Soleil opp. Uranus ;
DE GAULLE, 8.9.1961, attentat sans blessure : Uranus carré Soleil ;
DE GAULE, 22.8.1962, attentat sans blessure : Uranus carré Soleil ;
HALLYDAY, 28.8.1967, accident sans blessures graves : Uranus carré Soleil et Soleil carré Uranus ;
Gén. BOULANGER, 24.2.1862, blessé : Soleil conj. Uranus ;
Gén. BOULANGER, 30.11.1870, blessé : Soleil carré Uranus ;
J.-F. KENNEDY, 2.8.1943, blessé gravement : Uranus carré Soleil exact ;
J.-F. KENNEDY, 22.11.1963, tué : Uranus carré Soleil ;
Mar. DE LATTRE — 11.1.1952 — décès : Soleil carré Uranus à 1 ° 30' ;
V. H., 28.6.1878, congestion : Soleil carré Uranus exact ;
A. FRANCE, 17.12.1911, suicide d'une liaison : Uranus carré Soleil à 1°.
O. GUICHARD, 27.5.1974, obligé démissionner : Soleil carré Uranus.

J'ai tenu à donner un nombre anormal d'exemples parce que ces transits sont assez fréquents et agissent dans de multiples domaines, comme on peut le voir, mais il existe toujours une idée d'imprévu et de brusquerie. On pourrait encore ajouter CLEMENCEAU qui fut malade en juillet 1927, qui rédigea son testament le 29.3.1919 et quitta ce monde le 24.11.1929. Or à chacune de ces dates, Uranus est opposé au Soleil avec orbe max. de 2° 10'.

82 – URANUS EN BON ASPECT AVEC LA LUNE OU INVERSEMENT
(Angles de 60-120° et 30-150°)

a) Signification des directions

Il ne semble pas y avoir de commune mesure entre les directions Uranus-Soleil et les directions Uranus-Lune d'après les enseignements que peut fournir mon enquête à travers les Horoscopes d'un certain nombre de CÉLÉBRITÉS. Pour Uranus-Soleil j'ai très aisément trouvé de multiples exemples, tandis que pour Uranus-Lune j'ai dû effectuer des recherches assez prolongées. Dans le fond, cela peut très bien s'expliquer par le fait que la Lune intéresse grandement la vie privée, celle qui échappe très souvent aux biographes.

Les bons aspects entre Uranus et la Lune doivent correspondre à une agréable période pour la santé parce qu'ils favorisent l'équilibre nerveux et un parfait fonctionnement des organes digestifs. On peut ajouter à cela un bon moral pouvant aussi réagir bénéfiquement sur le physique. Mais ce sera surtout sur le plan mental et intellectuel que ces aspects auront le plus d'effet en accentuant fortement la curiosité intellectuelle ou scientifique, de même que l'ingéniosité, la mémoire et plus spécialement l'intuition et l'imagination. Ce sera donc un passage heureux pour les chercheurs, les romanciers, les inventeurs, les astrologues et, dans un autre domaine, pour les navigateurs, les explorateurs, les aviateurs etc. Sur le plan de la situation, le sujet peut bénéficier de circonstances assez inattendues, notamment d'appuis féminins ou de succès sentimentaux s'il est à la recherche de quelque aventure, mais ce ne sont pas des aspects de bouleversement de la situation tout au moins dans la plupart des cas. Souvent les avantages que l'on peut en retirer sont plus moraux que matériels, par exemple le natif peut effectuer des voyages agréables et instructifs, mais sans répercussions sur son destin. Pour les hommes, c'est probablement sur le plan sentimental que l'effet sera le plus sensible. Tout le monde peut cependant choisir ce passage pour tenter de trouver une solution intuitive à un problème particulier. Dans le monde artistique, la période devrait convenir pour tenter de se faire connaître davantage du grand public, quelque succès cinématographique serait possible à la suite de circonstances originales. Toutefois, pour tout le monde également, ces influences paraissent plus propices pour concevoir, pour faire travailler l'imagination et la mémoire, voire l'intuition, que pour passer à la réalisation effective qui s'accomoderait mieux de quelque influence harmonique de Mars, Jupiter ou Saturne. S'il s'agissait cependant d'une décision ou opération concernant la résidence, les immeubles (en analogie avec le IVe signe) il n'y aurait pas de contre-indication, on pourrait même espérer quelque petit coup de chance inattendu.

b) **Signification des transits**

Il n'y a pas de commune mesure entre les passages d'Uranus et ceux de la Lune. La plupart du temps, ces derniers ne pourront que préciser la date, voire l'heure de quelque fait annoncé par des influences plus durables. Toutefois le jour où se forme l'aspect exact on peut tenter d'en tirer parti pour faire un petit voyage, pour solliciter une entrevue d'ordre familial ou sentimental ou bien pour mener à bien un travail demandant de l'imagination et de la mémoire, tout en se méfiant des emballements, des illusions. Sur le plan mondial, notamment dans le domaine des accidents de la circulation, on dirait qu'un aspect lunaire peut se manifester le jour de sa formation et les deux jours suivants, mais on ne sait pas encore si cela est valable sur le plan individuel.

Exemples de directions

V. H., 1825, Chevalier de la Légion d'Honneur : Uranus sextil Lune ;

V. H., 1830, Première HERNANI : Lune sextil Uranus (C) ;
V. H., 1839, second contrat important : Lune trigone Uranus ;
V. H., 1844, liaison BIARD : Uranus trigone Lune (C) ;
A. FRANCE, 1886, devient collaborateur au TEMPS : Lune sextil Uranus ;
BOULANGER, 1886, liaison BONNEMAIN : Uranus sextil Lune environ ;
J. VERNE, 1859, voyage : Lune trigone Uranus (C) ;
J. VERNE, 1878, grande croisière : Uranus trigone Lune, (Uranus en IX).

Exemples de transits

Mar. DE LATTRE, 15.12.1850, part pour l'Indochine : Uranus trigone Lune ;
G. CLEMENCEAU, février 1869, Fiançailles : Uranus trigone Lune exact ;
G. CLEMENCEAU, 23.5.1869, mariage : Uranus trigone Lune à 30' ;
G. CLEMENCEAU, 21.8.1881, réélu député : Lune trigone Uranus (dans la journée) ;
CARNOT, 3.12.1887, élu président R.F. : Uranus sextil Lune exact.

83 – URANUS EN MAUVAIS ASPECT A LA LUNE OU INVERSEMENT
(Angles de 0-90-180 et 45-135°)

a) Signification des directions

Ces aspects, notamment en ce qui concerne les transits, paraissent franchement plus « actifs » que les liaisons harmoniques, mais cela tient peut-être au fait qu'on remarque plus aisément les déboires d'une destinée que les faits heureux. Ce qui est frappant dans les exemples trouvés (sans recherches particulières), c'est le caractère brutal et violent que l'on constate dans l'action de ces dissonances.

La santé se trouve perturbée par suite de défaillances du système nerveux qui se répercutent surtout sur le travail de l'appareil digestif et l'assimilation. Il en résulte très souvent un accroissement de la sensibilité à la fatigue ainsi que des insomnies, une tendance aux rêves pénibles etc. Les malaises sont difficiles à préciser comme pour les dissonances entre Uranus et l'A.S. ou le Soleil et le sujet aurait tendance à rechercher une amélioration en dehors des sentiers battus. Les perturbations sont en général plus désagréables que sérieuses ou dangereuses.

Mais c'est évidemment sur le plan psychique et intellectuel que ces influences sont appelées à se manifester avec le plus d'apparence : l'imagination et l'ingéniosité restent très actives mais travaillent dans le désordre et se laissent souvent égarer (par des illusions, par de mauvaises interprétations de textes ou de données) dans des voies sans issue. C'est sous de tels aspects que peuvent prendre naissance les théories les plus invraisemblables ou les plus fragiles et il est évident que la période est surtout à surveiller pour les chercheurs, les inventeurs, les occultistes, les astrologues (ces derniers risquant notamment de se tromper lourdement dans leurs déductions ou prévisions lorqu'ils traversent le point culminant d'une direction ou d'un transit). Les personnalités dont le succès dépend des réactions du public, de la foule, doivent éviter toute excentricité, toute innovation dans leur comportement. Dans les destinées « ordinaires », le sujet doit s'efforcer de faire preuve de calme et de diplomatie vis-à-vis de l'autre sexe, surtout s'il existe des femmes influentes dans son entourage professionnel. D'autre part, tout projet d'innovation, de changement, est à reporter à plus tard, de même que toute tentative au jeu ou toute opération téméraire. Sur le plan sentimental, ces aspects sont plus critiques pour les hommes que pour les femmes parce que la Lune représente l'épouse (et les relations avec le sexe féminin en général). Il peut donc y avoir danger de discorde dans le ménage, voire des menaces de divorce si le Radix est très « dur » ou plus simplement des déceptions en rapport avec les relations avec l'autre sexe, avec les amitiés en général et l'entourage familial. Dans ce domaine, possibilité de deuil inattendu. L'aspect semble aussi engendrer un désir de changement, de voyages, mais le moment n'est guère séduisant pour cela, il est préférable de s'abstenir surtout s'il s'agit d'un trajet sur mer ou par avion.

Quelques réserves sont à faire au sujet de la conjonction qui se traduit assez souvent par un fait inattendu, mais pas obligatoirement « maléfique ». Comme noté déjà, cela doit être en relation avec les autres aspects d'accompagnement (que ce soit par rapport à la naissance ou bien dans le Ciel du moment).

b) Signification des transits

S'il s'agit d'un simple aspect de la Lune, il ne faudra pas lui attribuer un rôle excessif, le plus souvent l'aspect précisera seulement le jour où peut se produire un ennui annoncé d'autre part. Toutefois, dans la vie courante, on pourra éviter de partir en voyage, ne pas envisager des travaux intellectuels demandant du jugement et de l'imagination parce qu'il y aura une tendance à s'illusionner, à exagérer les choses. Les hommes devront apporter beaucoup de tact dans leurs relations avec le sexe féminin et même éviter les discussions familiales. Possibilité de mauvaises digestions d'origine nerveuse en cas d'excès ou d'erreurs alimentaires. Eviter toute démarche demandant de la souplesse et de la diplomatie.

Exemples de directions

V. H., 1885, décès : Lune opposition à Uranus ;

R. KENNEDY, 1968, assassiné : Lune conjonction Uranus (en XII) ;

G. CLEMENCEAU, 1906, Ministère très agité, grèves : Lune carré Uranus (C) ;

G. CLEMENDEAU, 1923, malade : Uranus carré Lune (dans le premier cas la Lune se trouve en VII — vie sociale — ; dans le second, Uranus « dirigé » se trouve en Maison I — santé) ;

A. FRANCE, 1916, sa compagne est opérée : Lune carré Uranus ;

A. FRANCE, 1922, ses œuvres mises à l'INDEX : Uranus carré Lune ;

CAUSERET, député, 1933, assassiné par une femme : Lune carré Uranus en VIII, (né le 27.11.1883, 10 h 15, Marseille) ;

A. 21, 1944, tué avion : Lune carré Uranus.

Exemples de transits

NAPOLÉON III, 14.1.1858, attentat sans blessures : Uranus carré Lune à 1° ;

James DEAN, 30.9.1955, se tue à 170 km heure : Uranus carré Lune (à la minute) ;

Édith PIAF, 22.9.1962, opération : Uranus carré Lune à 1° 40' ;

Édith PIAF, 10.4.1963, coma et crise folie : Uranus carré Lune exact ;

MUSSOLINI, 17.8.1921, crise, risques de démission : Uranus carré Lune ;

MUSSOLINI, 7.1.1925, alité, ulcère estomac : Lune carré Uranus dans la journée ;

MUSSOLINI, 28.4.1945, tué par les partisans : Uranus conj. Lune-Mars à mi-distance ;

FRONVAL, 28.6.1928, carbonisé dans son avion : Uranus à 135° Lune (à 2°) ;

L.B. JOHNSON, 23.11.1963, devient président dans circonstances très dramatiques : Uranus conjonction Lune exact.

81 URANUS EN BON ASPECT AVEC MERCURE OU INVERSEMENT
(Angles de 60-120 et 30-150°)

a) Signification des directions

On peut considérer ces aspects comme étant parmi les plus bénéfiques pour l'équilibre nerveux, ainsi que pour le moral. Mais c'est surtout sur les facultés intellectuelles que leur action sera la plus apparente, la plus bénéfique, la plus utile. En effet, il se produit une alliance harmonieuse entre la subtilité et la compréhension mercuriennes et l'originalité et l'ingéniosité d'Uranus. Cela peut se traduire par les réalisations les plus sensationnelles et les plus inattendues dans la sphère d'activité du natif si le Ciel de naissance comporte de l'étoffe et de belles espérances. Ce sera une étape souvent remarquable pour tous ceux dont l'activité touche de près ou de loin à la science, aux recherches, aux écrits, mais aussi pour les professions plus modestes telles que radio, électricien, aviateur électronicien. Il en est de même pour tous les curieux dont l'avidité de savoir les incite à s'intéresser à tout ce qui est à l'avant-garde du progrès. C'est sous de telles configurations que peuvent surgir les inventions viables, les théories ingénieuses que l'expérience aura quelques chances de vérifier. Les voyages d'étude sont aussi de nature à apporter de précieuses indications ou satisfactions. Au début de la vie ou de la carrière ces aspects peuvent apporter au natif les diplômes indispensables pour franchir un échelon supplémentaire et ce sont aussi des moments rêvés pour affronter un examen ou un concours. Sur un plan plus matériel, s'il existe une liaison avec les significateurs financiers, il peut en résulter de bons placements ou même d'heureuses spéculations dictées surtout par l'intuition. Ce sont aussi, théoriquement, les meilleurs aspects pour les astrologues, occultistes, magnétiseurs et, dans un domaine différent, pour les publicistes et tous ceux qui cherchent à lancer quelque chose d'inédit. La situation, quelle qu'elle soit, peut bénéficier d'une brusque ascension, que ce soit à la suite de bonnes idées inspirant des solutions intéressantes, que ce soit simplement à la suite de circonstances extérieures dont le sujet saura tirer parti. Pour tout le monde, si vous avez un projet en gestation, c'est le moment de le mettre au point et de tenter de le réaliser. On conseille cependant d'éviter tout emballement et de ne pas se laisser entraîner au surmenage dans une ambiance que l'enthousiasme peut survolter.

b) Signification des transits

On peut assimiler les transits d'Uranus à une direction en tenant compte que les effets resteront plus superficiels, ne modifieront pas le destin. Pendant les quelques jours où ce sera Mercure qui sera en B.A. à Uranus, on pourra en tirer parti si on doit partir en voyage, effectuer une prospection ou démarche délicate, terminer une rédaction difficile ou expédier les courrier personnel ou professionnel en retard. Le transit convient aussi pour un examen ou concours s'il est soutenu par une autre influence plus durable et il en serait de même pour élaborer quelque pronostic si cela rentre dans le cadre de l'activité courante. Pour tout le monde ce sont des journées où l'on peut tenter d'assimiler des connaissances ardues ou résoudre quelque problème difficile (apparemment très bon aspect pour les cruciverbistes).

Exemples de directions

J.-F. KENNEDY, 1948, élu Chambre des rep. : Uranus sextil Mercure ;
J.-F. KENNEDY, 1960, élu Président : Mercure trigone Uranus ;
G. CLEMENCEAU, 1863, interne des hôpitaux : Mercure trigone Uranus ;
G. CLEMENCEAU, ????, grand voyage Amérique du Sud : Uranus trigone Mercure ;
A. FRANCE, 1864, devient bâchelier : Mercure trigone Uranus ;
A. FRANCE, 1915, fort accroissement relations : Uranus trigone Mercure.

Exemples de transits

NAPOLÉON Ier, 04.02.1802, consul à vie : Uranus sextil Mercure ;
NAPOLÉON III, 6.6.59, victoire de Magenta : Uranus en IX sextil Mercure ;
G. CLEMENCEAU, 29.11.75, président conseil municipal : Uranus sextil Mercure exact ;
G. CLEMENCEAU, 16.11.17, Premier ministre : Uranus trigone Mercure à 5' ;
C. DE MURVILLE, 10.7.1968, Premier ministre : Uranus trigone Mercure à 2° ;

A. FRANCE, 10.12.1921, prix nobel : Uranus sextil Mercure exact ;
V. H., 5.9.1870, retour en France : Uranus trigone Mercure exact ;
X.X, touche un petit tiercé : Uranus M/II trigone Mercure.

85 — URANUS EN MAUVAIS ASPECT A MERCURE OU INVERSEMENT (Angles de 0-90-180 et 45-135°)

a) Signification des directions

On peut noter une certaine ressemblance entre ces aspects et ceux que forme Uranus avec la Lune avec cette différence que les ennuis de santé sont moins sensibles sur les fonctions digestives et tendent davantage à se manifester sur le système nerveux, et, d'une manière moins fréquente, sur les voies respiratoires. En général cela se traduira principalement par de l'agitation, des insomnies engendrant de la fatigue nerveuse et, partant, une activité ralentie et désordonnée de nature à compromettre momentanément la bonne marche des affaires.

C'est cependant sur le plan intellectuel que l'influence est la plus intense où elle donne naissance à des exagérations, des manies, des fantaisies, des excentricités, parfois à de véritables troubles mentaux si le Radix est très maléficié et s'il existe quelque tare héréditaire. Si le sujet évolue dans le domaine journalistique ou littéraire (ou encore artistique) il risque de se montrer intolérant, incompréhensif, discutailleur, agressif et de décourager ainsi ses admirateurs, ses confrères ou toute personne susceptible de lui rendre service. S'il est déjà une personnalité un tant soit peu en vue, il risque à son tour d'être la cible de critiques particulièrement acerbes, voire injustifiées, de nature à paralyser sa carrière pour le moment. C'est une période pendant laquelle il faudrait absolument proscrire les polémiques, les discussions etc. tâche très difficile parce que c'est précisément le moment où le ciel rend le sujet anormalement susceptible. De toute évidence ce n'est pas une période facilitant le succès, car les réalisations qui verraient le jour sous cette influence seraient trop originales, trop osées, trop utopiques, trop « révolutionnaires » pour attirer l'attention des spécialistes ou des éditeurs. Un processus identique peut se constater dans les carrières commerciales, industrielles etc. Les capacités mentales, l'ingéniosité, les facultés d'adaptation etc. ne disparaissent pas sous ces aspects, mais s'il s'agit d'une personne de faible moralité, on peut craindre qu'elle fasse un mauvais usage de ses atouts. Quelquefois échecs soudains, campagnes de diffamation, trahison de collaborateurs et multiples difficultés imprévues se manifestant soudain sans qu'on puisse en déterminer avec précision l'origine souvent mystérieuse. Ceci est surtout valable pour les situations en vue. Dans les cas plus courants, dans les situations indépendantes, il faut craindre une baisse dans les affaires parce que le sujet a tendance à s'occuper de choses irréalisables ou parce que sa fatigue nerveuse vient freiner son travail. C'est un passage délicat pour les occultistes, les astrologues, les magnétiseurs et, d'une manière générale pour tous ceux qui s'occupent d'électricité », d'aviation, de typographie ou électronique. Dans les situations très subalternes il faut éviter les mésententes avec les collègues, ne pas négliger son travail, ne pas indisposer les chefs par quelque propos déplacé. Tout le monde doit éviter les spéculations et opérations aventureuses. Voyager le moins possible, surtout par avion. Pour les grandes célébrités politiques ou artistiques risques de revers en relation avec les circonstances extérieures ou par suite d'une crise de santé se rattachant au surmenage.

b) Signification des transits

S'il s'agit seulement d'un transit de Mercure, les ennuis ne se prolongeront que pendant quelques jours et des précautions seront surtout à prendre le jour du point culminant ainsi que la veille et le lendemain. C'est une date qui déconseille les voyages en général, surtout par voie aérienne. Il faudra aussi remettre à plus tard toute démarche difficile, toute initiative demandant de la souplesse, de la patience ou de la diplomatie, car ces qualités sont forcément atténuées par de tels aspects. Sur le plan intellectuel ce ne sont pas des jours pour rechercher l'inspiration, il faut même prendre garde aux illusions, principalement dans le domaine de la prévision. Pour tout le monde : éviter tout ce qui est brusque, original, excentrique ou simplement inexpérimenté. Une fatigue passagère peut survenir à la suite d'une insomnie inexplicable si le natif est déjà nerveux en temps normal.

Exemples de directions

NAPOLÉON III, 1866-1867, échec expédition du Mexique : Uranus carré Mercure ;

A. FRANCE, 1893, divorce : Mercure M.V. carré Uranus ;

MUSSOLINI, 1922, grande agitation avant accès au pouvoir : Mercure conj. Uranus ;

G. CLEMENCEAU, début 1918, critiqué par la Chambre au sujet de la guerre : Uranus carré Mercure (C) ;

G. CLEMENCEAU, 1890, début des soucis sujet aff. Panama qui le tiendra à l'écart de la vie politique pendant 10 ans : Mercure carré Uranus ;

V. H., 1871, déceptions politiques : Mercure carré Uranus (C) ;

R. 31, 1967, se tue sur la route : Uranus conjonction Mercure.

Exemples de transits

DE GAULLE, 22.8.1962, attentat sans blessure : Uranus carré Mercure à 2° ;

MUSSOLINI, 19.10.1913, échec élection : Uranus opp. à Mercure à 2° ;

MUSSOLINI, 21.10.1914, quitte rédaction de l'AVANTI : Uranus opp. Mercure ;

A. FRANCE, 6.6.1892, quitte domicile conjugal : Uranus opp. Mercure à 3° ;

EISENHOWER, 24.9.1955, crise cardiaque : Mercure conj. Uranus exact ;

GOERING, 9.11.1923, blessé, échec putch : Uranus opp. Mercure ;

G. CLEMENCEAU, 17.7.1909, chute Ministère : Uranus carré Mercure exact ;

PIE XII, 9.10.1958, décès (Mercure M. VIII) : Uranus opp. Mercure à 1° 30' ;

NUNGESSER, vers 8.5.1927, disparaît en mer ? Mercure opp. Uranus (il s'agit de la première tentative de traversée de l'Atlantique, on n'a jamais su ce qui s'était passé exactement).

86 — URANUS EN BON ASPECT A VÉNUS OU INVERSEMENT (Angles de 60-120 et 30-150°)

a) **Signification des directions**

Il est difficile de se prononcer au sujet de l'effet de ces aspects sur la santé parce qu'on dirait qu'il en résulte une accentuation des fonctions sexuelles accompagnée d'un plus grand dynamisme en toutes choses. Intellectuellement ce sera surtout une période très précieuse sur le plan artistique, notamment pour les comédiens, musiciens, chanteurs qui peuvent bénéficier de très bonnes opportunités dans le domaine du cinéma (qui est en analogie avec Uranus). Ce peut aussi être une excellente période pour la conception, la rédaction et la sortie d'un scénario ou d'une pièce de théâtre. Dans les carrières moins en vue il s'agit d'un bon moment pour les coiffeurs, les étalagistes, les peintres décorateurs et pour tous ceux dont l'activité s'adresse surtout au sexe féminin (esthétique, soins de beauté, etc.). Pour tout le monde, c'est plutôt sur le plan financier quelques petits coups de chance parfois à la suite de bonnes intuitions ou simplement par la réalisation de quelque conception heureuse. Toutefois, sur le plan de la destinée, il serait souvent exagéré d'accorder à ces directions ou transits un rôle très apparent. Il est plus prudent de prévoir seulement une ambiance plus facile, plus agréable, mais sans bouleversements parce que ce ne sont pas des configurations qui incitent aux efforts personnels (en général indispensables pour aller réellement de l'avant). Il n'en est pas de même sur le plan de la vie amoureuse ou ces aspects marquent souvent les épisodes les plus imprévus ou les aventures les plus saillantes.

La caractéristique principale de ces influences c'est de se manifester subitement, dans des conditions inattendues difficiles à prévoir. Si une telle direction marque un mariage, ce dernier est décidé subitement au dernier moment, à la manière uranienne, même s'il subsiste quelques réticences du côté de la famille par exemple. En effet, avec Uranus, le sujet ne s'embarasse guère de considérations familiales ou mondaines et, parfois, le projet d'union se limitera simplement à une liaison. Dans des cas assez rares, si Vénus se trouve en IX et s'il n'existe pas, par ailleurs, de fortes tendances sexuelles, l'aspect pourrait correspondre à un amour platonique. Pour les personnalités en vue, des circonstances chanceuses peuvent intervenir et assurer une nouvelle étape dans leur carrière, spécialement dans le monde artistique (cinéma en particulier). En général les relations de toute nature sont facilitées par ces deux astres et, pour les deux sexes c'est souvent l'opportunité d'une aventure sentimentale sur laquelle on ne comptait pas (parfois « coup de foudre »).

b) Signification des transits

Les transits de Vénus sur Uranus, ne sont pas d'une grande portée, mais pour ceux qui sont toujours à l'affût d'aventures amoureuses, ce sont des moments à ne pas négliger parce que les circonstances peuvent jouer en leur faveur. Ce sont aussi de bons transits pour rendre visite aux relations amicales et, sur le plan matériel ils peuvent avoir une influence heureuse sur les décisions financières. Les artistes doivent faire leur possible pour utiliser au mieux ces passages qui sont de nature à favoriser une « première », un « gala ». Tout le monde peut envisager de tenter une démarche impliquant une part de chance pour réussir.

Exemples de direction

G. CLEMENCEAU, 1865, départ U.S.A. et mariage : Uranus trigone Vénus ;
G. CLEMENCEAU, 1910, voyage Amérique du Sud : Vénus trigone Uranus ;
A. FRANCE, 1911, nouvelle liaison : Vénus trigone Uranus ;
V. H., 1881, fête 80e année : Uranus trigone Vénus (C).

Exemples de transits

NAPOLÉON III, juin 1859, victoire Magenta : Uranus trigone Vénus à 2° 30' ;
J.-F. KENNEDY, 9.11.1960, élu président : Vénus sextil Uranus exact ;
A. FRANCE, 10.12.1921, prix Nobel : Vénus trigone Uranus exact ;
MUSSOLINI, 6.4.1924, succès élections : Uranus trigone Vénus à 2° 30' ;
V. H., 12.10.1822, mariage : Uranus sextil Vénus ;
Comtesse de CASTIGLIONNE, 17.12.1855, maîtresse de V.E. II ; Uranus sextil Vénus et Vénus trigone Uranus ;
Comtesse de CASTIGLIONNE, 26.1.1856, rencontre N. III : Uranus sextil Vénus exact ;
G. HANOTAUX, 30.5.1894, ministre Affaires étrangères : Uranus sextil Vénus exact ;

Il est évident que l'on ne peut pas considérer le passage de Vénus comme étant la cause principale du fait cité, mais il en a précisé la date.

87 – URANUS EN MAUVAIS ASPECT A VÉNUS OU INVERSEMENT
(Angles de 0-90-180 et 45-135°)

a) Signification des directions

On peut craindre des perturbations rénales ou bien

des fonctions périodiques chez les femmes. Pour tout le monde c'est une menace de maux de gorge survenant brusquement, mais habituellement sans gravité. C'est aussi un indice de nervosité excessive provoquée le plus souvent par l'abus des plaisirs ou simplement par le fait que le sujet ne parvient pas à obtenir un sommeil réparateur ou, encore, parce qu'il mène une existence par trop désordonnée ou fantaisiste tellement le désir d'indépendance, voire d'excentricité peut se trouver accentué par ces aspects.

Intellectuellement l'influence se fera surtout sentir dans le domaine artistique en provoquant des initiatives téméraires « farfelues » dépourvues de toute base solide et risquant de « couler » momentanément une carrière. Ces directions sont probablement en relation avec toutes les manifestations d'un modernisme excessif, avec toutes les exagérations de nature à choquer ceux qui ont le sens de la mesure... Dans les situations modestes, faisant appel à un certain sens artistique (habillement, soins de beauté, décoration) le sujet doit se méfier de toute originalité excessive. Pour tout le monde : période médiocre pour les finances parce que le sens des affaires (de la mesure) se trouve affaibli.

Les nouvelles réalisations ne sont donc guère viables. Pour les hommes en particulier il existe un risque de dépenses supplémentaires, souvent imprévues, occassionnées par l'autre sexe (épouse, maîtresse, filles, parentes). Pour les femmes il faut penser à des frais excessifs pour des toilettes à la dernière mode destinées à frapper l'imagination ou à éveiller certaines jalousies.

Comme ces influences se manifestent sur le plan sentimental, les risques d'une crise conjugale sont considérables si Uranus est en relation avec la Maison VII, quelquefois c'est une séparation, un divorce, plus rarement un veuvage pour les hommes.

Pour les célibataires, ces dissonances ne diminuent nullement les désirs ou les opportunités d'aventures, mais cela risque toujours de s'accompagner de complications, de désillusions, d'insatisfactions, de malentendus, souvent le don Juan tombe sur une femme ayant un caractère difficile et on ne peut guère songer à l'éclosion de sentiments profonds et sincères, ni à l'amorce de relations durables et heureuses. Parfois il s'agit d'un refus net et brutal pénible pour l'amour-propre.

En résumé : éviter tout ce qui peut compliquer la vie privée, et, en destinée, surveiller les domaines appartenant aux Maisons occupées par Vénus ou Uranus.

La conjonction semble moins « maléfique », elle peut indiquer une réalisation.

b) **Signification des transits**

Si on se trouve seulement en présence d'un transit de Vénus tout peut se réduire à une contrariété passagère, par exemple un rendez-vous galant manqué ou décommandé au dernier moment, ou bien une journée où le partenaire sera de mauvaise humeur ou bien légèrement souffrant. Lors du transit exact il semble inutile de solliciter des rendez-vous difficiles à obtenir et il est préférable de ne pas accepter des invitations mondaines parce qu'on pourrait commettre des impairs sans le vouloir. Les artistes doivent éviter toute innovation. Tout le monde peut se méfier des dépenses superflues ainsi que de toute décision financière comportant des risques.

Exemples de directions

NAPOLÉON III, 1866-1867, brouille avec l'Impératrice CHARLOTTE : Uranus carré Vénus ;

V. H., 1837, deuil dans la famille : Vénus (en IV) opposition Uranus ;

V. H., 1873, année agitée plan sentimental, deuil : Uranus carré Vénus ;

Gén. BOULANGER, 1891, suicide par chagrin d'amour : Uranus conj. Vénus ;

J.-F. KENNEDY, 1943, blessure grave : Uranus carré Vénus M. VIII ;

A. 2, 1936, se tue en avion : Uranus conjonction Vénus.

Exemples de transits

CHOISNARD, 10.2.1930, décès : Uranus carré Vénus à 25' ;

G. SAND, fin 1833, à venis avec Musset malade : Uranus opp. Vénus ;
PIE XII, janvier 1954, malade : Uranus carré Vénus en VI ;
Ch. FLOQUET, 18.1.1896, décès : Uranus carré Vénus M. VIII à 45' ;
É. PIAF, 22.9.1962, opération : Vénus carré Uranus exact ;
Gén. BOULANGER, 3.6.1859, blessé : Uranus carré Vénus à 21' ;
Gén. BOULANGER, 24.2.1862, blessure sérieuse : Vénus opp. Uranus exact ;
Gén. BOULANGER, 30.11.1870, blessé : Vénus carré Uranus à 1° 30' ;
Gén. BOULANGER, 13.7.1888, duel, blessé gorge : Vénus à 135° d'Uranus ;
Gén. BOULANGER, 30.9.1891, suicide par amour : Uranus opp. Vénus à 3°.

Je cite à titre de curiosité le cas du Général Boulanger, car à part la blessure à la gorge et le suicide par chagrin d'amour, on ne s'explique pas très bien le rôle de Vénus dans tous ces ennuis. Pour 1891 noter cependant la liaison entre la direction et le transit.

88 – URANUS EN BON ASPECT AVEC MARS OU INVERSEMENT
(Angles de 60-120 et 30-150°)

a) **Signification des directions**

Il serait certainement téméraire d'annoncer de grandes satisfactions lorsque se forment de tels aspects en directions ou transits, parce que nous sommes en présence de deux astres ayant une réputation nettement maléfique. Il est probable que ces aspects annoncent surtout une période de grande activité intellectuelle ou musculaire selon le rayon d'action du natif. Stimulé par des idées nouvelles et par une endurance accrue, c'est un moment propice pour entreprendre des opérations difficiles, surtout si le métier se rattache à l'électricité, la mécanique ou les recherches scientifiques appliquées. C'est aussi un passage très intéressant pour les sportifs, le bon équilibre nerveux et la résistance musculaire pouvant permettre des exploits au-dessus des possibilités courantes. Sur le plan intellectuel c'est le moment de présenter une théorie audacieuse, de rédiger une défense contre des attaques, ou même d'entreprendre un travail de recherches demandant à la fois un effort mental et physique. On dirait aussi que le sujet résiste mieux au besoin de sommeil (mais tenir compte de l'âge).

Pour tout le monde on peut prévoir des décisions assez énergiques, des manifestations d'autorité ou d'assurance et une amélioration de la situation en relation avec un travail personnel plus efficient. Bonne période pour les chirurgiens, les dentistes, les infirmiers, les militaires, les aviateurs surtout, et en général pour tous ceux qui doivent prendre des décisions rapides mettant en cause leur responsabilité. En général, bons aspects pour affronter toutes sortes de difficultés. Si l'une des planètes est en relation avec la V ou la VII et si l'âge est en rapport, la probabilité d'une aventure sentimentale ou d'un mariage décidé assez brusquement n'est pas exclue. Pour une femme, ce pourrait être une union avec un sportif ou un aviateur. Pour un homme il pourrait s'agir d'une partenaire très indépendante et difficile à commander... En résumé : l'activité du sujet doit s'améliorer sous ces influences plus spécialement dans les domaines se rattachant aux Maisons occupées par Mars ou Uranus.

b) Signification des transits

Une certaine attention devra être accordée aux **TRANSITS** de Mars, parce que même si on réduit l'orbe d'action à 3°, le passage se prolongera facilement pendant 10 jours et, lors d'une rétrogradation, pendant une cinquantaine de jours dans certains cas, transit qu'on peut assimiler à celui d'une planète lente. Ces bons aspects seront surtout précieux si l'on doit effectuer des travaux difficiles, que ce soit dans le domaine des écrits ou dans une activité manuelle, plus spécialement dans le domaine de la mécanique, de l'électricité ou du bricolage. Le moment doit aussi convenir pour les exploits sportifs, pour les travaux de force. Dans un domaine tout à fait différent, il faudra choisir ces transits, — surtout si on est timide de nature — pour prendre quelque initiative demandant de l'assurance, aussi pour tenter de faire accepter un point de vue personnel. En général, la combinaison de l'esprit d'entreprise (Mars) et de l'ingéniosité (Uranus) doit permettre à tout le monde de mieux réussir ces jours-là.

Exemples de directions

Édith PIAF, 1952, mariage : Mars M.V. trigone Uranus ;
BOULANGER, 1874, promu colonel : Uranus trigone Mars ;
Maréchal JUIN, 1938, promu Général : Mars sextil Uranus (C) ;
Maréchal LECLERC, 1938, entre École de Guerre : Mars sextil Uranus ;
A. FRANCE, 1911, gagne un procès : Mars trigone Uranus ;
G. CLEMENCEAU, 1876 et 1885, deux réélections : Uranus sextil Mars (C) et Mars sextil Uranus ;
ROOSEVELT, 1932, élu Président : Uranus trigone Mars et trigone Mercure.

Exemples de transits

FRANCO, 28.3.1939, fin guerre civile : Uranus sextil Mars ;
J.-F. KENNEDY, début novembre 1952, sénateur : Uranus sextil Mars ;
V. AURIOL, 16.1.1947, élu président R.F. : Uranus trigone Mars à 1° ;
Mar. LECLERC, 21.5.1931, instructeur à St Cyr : Mars trigone Uranus exact ;
G. CLEMENCEAU, 13.5.1865, thèse de médecine : Mars trigone Uranus ;
MUSSOLINI, décembre 1915, mariage : Uranus trigone Mars en VII ;

MUSSOLINI, 6.4.1924, succès élections : Mars trigone Uranus ;
V. H., 17.2.1833, rencontre avec Juliette : Mars trigone Uranus à 1° ;
GUITTON, 8.6.1961, élu Académie F. : Uranus sextil Mars en X.

89 – URANUS EN MAUVAIS ASPECT AVEC MARS OU INVERSEMENT (Angles de 0-45-90-135-180°)

a) **Signification des directions**

On trouve assez souvent un de ces aspects lors de véritables catastrophes de différente nature, notamment dans certaines fins violentes, mais, d'après les exemples compulsés on dirait qu'en se fiant uniquement à la théorie, on aurait tendance à exagérer fortement la fréquence et la nuisance de ces directions ou transits. Il ne semble pas qu'il faille placer la liaison dissonante entre Uranus et Mars au premier rang des maléfices, mais des investigations plus étendues et plus systématiques seraient cependant nécessaires.

Sur le plan physique, des dépressions sont à craindre en raison du surmenage qui affecte la force nerveuse et en raison d'une accentuation de la sensibilité à la fatigue musculaire (surtout si le sujet atteint déjà un certain âge). La nervosité, l'impatience, voire l'agressivité deviennent excessives et le sujet risque de perdre les appuis qu'il espérait, voire de se brouiller avec son entourage ou ses collaborateurs. En général, ses initiatives sont mal préparées, mal conduites et peuvent aboutir à des échecs brusques surtout si l'une des Planètes est en relation avec la X ou la II. Dans ce dernier cas, ce sont des dépenses impulsives, des placements tout à fait aventureux qui sont à redouter. Quelquefois, des faits d'ordre mondial (crises par exemple) peuvent aussi intervenir dans le déclenchement des déboires. C'est une mauvaise période pour les aviateurs, pour les savants qui veulent passer aux réalisations pratiques et pour toutes les personnes qui doivent prendre des risques, par exemple en faisant un diagnostic, en prescrivant une cure ou en effectuant une opération délicate. Dans un poste subalterne, il peut se produire une perte de place à la suite de graves discussions, de querelles, de récriminations excessives ou simplement parce que le sujet, épris d'indépendance et voulant agir selon son idée, ne voudra pas respecter les consignes reçues. Il faudrait au contraire rester dans l'ombre, ne rien dire, se faire oublier pendant quelque temps lors du point culminant des aspects. Dans les situations élevées, on peut craindre des revers soit à la suite de fausses manœuvres, soit parce que l'ambiance ne serait plus la même qu'auparavant. C'est une influence qui traduirait très bien l'esprit « contestataire » qui s'amplifie depuis quelque temps. Dans les Thèmes féminins on peut craindre l'aigrissement du caractère du partenaire ou des rencontres imprévues suivies d'un emballement passager mais qui ne pourront rien donner de bon et de durable. Parfois, risques de ruptures, voire divorce, si Uranus est en relation avec la VII. Ne pas conclure d'association sous ces influences, ne pas prendre l'avion, éviter tout exploit téméraire (touchant notamment des engins mécaniques), en un mot, tenter de cultiver le calme et la modération parce qu'il semble souvent exister une relation entre les gros ennuis et les imprudences du sujet.

b) **Signification des transits**

Pour les raisons exposées dans le paragraphe précédent il ne faudra pas négliger les transits de Mars. Pendant quelques jours, lors du point culminant il ne faudra pas partir en voyage, surtout par avion, il sera bon d'éviter le plus possible toute discussion qui risquerait de dégénérer assez rapidement en querelle si le radix est déjà très dissonant. Ce n'est pas le moment, non plus, pour solliciter une faveur ou pour tenter quelque démarche demandant de la souplesse et de la diplomatie. Les travailleurs manuels, les bricoleurs risqueront de se blesser, de s'énerver à cause de leur impatience ou bien parce qu'ils voudront tenter quelque chose au-dessus de leur compétence. Tout le monde doit se méfier des précipitations, des imprudences ou actes de témérité. Mauvais aspects aussi pour les astrologues qui sont portés aux emballement dans leurs déductions.

Exemples de directions

NAPOLÉON Ier, 1808, campagne d'Espagne : Uranus carré Mars ;
A. FRANCE, 1878, brouille avec éditeur : Mars carré Uranus et Uranus conj. Mars ;
G. CLEMENCEAU, 1906, ministère difficile, grèves : Mars semi carré Uranus ;
V. H., début 1861, croit avoir cancer gorge : Mars opp. Uranus ;
EDISON, 1931, décès : Mars opposition Uranus ;
BALBO, 1940, avion abattu : Mars opp. Uranus ;
R. n° 6, 1966, tué sur la route : Uranus conj. Mars ;
R. n° 33, 1967, tué sur la route : Uranus conjonction Mars.

Exemples de transits

GEORGE VI, 23.9.1951, opération grave : Mars carré Uranus exact ;
Robert KENNEDY, 6.6.1968, tué : Mars carré Uranus ;
Paul DOUMER, 7.5.1932, tué : Uranus conj. Mars à 14' ;
Gén. AILLERET, 9.3.1968, se tue en avion : Mars carré Uranus ;
V. H., déc. 1851, départ exil : Uranus carré Mars ;
V. H., 2.7.1871, battu élection : Mars conj. Uranus ;
V. H., 7.6.1872, nouvel échec élection : Uranus opp. Mars ;
MUSSOLINI, 1.11.1919, échec élections : Mars conj. Uranus ;
MUSSOLINI, 28.4.1945, tué par communistes : Uranus conj. Mars ;
Clara PETACCI, tué en même temps que MUSSO : Uranus conj. Mars à 8' ;
NAPOLÉON III, 14.1.1858, attentat sans blessure : Mars conj. Uranus exact ;

NUNGESSER, vers 8.5.27, disparaît en mer : Uranus carré Mars à 50' ;

PETIOT, 30.10.1944, arrestation : Uranus conj. Mars.

Comme on peut le voir le rôle du transit de Mars semble surtout préciser la date marquante du danger.

Uranus en bon ou mauvais aspect avec Jupiter voir n° 50 & 51 ;

Uranus en bon ou mauvais aspect avec Saturne voir n° 71 & 72.

90 – URANUS EN BON OU MAUVAIS ASPECT AVEC LUI-MÊME

Comme ces directions sont très rares, il n'a pas été possible d'effectuer des recherches suffisamment étendues pour donner un avis sérieux. Quant aux transits on peut considérer qu'il apportent souvent des faits brusques et assez inattendus, que ce soit en bien, que ce soit en mode négatif. On pourra interpréter ces aspects en tenant surtout compte des Maisons intéressées par la position natale et par la position « transitante ». Je donne seulement quelques exemples.

Exemples de transits

PIE XII, 9.10.1958, décès : Uranus conj. Uranus à 1° 30' ;

PELADAN, 27.6.1918, décès : Uranus carré Uranus exact ;

NAPOLÉON III, 9.1.1873, décès : Uranus opp. Uranus exact ;

X.X., 20.5.26, tué par explosion : Uranus carré Uranus ;

MUSSOLINI, 6.6.1902, obligé s'expatrier : Uranus carré Uranus ;

MUSSOLINI, 10.6.1924, affaire MATTEOTTI, risques démission : Uranus opp. Uranus exact.

91 – URANUS EN BON ASPECT AVEC NEPTUNE OU INVERSEMENT
(Angles de 60-120 et 30-150°)

a) Signification des directions

Ces directions sont plus rares que les autres parce qu'il existe des périodes s'étendant sur plusieurs années pendant lesquelles ces astres ne peuvent pas former d'aspects au cours d'une vie moyenne de 60-70 ans. Il serait assez facile de faire une expérience pour les naissances de la période 1905-1908 et pour tous les sujets ayant l'A.S. dans un signe de « longue ascension », mais ce serait une expérience inutile. Ce sont évidemment des aspects qui attirent principalement l'attention sur le côté intellectuel et psychique de l'individu. Cela se traduira le plus souvent par l'accentuation des tendances mystiques qui peuvent déjà exister, par de multiples idées « sortant de l'ordinaire », par des rêves prémonitoires, par un développement de l'intuition. C'est théoriquement le meilleur aspect pour les voyants, les astrologues et pour tous ceux qui s'intéressent aux sciences dites occultes ou bien qui visent à un développement des facultés spirituelles. Sur un plan plus courant, plus pratique, ce sont de bons aspects pour l'inspiration artistique, pour les recherches demandant de l'intuition et de la technique, pour les écrits d'imagination comportant quelque intrigue mystérieuse et, dans un autre domaine, on peut penser à quelque voyage exceptionnel sur mer ou par avion. Dans l'expédition des affaires courantes, il ne s'agit pas d'une influence très efficiente, mais on pourrait la conseiller pour toute innovation visant tout spécialement à tirer parti de circonstances extérieures devenues plus propices pour l'activité particulière du natif. De bonnes idées concernant des placements, des jeux de hasard sont possibles sous ces aspects. Chez les célébrités, ce sont les artistes de cinéma qui sont plus spécialement favorisés et dans la vie sociale ou politique il peut en résulter des succès assez inattendus.

Tout le monde doit cependant se méfier des emballements, car même les aspects harmoniques de ces deux astres ne paraisse guère développer le sens pratique.

b) Signification des transits

En raison de la marche très lente de ces deux planètes, on peut très largement, pour interpréter leurs transits, s'inspirer de tout ce qui vient d'être dit à propos des directions en tenant cependant compte que l'effet d'un passage sera (en général) plus faible et aura moins de répercussions sur le destin que s'il s'agit d'une direction.

Exemples de directions

James DEAN, 1954, très grand succès cinéma : Uranus trigone Neptune ;
GOERING, 1928, élu député : Neptune trigone Uranus ;
J.-F. KENNEDY, 1961, voyage à Paris : Uranus trigone Neptune ;
V. H., 1867, reprise d'HERNANI : Uranus trigone Neptune (C) ;
Tiercé n° 1, début 1966, gain de 19 000 : Neptune en I, trigone Uranus (rôle probable de l'intuition) ;
J. VERNE, 1878, grande croisière : Uranus sextil Neptune et Lune.

Exemples de transits

Loterie cas n° 3, gains sous le sextil Uranus Neptune à 1° 12' ;
A. CARREL, 15.5.1904, part pour le Canada : Uranus trigone Neptune à 1° ;
POHER, 10.3.1966, Président Conseil de l'Europe : Neptune sextil Uranus ;
MUSSOLINI, 6.4.1924, succès élections : Uranus sextil Neptune ;
V. H., 25.10.1838, contrat important : Neptune trigone Uranus ;
V. H., 8.3.1871, élu député pour peu de te : Uranus trigone Neptune à 2° ;
LOUBET, 11.2.1899, élu prés. R.F. : Uranus sextil Neptune ;
Mal. LECLERC, 1.10.1924, sort Saint-Cyr : Neptune trigone Uranus ;

G. CLEMENCEAU, novembre 1861, vient se fixer à Paris : Uranus trigone Neptune.

92 – URANUS EN MAUVAIS ASPECT A NEPTUNE OU INVERSEMENT (Angles de 90-180 et 45-135°)

a) Signification des directions

Comme nous sommes en présence de deux astres agissant plutôt sur le plan mental ou spirituel on serait tenté d'estimer que ces aspects ne sont pas spécialement « méchants » sur le plan physique. Or d'après les constatations faites pour préparer ce livre, les M.A. entre Uranus et Neptune sont aussi fréquents que les autres, à peu de chose près lors des « gros coups durs » (par exemple aussi fréquents que les dissonances entre Uranus et Mars). Leur action sur la santé se manifestera le plus souvent d'une manière assez mystérieuse, le sujet se plaindra de malaises indéfinissables difficiles à cataloguer et à soigner mais apparemment peu dangereux). C'est une influence que l'on pourrait qualifier de classique pour les « maladies imaginaires ». Toutefois des troubles nerveux, des ennuis en relation avec des défaillances glandulaires, ou bien avec des intoxications accidentelles ou volontaires (usage d'euphorisants, de tranquilisants) sont parfois en relation avec ces directions ou ces transits. Dans des cas exceptionnels l'équilibre mental peut-être perturbé ou bien le natif se croit victime de maléfices, de manœuvres de sorcellerie. Dans la vie courante et pour tout le monde, le danger peut provenir de la mise en œuvre d'idées excentriques, dépourvues de toute base solide et dépassant les capacités du natif. Il peut en résulter une crise professionnelle sérieuse, voire un changement ou un revers que le sujet serait tenté d'attribuer uniquement à l'hostilité du sort au lieu d'admettre ses erreurs personnelles... Il y aurait notamment danger si ces astres sont en rapport direct avec la Maison X ou la II.

C'est probablement dans les situations très modestes,

dans les postes subalternes que l'on s'accomode le mieux de ces dissonances parce que leur action est moins sensible, moins dangereuses que dans une situation plus ou moins en vue. Un esprit simple, positif, terre à terre, principalement préoccupé de s'assurer le pain quotidien ne se laissera pas entraîner par les spéculations ou exagérations intellectuelles auxquelles prédisposent ces passages. Dans les situations en vue, notamment dans le domaine politique et artistique, de désagréables surprises, souvent en relation avec des changements de tendance, de mode ou à la suite d'une campagne de critiques de médisances etc. Ce ne serait pas le moment pour un artiste de tenter une innovation, d'effectuer une tournée etc. Le mieux serait de viser seulement à l'expédition des affaires courantes. Il est aussi préférable de ne pas songer à de grands voyages sur mer ou dans les airs. Il est conseillé de ne pas se laisser influencer par les événements, par l'entourage, par les bluffs parce que ces aspects paraissent rendre le sujet plus perméable aux influences extérieures. Éviter, par exemple de se faire hypnotiser, psychanalyser lorsque les aspects sont près de leur point culminant. Dans le même ordre d'idées ne pas accorder trop d'importance à un pronostic désagréable.

b) Signification des transits

Comme pour les B.A. les déductions concernant les directions sont valables pour ces transits très lents, mais avec les même réserves. En général un transit peut engendrer un fait précis, assez marquant, mais (en général) sans grandes conséquences sur l'évolution ultérieure de la destinée.

Exemples de directions

Impér. CHARLOTTE, 1867, devient folle et veuve : Uranus carré Neptune ;

NAPOLÉON Ier, 1804, début complot : Uranus carré Neptune ;

NAPOLÉON III, 9.1.1873, décès : Neptune carré Uranus ;

Gén. AILLERET, 1968, se tue en avion : Uranus carré Neptune ;
MUSSOLINI, 1924, Aff. MATTEOTTI : risques démission : Neptune carré Uranus ;
V. H., 1857, son éditeur refuse deux manuscrits : Neptune carré Uranus ;
V. H., 1858, Anthrax très grave : Uranus conj. Neptune ;
ROOSEVELT, 1924, Paralysie partielle : Neptune carré Uranus et carré A.S. ;
DE LATTRE, 1.11.1952, décès : Neptune conj. Uranus ;
R. 10, R. 17, R. 21, tous trois tués sur route : Uranus carré Neptune dans chacun des thèmes.

Exemples de transits

EISENHOWER, 24.9.1955, crise cardiaque : Neptune conj. Uranus à 16' ;
DE GAULLE, 15.8.1914, blessé : Neptune carré Uranus ;
MUSSOLINI, 23.2.1917, blessé (42 déclats) : Uranus carré Neptune exact ;
MUSSOLINI, 22.5.1939, signe pacte d'acier (cause de sa perte ?) : Neptune conj. Uranus exact ;
A. FRANCE, 28.10.1918, perd sa fille : Uranus conj. Neptune à 21' ;
BOULANGER, 30.9.1891, suicide : Neptune carré Uranus 1° 30' ;
R. POINCARÉ, 15.10.1934, décès : Neptune (passe en VIII) carré Uranus ;
É. PIAF, 22.9.1962, opération : Neptune carré Uranus 1° 30' ;
É. PIAF, 20.8.1963, dans le coma : Neptune carré Uranus à 2' ;
É. PIAF, 11.10.1963, décès : Neptune carré Uranus + 1°.

Aspects entre Uranus et Pluton — voir plus loin

93 — DIRECTIONS & TRANSITS DE NEPTUNE

Analogies neptuniennes : Inspiration, intuition, clairvoyance, médiumnité, mysticisme, utopie, mystère, évolution, le bohême, la mer, le navigateur, l'occultiste, l'amateur de merveilleux.

a) Signification générale des directions

Qu'il s'agisse d'harmonies ou de dissonances, Neptune attirera toujours l'attention de l'interprétateur sur le côté spirituel, psychique ou intellectuel parce que c'est dans ces domaines que l'action sera la plus décelable (d'une manière générale). Quoique plus faible ou moins fréquente sur le plan matériel ou sur le destin, elle peut cependant annoncer des faits imprévus, mystérieux, difficiles à prévoir et même à décrire avec exactitude, qu'il s'agisse de réussites ou de déboires. Bien que ce ne soit pas tout à fait démontré, tout porte à croire que les dissonances de cet astre sont susceptibles de se traduire par des obstacles, des revers provoqués par la situation générale (économique, politique, financière, sans aucune intervention du sujet). Ce doit être surtout vrai en cas de révolutions, de changements de régime, etc. Selon la nature des aspects il sera bon d'envisager les répercussions possibles — en bien ou mal — sur les voyages, les cures thermales, les séjours au bord de l'eau (Neptune peut être en relation avec les noyades). Les B.A. sont parfois en relation avec des envolées mystiques, avec un brusque attrait pour l'étude des Sciences hermétiques et il en résulte parfois, chez les personnes qui sont douées, des prémonitions, des rêves prophétiques, voire des phénomènes de voyance. C'est probablement sous une bonne influence de Neptune que les astrologues, les voyants ont les plus grandes chances de réussir quelque prévision sensationnelle. Ce doit être aussi une très bonne influence pour les magnétiseurs et même pour le diagnostic médical. Bien entendu pour tous ces cas un peu exceptionnels, il faut que Neptune soit puissant et bien aspecté. Les mauvais angles peuvent aller, dans les cas extrêmes, jusqu'au dérangement des fonctions psychiques et cérébrales, si le Radix est très dissonant. Mais le plus souvent il s'agira seulement d'idées bizarres, de lubies inexplicables ou d'un manque de sens pratique susceptible d'avoir des répercussions sur les affaires si le sujet exploite une entreprise personnelle. Parfois : malaises mystérieux, grandes illusions, fausses intuitions, etc. Il est préférable de faire preuve de prudence dans tout ce qui touche à l'eau et aux liquides en général.

b) Signification générale des transits

Les considérations précédentes sont valables pour les transits que forme Neptune avec les restrictions habituelles (action moins profonde). Les transits que reçoit Neptune sont très utilisables pendant quelques jours pour tout travail intellectuel faisant appel à l'intuition s'il s'agit d'un aspect harmonique. Dans les cas contraire, se méfier des illusions, des emballements imaginatifs et ne rien entreprendre de difficile.

Une remarque est à faire si on désire dater une prévision basée sur un passage de Neptune. Dans ce cas il faut prendre un orbe relativement restreint (1° par exemple). En effet si nous considérons le passage de Neptune sur le Soleil du Gén. DE GAULLE à 2° près nous constatons que cette conjonction dure pratiquement depuis le 3.1.1969 jusqu'au 2.11.1970 soit pendant presque deux ans. Or il n'y a que le dernier aspect du 2 novembre qui cadre avec quelque chose de précis : décès le 9 novembre 1970 et il est probable que ce passage s'est montré actif parce qu'il coïncidait à peu près avec la direction Neptune carré Soleil début de l'année 1971 (par calcul simplifié).

94 – NEPTUNE EN BON ASPECT AVEC LE M.C. OU INVERSEMENT
(Angles de 60-120 et 30-150°)

a) Signification des directions

Il faut d'abord signaler que les événements mondiaux, nationaux ou régionaux (changements politiques, économiques, monétaires ou apparition de nouvelles modes, de nouvelles théories, etc.) interviennent parfois et apportent des modifications heureuses dans la situation ou la marche des affaires. Cela se produit généralement dans des conditions « sortant de l'ordinaire » et difficiles à pressentir. Plus généralement il s'agira d'une simple amélioration, d'un changement en relation avec une excellente intuition ou prémonition coïncidant avec l'apparition d'une ambiance plus propice. Les voyages, les agences de voyage, les séjours à l'étranger, les initiatives concernant la mer ou les liquides en général (y compris les carburants) sont des domaines favorisés par de telles directions, notamment ni Neptune est très important à la naissance. Bonne période pour les navigateurs, au long cours, pour les ingénieurs en constructions maritimes ainsi que pour les hydrauliciens. Dans un domaine différent, les astrologues, les occultistes, les magnétiseurs sont aussi susceptibles d'effectuer du bon travail et, chez les artistes la période est indiquée pour rechercher une inspiration originale ou bien pour tenter une « percée ». Dans une vie « ordinaire » on peut simplement prévoir une progression, une satisfaction survenant à la suite de quelque fait imprévu ou après une démarche ou initiative à laquelle le sujet aura été « poussé » par son intuition et que ne pourrait justifier aucun raisonnement rigoureux. Des distinctions honorifiques sont parfois obtenues sous ces aspects malgré le caractère très subtil de l'action de Neptune. Il arrive que des « célébrités » remontent à la surface après une éclipse de quelques années. En résumé ceux qui ont cet astre important dans leur ciel et qui savent qu'ils sont assez intuitifs, ne doivent pas manquer de faire appel à cette merveilleuse faculté sous ces bonnes directions.

b) **Signification des transits**

Comme signalé déjà, ne pas adopter un orbe trop large si on veut tenter de dater une prévision, mais même en procédant ainsi le résultat sera toujours assez problématique parce que l'aspect se prolongera toujours pendant une année environ. Pour le reste interpréter un peu comme s'il s'agissait d'une direction plus éphémère, mais ne pas fonder trop d'espoir sur les réalisations matérielles et se méfier un peu des illusions de Neptune même sous le B.A. Toutefois lors du point culminant le sujet peut se risquer à suivre les inspirations de son intuition.

Exemples de directions

MUSSOLINI, 1901, début vie publique, grand discours : Neptune sextil M.C. ;
MUSSOLINI, 1938, Münich, dernier succès prestige : Neptune sextil M.C. ;
É. PIAF, 1936, premier engagement : M.C. sextil Neptune ;
G. CLEMENCEAU, 1900, on joue le « VOILE DU BONHEUR » : M.C. sextil Neptune ;
V. H., 1841, élu A.F. après 3 échecs : M.C. sextil Neptune ;
V. H., 1853, premières séances « tables mouvantes » Neptune sextil M.C. (C) ;
J. VERNE, 1859, voyage en Écosse : M.C. sextil Neptune ;
J.-J. S.-S., 1970, élu député : Neptune sextil M.C. probable.

Exemples de transits

NAPOLÉON Ier, 18.5.1804, référendum : Neptune trigone M.C. ;
NAPOLÉON Ier, 2.12.1804, sacré Empereur : Neptune trigone M.C. ;
NAPOLÉON III, 8.9.1855, victoire Sébastopol : Neptune sextil M.C. ;
V. AURIOL, 16.1.1947, élu Prés. R.F. : Neptune sextil M.C. ;
E. FAURE, 19.10.1969, réélu fac. député : Neptune trigone M.C. exact ;
G. CLEMENCEAU, 26.7.1865, part pour Londres : Neptune sextil M.C. ;
G. CLEMENCEAU, 5.8.1893, gagne procès : Neptune trigone M.C.

95 – NEPTUNE EN MAUVAIS ASPECT AU M.C. OU INVERSEMENT
(Angles de 0-90-180 et 45-135°)

a) Signification des directions

On doit surtout craindre des revers occasionnés par des modifications dans la situation politique, économique, sociale ou plus simplement à la suite de changements concernant la mentalité, la mode, etc., pour les situations indépendantes ; ou un changement de direction ou une reconversion pour les postes subalternes. Pour tout le monde, c'est plus spécialement à la suite d'erreurs, de manque de sens pratique, de fausses manœuvres suggérées par de fausses estimations (souvent le sujet est convaincu d'être dans le vrai, alors qu'il se trompe totalement) que surviennent les ennuis. Ces aspects sont surtout à surveiller par tous ceux qui s'occupent de sciences psychiques ou occultes, par tous ceux qui font des recherches, car ils peuvent être victime de circonstances bizarres pouvant les induire totalement en erreur. Ce ne serait pas le moment de lancer des théories nouvelles. Dans des cas assez rares, probablement parce que Neptune est en analogie avec le XIIe signe, il peut y avoir privation de liberté, séjour en clinique ou même prison. Si le natif travaille dans une entreprise il risque d'être victime d'animosités, de médisances ou même de calomnies de la part de son entourage professionnel. Ce sont des aspects très propices aux manifestations d'envie et de jalousie et de toute manœuvre visant à miner le prestige ou la situation. Pour ceux qui sont dans les affaires : concurrence déloyale ou difficultés en rapport avec la situation sociale, économique, politique, etc. Tout le monde doit se méfier des nouvelles initiatives comportant des risques et tout spécialement des placements aventureux, des spéculations, du jeu (car ici aussi de fausses estimations peuvent être à l'origine de déboires). Les voyages importants, les séjours à l'étranger, les séjours au bord de l'eau, tout ce qui touche aux liquides est à surveiller. Si l'aspect touche ou est en relation avec la IV on doit se méfier des dégâts occassionnés par les eaux ou le mauvais temps ; il est déconseillé de prendre possession d'une nouvelle résidence ou de se lancer dans des nouvelles opérations immobilières. Sans qu'on puisse le vérifier, il est probable que de nombreuses personnes victimes des scandales immobiliers au cours de ces 20 dernières années avaient de mauvais aspects de Neptune, astre qui semble aussi être plus ou moins en relation avec les escroqueries, avec les bluffs, les faillites, les réclames tapageuses et mensongères. En résumé : sous ces aspects le natif doit être très méfiant et ne rien changer à sa situation. Enfin, d'après certaines constatations, il semblerait que ces influences peuvent aussi avoir des répercussions sur la santé ou la vie, mais ceci est mentionné sous toutes réserves.

b) **Signification des transits**

Pendant toute la période où Neptune sera en dissonances avec le M.C. (à 1° près au moins) il sera préférable de ne pas envisager de modifications profondes et de se méfier surtout des promesses mirifiques ou des projets trop séduisants pour être réalisables. Risques d'illusions pour tous ceux qui s'occupent d'occultisme, de divination. Sur le plan matériel : se méfier de tout ce qui touche aux liquides.

Exemples de directions

NAPOLÉON Ier, 1815, WATERLOO : M.C. conjonction Neptune ;
G. CLEMENCEAU, 1929, décès : M.C. carré Neptune ;
Régis DEBRAY, 1967, condamné à 30 ans de prison : Neptune conj. M.C. ;
É. PIAF, 1963, décès : M.C. carré Neptune ;
J. VERNE, 1886-1887, mot mère et éditeur : M.C. carré Neptune ;
MUSSOLINI, 1902, couche sous les ponts à Genève : Neptune carré M.C. ;
Imp. SISSI, 1889, Mayerling : M.C. opp. Neptune probablement ;
R n° 17, tué sur la route : M.C. opp. Neptune ;

R n° 29, 1966, tué sur la route : Neptune carré M.C. ;
R n° 36, 1966, tué sur la route : Neptune conj. M.C.

Exemples de transits

NAPOLÉON III, 6.8.1840, échec coup d'État et prison : Neptune carré M.C. à 1° ;
BOULANGER, 30.9.1891, suicide chagrin d'amour : Neptune carré M.C. exact ;
A. FRANCE, 1918, 28 oct., mort fille : Neptune opp. M.C. ;
V. H., été 1878, cesse d'écrire : Neptune carré M.C. ;
G. CLEMENCEAU, sept. 1920 : voyage aux Indes mais malade : Neptune opp. M.C. ;
DE GAULLE, 15.8.1914, blessé : Neptune conj. M.C.

96 – NEPTUNE EN BON ASPECT AVEC L'A.S. OU INVERSEMENT
(Angles de 60-120 et 30-150°)

a) **Signification des directions**

C'est un des meilleurs aspects pour tous ceux qui aspirent à une plus grande spiritualité ou à un développement des facultés psychiques, de même qu'à un accroissement des connaissances étrangères aux « tabous » scientifiques. Les facultés magnétiques, les dons de prémonition de voyance, ou simplement d'intuition se trouvent accentués si Neptune est très bien placé à la naissance. C'est une très bonne période pour étudier tout ce qui fait appel au symbolisme, à l'analogie ou même à l'imagination intuitive. En cas de malaises existant avant la formation de cet aspect, il peut en résulter une amélioration une guérison soit simplement par l'action de la suggestion, soit par suite de soins ne relevant pas de la thérapeutique officielle. On peut supposer que les soins magnétiques sont plus efficaces sous ces configurations. Si le sujet se trouve exposé à des dangers, ce sont des aspects qui peuvent protéger un peu miraculeusement...

En principe il n'y a pas lieu de prévoir de grands changements dans l'évolution de la destinée, sauf s'il s'agit d'une carrière intellectuelle ou artistique qui peut bénéficier d'heureuses inspirations. Le moment conviendrait aussi pour tenter de tirer parti des événements extérieurs en cas de changements politiques, économiques, etc. Pour tout le monde, bonne période pour travaux d'imagination, d'interprétation et, dans un autre domaine, pour voyages, croisières ou cures thermales. Chez les « célébrités » possibilité de succès à la suite de circonstances imprévues.

b) Signification des transits

On peut les interpréter comme une direction en tenant compte, comme d'habitude, d'une moindre durée et d'une moindre portée dans la plupart des cas. Lorsque le transit est près de son point culminant, on peut constater, chez les personnes sensibles, des phénomènes de voyance, de prémonition ou, du moins d'excellentes intuitions. Très bon passage pour tous ceux qui s'occupent de sciences divinatoires.

Exemples de directions

R. POINCARRÉ, 1887, député première fois : Neptune trigone A.S. ;
G. CLEMENCEAU, 1895, grande activité litt. : Neptune sextil A.S. ;
V. H., 1853-1854, séances de spiritisme : Neptune sextil A.S. ;
NAPOLÉON Ier, 1793, capitaine : A.S. sextil Neptune ;
J. VERNE, été 1905, visite Norvège : Neptune trigone A.S.

Exemples de transits

MUSSOLINI, 2.8.1909, rédacteur en chef : Neptune trigone A.S. ;
MUSSOLINI, 30.9.1938, dernier succès de prestige (Münich) Neptune sextil A.S. ;

V. H., 12.10.1822, mariage : Neptune M.V. trigone D.S. ;

G. CLEMENCEAU, 26.7.1865, départ Londres : Neptune sextil A.S. ;

G. CLEMENCEAU, sept. 1920, voyage aux Indes ! Neptune sextil A.S. à 45' ;

G. CLEMENCEAU, juin 1921, inaug. sa Statue : Neptune sextil A.S. à 30'.

97 – NEPTUNE EN MAUVAIS ASPECT AVEC L'A.S. OU INVERSEMENT
(Angles de 0-90-180 et 45 et 135°)

a) Signification des directions

Avec les dissonances de Neptune sur Mercure ou avec Uranus, ces aspects sont certainement les plus critiques pour l'équilibre psychique ou mental s'il existe de très mauvais aspects à la naissance ainsi qu'une hérédité douteuse. Dans les cas les plus fréquents il en résultera seulement un manque total de sens pratique, des idées chimériques, bizarres, des lubies, des craintes injustifiées concernant des périls ou des inimitiés imaginaires. Quelquesfois des malaises mystérieux paraissant en relation avec des troubles glandulaires. Dans la conduite des affaires, le natif semble indécis, sans ressort et porté à trop se laisser influencer par l'entourage ou bien par des prévisions le concernant s'il s'intéresse aux arts divinatoires. Sous de tels aspects il pourrait être tenté de s'adonner à la boisson, aux stupéfiants ou de se lancer dans des expériences de caractère occulte avec l'espoir de parvenir à quelque mirobolant résultat. Si Neptune se trouve en VII au moment de l'aspect, les complications peuvent intéresser le mariage et les associations et il ne faut pas prendre de déterminations dans ces domaines. Si le sujet est marié il faut qu'il prenne garde aux inimitiés sournoises, aux médisances ou calomnies visant à perturber sa vie conjugale et il doit aussi résister à toute possibilité d'aventure qui pourrait se présenter, car il existe de grands risques d'erreurs, de tromperies, etc. Si Neptune intéresse la II ou la V, il faut surseoir à toute opération financière aventureuse et, dans les achats, prendre soin de vérifier la qualité et la valeur de la marchandise. De son côté, le sujet doit éviter de se laisser aller à des actes d'une moralité discutable. Comme pour les dissonances sur le M.C. il est préférable de ne rien décider d'important sous ces aspects. Les célébrités peuvent subir des échecs imprévus dans la vie publique. La conjonction peut avoir un effet constructif.

b) **Signification des transits**

A interpréter à peu près comme une direction. Se méfier surtout des mauvaises idées, ne pas s'étonner si on manque d'inspiration ou si l'intuition est défectueuse. Possibilité de petits malaises difficiles à définir. Se méfier des excès de boisson. Éviter les imprudences au bord de l'eau. Passage médiocre pour les artistes, les romanciers et ceux qui s'intéressent à toutes sortes de pronostics.

Exemples de directions

Impératrice CHARLOTTE, 1866, troubles mentaux : Neptune conj. A.S. env. ;
NIXON, 1960, échec élection Présidence U.S.A. : A.S. carré Neptune ;
V. H., 1872, battu élection et Adèle devient folle : A.S. carré Neptune (C) ;
A. 7, 1936, se tue en avion : Neptune opposé A.S. ;
GIACOMETTE, 1966, décès : Neptune carré A.S.

Exemples de transits

NAPOLÉON III, 1866-1867, échec expédition du Mexique : Neptune carré A.S. (plusieurs asp.) ;
MUSSOLINI, 10.6.1924, aff. MATTEOTTI, risques démission : Neptune carré A.S. ;
PELADAN, 29.6.1918, décès : Neptune carré A.S. ;
V. AURIOL, 1.1.1966, décès : Neptune carré A.S. ex.
EDISON, 18.10.1931, décès : Neptune conjonction A.S.

98 – NEPTUNE EN BON ASPECT AVEC LE SOLEIL OU INVERSEMENT
(Angles de 60-120 et 30-150°)

a) Signification des directions

De telles influences renforcent et améliorent la santé par suite d'un bon équilibre cardiaque et principalement en activant les fonctions glandulaires. En outre elles sont de nature à activer une guérison en rendant le sujet plus perméable au magnétisme en général et au magnétisme solaire en particulier. Il est aussi très probable qu'il peut en résulter une protection contre les agents contagieux. Les cures de soleil, de naturisme doivent s'en trouver favorisées.

Sur le plan mental, il peut en résulter une évolution vers plus de spiritualité, plus de curiosité pour tout ce qui a la réputation d'être merveilleux. Pour tous les artistes ou intellectuels : intuitions ou inspirations très heureuses pouvant se traduire pratiquement par des œuvres originales ou par des découvertes. Sous de tels aspects on peut prendre intérêt à l'astrologie, à la divination et réussir quelque prévision de premier plan. En destinée : aspiration aux grands voyages et parfois réalisation. La situation peut s'améliorer à la suite de circonstances inattendues pouvant être en relation avec la situation générale. Le sujet a quelques chances, s'il le désire, d'entrer en relation avec des personnes influentes susceptibles d'accentuer l'essor de son destin. Si l'un des deux astres est en relation avec la II ou la V des gains supplémentaires sont probables, parfois à la suite d'une heureuse spéculation. Pour les personnages en vue, ces aspects sont assez efficaces et jalonnent assez fréquemment des étapes de progrès. Les hommes politiques sont parfois aidés par l'évolution des opinions, par des circonstances indépendantes de la volonté.

Pour tous, bons aspects pour faire travailler l'imagination et l'intuition en vue de la préparation d'actes visant à accentuer le prestige personnel représenté par le Soleil. Dans un horoscope féminin la configuration peut signifier un mariage inattendu et avantageux.

b) **Signification des transits**

Ici il convient de faire une distinction entre les aspects de Neptune et ceux du Soleil auxquels on peut attribuer, en première approximation, une influence d'une semaine. Ce seront des journées heureuses pour les artistes, les décorateurs, les couturiers et pour tous ceux dont la fonction consiste à embellir ou agrémenter la vie parce que Neptune peut leur apporter les inspirations qu'ils cherchent. Même indication pour les occultistes, magnétiseurs, astrologues. Pour tout le monde ce passage peut indiquer quelque satisfaction concernant les Maisons où se trouvent Neptune ou le Soleil. Les relations avec personnes influentes peuvent se trouver facilitées. Bon moment pour des études demandant de l'intuition. Peut correspondre à une initiative philanthropique ou à tout autre bonne action.

Exemples de directions

MUSSOLINI, 1922-1923, au pouvoir : Soleil trigone Neptune (et conj. Uranus) ;
Édith PIAF, 1936, premier engagement : Neptune trigone Soleil ;
Maître PHILIPPE, présenté au Tsar (1901) : Soleil trigone Neptune ;
V. H., 1845, Pair de France : Soleil sextil Neptune (C) ;
G. CLEMENCEAU, 1894, début d'une grande activité littéraire qui durera près de 10 ans : Soleil, Maître de III, sextil Neptune ;
G. CLEMENCEAU, 1922, voyage triomphal aux U.S.A. : neptune sextil Solcil ;
Mar. LECLERC, 1933, succès de prestige au Maroc : Neptune trigone Soleil ;
J. VERNE, 1853, 40 représentations opérette : Soleil sextil Neptune.

Exemples de transits

NAPOLÉON III, 25.5.1846, Évasion après 6 ans de capture : Neptune sextil Soleil ;

NAPOLÉON III, 10.12.1848, Élu président R.F. : Neptune sextil Soleil à 20' ;
POMPIDOU, 15.4.1962, premier ministre : Neptune trigone Soleil ;
Paul DOUMER, 13.5.1931, élu Président R.F. : Soleil sextil Neptune ;
V. AURIOL, 16.1.1947, élu Prés. R.F. : Soleil trigone Neptune ;
G. CLEMENCEAU, 16.1.1917, Premier ministre : Neptune sextil Soleil ;
MUSSOLINI, 9.1.1910, nommé rédacteur en chef : Soleil trigone Neptune ;
MUSSOLINI, 12.9.1943, libéré par parachutiste all. : Soleil trigone Neptune (il avait été arrêté en juillet sur les ordres du Roi) ;
A. FRANCE, 17.10.1916, achat d'une villa : Soleil M. IV trigone Neptune exact ;
Mar. LECLERC, 25.5.1943, troisième étoile : Neptune sextil Soleil à 13'.

99 – NEPTUNE EN MAUVAIS ASPECT AVEC LE SOLEIL OU INVERSEMENT
(Angles de 0-90-180 et 45-135°)

a) Signification des directions

En dehors de petites complications cardiaques pouvant surtout avoir des causes morales et d'une baisse possible du « tonus » vital si le natif a atteint un certain âge, ces aspects provoquent parfois des ennuis assez sérieux à la suite d'intoxications souvent engendrées par des coquillages ou des aliments avariés. Mais le plus souvent il s'agit de malaises mal définis, difficiles à soigner faute d'un diagnostic précis et pouvant traîner parce que le sujet est souvent tenté de recourir à des thérapeutiques « discutables » non classiques ou bien est victime d'erreurs de diagnostic. C'est aussi une influence qui fait souvent songer à des maladies imaginaires, à des troubles psychosomatiques, quelquefois à un véritable déséquilibre mental pour les Ciels lourdement affligés et pour les hérédités douteuses. Toutefois, dans la majorité des cas, il s'agit seulement d'un passage marqué par des idées confuses, utopiques, par une intuition viciée par les fantaisies de l'imagination, d'où risque d'initiatives mal engagées et nuisibles à l'essor de la situation ou au prestige intellectuel et professionnel. Le sujet est parfois convaincu d'avoir trouvé la solution, d'avoir fait une découverte, d'avoir percé un secret et il se lance aveuglément dans une aventure téméraire qui se soldera par un échec. Et ceci s'applique aussi bien à l'action politique, artistique, scientifique, qu'aux simples initiatives professionnelles, même s'il s'agit d'un poste subalterne. Ce sont des aspects qui peuvent briser une carrière, surtout si, en même temps, des changements se produisent dans la vie économique, politique du pays (Neptune étant parfois en relation avec des ennuis provoqués par la situation générale). Ces dissonances sont notamment à surveiller pendant les périodes de crise, de changements, de réorganisation, de contestation. Si l'activité se rapporte à la mer, aux liquides (y compris les carburants) il peut y avoir danger par suite de tempêtes, d'imprudences ou d'actes de malveillance. Le moment n'est pas à conseiller pour une cure thermale, ni pour les voyages sur mer. Des inimitiés sournoises peuvent chercher à saper le prestige. Dans certains cas le natif aurait tendance à se croire la victime de quelque malchance, de quelque maléfice. Chez les personnes influençables on peut craindre aussi une baisse du sens moral.

Mais le passage est particulièrement dangereux pour toutes les personnes qui s'occupent de divination ou d'occultisme parce qu'il s'agit d'aspects qui peuvent engendrer le plus de chimères dans ces domaines, c'est le moment où on prend une coïncidence pour une loi vérifiée et où un succès épisodique peut faire croire à la découverte d'un procédé infaillible.

En résumé : tout le monde doit éviter de se laisser fourvoyer par des emballements imaginatifs et de surestimer la valeur de son inspiration ou de ses connaissances. Les grandes initiatives sont à proscrire tant que dure l'influence.

b) Signification des transits

Si c'est un simple passage du Soleil il suffira, pendant

quelques jours de ne pas se laisser entraîner par des conceptions utopiques, d'éviter les démarches délicates et, si on est en vacances (par exemple) éviter toute imprudence au bord de l'eau. Dans les mêmes conditions surveiller aussi les aliments provenant de la mer et, en général se méfier quelque peu des intoxications... La CONJONCTION semble avoir un effet variable selon les dispositions du radix et selon les configurations (dans le Ciel) du moment.

Exemples de directions

DE GAULLE, 1970, décès : Neptune (en VIII) carré Soleil ;

J.-F. KENNEDY, 1955, opération grave, six mois de lit : Neptune carré Soleil ;

J.-F. KENNEDY, 1963, tué à Dallas : Soleil carré Neptune (C) ;

NAPOLÉON III, 1840, échec coup d'État : et 6 ans prison : Soleil, opposé Neptune ;

NAPOLÉON III, 1870, perte du trône et captivité : Neptune carré Soleil ;

H. PERRUCHOT, 1967, décès brusque à 50 ans : Soleil carré Neptune ;

É. PIAF, 1949, gros chagrin, idées de suicide : Soleil opp. Neptune ;

A. n° 11, 1936, tué en avion : Neptune carré Soleil.

N.-B. — Ce sont bien des illusions neptuniennes qui ont fait échouer N. III en 1840, car d'après les biographes la tentative n'avait pas la moindre chance de réussir. Quant à la guerre de 1970 elle fut engagée sans qu'il se rende compte du réel état de l'armée française et encore moins de la puissance de l'adversaire. En outre il était déjà très gravement malade de la « pierre ».

Exemples de transits

DE GAULLE, 9.11.1970, décès : Neptune (en VIII radix) conj. Soleil à 17' ;

LAVAL, 15.10.1945, fusillé comme collaborateur : Neptune carré Soleil à 30' ;

Martine CAROL, 6.2.1967, décès brusque : Neptune opp. Soleil ;
É. PIAF, 28.10.1949, gros chagrin (mort Cerdan) Soleil carré Neptune ;
MUSSOLINI, 16.11.1919, échec élections : Soleil opp. Neptune ;
V. H., déc. 1951, départ exil : Neptune conj. Soleil ;
V. H., 11.5.1883, mort de Juliette : Soleil opp. Neptune.

100 — NEPTUNE EN BON ASPECT AVEC LA LUNE OU INVERSEMENT
(Angles de 60-120 et 30-150°)

a) **Signification des directions**

En principe la santé devrait être favorisée par une bonne circulation de tous les liquides à l'intérieur du corps et par des fonctions digestives sans défaillance. En cas de malaise avant la formation de la direction ou du transit, une amélioration, voire une guérison peut se produire sous le règne d'un de ces aspects, simplement parce que le moral est meilleur et le sujet plus calme, plus optimiste.

Mais c'est évidemment sur le plan psychique et intellectuel que l'effet est toujours le plus apparent et le plus intéressant. Il ressemble à celui des aspects Lune-Uranus, mais l'effet sur l'imagination, l'intuition est encore plus remarquable. Si le natif est doué psychiquement il peut se produire des rêves prémonitoires, voire des visions prophétiques très utiles à ceux qui recherchent ce qui peut se passer demain. Ce sont aussi des aspects très précieux pour les poètes, les romanciers et les artistes en général parce qu'il peut en résulter de nouvelles œuvres, de nouvelles créations très appréciées par le grand public qui est représenté par la Lune. Dans les situations moyennes tout le monde peut bénéficier de bonnes idées, de bonnes inspirations, mais il faudra le plus souvent fournir un effort pour les mettre à profit, pour les transposer dans la réalité parce que l'aspect n'est pas spécialement dynamique, il inciterait plutôt à la rêverie, au dilettantisme, surtout si Mars ou Saturne ne sont pas aux premières places dans le radix... Un tel aspect survenant au cours de la période de scolarité aidera l'élève à obtenir de bonnes notes en améliorant sa mémoire ou même en lui permettant de comprendre intuitivement des notions assez ardues.

Sur le plan sentimental, en thème masculin, ce peut être l'indice de rencontres s'effectuant dans des conditions très originales, spécialement pendant les vacances, les voyages sur eau. Si on se méfie de tout emballement, si on se méfie des exagérations que peut susciter Neptune, si on sait apprécier correctement le caractère de la personne rencontrée, rien ne semble s'opposer à la réalisation d'une union si la situation de chacun le permet. Toutefois, avec Neptune, une certaine timidité peut intervenir et l'affection rester platonique parce qu'on aura manqué d'assurance de part ou d'autre. Bien que Neptune ait la réputation d'agir modérément sur le plan matériel, ces influences ne sont pas sans valeur pour les personnages aspirant à jouer un rôle de premier plan et qui ont besoin des faveurs du grand public (représenté par la Lune) pour réussir (par exemple carrières politiques, artistiques ou même littéraires). Ces aspects peuvent susciter des occasions inattendues pour les porter en avant.

b) **Signification des transits**

Il est évident qu'on ne pourra pas se baser sur un passage de la Lune pour élaborer un pronostic de quelque portée, car le plus souvent elle ne fera que préciser le jour où il pourra se passer quelque chose. Très souvent ce sera la date de son passage au méridien ou à l'A.S. ou bien à l'opposition de ces deux points. Toutefois, le jour où la Lune est bien placée en angulaire de préférence est à choisir pour partir en voyage, pour un entretien avec une femme, pour résoudre quelque problème familial ou, encore, pour mener à bien un travail demandant une perte de mémoire et d'imagination.

Exemples de directions

J. VERNE, 1867, trois mois aux U.S.A. : Lune trigone Neptune (C) ;

J. VERNE, 1884, dernière grande croisière : Lune conj. Neptune ;
A. FRANCE, 1905, sort deux livres dans l'année : Lune trigone Neptune ;
CH. FLOQUET, 1882, préfet de la Seine : Lune M.X. trigone Neptune ;
V. H., 1837, lance les « VOIX INTÉRIEURES » : Neptune sextil Lune (C) ;
V. H., 1894, lance « QUATRE-VINGT-TREIZE » : Lune trigone Neptune ;
Maurice DRUON, 1966, élu Ac. Fr. : Lune trigone Neptune ;
G. CLEMENCEAU, 1865, départ U.S.A. : Lune sextil Neptune ;
CHABAN-DELMAS, 1969, Premier ministre : Neptune sextil Lune.

Exemples de transits

NAPOLÉON Ier, 2.12.1805, Austerlitz (intuition) : Neptune sextil Lune exact ;
NAPOLÉON III, 25.5.1846, évasion : Neptune conj. Lune ;
NIXON, nov. 1951, élu sénateur : Neptune trigone Lune exact ;
G. CLEMENCEAU, 19.10.1906, Premier ministre : Neptune trigone Lune ;
G. CLEMENCEAU, 3.1.1909, réélu sénateur : Neptune trigone Lune ;
MUSSOLINI, 11.11.1918, grand discours à Milan : Neptune sextil Lune ;
V. H., avril 1873, à 71 ans : liaison avec Blanche : Neptune trigone Lune exact.

101 – NEPTUNE EN MAUVAIS ASPECT AVEC LA LUNE OU INVERSEMENT
(Angles de 0-90-180 et 45-135°)

a) Signification des directions

On peut craindre des troubles de l'ensemble de

l'appareil digestif à la suite d'infections, d'intoxications ou de contagions. Il est conseillé de se méfier des épidémies de grippe sous ces aspects... On dirait aussi que la période est dangereuse pour vivre sous des climats hostiles, notamment s'il s'agit d'une grande humidité. Le danger est accru pour les personnes déjà sujettes aux douleurs rhumatismales... Il faut surveiller les produits provenant de la mer qui sont souvent à l'origine d'intoxications notamment pendant les vacances d'été. Parfois ennuis découlant d'un usage excessif des médicaments, de l'alcool, voire des stupéfiants. C'est encore un de ces aspects qui font apparaître des maladies imaginaires ou qui peuvent même provoquer des troubles psychiques dans les cas extrêmes. Toutefois, il ne faut pas exagérer la portée de ces aspects, qui, comme pour les dissonances touchant le Soleil ou l'A.S., et pour la plupart des cas, ne font penser qu'à des emballements, des rêveries, des erreurs de jugement et, plus spécialement une exagération des capacités ou des moyens dont on dispose... Les projets élaborés sous ces directions n'ont guère de chances de passer sur le plan pratique, et, si cela se produit, c'est habituellement l'échec qui est au bout. Les voyages sur eau, les initiatives concernant le bord de l'eau sont à éviter, de même que les imprudences pouvant favoriser les noyades.

La vie privée est parfois gâchée par des jalousies de l'entourage, par des médisances, par des discordes avec les parents. La possibilité de rencontres sentimentales n'est pas exclue, mais il ne peut rien en résulter d'heureux parce qu'il y aura des malentendus, des erreurs de commises de deux côtés. La sensibilité aux influences de l'entourage se trouve encore accrue et les personnes faibles risquent de se laisser entraîner dans une mauvaise direction, par exemple s'adonner à la boisson ou se lancer dans des expériences dangereuses se rapportant au spiritisme, à la magie, etc. Le sujet doit aussi faire preuve d'une grande méfiance vis-à-vis de toutes les promesses mirifiques qu'on peut lui faire. En résumé : faire des efforts pour bien conserver les pieds sur terre en toutes circonstances.

b) Signification des transits

Si on se trouve en présence d'un transit à la Lune le

risque n'est pas très grand en raison de son caractère très éphémère. Il doit cependant être surveillé par tous ceux qui auraient tendance à vouloir abuser de la boisson et par ceux qui font continuellement appel à leur mémoire, imagination ou intuition dans leur activité habituelle. Les astrologues feront bien de ne pas formuler de prévisions invraisemblables ce jour-là et par mesure de prudence pendant les deux jours suivants (voir n° 154).

Exemples de directions

NAPOLÉON Ier, 1812, campagne de Russie : Lune opposée Neptune ;
V. H., 1851, obligation de s'exiler : Lune carré Neptune ;
A. FRANCE, 1877, mariage malheureux : Lune carré Neptune ;
A. n° 10, 1936, se tue en avion : Neptune carré Lune ;
A. n° 17, 1960, se tue en avion : Neptune carré Lune ;
A. n° 21, 1944, se tue en avion : Neptune conj. Lune ;
J. VERNE, 1861, voyage écourté : Neptune carré Lune ;
G. CLEMENCEAU, 1889-1890, on vise à le compromettre aff. PANAMA : la Lune « dirigée » passe en XII carré Neptune.

Exemples de transits

S. CARNOT, 24.6.1894, tué par fanatique : Neptune opp. Lune ;
Imp. SISSI, drame de Mayerling : 30.1.1889 : Neptune opp. Lune ;
BOULANGER, 4.4.1889, est l'objet de poursuites : Neptune carré Lune ex.
V. H., juin 1958, anthrax très grave : Neptune carré Lune ;
G. CLEMENCEAU, août 1893, malade et échec élections ; Neptune carré Lune ;
É. PIAF, 28.10.1949, apprend mort de CERDAN : Lune opposition Neptune exact ;
PICASSO, 8.4.1973, décès : Neptune M. VIII conj. Lune.

102 – NEPTUNE EN BON ASPECT A MERCURE OU INVERSEMENT
(Angles de 60-120 et 30-150°)

a) Signification des directions

Il semble assez difficile de classer la conjonction dans les bons ou mauvais aspects. Il faut probablement tenir compte de la position natale des astres et de leur « environnement céleste » lors de la formation de la direction ou du transit. Il ne semble pas que ces aspects soient très efficients en dehors des problèmes touchant au travail intellectuel, à l'édition, aux voyages, mais on peut aussi les considérer sur le plan commercial. La santé doit cependant se trouver soutenue par une bonne résistance nerveuse et très souvent aussi par un excellent moral, par de bonnes nouvelles, par de belles espérances de nature à agir sur le physique. On peut donc dire que la période convient tout à fait au développement de l'imagination artistique et à la création littéraire notamment s'il s'agit d'écrits comportant quelque chose de mystérieux et d'insolite. Il en résulte aussi un accroissement de la curiosité dans diverses directions mais le natif doit éviter d'entreprendre trop de choses afin de ne pas se disperser. C'est un bon passage pour les recherches astrologiques par exemple, mais dans les professions plus terre à terre, les prospecteurs doivent aussi être favorisés de même que les radiesthésistes parce qu'il en résulte une heureuse association de la science et de la préscience. Les voyages d'étude, les explorations seraient tout spécialement en relation avec ces deux planètes de même que les séjours aux colonies (mais il n'y a plus de colonies) et, dans une mesure plus faible, les commerces avec les régions éloignées. En politique, le passage devrait être propice à la diffusion des théories socialisantes. Pour tout le monde, il serait bon de l'utiliser pour conjuguer son savoir et son inspiration afin de trouver une idée susceptible de faire progresser la situation. Si l'un des astres est en relation avec la II ou la V (bien influencée dans le radix) un gain dû surtout à la chance est très possible (spéculation heureuse, tiercé, loterie, jeux, etc.), mais tenir compte que les cas sont peu fréquents.

b) **Signification des transits**

Dans une certaine mesure on peut assimiler les passages de Neptune à une direction, mais cela ne signifie pas qu'il faille totalement négliger ceux de Mercure. Pendant quelques jours, autour de la date exacte, on peut en tenir compte pour toute occupation intellectuelle demandant de la souplesse et de l'inspiration. En général ce doit être un bon passage pour tous ceux qui s'occupent de prévisions — l'intuition faisant alliance avec la subtilité, la diplomatie et le raisonnement. Pour tout le monde le moment est propice aux démarches, aux voyages, aux innovations dans le domaine professionnel, mais il est évident que ce sont surtout les écrivains, les romanciers (de science-fiction ?) et tous ceux qui ont une invention en gestation qui seront aidés par une telle influence. Se méfier cependant des emballements, raisonner froidement avant d'entreprendre.

Exemples de directions

NAPOLÉON Ier, 1802, consul à vie : Neptune sextil Mercure ;
A. FRANCE, 1906, sortie des TEMPS MEILLEURS : Neptune trigone Mercure (C) ;
J. GUITTON, 1954, grand prix litt. : Mercure trigone Neptune ;
V. H., 1874-1876, publie 4 volumes en 2 ans : Neptune sextil Mercure ;
MUSSOLINI, 1920, le tirage du POPOLO augmente fortement : Mercure trigone Neptune ;
CH. FLOQUET, 1871, député : Neptune sextil Mercure ;

Exemples de transits

NAPOLÉON Ier, 11.1.1801, entrée triomphale Lyon : Mercure trigone Neptune ;
POMPIDOU, 15.4.1962, Premier ministre : Neptune trigone Mercure ;
A. CARREL, déc. 1912, prix NOBEL : Neptune conj. Mercure ;

A. FRANCE, 3.8.1876, poste de bibliothécaire : Neptune conj. Mercure exact :

G. CLEMENCEAU, 1894-1895, sortie de deux ouvrages : Neptune trigone Mercure ;

A. FRANCE, mai 1904, voyages : Neptune sextil Mercure.

103 – NEPTUNE EN MAUVAIS ASPECT A MERCURE OU INVERSEMENT (Angles de 0-90-180 et 45-135°)

a) Signification des directions

D'après les recherches effectuées, la portée de ces aspects ne ressort pas d'une manière très évidente, du moins pour les faits très visibles de la vie extérieure et cela se comprend aisément d'après la nature des deux astres dont l'action doit notamment se manifester sur le mental ou le psychique. Il en résulte que les dissonances sérieuses sont de nature à perturber l'équilibre nerveux, à provoquer un mauvais moral avec répercussions sur le physique. Dans certains cas extrêmes : mythomanie ou déséquilibre mental. Dans la vie courante il faut notamment craindre de mauvaises idées, des exagérations de l'imagination, des tromperies de la part de « bluffeurs ». Tendance à accepter des théories ou des expériences tout à fait contestables. Si le sujet s'intéresse aux sciences occultes ou au spiritisme il ne peut rien en retirer de bien, au contraire son équilibre général peut en souffrir.

Ce n'est assurément pas un bon passage pour les voyantes, les astrologues, les magnétiseurs ni pour les écrivains ou les chercheurs, ces derniers risquant de se laisser entraîner dans des voies sans issue. Pour tout le monde, c'est une influence critique pour les voyages ainsi que pour les affaires si le natif a une situation indépendante, car il sera tenté de se livrer à des expériences jugées « merveilleuses » mais dont le résultat se révèlera onéreux en définitive, notamment si l'une des Planètes se rattache aux Maisons « financières ». Dans ce dernier cas, il sera également très prudent d'éviter la spéculation et le jeu auquel on pourrait être tenté de recourir en pensant être en possession d'une « martingale » solide. Pour les personnalités en vue : risque de polémiques sournoises, d'accusations injustes, difficiles à réfuter, visant à miner le prestige, quelquefois chantage ou scandale et revers de situation imprévisible. En résumé : se méfier encore des tromperies, des idées ou propositions trop mirifiques pour être viables. Ne rien écrire ou décider de définir, ne pas se laisser entraîner par de mauvais exemples, l'aspect en question pouvant affaiblir le sens moral.

b) Signification des transits

Pendant quelques jours, autour de l'aspect exact, un passage de Mercure risque d'engendrer un peu de fatigue nerveuse ou des malaises très superficiels ou éphémères, mais son action sera souvent plus sensible sur le mental où il risquera de provoquer des distractions, des erreurs et, surtout, des difficultés pour se concentrer et pour s'astreindre à quelque travail minutieux. Il faut éviter de trop entreprendre et de se « noyer » dans les détails inutiles. Le passage ne vaut rien pour les recherches ou innovations. Ambiance très médiocre pour un examen ou concours. Se méfier quelque peu des vols, abus de confiance ou des « coups de fusil » si on est en voyage. L'effet de la conjonction peut varier d'un cas à l'autre.

Exemples de directions

G. CLEMENCEAU, 1871, démission, duel, vie en danger : Neptune carré Mercure ;
É. PIAF, 1958, accident d'auto : Neptune (en IX) carré Mercure ;
V. H., 1836, fortement attaqué dans Revue : Mercure carré Neptune (C) ;
V. H., 1845, flagrant délit d'adultère : Neptune carré Mercure en V) ;
V. H., 1858, Anthrax sérieux : Neptune conj. Mercure ;
COUVE DE MURVILLE, 1969, démission, échec élect. : Neptune carré Mercure (C) ;

R n° 13, 1866, se tue sur la route : Mercure opp. Neptune.

Exemples de transits

GEORGE VI, 23.9.1951, opération grave : Mercure carré Neptune en VIII ;
G. CLEMENCEAU, 17.7.1909, chute Ministère : Neptune carré Mercure ;
MUSSOLINI, 21.10.1914, quitte journal l'AVANTI : Mercure opp. Neptune ;
V. H., 5.12.1867, interdiction Ruy-BLAS : Mercure conj. Neptune ;
V. H., 30.5.1871, expulsé de Belgique : Mercure opp. Neptune.

Il est évident que Mercure dans la plupart des cas n'a joué qu'un rôle de « déclencheur », c'est la goutte d'eau qui fait déborder le vase.

104 — NEPTUNE EN BON ASPECT AVEC VÉNUS OU INVERSEMENT (Angles de 60-120 et 30-150°)

a) Signification des directions

Comme pour Mercure, l'effet de la conjonction est parfois harmonique, vraisemblablement en raison des influences d'encadrement. Dans tous les cas les expériences nous font croire que ce ne sont pas des aspects d'une très grande efficacité, mais, en plus de leur action sur la vie sentimentale, ce qui est tout à fait normal d'après la Tradition, il faut reconnaître qu'ils peuvent participer — en seconde main si on peut dire — à la réalisation de toute sorte d'événements heureux notamment si l'une des planètes intéresse la Maison X. La santé se trouve favorisée par une bonne circulation du sang et probablement aussi par un bon fonctionnement des glandes à sécrétion interne. Les possibilités sexuelles se trouvent accentuées et il faudrait même prendre garde aux exagérations. Intellectuellement ce sont des aspects tout à fait remarquables pour tous les artistes et plus spécialement pour les musiciens, les comédiens, les poètes parce que des créations nouvelles sortant des sentiers battus, peuvent leur valoir des « poussées » de réussite inespérée, peut être à la suite d'une évolution de la mode, d'un changement dans les circonstances ou même à la suite de quelque voyage à l'étranger. Ce serait une période très utile pour entreprendre une tournée au-delà des mers ou en pays lointains en général. Pour tout le monde ce sont des influences qui apportent quelque chose de doux, de paisible, d'agréable dans la vie intime. Des rencontres sentimentales s'effectuant dans des circonstances mystérieuses et imprévues sont parfois à l'origine de liaisons agréables ou même d'union légale. Ceci semble valable pour les deux sexes à condition que les deux astres soient bien situés à la naissance. Dans le cas où les deux astres sont dissonants, une bonne direction peut faire surgir des expérances séduisantes, mais ce sera quelque chose de superficiel, d'éphémère, d'incomplet. Parfois c'est seulement un amour platonique. En général c'est une période qui doit tout de même apporter quelque joie dans la vie privée, mais parfois c'est un petit coup de chance financier si ces astres touchent aux Maisons II-V ou même X.

b) **Signification des transits**

Les transits de Vénus mériteront une attention particulière au moment de sa rétrogradation qui se produit tous les 19 mois environ. En optant pour un orbe de 3°, le passage se prolongera pendant 25 jours environ et pourra être assimilé à celui d'un astre lent. Il peut réserver une agréable surprise sur le plan sentimental, par exemple susciter une rencontre sur laquelle on ne comptait pas. Il serait à choisir pour toute décision ou démarche se rattachant à la vie amoureuse ou à la préparation du mariage s'il y a lieu. Dans une autre direction, le transit devient précieux pour les musiciens, les comédiens. Le départ d'une tournée ou toute autre manifestation pour se faire connaître serait à tenter lors de ce passage. Pour tout le monde le moment est à choisir pour réunions, fêtes, vacances, spectacles, voyage d'agrément. C'est un aspect qui semble accroître le charme et le magnétisme personnel. La conjonction se révèle assez souvent de nature bénéfique.

Exemples de directions

J. VERNE, 1867, trois mois aux U.S.A. : Vénus trigone Neptune ;
G. CLEMENCEAU, 1910, voyage Amérique du Sud : Neptune trigone Vénus ;
A. FRANCE, 1881, publie SYLVESTRE BONNARD : Neptune sextil Vénus ;
Mal. LECLERC, 1931, revient France après 5 ans : Neptune trigone Vénus ;
J. VERNE, 1884, dernière grande croisière : Neptune trigone Vénus ;
V. H.,1821-1822, préparation mariage : Vénus trigone Neptune ;
V. H., 1825, chevalier Leg. d'H. : Neptune trigone Vénus (C) ;
V. H., 1841, élu A.F. : Vénus sextil Neptune (C).

Exemples de transits

V. H., 12.10.22, mariage : Neptune sextil Vénus (voir dir. ci-dessus) ;
L.B. JOHNSON, 3.11.1964, élu président U.S.A. : Neptune trigone Vénus ;
G. CLEMENCEAU, 6.4.1902, élu sénateur : Neptune sextil Vénus à 15' ;
Comtesse de CASTIGLIONNE, 26.1.1856, rencontre N. III : Neptune conj. Vénus exact ;
MUSSOLINI, 19.2.1912, libéré après 5 mois de prison : Neptune conj. Vénus à 6' ;
MUSSOLINI, 23.3.1925, se lève après 70 jours de lit : Neptune trigone Vénus ;
MUSSOLINI, 30.9.1938, dernier succès à Münich : Neptune sextil Vénus exact.

105 – NEPTUNE EN MAUVAIS ASPECT A VÉNUS OU INVERSEMENT
(Angles de 90-180 et 45-135°)

a) Signification des directions

D'après les constatations faites au cours des recherches préliminaires à la rédaction de ce livre, ces directions ne sont pas très fréquentes, et, partant, leur effet maléfique doit être considéré comme assez faible, sauf si la Maison VIII est concernée. Avec Vénus, astre théoriquement bénéfique, cela n'a rien de surprenant. On doit cependant considérer qu'un certain nombre de directions vont limiter leur action sur le plan psychique et il en résultera peu de traces dans les biographies. Il est logique de penser qu'un seul de ces aspects, aussi bien en directions qu'en transits, n'est pas suffisant pour susciter un fait visible, sauf, peut-être dans des conditions très particulières.

Théoriquement il faut cependant songer à une action sur la santé à la suite de déficiences dans la circulation du sang (surveiller surtout les veines) ou bien à cause d'un affaiblissement découlant d'une exagération dans les plaisirs ou, encore en raison d'intoxications par l'alcoolisme ou les euphorisants, peut-être aussi – et plus simplement, à la suite de régimes alimentaires mal conçus. Dans la majorité des cas il s'agira simplement d'ennuis concernant la gorge, les cordes vocales, etc. C'est dans la vie affective que l'aspect est le plus dangereux : insatisfactions, hésitations, déceptions, infidélité de part ou d'autre, voire séparations. S'il s'agit d'un début, d'une rencontre, l'évolution ne pourra pas se dérouler dans de bonnes conditions : il y aura des malentendus, des erreurs d'appréciation, des surprises concernant la vie passée des partenaires, des obstacles familiaux et rien de solide ne pourra s'édifier.

Il est d'ailleurs conseillé de ne pas s'engager tant que durera une telle influence, qui peut aussi faire penser à des caprices extravagants de la part du partenaire, ou à l'amorce d'aventures cachées risquant de mal se terminer. Chez les personnes en vue il faut craindre quelque menace de scandale en relation avec la vie privée, ou bien cette dernière se trouve étalée dans une certaine presse spécialisée...

Une mention spéciale est à faire pour les artistes qui risquent, tout en pensant avoir trouvé le « sésame, ouvre-toi » du succès, de s'engager momentanément dans une impasse. En destinée, pas d'effets très spectaculaires en général, il faut surtout craindre une période de laisser-aller, d'indifférence, de paresse, de dilettantisme de nature à provoquer une régression dans les situations indépendantes. Dans certains cas, manifestation d'inimitiés, de concurrences déloyales. Ce n'est évidemment pas le moment d'envisager des initiatives nouvelles. En résumé : surveiller surtout la vie sentimentale, éviter les excès et ne pas se laisser aller aux solutions de facilité.

b) Signification des transits

Pour les aspects de Neptune, s'inspirer de ce qui est dit ci-dessus. Les dissonances de Vénus conseillent simplement de se méfier de toute illusion ou démarche dans le domaine de la vie amoureuse. Malentendus au sujet de rendez-vous. Ne pas perdre de vue les obligations morales. Ne pas remettre à demain ce qui doit être fait tout de suite.

Exemples de directions

Ch. FLOQUET, 1888, blessé en duel (par Boulanger) : Vénus carré Neptune ;

J.-F. KENNEDY, 1963, tué à Dallas : Neptune carré Vénus M. VIII ;

G. CLEMENCEAU, 1927, malade voies urinaires : Neptune carré Vénus (C) ;

A n° 1, 1936, se tue en avion : Neptune opp. Vénus ;

R 21, 1967, se tue sur la route : Vénus carré Neptune ;

V. H., 1885, décès : Vénus M. VIII opp. Neptune (et autres aspects).

CERDAN, 1949, se tue avion : Vénus conjonction Neptune.

Exemples de transits

J.-F. KENNEDY, juin 1937, accident : Neptune carré Vénus M. VIII ;
G. CLEMENCEAU, 24.11.1929, décès (urémie) Vénus carré Neptune exact ;
MUSSOLINI, 19.2.1912, sort prison après 5 mois : Neptune conj. Vénus à 6' ;
A. FRANCE, 6.6.1892, quitte domicile conjugal : Neptune conj. Vénus.

106 — NEPTUNE EN BON ASPECT AVEC MARS OU INVERSEMENT
(Angles de 60-120 et 30-150°)

a) **Signification des directions**

Les répercussions de ces aspects sont excellentes sur l'activité, sur l'énergie, sur l'esprit d'entreprise et sur la confiance en soi. Il en résulte que le sujet se lance souvent dans des réalisations audacieuses dont il ne se serait pas cru capable en temps normal. Ceci peut se passer aussi bien dans le domaine des affaires matérielles que dans le domaine de la création, des écrits où l'intuition est susceptible de faire alliance avec l'action et intervenir très utilement. Il ne semble pas qu'il faille attendre de grands coups de chance de ces deux astres, mais les conditions extérieures, les circonstances sont de nature à rendre les tâches plus aisées. Tout ce qui touche aux voyages, aux liquides y compris les carburants et même à la mécanique est en harmonie avec de tels aspects, mais il ne faut pas oublier les activités médicales qui auraient tendance à s'orienter vers des méthodes en marge des théories officielles. Ce doivent être de bons aspects pour les homéopathes ; les guérisseurs et, dans une moindre mesure pour les sportifs. Dans toutes les professions quelques avantages sont à espérer parce que le natif sera plus entreprenant qu'en temps normal et parce que les conceptions nouvelles ne lui feront pas défaut. Chez les célébrités cela dénote aussi de nouveaux succès à la suite d'initiatives hardies ou après une période de travail acharné, ou, dans certains cas tout simplement parce que le « vent » politique, artistique ou littéraire aura tourné. Dans les horoscopes féminins si Mars est en rapport avec la V ou la VII il peut se produire des rencontres engendrant des coups de foudre et pouvant très bien se continuer par des liaisons viables, voire par une union légale si l'intéressée est libre et désire se marier... Dans une certaine mesure il faut seulement freiner les emballements. Dans l'ensemble ce sont des aspects propices pour toutes décisions ayant, en quelque sorte, un caractère « stratégique » que ce soit sur le plan militaire, sportif ou même dans l'industrie et le commerce.

b) Signification des transits

Les simples passages de Mars ne devront pas être négligés, surtout par ceux qui ont cet astre important dans leur ciel de naissance et aussi par ceux dont l'activité se rattache à la médecine, à la mécanique ou aux choses de la mer. Si le passage est unique, pendant la dizaine de jours qu'on peut lui attribuer comme durée, on aura intérêt à aller de l'avant dans toute situation demandant un peu d'audace ou une part de subtilité ou d'intuition. On peut tenter de résoudre les problèmes en cours, en profiter pour effectuer quelque travail difficile, pour se mettre à jour, voire pour partir en voyage ou en croisière s'il y a lieu. L'aspect semble très précieux pour ceux qui militent en faveur d'un mouvement politique, religieux, etc. Devrait aussi favoriser les astrologues dans la solution des problèmes ayant un caractère technique. Si le passage de Mars est triple tenir compte que son action peut s'étendre sur une cinquantaine de jours, mais considérer notamment les trois dates où l'aspect est exact.

Exemples de directions

V. H., 1848, activité et succès politiques : Mars trigone Neptune ;

A. FRANCE, 1868, sort son premier livre : Mars trigone Neptune ;
A. FRANCE, 1874, édité chez LEMERRE : Neptune trigone Mars ;
G. CLEM, 1898, campagne acharnée, révision procès DREYFUS : Neptune trigone Mars.

Exemples de transits

NAPOLÉON III, 8.9.1855, victoire Sébastopol : Mars trigone Neptune exact ;
GEORGE VI, 11.12.1936, devient Roi : Mars trigone Neptune exact ;
V. AURIOL, 16.1.1947, élu président R.F. : Mars trigone Neptune exact ;
J. GUITTON, 3.9.1948, mariage : Mars trigone Neptune en VII ;
GEORGE SAND, 4.1.1831, s'installe Paris : Neptune trigone Mars en III ;
V. H., 11.9.1853, première séance « tables mouvantes » : Mars trigone Neptune ;
V. H., 3.4.1862, sortie MISÉRABLES : Neptune trigone Mars exact ;
G. CLEMENCEAU, sept. 1920, aux Indes : Neptune trigone Mars et Jupiter.

107 – NEPTUNE EN MAUVAIS ASPECT AVEC MARS OU INVERSEMENT (Angles de 0-90-180 et 45-135°)

A) Signification des directions

Ces influences paraissent favoriser tous les ennuis de santé en relation avec le surmenage ou bien avec les excès de toute nature. Un brusque fléchissement de la puissance sexuelle peut en résulter et, pour les personnes âgées, on peut parfois faire un rapprochement entre ces directions et l'apparition de troubles prostatiques. Elles peuvent aussi perturber la fonction hépatique (certains auteurs attribuent la vésicule biliaire à Mars) provoquer des inflammations ou intoxications de toute sorte, susciter de brusques accès de fièvre, jouer un certain rôle dans les fins violentes, brûlures et noyades principalement. En général les ennuis sont brutaux et à peu près impossibles à prévoir et à éviter. Intellectuellement ce peut être une source d'idées extravagantes et irréalisables provoquant de grandes pertes de temps pour tenter de les faire aboutir (ce qui ne réussit presque jamais). Ces aspects sont particulièrement nuisibles pour tous ceux qui cherchent à mettre au point quelque chose de nouveau dans la mécanique par exemple ou, encore dans le domaine médical (on peut supposer que de nombreux faux remèdes ont été inventés sous des aspects semblables). On pourrait en dire autant pour tout ce qui se rapporte à la mer, à la navigation et probablement aussi pour toute nouvelle « construction » en politique ou en Sciences.

Dans une destinée « moyenne » il risque seulement de se produire un relâchement dans l'activité du sujet qui aurait tendance à se laisser distraire ou égarer par des conceptions ou promesses très séduisantes mais sans avenir. Il faudrait notamment éviter d'investir des sommes dans de nouvelles affaires et se méfier aussi des tromperies, des abus de confiance ou même des vols si l'un des astres est en relation avec le II ou la V. Les spéculations, les exagérations dans tous les domaines sont à éviter ainsi que les actes téméraires aussi bien dans les affaires que sur le plan physiologique ou physique, car c'est un aspect qui peut parfois exalter le goût du risque.

En résumé : éviter les imprudences dans tous les domaines, se méfier des idées trop originales, des illusions, des bluffs, ne pas changer d'occupation et tenir compte que ces aspects sont parfois dangereux physiquement. Se méfier de l'alcool.

b) Signification des transits

Même les transits de Mars sont à surveiller au moment de leur point culminant s'il existe quelques dissonances à la naissance. Ils peuvent être à l'origine de toutes sortes d'actes de témérité et se traduire par des brûlures, coupures ou bien par des malaises à la suite d'excès ou de surmenage. Ne pas chercher à faire partager son point de vue ces jours-là, ne pas formuler des pronostics aventureux. Si l'un des astres influence la II ne rien acheter, se méfier même des vols ou pertes d'argent ou d'objets.

Exemples de directions

NAPOLÉON III, 1840, échec tentative de Boulogne : Mars opp. Neptune ;
NAPOLÉON III, 1870, perte du trône et captivité : Neptune carré Mars ;
G. CLEMENCEAU, 1871-1872, duels, démission, ennuis : Neptune carré Mars ;
PAPUS, 1916, décès brusque : Mars opp. Neptune (environ) ;
V. H., 1878, congestion cérébrale légère : Neptune conj. Mars ;
James DEAN, 1954, attiré grandes vitesses, goût du risque : Mars conj. Neptune ; se tuera 9 mois après ;
A. n° 19, 1960, se tue en avion : Neptune opp. Mars ;
A. n° 23, 1968, tué sur la route : Neptune opp. Mars ;

Exemples de transits

NAPOLÉON Ier, 9.5.1812, campagne de Russie : Neptune carré Mars exact ;
NAPOLÉON Ier, 14.4.1814, abdication : Mars carré Neptune ;
DE GAULLE, 22.8.1962, attentat sans blessures : Neptune carré Marx exact ;
PIE XII, 9.10.1958, décès : Neptune en XII opposé Mars ;
GOERING, 16.10.1946, pendu : Neptune opp. Mars ;
J.-F. KENNEDY, 22.11.1963, tué à Dallas : Neptune opp. Mars ;
R. POINCARÉ, 21.8.1929, opération : Mars opp. Neptune ;
G. CLEMENCEAU, août 1893, malade battu élections : Neptune opp. Mars ;

É. PIAF, 6.4.1963, arrêtée et relâchée : Mars carré Neptune ;
FRONVAL, 28.6.1928, carbonisé avion : Neptune opp. Mars à 2' ;
X.X., victime vol de 25 000 : Neptune carré Mars en II.

Neptune en bon ou mauvais aspects avec Jupiter : voir n° 52 & 53

Neptune en bon ou mauvais aspects avec Saturne : voir n° 73 & 74

Neptune en bon ou mauvais aspects avec Uranus : voir n° 91 & 92

108 – NEPTUNE EN BON OU MAUVAIS ASPECT AVEC NEPTUNE NATAL

Aussi bien pour les directions que pour les transits les aspects sont très rares. Dans les deux cas il est assez difficile de donner des règles précises d'interprétation.

En principe les B.A. sont de nature à susciter des satisfactions, des réussites assez imprévues, le plus souvent en relation avec des événements extérieurs propices. Tenir compte que l'action doit être plus sensible sur le plan spirituel ou mental que sur le plan matériel, bien que des exceptions soient assez fréquentes. S'il s'agit de M.A. il faudra se méfier des intoxications, des aliments défectueux, des contagions ainsi que des mauvais exemples risquant d'affaiblir le sens moral. Prendre garde aux accidents provoqués par l'eau (tornades, inondations, etc.) A défaut de directions, voici quelques

Exemples de transits

NIXON, nov. 1968, élu président U.S.A. : Neptune trigone Neptune à 1° ;

L.-B. JOHNSON, 3.11.1964, élu président U.S.A. : Neptune trigone Neptune à 1° ;
CHABAN-DELMAS, 21.6.1969, Premier ministre : Neptune trigone Neptune à 1° 26' ;
MUSSOLINI, 30.9.1938, dernier succès de prestige : Neptune trigone Neptune exact.

109 — DIRECTIONS & TRANSITS DE MARS

Analogies martiennes : L'action, la réalisation, l'esprit d'entreprise, l'énergie, le courage, l'audace, l'impulsivité et la témérité, l'antagonisme, la passion, la critique, le sport, la lutte, la destruction et la construction, le fer, le feu, les forgerons, les chirurgiens, les militaires, les frères aînés, l'amant plutôt que le mari, etc.

a) **Signification générale**

Physiquement les B.A. pourront avoir une action dynamique sur le système musculaire et accentuer grandement la résistance à la fatigue et au sommeil et amplifie l'aptitude à fournir un effort, voire pour réaliser un exploit sportif. Cette influence est aussi de bon augure pour le fonctionnement du foie. Toutefois, même sous une bonne influence, le sujet pourrait avoir tendance à se surmener, d'abord parce qu'il est généralement impatient d'aboutir et parce qu'il ne se rend pas très bien compte de la limite de ses forces.

Si l'aspect est dissonant il faut craindre des malaises brusques, de fortes fièvres et toute sorte d'ennuis en relation avec des contaminations, des intoxications, des imprudences voire avec des piqûres ou morsures. Les organes génito-urinaires peuvent être touchés s'il existe déjà des menaces dans le ciel natal ou si le sujet est âgé.

Mais ce qu'il faut surtout craindre ce sont des maladies ou des accidents en relation avec des imprudences ou des actes de témérité. Les précipitations, impatiences sont souvent à l'origine de tels ennuis. Des brûlures, des coupures, des chocs contre des objets métalliques sont tout à fait dans la ligne de ces aspects, de même que les accidents provoqués par les machines-outils, les engins des travaux publics ou les moyens de locomotion. De toute évidence il conviendra de nuancer le pronostic selon les signes et maisons intéressés, selon les aspects radicaux et il sera également très judicieux de tenir compte des tendances fondamentales du caractère.

Mars est parfois en relation avec des accidents graves, avec des fins violentes, mais il faut cependant se garder de toute exagération. L'expérience semble démontrer que la conjonction MARS-SOLEIL n'est pas aussi dangereuse que ce qu'on pourrait craindre *a priori*. En effet, dans un sondage effectué sur 60 cas on constate que les dissonances Mars-Soleil ne sont pas plus nombreuses que celles de Saturne et, ce qui est assez surprenant, pas plus fréquentes que celles de Jupiter, dont le rôle n'est pas à négliger dans les « coups durs » de la vie.

Les dissonances superficielles, notamment les transits, font simplement penser à des maux de tête, à des passages de fatigue ou à des légères blessures (coupures ou brûlures par exemple, sans conséquences appréciables).

Sur le plan moral les B.A. apporteront du dynamisme, du courage, de l'esprit d'entreprise d'où une activité particulièrement efficiente et soutenue. Ce sera le moment de penser aux travaux fastidieux ou bien d'affronter quelque difficulté ou de se lancer dans une nouvelle réalisation. Dans certains cas le moment peut convenir pour prendre des décisions énergiques, voire pour envisager un changement de travail ou d'orientation.

Les M.A. ne paraissent pas porter atteinte au désir d'agir, mais l'aptitude au travail sera moins grande, moins fructueuse parce que l'action du sujet sera plus désordonnée, moins bien organisée, plus irréfléchie, plus impatiente et engendrera une fatigue supplémentaire. En outre le natif risquera de se montrer trop irritable, trop critique et ne pourra guère compter sur des collaborateurs. Dans les postes subalternes il est vivement conseillé d'éviter les discussions, avec directeurs ou patrons.

En destinée, sous les B.A. des succès dans la profession sont probables comme récompense des efforts, notamment pour les ingénieurs, les sportifs, les mécaniciens et toutes occupations concernant les métaux, les carburants, etc. On pourrait aussi ajouter les militaires, mais ceci était plutôt valable au siècle dernier...

Pour les hommes politiques ce serait le moment de se défendre, de faire face à une opposition, voire pour tenter quelque coup d'audace. Les M.A. sont surtout redoutables lorsqu'ils provoquent des coups de tête se traduisant par des décisions brutales de changement.

110 – MARS EN BON ASPECT AVEC LE M.C. OU INVERSEMENT (Angles de 60-120 et 30-150°)

a) Signification des directions

L'importance de ces aspects doit, en principe, se manifester surtout sur le plan professionnel, sur le plan des réalisations. Mais il ne faut guère en attendre des « coups de chance » car Mars n'est pas généreux dans ce domaine. Il faut plutôt songer à des améliorations, des avantages venant compenser les efforts personnels et notamment l'activité soutenue dont fait preuve le sujet sous une telle influence. Selon la position on peut espérer un poste plus agréable, un avancement, voire un changement radical d'orientation à la suite de quelque décision énergique et audacieuse. Les réussites survenant sous ces directions sont directement en rapport avec les capacités dont le sujet a fait preuve, on pourrait les considérer comme une sorte de récompense de ses mérites personnels, car, comme indiqué déjà, la chance ne semble pas jouer un très grand rôle.

Évidemment ce sont des aspects qui auront une prédilection particulière pour toutes les professions de nature martienne, par exemple ingénieurs, constructeurs, chirurgiens, garagistes, spécialistes dans la mécanique, routiers, et chefs d'entreprise en général. On pourrait aussi mentionner les policiers. Mais ces influences ne sont pas sans effet sur les carrières intellectuelles, elles peuvent très bien être à la base de la rédaction d'un livre technique visant à vulgariser ou à apprendre, car Mars poursuit plutôt des objectifs pratiques. Même les occultistes, les astrologues sont susceptibles de remporter quelques succès grâce au travail et à l'ardeur dont ils font preuve sous ces aspects parce que Mars les incite à passer de la théorie à la pratique. Dans une certaine mesure (vu les affinités entre Mars et le VIIIe signe) ces directions peuvent être à l'origine d'un héritage, mais il n'est pas certain que le sujet puisse en tirer un parti utile parce que Mars est impulsif et dépensier...

Chez les personnages en vue, notamment chez les sportifs, c'est une période de nature à assurer une marche en avant à la suite d'initiatives hardies. Si nécessaire le moment convient tout à fait pour se défendre contre les médisances, calomnies, accusations en passant à l'offensive s'il le faut... Pour tout le monde c'est un aspect à utiliser si on désire apporter une modification importante à la situation ou même tenter une expérience audacieuse.

b) Signification des transits

Malgré leur durée limitée, les transits de Mars ne sont pas à négliger parce qu'ils peuvent souvent préciser la date d'un événement. Ils sont surtout à prendre en considération pour faire un effort, pour se mettre à jour dans son travail ou, dans un autre domaine, pour faire une démarche demandant une part d'assurance et de confiance. L'aspect est précieux pour tous ceux qui s'occupent de médecine, de chirurgie ou, dans un autre domaine de travaux manuels notamment dans la mécanique. Une réparation délicate peut être menée à bien ces jours-là. Les sportifs ont davantage de chances de se distinguer si l'épreuve correspond à peu près à la phase culminante du passage. Pour tout le monde c'est un passage où il faut tenter d'aller de l'avant dans les affaires en cours.

Exemples de directions

NAPOLÉON III, 1851, coup d'État : M.C. trigone à Mars (et Soleil) ;
Maréchal FOCH, 1918, commandant en Chef et victoire : M.C. sextil Mars ;
V. H., 1849, député : M.C. trigone Mars ;
MUSSOLINI, 1901, début vie publique : M.C. sextil Mars (C) ;
MUSSOLINI, 1922-1923, au Pouvoir : M.C. trigone Mars ;
MUSSOLINI, 1935, victoire en Éthiopie : Mars trigone M.C. (C).

Exemples de transits

NAPOLÉON Ier, 25.6.1807, victoire de Tilsitt : Mars sextil M.C. ;
G. CLEMENCEAU, 21.8.1881, réélu député Mars trigone M.C. ;
A. FRANCE, 28.3.1903, première à la RENAISSANCE : Mars trigone M.C. exact ;

111 – MARS EN MAUVAIS ASPECT AU M.C. OU INVERSEMENT
(Angles de 0-90-180 et 45-135°)

a) Signification des directions

Ce sont des influences qui agiront principalement sur le travail et sur la situation : très souvent initiatives désastreuses parce que téméraires et trop précipitées. Perte possible de poste ou de situation à la suite de discussions ou de maladresses impulsives ; divergences avec associés ou collaborateurs et risques de rupture ; échec dans une réalisation nouvelle parce que le sujet agit trop rapidement ou parce qu'il a présumé de ses moyens ou de ses capacités. Plus rarement perte brusque de la situation. En cas de guerre, de révolution, le sujet risque d'être fortement touché. Aspects très importants et dangereux pour les professions martiennes. Dans les postes subalternes, le sujet doit éviter de se heurter avec les personnes placées au-dessus de lui et veiller à la bonne exécution de son travail. Les P.-D.G., les personnalités en vue, doivent éviter les faux pas et ne pas prendre trop à la légère les menaces des ennuis ou des concurrents. Sous ces aspects tout le monde doit s'efforcer de conserver son calme et principalement éviter tout ce qui est aventureux ou simplement précipité.

Dans certains cas la dissonance peut correspondre à un deuil dans l'entourage familial ou professionnel et amener quelque perturbation dans la situation ; dans d'autres cas il peut en résulter l'apparition de discordes pour des raisons immobilières et, dans ce domaine, l'éventualité de dégâts aux habitations par suite d'orages, de la foudre ou du feu n'est pas totalement exclue, mais ce sont des cas exceptionnels.

Bien que le M.C. représente surtout la situation, les prestiges, la profession, on constate que ses M.A. en directions interviennent assez souvent dans les maladies ou même dans les fins accidentelles. En thème féminin il faut craindre des soucis au sujet du mari, que ce soit pour sa situation, que ce soit pour sa conduite imprudente. Souvent il en résulte des divergences avec l'épouse sur la conduite des affaires. Dans des cas extrêmes : séparation ou veuvage. Toutefois, d'après l'expérience, ces dissonances paraissent moins dangereuses que ce que l'on aurait pu penser *a priori*. On dirait surtout qu'elles peuvent renforcer autre chose parce qu'elles ne sont pas très nombreuses dans les horoscopes étudiés.

a) Signification des transits.

Pendant une semaine ou deux, voire plus si Mars est rétrograde ou stationnaire, il sera bon d'éviter tout excès, toute imprudence pouvant provoquer des malaises ou bien des coupures, des brûlures ou petites blessures. Mais c'est surtout dans le travail, dans les relations avec chefs ou patrons qu'il faudra se garder de toute discussion et de toute négligence dans les tâches à accomplir. Si la situation est indépendante, éviter d'agir impulsivement car les risques d'erreurs ou de maladresses sont à craindre sous ces aspects. En général se contenter d'expédier les affaires courantes.

Exemples de directions

NAPOLÉON Ier, 1821, décès : Mars carré au M.C. probable ;
NAPOLÉON III, 1866, échec expédition Mexique : Mars à 135° du M.C. ;
POINCARÉ, 1934, décès : M.C. conjonction Mars ;
G. CLEMENCEAU, 1864-1865, projet mariage contrarié : Mars en VII carré M.C. ;
A, n° 3, se tue avion : M.C. carré à Mars ;
A, n° 10, 1936, se tue avion : M.C. opposition Mars ;
A, n° 14, 1960, se tue avion : M.C. carré Mars ;
A, n° 16, 1960, se tue avion : M.C. opposition Mars ;
A, n° 19, 1960, se tue avion : M.C. carré Mars ;
A, n° 20, 1968, se tue avion : Mars carré M.C. ;
MUSSOLINI, 1894, expulsé pensionnat après avoir donné un coup de couteau à un camarade : M.C. carré Mars.

Exemples de transits

A. LEBRUN, 6.3.1950, décès : Mars conj. M.C. ;
PETAIN, 25.7.1951, décès : Mars carré M.C. ;
FRONVAL, 28.6.1928, carbonisé : Mars carré M.C. exact ;
LAVAL, 27.8.1941, attentat : Mars carré M.C. ;
MUSSOLINI, 18.11.1911, condamné un an de prison : Mars carré M.C.

112 – MARS EN BON ASPECT A L'A.S. OU INVERSEMENT
(Angles de 60-120 et 30-150°)

a) Signification des directions

Ce sont des aspects excellents pour un accroissement de la vigueur et de l'endurance physique et pour le développement musculaire en particulier. Tous les efforts physiques, tous les exploits sportifs s'en trouvent favorisés, et, dans la vie de tout le monde il sera logique de choisir ces périodes pour la mise en route ou l'exécution de tous travaux pénibles. Sur le plan moral : développement de la confiance en soi ; de l'esprit d'initiative et de l'ardeur combative. Le sujet se trouve donc plus apte pour se défendre, pour faire face à une polémique ou critique injustifiée... Ce désir d'action, de progrès, engendré par de tels aspects (surtout s'il s'agit d'une direction susceptible de se manifester pendant six mois environ) peut se traduire par une vie assez mouvementée parce que le natif est en quelque sorte irrésistiblement poussé à entreprendre de nouvelles réalisations, voire à changer de situation, même si cela comporte une part de témérité. Ce sont des aspects qui incitent à « tenter sa chance ». Toutefois, en raison d'une action parfois trop enthousiaste ou insuffisamment planifiée, ou bien à cause de la nature même de Mars qui n'a pas la réputation d'être franchement bénéfique, les résultats ne comblent pas toujours les espérances et il ne faut pas faire preuve de trop d'optimisme dans le pronostic. C'est ici qu'il importe de bien examiner la position et les aspects de Mars dans le Ciel natal. Ces influences sont surtout efficientes pour les professions martiennes : sportifs, avocats, explorateurs, ingénieurs, conducteurs de travaux, techniciens dans tous les domaines, chirurgiens, dentistes, travailleur du fer et, dans le passé pour les militaires lorsque cette dernière tenait une large place parmi les orientations.

Mais, même s'il ne faut pas attendre de grands coups de chance de ces aspects, tout le monde peut tenter de les mettre à profit pour surmonter une difficulté, pour franchir une étape difficile exigeant un effort personnel soutenu. C'est une période qui convient pour mettre en valeur les mérites personnels notamment sur le plan professionnel. Dans une nativité féminine, surtout si Mars est en relation avec la Maison V ou VII, ou bien avec le Soleil, cela peut correspondre à une rencontre sentimentale susceptible d'aboutir rapidement à l'union légale qui souvent sera décidée brusquement.

b) **Signification des transits**

Les TRANSITS de Mars sont à repérer avec soin en raison de leur portée sur l'activité et la profession. En effet, pendant plusieurs jours, au moment de l'aspect le natif se trouve dans d'excellentes dispositions pour mener à bien les travaux difficiles exigeant du dynamisme et de l'endurance... La « récupération » après l'effort se trouve aussi accélérée. Aspects très précieux pour les sportifs, surtout si l'aspect est très « serré » au moment de l'épreuve... Les chirurgiens, dentistes, peuvent aussi choisir ces jours-là pour des opérations difficiles. Quant aux timides ils profiteront de ces aspects pour tenter quelque démarche qu'ils envisagent avec crainte.

Exemples de directions

NAPOLÉON Ier, 1798, campagne d'Égypte : A.S. sextil Mars ;
G. CLEMENCEAU, 1917, président du Conseil (guerre) : A.S. trigone Mars ;
V. H., 1831, lancement N.-D. de Paris : Mars trigone A.S. ;
MUSSOLINI, 1924-1925, surmonte affaire Matteotti qui failli provoquer sa démission : Mars trigone A.S.

Exemples de transits

L.-B. JOHNSON, 23.11.1963, devient président des U.S.A. ;
MUSSOLINI, 6.4.1924, succès élections : Mars sextil A.S. ;

J. GUITTON, 8.6.1961, élu Académie F. : Mars en X trigone A.S. ;
G. CLEMENCEAU, 23.2.1898, prend position pour Zola : Mars trigone A.S. ;
G. CLEMENCEAU, 6.4.1902, élu sénateur : Mars trigone A.S. ;
G. CLEMENCEAU, oct. 1910, retour d'Amérique : Mars trigone A.S. ;
Mal LECLERC, 24.1.1938, entre école de guerre : Mars trigone A.S. (exact).

113 – MARS EN MAUVAIS ASPECT AVEC L'A.S. OU INVERSEMENT
(Angles de 0-90-180 et 45-135°)

a) Signification des directions

Ces M.A. attirent surtout l'attention sur les risques de maladie brusque, de blessures, de brûlures, d'opérations, etc., et ils interviennent parfois dans les fins violentes. Il ne faut cependant pas s'hypnotiser sur les risques de blessures, etc., car l'action de ces aspects s'étend le plus souvent à la plupart des troubles inflammatoires et se manifeste souvent par des fortes fièvres très brutales, mais habituellement de courte durée. (Un peu comme si le maléfice de Mars voulait s'exhaler d'un seul coup). Au sujet des interventions chirurgicales elles peuvent se rattacher au signe ou la Maison occupée par Mars ou par l'A.S. ou, encore être en relation avec ses aspects. En dehors des positions natales, Mars peut menacer la tête ou les organes sexuels quel que soit le signe ou la Maison où il se trouve. En somme il peut jouer un certain rôle dans toutes les opérations. D'après certaines recherches on dirait que le carré « positif » (A.S. à 90° de Mars) est sensiblement plus agissant que le carré « négatif » (A.S. à 270° de Mars).

Sur le plan psychologique ce sont les aspects classiques des emballements, des coups de tête, des impulsions, des imprudences, des initiatives téméraires et des actes d'insubordination, d'où possibilité de changement brusque et désastreux et de pertes d'argent ou de prestige... Dans certains cas arrêt de travail par suite d'épuisement physique ou à la suite d'un accident professionnel. Tout ceci s'appliquant plutôt à un Ciel très perturbé... Dans une destinée « ordinaire, période de mécontentement, d'irritation, des discussions et une certaine aversion pour les besognes demandant un effort physique ou même mental. Il est prudent de ne pas apporter de changements à la situation existante sans mûre réflexion, et s'il s'agit d'un poste subalterne : ne pas attirer l'attention des chefs par un travail bâclé ou des réflexions désobligeantes.

En nativité féminine, ou bien si Mars influence la V ou le VII, il faut en outre envisager la possibilité de complications dans les liaisons, le mariage, les associations ou collaborations. Rupture sentimentale, rupture de contrat, risque de divorce, etc., sont des faits pouvant être en relation avec ces aspects qui peuvent même faire craindre la disparition du conjoint dans certains cas (avec divers aspects concordants).

b) **Signification des transits**

Les TRANSITS dissonants de Mars ne doivent pas être négligés : pendant une dizaine de jours (ou même davantage si Mars est rétrograde) il est conseillé d'éviter les discussions et précipitations, de faire preuve de prudence si on doit voyager ou effectuer des travaux comportant des risques de blessure (notamment coupures et brûlures). Ne pas se laisser entraîner par l'impulsion ou l'impatience, ne pas chercher à bâcler un travail pour s'en débarrasser. Les subalternes, en particulicr, devront éviter de contrarier leurs chefs. Les professions indépendantes feront bien de retarder les rendez-vous avec les clients grincheux. Même les astrologues ne devront pas s'emballer dans leurs déductions.

Une remarque importante s'impose au sujet des directions de Mars touchant l'A.S. (ou une partie vitale du Ciel natal) : même si Mars est maître de VIII ou en VIII, il faudra toujours se garder d'en tirer *automatiquement* un pronostic mortifère. En effet, d'après toutes les recherches faites au cours de ces dernières années, il faut une *concentration* d'influences similaires pour que survienne un *grand* événement et, à plus forte raison, un décès.

Exemples de directions

NAPOLÉON Ier, 1815, WATERLOO : Mars conj. à l'A.S. probable ;
NAPOLÉON Ier, 1821, décès : Mars carré à l'A.S. probable ;
NAPOLÉON III, 1873, décès : A.S. conjonction Mars ;
Général AILLERET, 1968, se tue en avion : Mars conjonction A.S. probable ;
GOERING, 1946, pendu (criminel de guerre) Mars opposé A.S. ;
Maître PHILIPPE, 1905, décès : Mars carré A.S. et A.S. carré Mars ;
Ph. HENRIOT, 1944, tué par la Résistance (collaborateur) A.S. opp. Mars ;
H. PERRUCHOT, décès brutal à 51 ans : Mars carré A.S. ;
J. GUITTON, 1940, fait prisonnier : A.S. carré Mars ;
MUSSOLINI, 1915, arrive dans les tranchées : A.S. opp. Mars ;
A. 6, 1936, se tue en avion : A.S. carré Mars ;
A. 13, 1960, se tue en avion : A.S. carré Mars.

Exemples de transits

NAPOLÉON Ier, 5.5.1821, décès : Mars opposé à l'A.S. probable ;
J.-F. KENNEDY, juin 1937, accident grave cours d'un match : Mars 135° A.S. ;
J.-F. KENNEDY, 10.2.1956, opération grave : Mars opp. A.S. exact ;
G. CLEMENCEAU, 3.9.1893, malade et battu élect. Mars carré A.S. ;
MUSSOLINI, 11.9.1926, bombe sous voiture (sans mal) : Mars opp. A.S. ;
J. MERMOZ, 7.12.1936, se tue en avion : Mars conj. A.S. exact et carré Saturne ;
V. H., 28.6.1878, congestion : Mars carré A.S.

114 – MARS EN BON ASPECT AU SOLEIL OU INVERSEMENT
(Angles de 60-120 et 30-150°)

a) **Signification des directions**

Dans la pratique, ces aspects ne paraissent pas confirmer tout à fait la portée que l'on est tenté de leur attribuer théoriquement. Une certaine prudence sera donc nécessaire dans la rédaction de l'interprétation. Comme pour les B.A. entre Mars et l'A.S. cela tient probablement à la nature fondamentale de Mars.

Sur le plan physique, ce sont pourtant de bonnes influences pour l'état général, elles paraissent constituer une excellente protection contre les contaminations et faciliter un bon fonctionnement cardiaque, une bonne circulation du sang et, plus spécialement accentuer les capacités de travail physique ou intellectuel. Dans une certaine mesure la fonction hépatique se trouve aussi bénéficiaire de ces B.A. Sur le plan psychologique, la combinaison de deux astres de FEU engendre souvent des enthousiasmes excessifs, un penchant immodéré pour l'action, une augmentation des dons pour le commandement ainsi que de l'assurance, de la confiance en soi. C'est parfois sous de tels aspects que se concrétisent les réalisations les plus marquantes d'une vie, faisant suite aux désirs et aux initiatives prises précédemment. Désirs de grands voyages, de changements, voire d'aventure. Ce seraient de B.A. pour des explorateurs, prospecteurs, etc. Ces mêmes configurations peuvent aussi signifier une récompense aux efforts personnels du passé, sans que la chance intervienne : ce peut être, en quelque sorte le triomphe du mérite personnel. Dans le domaine social, politique, artistique il peut en résulter une ascension après avoir surmonté des obstacles.

Dans les horoscopes féminins ce sont d'excellents aspects pour obtenir toutes sortes de satisfactions sentimentales, aussi bien en matière de liaison que d'union légale. Dans certains cas mariage avec une personnalité en vue ou franchement célèbre, si le Soleil agit sur la Maison VII d'une manière ou d'une autre. En principe, aspects surtout actifs chez les professions martiennes déjà mentionnées plusieurs fois, mais auxquelles on peut ajouter les professions solaires, par exemple : chefs d'État, hommes politiques de premier plan, hauts fonctionnaires, banquiers, orfèvres, bijoutiers, diamantaires, décorateurs, peintres, grands tailleurs, etc. Pour tout le monde il est logique sous une telle influence de tenter de se faire connaître davantage, ou, du moins, d'améliorer son sort par un effort supplémentaire qui devrait se trouver soutenu par les circonstances et rendu plus aisé par une accentuation du dynamisme et une accentuation de la résistance à la fatigue. Les subalternes ont davantage de chance de voir leurs mérites reconnus et appréciés par leurs supérieurs. Si la situation s'y prête, la période conviendrait pour une campagne de publicité.

b) Signification des transits

Ils sont assez éphémères dans les deux cas. sauf lorsque la rétrogradation de Mars peut prolonger l'influence pendant une CINQUANTAINE de jours ! ce qui accentue grandement la portée du passage. Dans les cas ordinaires il sera cependant conseillé d'en tenir compte pour toutes les décisions concernant la profession ou le prestige et en particulier si le sujet doit faire une démarche auprès d'une personnalité en vue. Comme l'aspect est de nature à accentuer l'assurance et l'esprit d'entreprise on peut aussi le choisir pour mener à bien tous les travaux difficiles.

Exemples de directions

Willy BRANDT, 1969, chancelier : Mars sextil Soleil ;
A. FRANCE, 1859, première création litt. : Soleil sextil Mars ;
A. FRANCE, 1870, mobilisé garde nationale : Mars sextil Soleil ;
CLEMENCEAU, 1858, entre école médecine : Soleil trigone Mars (C) ;
J. VERNE, 1864-1865, brillant démarage litt. : Soleil trigone Mars.

Exemples de transits

NAPOLÉON Ier, 11.1.1801, entrée triomphale Lyon : Mars trigone Soleil ;
NAPOLÉON Ier, 2.12.1805, Austerlitz : Mars trigone Soleil ;
NAPOLÉON Ier, 8.7.1807, traité de Tilsitt : Soleil sextil Mars ;
NAPOLÉON III, 10.12.1852, empereur : Mars trigone Soleil ;
CLEMENCEAU, 6.4.1902, sénateur : Soleil trigone Mars ;
J.-F. KENNEDY, 12.9.1953, mariage : Soleil trigone Mars M. de VII ;
A. FRANCE, 21.3.1886, entre au TEMPS : Soleil M. III sextil Mars.

115 – MARS EN MAUVAIS ASPECT AVEC LE SOLEIL OU INVERSEMENT (Angles de 0-90-180 et 45-135°)

a) **Signification des directions**

Il est assez difficile de se prononcer sur la nature exacte de la conjonction dont les répercussions sont variables d'un horoscope à un autre, parfois d'une période à une autre dans le même ciel. Ce qui est évident, d'après les recherches effectuées c'est que les M.A. entre Mars et le Soleil sont nettement plus actifs (plus visibles) que les B.A., mais la conjonction n'est pas aussi redoutable que ce que l'on pourrait estimer en théorie. Une attention particulière doit donc être accordée aux quadratures et oppositions.

Dans l'ensemble ce sont évidemment des aspects redoutables pour la santé, mais principalement pour tout ce qui concerne les blessures, les accidents de toute nature et même les fins violentes. Dans ce domaine, l'interprétateur ne devra cependant jamais oublier que le pourcentage de fins accidentelles est à peu près de l'ordre de 6 %, les accidents de la route y entrant pour une moitié environ. Mais ce sont les blessés qui sont surtout nombreux. Par exemple en 1965 la route a tué 12 000 automobilistes, mais en a blessé 290 000. Il ne faut donc pas annoncer un danger de mort brusque dès qu'on relève le moindre M.A. il faut surtout voir les concordances, les concentrations. En somme bien examiner le problème sous tous ses angles avant de rédiger un pronostic et ne jamais perdre de vue que nous ne pouvons énoncer que des PROBABILITÉS.

Dans le domaine des perturbations de la santé on peut craindre toutes sortes de troubles inflammatoires, des maladies contagieuses, tous les accès de fortes fièvres, les maladies coloniales, des ennuis concernant les organes sexuels (les troubles prostatiques paraissent souvent en relation avec ces aspects) et les crises cardiaques consécutives à de longues périodes de surmenage parce que ces dissonances engendrent toujours un gaspillage d'énergie. Souvent ce sont des imprudences, le manque de sobriété qui sont à la source des ennuis. S'il s'agit d'un simple transit il faut penser à des maux de tête ou bien à une brûlure, ou coupure ou toute autre atteinte superficielle.

L'influence sur le caractère se manifeste par une sensibilité particulière aux critiques ou réprimandes, par un penchant aux discussions découlant d'un accroissement du sens critique ou même de l'esprit de contradiction ou de revendication. On constate aussi très souvent une exagération des prétentions ou des capacités, ce qui peut se traduire assez fréquemment par des décisions nuisibles à l'essor de la destinée quelle que soit la profession. Dans les situations subalternes ce sera parfois à la suite de discussions violentes que le sujet pourra perdre sa place ou bien simplement se « faire repérer » comme un collaborateur trop turbulent (comme une « mauvaise tête ») auquel toute faveur sera désormais refusée.

D'une manière très générale il faut donc s'attendre à des déboires, à des revers découlant en grande partie de décisions malheureuses ou consécutives à des manifestations d'un « mauvais caractère ». Mais ce n'est pas toujours le cas, parfois c'est à la suite de la perte du père ou de la disparition d'un patron que la situation se trouve compromise. C'est particulièrement le cas pour les horoscopes féminins malchanceux sur le plan matrimonial où de telles directions peuvent provoquer la maladie du mari, la séparation ou même le veuvage dans les cas très graves. Il est conseillé aux femmes de ne pas prendre de décisions sentimentales engageant l'avenir sous de tels aspects, de se méfier des coups de foudre parce qu'il ne peut rien en résulter de bon et de durable par la suite. En général c'est une influence qui conseille la prudence en toutes choses.

b) **Signification des transits**

Comme pour les B.A. il importe d'abord de voir si Mars est rétrograde ou stationnaire et déterminer, dans ces cas, pendant combien de temps il reste dans l'orbe de l'aspect à 2-3° près. En général ces transits sont à surveiller si l'expédition des affaires courantes laisse à désirer, ou bien si le sujet est fatigué ou « patraque ». Dans ce cas, ne pas forcer, prendre du repos, si possible. Dans les relations avec l'entourage professionnel ou familial il importe d'éviter les discussions, contestations, et, dans un autre domaine les précipitations. Il est préférable de ne pas faire de la route ces jours-là et de ne pas commencer une réalisation parce que le résultat serait par trop problématique.

Exemples de directions

J.-F. KENNEDY, 1943, blessure très grave, Mars conjonction Soleil ;
Martine CAROL, 1967, décès brusque : Mars opposition Soleil (en VIII) ;
Mireille MATHIEU, 1968, sérieux accident de voiture : Mars carré Soleil ;
Édith PIAF, 1949, gros chagrin suite mort de CERDAN : Soleil carré Mars ;
HALLYDAY, 1966, tentative de suicide : Soleil carré Mars ;
G. CLEMENCEAU, 1929, décès : Soleil sesqui-carré Mars ;
V. H., 1858, anthrax très grave : Mars carré Soleil (C) ;
MUSSOLINI, 1917, blessure (40 cicatrices) : Soleil carré Mars ;

CAILLAUX, 1909, chute ministère : Soleil conjonction Mars ;

NAPOLEÓN Ier, 1791, promotion : Soleil conjonction Mars ;

N° 11, acc. avion, 1936, se tue : Soleil carré Mars (Soleil dir. en III)

Exemples de transits

J.-F. KENNEDY, 10.2.1955, opération sérieuse : Soleil carré Mars 2° 30' ;

J.-F. KENNEDY, vers 15.8.1963, perte d'un fils : Soleil carré Mars ;

R. POINCARÉ, 15.10.1934, décès : Mars conj. Soleil exact, Soleil carré Mars à 2° ;

MUSSOLINI, 18.7.1908, 15 jours de prison : Mars conjonction Soleil ;

MUSSOLINI, 9.9.1909, 18 jours de prison : Soleil carré Mars ;

MUSSOLINI, 2.3.1921, avion saboté (pas de mal) : Soleil carré Mars ;

MUSSOLINI, 17.8.1921, crise dans le parti, démission refusée : Mars conj. Soleil ;

A. FRANCE, 24.8.1824, alité : Mars carré Soleil et Soleil carré Mars exact ;

NAPOLÉON III, 25.4.1855, attentat (sans suites) : Mars conjonction Soleil ;

G. CLEMENCEAU, août 1899, malade : Mars conjonction Soleil ;

G. CLEMENCEAU, 2.7.1871, échec élections : Mars conjonction Soleil.

Comme on peut s'en rendre compte par plusieurs exemples, l'effet de la conjonction (sauf si elle touche la Maison VIII) serait moins dangereuse que le carré et ce dernier serait plus « maléfique » que l'opposition.

116 — MARS EN BON ASPECT AVEC LA LUNE OU INVERSEMENT
(Angles de 60-120 et 30-150°)

A) Signification des directions

Alors que les B.A. entre Mars et le Soleil risquent d'engendrer un dynamisme excessif de nature à provoquer du surmenage et à faciliter, ensuite, l'apparition de troubles, les transits qui font intervenir la Lune tendent à apporter au natif, plus de douceur, plus de calme, plus de mesure et faciliter ainsi le travail de l'appareil digestif et l'assimilation, d'où une période de bon équilibre général s'il n'y a pas d'obstacles dans le radix. Il en résulte de la facilité, de l'aisance pour un exercice physique modéré mais bénéfique et, en particulier pour la marche au bord de l'eau ou pour la natation. Malgré le caractère paisible et peu combatif de la Lune, quelques exploits sportifs restent très possibles grâce à des conditions physiques exceptionnelles et sans que le natif fasse des efforts dangereux. on note généralement une accentuation du goût pour les changements, pour les voyages, voire pour les expéditions ou explorations si le ciel natal s'y prête. Les voyages sur mer sont particulièrement favorisés, notamment les croisières d'agrément.

Sur le plan intellectuel, c'est principalement le travail de l'imagination qui se trouve excité et orienté plutôt dans une direction positive, d'où probabilité de réalisations nouvelles, plus spécialement dans les activités intellectuelles. Des modifications heureuses dans la situation sont aussi fréquentes et font suite soit à une période d'activité soutenue, soit à de nouvelles idées, soit, encore grâce à quelque protection féminine ou familiale. C'est une période intéressante pour les artistes qui recherchent les faveurs du grand public ainsi que pour les hommes politiques qui devraient affronter une élection ou faire face à certaines hostilités. Pour tout le monde ce peut être une bonne occasion pour organiser la vie privée ou pour améliorer l'habitation. On peut aussi espérer des satisfactions sentimentales ou bien se marier si l'âge est en rapport et si ces planètes touchent les maisons V ou VII. Ceci vaut pour les deux sexes.

b) Signification des transits

Comme précédemment il faut s'inquiéter de la durée du passage de Mars. En général on peut le choisir pour effectuer un petit voyage, pour une visite familiale et pour expédier les besognes en retard (ceci étant particulièrement valable pour les mères de famille et les maîtresses de maison). Comme la Lune agit davantage sur la vie privée que sur les événements extérieurs, ces transits sont à prendre en considération pour toutes les questions concernant l'entourage et la vie quotidienne et familiale. Toutefois les artistes qui ont besoin de la faveur du public peuvent tenter leur chance lors des B.A. de Mars où le jour où la Lune est en aspect précis. Ceci peut s'appliquer aussi au petit commerce, surtout alimentaire. Assez propice aussi pour les promenades en mer ou pour la pêche.

Exemples de directions

G. CLEMENCEAU, 1865, départ U.S.A. : Lune trigone Mars ;
G. CLEMENCEAU, 1869, fiançailles et mariage : Lune sextil Mars (C) ;
G. CLEMENCEAU, 1876, élu député : Mars sextil Lune ;
FLOQUET, 1888, premier ministère : Lune trigone Mars ;
J. VERNE, 1884, dernière croisière : Mars sextil Lune ;
Édith PIAF, 1941, nouvelle liaison : Mars M.V. trigone Lune ;
V. H., 1824, naissance Léopoldine : Mars sextil Lune ;
V. H., 1871, sortie LÉGENDE DES SIÈCLES : Mars trigone Lune.

Exemples de transits

NAPOLÉON Ier, 3.7.1800, retour à Paris : Lune trigone Mars dans la journée ;

NAPOLÉON Ier, 4.8.1802, consul à vie : Mars trigone Lune ;
NAPOLÉON III, 4.6.1859, victoire à Magenta : Mars trigone Lune ;
J.-F. KENNEDY, début nov. 1952, élu Sénateur : Mars trigone Lune.

117 – MARS EN MAUVAIS ASPECT AVEC LA LUNE OU INVERSEMENT
(Angles de 0-90-180 et 45-135°)

a) Signification des directions

Il importe d'abord de tenir compte que les dissonances entre ces deux astres ont des effets bien plus sensibles que les B.A., autant que l'on puisse en juger par les biographies des personnages illustres. Il est cependant assez difficile d'attribuer un rôle précis à la conjonction, qui, comme pour Mars-Soleil, paraît moins dangereuse que le carré ou l'opposition. Cela dépend certainement de l'ensemble de l'horoscope et de « l'environnement » lors de la formation de la direction.

Il faut classer ces aspects parmi les plus dangereux pour le bon fonctionnement de l'appareil digestif, domaine où ils se manifestent souvent par des crises violentes consécutives à des inflammations, à des acidités parfois en relation avec des ulcères très douloureux. Dans d'autres cas c'est notamment à l'imprudence, à l'intempérance, aux excès de toute nature qu'il faut attribuer les perturbations. En effet, un tel aspect prédispose plus ou moins à une consommation excessive de boissons, d'alcool, de sauces, d'épices, tout cela étant souvent à l'origine de dilatations d'estomac, de brûlures, etc. Par répercussion les malaises peuvent s'étendre au foie ou à l'intestin. La diminution de l'endurance physique est fréquente et le passage est très médiocre pour les sportifs.

Les risques accidentels ne sont pas exclus non plus s'il existe déjà de très M.A. dans le ciel de naissance ; on peut surtout craindre des noyades ou des brûlures provoqués par des liquides inflammables ou simplement par l'eau bouillante (surtout chez les enfants).

Psychologiquement : emballements imaginatifs, maladresses caractérisées, discussions engendrant des brouilles familiales ou conjugales, ou, encore provoquant des ruptures de pourparlers dont on pouvait escompter d'utiles résultats. Tout ceci selon la situation et l'âge. Quelquefois ce sont des soucis au sujet des filles dont la conduite laisse à désirer en raison de leur trop grande indépendance.

En destinée : décisions brusquées nuisibles à la suite d'erreurs d'appréciation ou d'emballements ; période d'activité très irrégulière avec notamment des passages pendant lesquels le sujet manifeste une forte aversion pour tout effort, pour tout travail demandant de la patience. Dans les postes subalternes cela peut se traduire par des travaux imposés très désagréables ou pénibles, parfois très salissants... Financièrement : impossibilité de faire des économies parce que le natif ne sait pas établir un budget ou parce que les circonstances imposent de multiples dépenses imprévues. Dans un thème féminin, cela peut signifier une situation très médiocre du mari qui éprouve d'indéniables difficultés pour faire face aux dépenses familiales. Dans des cas plus rares, la direction peut se traduire par un deuil familial, plutôt la perte d'une parente...

Ce sont encore des aspects pendant lesquels il ne faut rien tenter de nouveau et d'hasardeux, éviter notamment les voyages, les excès de vitesse, faire preuve de prudence au bord de l'eau. Pour les « célébrités » : risques de maladresse aliénant les faveurs du public, par exemple moment peu propice pour affronter une élection, pour entreprendre une tournée. Ceux qui s'occupent de prévisions doivent prendre garde aux exagérations dictées par de fausses intuitions, par des emballements.

b) Signification des transits

Comme précédemment voir, pour Mars, s'il s'agit d'un passage ordinaire ou exceptionnel et en tenir compte en conséquence. En général, pendant quelques jours, freiner les impulsions et s'abstenir de toute discussion, laisser passer l'aspect avant d'entreprendre quelque chose, éviter notamment des travaux demandant de la patience et de la minutie qui s'accorderaient mal avec l'atmosphère du moment. Possibilité de maux de tête, de passages éphémères de fatigue ou de découragement. Se méfier, pendant quelques jours, des excès de table ou de boisson, si l'estomac est déjà fragile en temps normal. Les transits de la Lune viennent souvent préciser le jour ou même l'heure où peuvent se manifester d'autres influences « en orbe ».

Exemples de directions

J. VERNE, 1887, vend son beau yacht : Lune carré Mars (C) ;
A. n° 13, 1960, se tue en avion : Lune en VIII carré Mars ;
CLEMENCEAU, 1915-1916, grandes discussions sujet de l'armée : Lune opp. Mars ;
NAPOLÉON Ier, 1815, Waterloo : Lune opposée à Mars ;
NIXON, 1960, échec à la Présidence : Lune carré Mars ;
J.-F. KENNEDY, 1937, accident football : Lune sesqui carré Mars ;
J.-F. KENNEDY, 1954, opération : Mars carré Lune ;
Maître PHILIPPE, 1904, mort de sa fille : Mars conjonction Lune ;
V. H., 1836, deux échecs élection Académie : Lune conjonction Mars.

Exemples de transits

A. n° 4, 7.12.1936, se tue en avion : Lune carré Mars (et Uranus) ;
MUSSOLINI, 6.6.1902, départ pour Lausanne : Lune conjonction Mars (journée) ;
MUSSOLINI, 14.10.1911, en prison pour 5 mois : Mars conjonction Lune ;
MUSSOLINI, 10.6.1924, début affaire Matteotti : Lune carré Mars (journée) ;

MUSSOLINI, 7.1.1925, alité, ulcère estomac : Lune conjonction Mars (journée) ;
MUSSOLINI, 31.10.1926, attentat, légère blessure : Lune carré Mars (journée) ;
MUSSOLINI, 16.11.1919, échec élections : Lune carré Mars (journée) ;
Anne-Marie PEYSSON, 2.9.1967, veuvage brutal : Mars en VII carré Lune ;
Édith PIAF, 28.10.1949, mort de Cerdan, gros chagrin : Mars carré lune exact ;
G. CLEMENCEAU, 22.2.1862, 73 jours de prison : Lune conjonction Mars (journée) ;
G. CLEMENCEAU, 17.1.1920, démission de Prés. Conseil : Lune conjonction Mars (journée).

118 – MARS EN BON ASPECT A MERCURE OU INVERSEMENT
(Angles de 60-120° et 30-150°)

a) **Signification des directions**

Il en résulte un juste équilibre entre le système nerveux et le système musculaire, ce qui se prête admirablement aux exploits sportifs, aux jeux d'adresse et dans tout ce qui peut faire appel à la vitesse et à la précision. C'est un aspect merveilleux pour tous ceux qui doivent effectuer avec leurs mains des travaux minutieux ou dangereux : chirurgiens, dentistes, peintres, sculpteurs, dessinateurs, décorateurs, illustrateurs et mécaniciens de haute précision, etc. En psychologie accentuation de la curiosité, et l'ingéniosité, de la vivacité d'esprit et du sens de répartie et de défense... Il en résulte une activité mentale soutenue, une grande précision et perspicacité de la pensée. Il en résulte pour le sujet la possibilité de produire le chef-d'œuvre de sa carrière, ou bien, s'il est jeune, la possibilité d'enregistrer une percée relativement facile et brillante... En dehors des professions faisant appel à l'adresse manuelle, cette influence est aussi remarquable pour tous ceux qui doivent mettre en action l'adresse mentale : ingénieurs, avocats, médecins, orateurs et même les mathématiciens... On peut ajouter que se serait un bon moment pour étudier l'Astrologie ou toute science d'observation, ou, encore, pour affronter un examen, un concours... Dans les orientations plus « ordinaires », l'aspect convient parfaitement aux commerçants, vendeurs, représentants, chauffeurs, routiers et toutes les activités concernant les voyages, les travaux de bureau, comptables ou mécanographes en particulier... Actuellement on peut ajouter les programmeurs, etc.

Des améliorations de la situation et des gains sont assez fréquentes parce que Mars pousse à l'action et Mercure assure une meilleur adaptation aux circonstances en apportant la souplesse, l'ingéniosité et la diplomatie... Il peut même faire apparaître quelques coups de chance, car son rôle dans ce domaine est plus efficient que ce qu'on croit habituellement.

Dans une naissance féminine il peut en résulter une liaison ou un mariage avec un homme nettement plus jeune (si la native est libre). Cela peut se dessiner à la suite d'un coup de foudre. Dans les jeunes ménages, naissance possible d'un enfant (plutôt de sexe masculin). Pour tout le monde configuration prédisposant aux voyages, mais plutôt d'études ou d'affaires.

b) **Signification des transits**

Si on est en présence d'un passage de Mars qui dure plusieurs jours il ne faut pas le négliger (notamment si c'est une rétrogradation), car il convient tout à fait pour partir en voyage, pour amorcer des pourparlers, pour effectuer une prospection, écrire des lettres, faire une démarche visant à convaincre l'interlocuteur en faisant appel à la diplomatie et à l'assurance. Bon aspect pour tous travails manuels d'adresse et de précision. Ce devrait être un bon aspect pour les joueurs de golf, de billard, de pétanque, ainsi que pour les coureurs (auto).

Exemples de directions

NAPOLÉON Ier, 1799, coup d'État : Mars sextil Mercure ;

NAPOLÉON III, 1837, un héritage renfloue ses finances : Mars sextil Mercure ;
A. FRANCE, 1881, publie « Sylvestre Bonnard » : Mars sextil Mercure ;
CAILLAUX, 1906, ministre : Mars trigone Mercure ;
J. GUITTON, 1961, élu Académie Fse : Mars trigone Mercure ;
V. H., 1874, lancement QUATRE-VINGT-TREIZE : Mars trigone Mercure (C) ;
V. H., 1881, manifestation 80e année : Mercure trigone Mars.

Exemples de transits

NAPOLÉON Ier, 11.1.1802, entrée triomphale Lyon : Mercure trigone Mars ;
NAPOLÉON III, 10.12.1848, président de la R.F. : Mars trigone Mercure ;
NIXON, nov. 1968, élu président : Mercure sextil Mars ;
G. CLEMENCEAU, 23.7.1811, 12.2.1873, 26.2.1876, 18.10.1885, quatre élections ou réélections : Deux sextils Mercure Mars, un trigone Mercure Mars, un sextil Mars Mercure ;
MUSSOLINI, 2.3.1916, caporal et permission : Mercure trigone Mars.

119 – MARS EN MAUVAIS ASPECT A MERCURE OU INVERSEMENT
(Angles de 0-90-180 et 45-135°)

a) Signification des directions

Si ces dissonances font immédiatement songer à des accidents de toute nature et plus spécialement aux accidents de locomotion, il ne faut pas oublier qu'il peut aussi en résulter des fièvres brusques, plutôt à la suite d'infections, de contagions ou d'inflammations, ainsi que des dépressions nerveuses à la suite de surmenage ou imprudences, de même que des ennuis pulmonaires ayant un caractère plus ou moins accidentel. Dans les cas extrêmes : troubles mentaux. Les accidents peuvent spécialement affecter les bras, les mains et la tête. C'est un passage délicat pour les chauffeurs et pour tous les spécialistes œuvrant sur des machines présentant des dangers (scies, toupies, presses, excavatrices, tous engins de terrassement ainsi que les postes de soudure, etc.). Tous les automobilistes sont invités à la prudence et à bannir les grandes vitesses les jours où les transits sont de nature à renforcer, à « réaliser » une direction, notamment si l'une des planètes est en rapport avec la III, la IX ou l'A.S.

Dans le domaine psychologique, ce sont des périodes qui risquent notamment d'accentuer toutes les manifestations d'un « mauvais caractère » : humeur fantasque, irritabilité, impatience, propension à la polémique violente, à la critique systématique, à l'exagération et à l'injustice dans le jugement, voire mauvaise foi dans la conduite des affaires. Chez les caractères faibles : diminution de la moralité, tendance à contourner les usages ou les lois ou, du moins, à « resquiller » dans tous les domaines. Ce sont des aspects qui peuvent très bien s'appliquer à l'attitude d'une partie de la jeunesse actuelle devenue « spécialiste » dans le domaine de la contestation (à titre de curiosité on peut noter, sur le plan mondial, que Mercure et MARS étaient en conjonction dans le Ciel à moins de 10° près pendant la PREMIÈRE QUINZAINE DE MAI 1968, point culminant des barricades et des grèves à Paris et en France). C'est une influence critique pour le jeune homme qui doit poursuivre des études difficiles (car il n'arrive pas à se concentrer). La situation journalistique ou intellectuelle est en baisse. Dans une activité indépendante, il faut prévoir un passage de crise à la suite d'erreurs ou de maladresses dans la conduite des pourparlers ou l'élaboration des programmes, parfois à cause de déficiences du personnel. Éviter notamment les accords ou contrats donnant lieu à diverses interprétations. Dans une carrière très modeste, il faut « expédier les affaires courantes », ne pas discuter avec l'entourage ou les chefs et s'efforcer de ne pas se laisser aller à bâcler le travail. Dans la mesure du possible, il faut éviter ces aspects si on doit effectuer un travail de bureau difficile et ennuyeux. Des dépenses excessives décidées impulsivement sont très fréquentes. Retarder les rendez-vous délicats, et toutes les opérations comportant des risques. Pour les femmes : se méfier des emballements consécutifs à des promesses mirifiques émanant d'hommes plus jeunes et souvent pas très scrupuleux. Ce n'est pas le moment de prendre une décision au sujet d'un mariage. Les artistes peuvent être l'objet de critiques injustifiées et les hommes politiques être durement attaqués par leurs adversaires. Polémiques violentes. En résumé : se méfier de toutes les décisions impulsives, ne pas décider des changements risqués.

b) Signification des transits

Lors des simples TRANSITS il est prudent de rester tranquille pendant quelques jours et plus spécialement de ne pas partir en voyage, de ne pas prendre des risques sur la route, se méfier des grandes vitesses en particulier. Dans le travail quotidien, éviter toute discussion, se méfier des clients irascibles. Parfois, maux de tête passagers.

Exemples de directions

NAPOLÉON Ier, 1808, campagne d'Espagne (mauvaise idée) : Mars conjonction Mercure ;
MUSSOLINI, 1917, blessé : Mercure carré Mars ;
CAILLAUX, 1920, condamnation (pour trahison ?) : Mars carré Mercure ;
V. H., 1851, année très agitée, exil, etc. : Mars conjonction Mercure ;
G. CLEMENCEAU, 1871, deux duels dans l'année : Mercure carré Mars (C) ;
A. FRANCE, 1892, quitte domicile conjugal : Mercure carré Mars (C) ;
A. FRANCE, 1920, malade : Mars carré Mercure (Maître de I).

Exemples de transits

J.-F. KENNEDY, Juin 1937, accident football : Mars opp. Mercure tout le mois ;

Robert KENNEDY, 22.11.1963, mort d'un frère : Mars conj. Mercure en VIII ;
Robert KENNEDY, 6.6.1968, assassiné : Mars opposition Mercure ;
DOUMER, 7.5.1932, assassiné : Mercure M. VIII conj. Mars exact ;
A. FRANCE, 28.4.1877, mariage malheureux : Mercure M.V. conj. Mars 2° ;
A. FRANCE, 6.6.1892, quitte domicile conjugal : Mercure conj. Mars exact ;
MUSSOLINI, 2.3.1811, avion saboté, pas de mal : Mercure carré Mars ;
MUSSOLINI, 1.11.1919, échec élections : Mercure opposition Mars ;
SAINT-EXUPÉRY, 31.7.1944, se tue en avion : Mercure (M. A.S.) carré Mars à 2° ;
HITLER, 20.7.1944, blessé par bombe : Mercure carré Mars exact.

120 – MARS EN BON ASPECT A VÉNUS OU INVERSEMENT
(Angles de 60-120 et 30-150°)

a) **Signification des directions**

Bonne période pour la circulation sanguine, pour les fonctions rénales et, partant, santé florissante découlant aussi de l'activité des échanges nutritifs. Pour les femmes, ces aspects peuvent améliorer les fonctions féminines ou mettre fin à des perturbations s'il y a lieu. Pour les deux sexes, grande activité sexuelle pouvant prédisposer aux exagérations malgré le bon aspect. On dirait aussi que l'acuité sensorielle s'accroît, que les réflexes sont plus rapides et que le sujet désire surtout profiter des agréments de l'existence.

Psychologiquement, il sera surtout porté à plaire à tout le monde et à utiliser au maximum ses dons de séduction. A moins qu'il ne soit plus libre ou que l'âge lui ait inculqué une grande sagesse, il est rare qu'une direction entre ces deux astres ne se traduise pas par quelque aventure ou du moins par quelque possibilité sentimentale, mais surtout pour les femmes, il s'agirait plutôt d'une liaison que d'un mariage, bien que la règle n'ait rien d'absolu. Aspect « classique » des séductions précoces et de toutes les imprudences amoureuses de la jeunesse.

En destinée, pour tout le monde, c'est plutôt une bonne configuration pour améliorer les finances parce qu'il se forme une alliance entre le travail, le courage, les initiatives (Mars) et la chance représentée par Vénus. Quelquefois des appuis provenant de l'autre sexe sont à noter sous ces aspects ; mais il ne faut guère compter sur ces rentrées pour accroître la sécurité pour les vieux jours parce que nous ne sommes pas en présence de planètes « économes » et tout risque d'être dépensé pour les distractions, toilettes et l'accroissement du confort. Dans une carrière artistique, c'est habituellement une période de succès ou de réalisations heureuses dans toute œuvre concernant la vie sentimentale. S'il s'agit d'une carrière politique, ces aspects ne sont nullement sans effet, ils indiquent une alliance entre les décisions comportant de la détermination, de l'audace et une part de chance apportée par Vénus. Ce serait, par exemple, le moment d'affronter une élection, surtout si les femmes peuvent y jouer un rôle. En général, et dans tous les cas, le sujet doit tenter quelque chose pour améliorer son sort parce que les chances de réussite sont considérables si le Radix est satisfaisant.

b) Signification des transits

Même les TRANSITS présentent un intérêt très appréciable spécialement pour tout ce qui se rattache à la vie privée, par exemple pour un rendez-vous, pour entamer des pourparlers de mariage, pour quelque visite ou réunion mondaine. Dans certains cas ceux qui désirent un enfant et qui éprouvent des difficultés pour réaliser ce vœu auraient intérêt à tenter une conception lors de ces transits, notamment s'il y avait possibilité de passages similaires dans les deux horoscopes. Ces transits sont aussi de bon augure pour toutes les décisions professionnelles parce que Vénus fait souvent apparaître des petits coups de chance. Bon moment pour rechercher une protection chez une personne de l'autre sexe s'il y a lieu.

Exemples de directions

J.-F. KENNEDY, 1952, élu sénateur : Vénus sextil Mars ;
J.-F. KENNEDY, 1960, élu Président : Mars sextil Vénus ;
NAPOLÉON III, 1837, un héritage renfoue ses finances : Mars sextil Vénus ;
V. H., 1831, lancement NOTRE DAME DE PARIS et première MARION DELORME : Mars sextil Vénus (C) et Vénus sextil Mars ;
Édith PIAF, 17 ans, première grande liaison : Mars trigone Vénus ;
Édith PIAF, 1939, autre liaison marquante : Vénus trigone Mars (C) ;
J. VERNE, 1874, premier TOUR DU MONDE en 80 jours, 2 ans de succès : Mars trigone Vénus.

Exemples de transits

NAPOLÉON Ier, 18.5.1804, référendum : Vénus sextil Mars ;
NAPOLÉON III, 10.12.1848, devient président R.F. : Mars trigone Vénus ;
PIE XII, 2.3.1939, élu : Mars trigone Vénus ;
COUVE DE MURVILLE, 10.7.1968, premier ministre : Vénus trigone Mars exact ;
Imp. EUGÉNIE, 30.1.1853, mariage : Vénus sextil Mars.

121 – MARS EN MAUVAIS ASPECT A VÉNUS OU INVERSEMENT
(Angles de 0-90-180 et 45-135°)

a) Signification des directions

Ce sont des aspects qui attirent surtout l'attention sur tous les ennuis concernant les fonctions rénales et sexuelles (maladies vénériennes, inflammations diverses, etc.) et qui peuvent engendrer une fatigue générale consécutive à toute sorte d'excès. En horoscope féminin : irrégularité dans les règles qui sont souvent trop abondantes et, si l'âge mûr est atteint : ménopause pénible. Plus fréquemment, pour les deux sexes laryngite et tous ennuis concernant la gorge. Également prédisposition aux excès de table ou de boisson. Si le tempérament s'y prête : apparition de troubles diabétiques.

Psychologiquement, il existe une forte tendance aux emballements amoureux, aux coups de foudre ou bien le sujet se préoccupe trop de tous les agréments de la vie et peut négliger ses obligations professionnelles, voire familiales. C'est sous de tels aspects que les passions peuvent atteindre à leur paroxisme et même dicter des décisions brusques et regrettables.

Il existe donc un danger de mésentente conjugale, voire de séparation ou de veuvage, ou, simplement, de rupture de liaison pour en amorcer une autre aux perspectives mirifiques. Ces aspects peuvent faire penser à des drames passionnels s'il s'agit de cas désespérés. L'action de la conjonction apparaît cependant comme « variable ».

Tout cela ne peut guère assurer l'essor de la destinée qui se trouve compromis (ou du moins arrêté passagèrement) par un manque d'assiduité au travail, par des dépenses impulsives inconsidérées (souvent en rapport avec les relations amoureuses du moment) et, il faut y penser aussi, par une baisse du facteur chance. Les écarts de la vie amoureuse peuvent donner lieu à des médisances, calomnies, scandales, retentissant sur la marche de la situation, plus spécialement si le sujet est connu dans son milieu social ou professionnel. Ceci semble spécialement à prendre en considération dans les carrières cinématographiques, théâtrales, dont l'ambiance se prête tout à fait à la manifestation de ces dissonances. En thème féminin, ces aspects peuvent indiquer des périodes pendant lesquelles le mari devient irritable, exigeant ; « difficile à vivre ». En thème masculin, l'épouse pourrait être tentée de prêter une oreille indulgente aux propos séducteurs, si Vénus est déjà mal configurée à la naissance. Dans les deux cas, manifestations probables de jalousie, même si elle est tout à fait injustifiée.

Dans les situations sans prétention, il faut éviter les discussions familiales, veiller à ne pas trop dépenser dans des futilités, principalement ne pas faire de dettes. Dans un autre domaine ne pas se laisser détourner de ses devoirs ou des obligations quotidiennes. Il est déconseillé de nouer des liaisons ou de se marier sous de telles directions.

b) **Signification des transits**

Comme dans la plupart des cas on peut toujours s'inspirer de ce qui est dit pour les directions en minimisant la portée. Plus spécialement, pendant une semaine ou deux il est préférable d'éviter toute discussion avec le sexe féminin et de ne solliciter aucune faveur de sa part. Éviter les achats onéreux, ne faire aucun excès ni à table ni sur la route, car si cet aspect n'est pas la cause principale d'accident il peut y contribuer.

Exemples de directions

A. 19, acc. av. 1960, se tue : Vénus carré Mars (en I) ;
N° 24, tué sur la route : Mars opposé à Vénus (et Saturne) ;
Edith PIAF, 1958, grave accident sur la route : Mars carré Vénus ;
Edith PIAF, 1948, liaison terminée tragiquement : Vénus opposé Mars ;
Vincent AURIOL, 1949, néphrite : Vénus conjonction Mars à 1° env.
Ch. FLOQUET, 1894, malade : Vénus M. VIII carré Mars ;
Ch. FLOQUET, 1896, décès : Mars carré Vénus M. VIII à 1° env.

Exemples de transits

Vincent AURIOL, 23.8.1936, néphrite : Mars conjonction Vénus ;
Édith PIAF, 22.9.1962, opération : Mars opposé Vénus ;

A. FRANCE, 12.1.1910, mort de Mme de C. après une liaison de plus de 20 ans : Vénus carré Mars ;
MUSSOLINI, 25.7.1943, arrêté et interné pendant 45 jours : Vénus carré Mars exact ;
G. CLEMENCEAU, vers 15.8.1878, malade : Mars conj. Vénus ;
G. CLEMENCEAU, 17.1.1920, démission : Vénus conj. Mars.
N[e] 2 acc. avion, 7.12.1936 : Mars carré Vénus (Mars M. VIII).

122 – MARS EN BON OU MAUVAIS ASPECT AVEC MARS NATAL

Ces directions n'ont pas été prises en considération dans les recherches qui ont été faites pour rédiger ce livre, d'abord parce qu'elles sont peu nombreuses et que leur omission n'est guère susceptible de fausser un pronostic, et, secondement, parce que j'ai toujours considéré (intuitivement) leur influence comme étant très problématique. Mais à la lumière des exemples de transits cités ci-dessous et de quelques autres, il semblerait judicieux de revenir sur cette première appréciation afin de la vérifier par quelques recherches méthodiques. Il n'est malheureusement pas possible d'envisager ce supplément de travail dans l'immédiat : on demande un jeune astrologue de bonne volonté...

Pour l'interprétation des directions et transits entre Mars et Mars on pourra s'inspirer de quelques exemples qui vont suivre :

Exemples de transits harmoniques

V. H., 5.8.1852, débarque à Jersey : Mars trigone à Mars natal ;
G. CLEMENCEAU, 6.4.1902, élu sénateur : Mars trigone Mars (et Jupiter) ;
MUSSOLINI, 2.3.1916, nommé caporal et en permission : Mars sextil Mars ;

MUSSOLINI, 23.3.1919, création des « faisceaux de combat » : Mars sextil Mars.

Exemples de transits dissonants

NAPOLÉON Ier, 9.5.1812, départ campagne de Russie : Mars carré Mars ;
J.-F. KENNEDY, 2.8.1943, blessure grave à la guerre : Mars conjonction Mars ;
A. FRANCE, 12.10.1824, décès : Mars carré Mars.

Il n'est probablement pas inutile de répéter à nouveau que ces transits de Mars ne doivent pas être considérés comme la cause principale des faits cités, mais simplement comme un élément supplémentaire venant renforcer et préciser la date de réalisation de ce qui est déjà en gestation par ailleurs. C'est la « goutte d'eau qui fait déborder le vase ». On ne voit pas d'autre interprétation logique puisque les mêmes aspects se produisent à peu près tous les 20-24 mois.

Directions et Transits entre Mars et Jupiter, voir n° 45 et 46

Directions et Transits entre Mars et Saturne, voir n° 68 et 69

Directions et Transits entre Mars et Uranus, voir n° 88 et 89

Directions et Transits entre Mars et Neptune, voir n° 106 et 107

123 — DIRECTION & TRANSITS DU SOLEIL

Analogies : Le rayonnement, l'éclat, la vitalité, l'autorité, la noblesse, l'opulence, les honneurs, la gloire ; la vie extérieure, les hautes sphères sociales, le père, l'époux, le chef, l'or, le Roi, le Président, le chef du Gouvernement.

a) Signification générale

L'effet de ces directions est pratiquement universel et on pourra le constater dans les domaines les plus divers, d'après la position particulière du Soleil à la naissance, d'après ses aspects, ou les influences dominantes de l'horoscope. Selon la nature harmonique ou dissonante on peut s'attendre aussi bien à une phase de très bonne vitalité à un regain de vigueur, à un retour vers la santé, qu'à une maladie sérieuse ou à une forte baisse de la résistance vitale. Il peut en résulter une ascension brillante aussi bien qu'une privation de liberté ; un mariage princier qu'un divorce ou un veuvage, une satisfaction honorifique qu'un scandale, une chute, etc., chaque fait étant en rapport avec la force des configurations en action à la naissance ou dans le cours de la période considérée. Toutefois, ces aspects attireront principalement l'attention de l'interprétateur sur deux points : l'état de santé et l'évolution de la situation ou du prestige, le soleil étant en analogie à la fois avec la force vitale et avec les honneurs, l'élévation, etc. En thème féminin, si l'âge est en rapport, il ne faudra cependant pas omettre de penser au mariage (qui pourrait être très brillant sous une forte direction touchant le Soleil) ou bien aux répercussions ennuyeuses que pourrait exercer un M.A. dans la vie conjugale, si le Soleil est mal configuré à la naissance. Dans tous les cas, les dissonances entre le Soleil et Mars pourront éveiller des craintes d'accidents, mais il faudra se garder de toute exagération dans ce domaine et tenir compte que le pourcentage des fins accidentelles ne dépasse pas 6 % environ en comptant les tués sur la route et les accidents du travail.

Les *TRANSITS* rendront simplement compte des minuscules satisfactions ou contrariétés de la vie quotidienne ou bien préciseront seulement l'échéance d'un fait annoncé par des aspects plus durables. L'expérience démontre que ces transits sont beaucoup plus actifs si, en même temps, Mercure ou Vénus sont très près du Soleil (dans le ciel). Dans ces cas-là, assez rares au cours d'une année, l'événement qui en résulte dépasse largement les estimations faites *a priori*. On dirait aussi que ces transits sont plus actifs aux environs de l'anniversaire.

124 – SOLEIL EN BON ASPECT AVEC LE M.C. OU INVERSEMENT
(Angles de 0-60-120 et 30-150°)

a) **Signification des directions**

Ces influences attirent surtout l'attention sur ce qui peut survenir dans le domaine de la profession, de la situation, de la notoriété, plus particulièrement si le sujet occupe déjà un poste en vue. Très souvent c'est sous l'une de ces directions que le sujet parvient au point culminant de sa carrière, s'il a déjà atteint un certain âge bien entendu, mais dans tous les cas on peut espérer des progrès, une « percée », un avancement, une consolidation, une expansion, que cela résulte d'une initiative personnelle ou bien d'une occasion que fait surgir le destin. Il est évident que cette amélioration de la situation doit s'accompagner d'un accroissement des ressources matérielles. Des relations parmi des personnes influentes peuvent intervenir dans ces modifications. Il est évident que ces aspects seront surtout précieux pour les hommes politiques, pour les artistes et toutes les personnes ayant une situation plus ou moins en vue, mais même dans les carrières les plus modestes le sujet doit tenter sa chance, notamment en utilisant toutes les relations qu'il peut avoir dans son milieu professionnel et tout spécialement parmi les personnages influents. Dans un horoscope féminin, ce sont de bons aspects pour nouer des relations sentimentales avec des hommes d'une situation plus élevée et même pour conclure un mariage dans de bonnes conditions.

b) **Signification des transits**

On peut utiliser les bons transits du Soleil sur le M.C. pour toutes les initiatives professionnelles présentant une certaine importance. A choisir pour toute démarche concernant un changement de situation ou simplement pour solliciter une amélioration ou une entrevue avec une personnalité ayant de l'influence. En général, quelques jours de petits succès dans le travail en cours.

Exemples de directions

NAPOLÉON Ier, 1799, coup d'État : M.C. conjonction au Soleil ;
NAPOLÉON Ier, 1804, empereur : Soleil sextil M.C. ;
NAPOLÉON III, 1851, coup d'État : M.C. trigone Soleil (et Mars) (C) ;
RObert KENNEDY, 1964, sénateur : Soleil conjonction M.C. ;
ALain POHER, 1968-1969, président Sénat et Intérim de la Présidence R.F. : M.C. conjonction Soleil ;
R. POINCARÉ, 1909, élu à l'Académie F. : M.C. trigone Soleil ;
A. FRANCE, 1896, élu à l'Académie F. : M.C. trigone au Soleil ;
A. FRANCE, 1921, prix NOBEL : M.C. conjonction au Soleil ;
Vincent AURIOL, 1947, élu Président R.F. : Soleil conjonction M.C. ;
Impératrice CHARLOTTE, 1857, mariage : Soleil conj. F.C.

D'après les exemples consultés, les directions entre le M.C. et le Soleil paraissent d'assez loin les plus fréquentes lors des grandes satisfactions honorifiques.

Exemples de transits

V. H., 4.10.1861, contrat vente MISÉRABLES : Soleil conjonction M.C. exact ;
V. H., 3.4.1862, sortie MISÉRABLES : Soleil trigone M.C. 2° 30' ;
V. H., 3.6.1841, réception à l'Académie F. Soleil sextil M.C. ;
A. CARREL, 10.12.1912, reçoit le prix NOBEL : Soleil conjonction M.C. ;

A. FRANCE, 30.1.1902, première à l'ODÉON : Soleil conjonction M.C. ;
A. FRANCE, 28.3.1903, première à la RENAISSANCE : Soleil sextil M.C.

125 – SOLEIL EN MAUVAIS ASPECT AVEC LE M.C. ou inversement (Angles de 90-180 et 45-135°)

A) Signification des directions

Il est assez difficile d'attribuer un caractère rigoureux à la conjonction du Soleil avec le M.C. qui semble plutôt nuisible au prestige mais constructive pour les problèmes concernant le foyer, l'habitation, etc. Dans tous les cas cet aspect est bien moins fréquent que le carré lorsqu'on examine les revers des célébrités étudiées ici.

Comme pour les bons aspects, ces directions seront à examiner avec un soin tout particulier si on se trouve en présence de l'horoscope d'une personnalité en vue ayant de lourdes responsabilités. C'est donc chez les hommes politiques, chez les artistes, les P.-D.G. qu'il faudra craindre des crises, des éclipses, des échecs, ou même de revers de fortune, selon le Ciel natal, selon l'encadrement de la direction considérée. Toutefois, même dans les situations quelconques, ce sera une période difficile avec une baisse dans les rentrées s'il s'agit d'une situation personnelle ou avec des tracas avec les chefs, patrons, directeurs si le natif est aux ordres des autres. Pour tout le monde, ce sont des aspects qui peuvent aussi indiquer des ennuis familiaux, des deuils, (perte du père par exemple) des changements désagréables de travail ou de domicile. Chez les femmes, la situation du mari peut se trouver compromise et l'harmonie conjugale peut laisser à désirer également. Dans des cas très rares : veuvage possible. En général, ce n'est pas une bonne période pour envisager de nouvelles relations sentimentales, perte possible de protecteurs aisés. D'après les enseignements fournis par les recherches qui ont préludé à cette rédaction il ressort que les dissonances du M.C. paraissent jouer un rôle plus important que prévu dans les accidents ou lors de la fin de la vie.

b) Signification des transits

En raison de leur durée très limitée, une semaine environ tout au plus, ce ne sont pas des passages de nature à susciter de gros soucis. Ils annoncent souvent, dans les carrières indépendantes, des ralentissements, des difficultés dans le travail en cours, mais sans graves conséquences. Il est préférable de ne rien décider pendant quelques jours. En principe, de tels passages risquent surtout de déclencher des ennuis annoncés par d'autres influences plus durables.

Exemples de directions

J.-F. KENNEDY, 1963, assassiné, Soleil en VIII : M.C. carré Soleil ;
MUSSOLINI, 1945, assassiné : M.C. carré Soleil ;
GOERING, 1923, échec putch de Münich et blessure : M.C. carré Soleil ;
NAPOLÉON III, 1866, échec expédition Mexique : Soleil 135° M.C. ;
V. H., 1871, déceptions politiques (d'après certains il aurait espéré être élu président de la R.F.) : Soleil carré M.C. ;
G. CLEMENCEAU, 1866-1867, son père coupe les vivres : Soleil carré M.C. ;
G. CLEMENCEAU, 1892-1893, accusé publiquement à la Chambre de relations avec les escrocs de PANAMA duel à ce propos, et début d'une période de dix ans pendant laquelle il restera en dehors de la vie politique : M.C. carré Soleil (C) ;
A. 4, 1936, se tue acc. avion : Soleil opposé M.C. ;
A. II, 1936, se tue acc. avion : M.C. carré Soleil ;
A. 16, 1960, se tue acc. avion : M.C. opposé Soleil.

Exemples de transits

NAPOLÉON III, 6.8.1840, échec Boulogne, interné 6 ans : Soleil carré M.C. exact ;

BOULANGER, 30.11.1870, blessé : Soleil carré M.C. ;
G. CLEMENCEAU, 5.5.71, démission député : Soleil carré M.C.

126 – SOLEIL EN BON ASPECT A L'A.S. OU INVERSEMENT
(Angles de 0-60-120 et 30-150°)

a) **Signification des directions**

Ce sera presque toujours une excellente période pour la santé parce que la force vitale se trouve accrue et parce que le cœur remplit pleinement sa fonction. Après une maladie ce sont de bonnes influences pour récupérer. Ces directions sur le plan psychologique se manifesteront surtout par une accentuation de la confiance en soi, par une aptitude à voir les choses dans leur ensemble, ce qui évitera tout tâtonnement dans les détails et facilitera toutes les tâches du sujet. L'action sur le destin est moins directe que pour les aspects touchant le M.C., mais la bonne santé, la résistance à la fatigue, sont généralement à l'origine d'initiatives heureuses qui ne peuvent manquer de se traduire par des progrès dans différents domaines. Il faudrait surtout choisir ces périodes pour tenter de se mettre en valeur, pour faire ressortir ce qu'on a fait ou ce qu'on se sent capable de faire, surtout dans le cadre de la maison occupée par le Soleil ou de la dominante générale du thème. Dans les horoscopes des femmes, ce sont aussi de bonnes influences pour des décisions sentimentales, pour nouer des relations avec des hommes d'une situation plus élevée, pour se marier avantageusement ou trouver quelque riche protecteur si le Soleil est en relation avec la V ou la VII et si l'ensemble du thème est encourageant. Pour tout le monde c'est un très bon passage pour prendre toutes initiatives susceptibles d'accentuer le prestige personnel. Chez les personnages célèbres, il ne semble pas que ces influences soient spécialement efficientes, il existe une grande différence par rapport à celles du M.C. que l'on rencontre à chaque pas en feuilletant les dossiers des hommes politiques notamment.

b) Signification des transits

Il n'y a rien de très spécial à signaler, on peut considérer le passage comme étant de nature à faire disparaître un malaise et très propice pour toute démarche visant à faire valoir ses aptitudes auprès de chefs ou de patrons. Mais le plus souvent l'aspect réalise ce qui est déjà en gestation par ailleurs.

Exemples de directions

A. FRANCE, 1874, trouve un éditeur : Soleil conjonction A.S. ;
R. POINCARÉ, 1926, forme son « grand Ministère » : A.S. trigone Soleil ;
MUSSOLINI, 1922, parvient au pouvoir : Soleil sextil A.S. ;
J. VERNE, 1877, grande fête, période de succès : Soleil sextil A.S.

Exemples de transits

NAPOLÉON Ier, 8.2.1807, EYLAU : Soleil trigone A.S. ;
NIXON, 6.11.1945, élu au Congrès : Soleil sextil A.S. exact ;
NIXON, 5.11.1968, élu président : Soleil sextil A.S. exact ;
Maurice DRUON, 6.12.1966, élu Académie F. : Soleil sextil A.S. exact ;
G. CLEMENCEAU, 6.4.1902, Sénateur : Soleil sextil A.S. ;
V. H., 25.10.1838, contrat de 300 000 F : Soleil conj. A.S. exact ;
MUSSOLINI, 12.9.1943, libéré par para allemands : Soleil sextil A.S.

127 – SOLEIL EN MAUVAIS ASPECT AVEC L'A.S. OU INVERSEMENT
(Angles de 90-180 et 45-135°)

a) Signification des directions

Des réserves sont à formuler au sujet du passage du Soleil sur la pointe de VII, qui n'est pas obligatoirement « maléfique » et qui peut faciliter un mariage, plus spécialement chez les femmes. Toutefois, il semble toujours douteux pour la santé.

Il est évident que ces directions, surtout si le Soleil est en VIII ou en VI-XII sont à classer parmi les plus dangereuses pour la santé. Parfois elles se manifestent simplement par une sensation de fatigue, par une baisse de vitalité sans causes très visibles, mais, en d'autres occasions, il peut se produire des crises cardiaques sévères ou des maladies précises en relation avec le signe A.S. ou frappant le point faible habituel de l'organisme, même si ce dernier n'a rien à voir avec la position du Soleil ou de l'A.S. La vue peut être affectuée, surtout à partir d'un certain âge. De fortes fièvres pour des malaises très superficiels sont très possibles avec cet astre de FEU.

En psychologie, il faut craindre une surestimation des capacités, une sensibilité particulière aux critiques ou humiliations, une aversion passagère pour toutes les obligations, toutes les contraintes si le sujet est au service des autres. Tout cela peut provoquer des désirs de changement et des options irréalisables parce que trop ambitieuses par rapport aux capacités réelles ou aux appuis dont on dispose. Il est préférable de ne rien tenter de difficile parce que la chance se trouve également affaiblie. Éviter les dépenses superflues, se méfier des jeux et spéculations. S'il s'agit d'une personne en vue : perte de prestige, de situation ou, du moins, crise passagère, espérances déçues, etc. En thème féminin : encore des complications dans la vie conjugale ou dans les relations avec l'autre sexe en général. Pour tout le monde : ne pas compter sur les appuis ou promesses sous ces influences.

b) Signification des transits

Le simple transit peut signifier une maladresse, une contrariété ou un malaise passager ou superficiel. Comme pour tous les transits rapides il peut « dater » un événement en préparation.

Exemples de directions

NAPOLÉON Ier, 1812, campagne de Russie : A.S. carré au Soleil ;
V. AURIOL, aurait perdu un œil vers 8 ans : A.S. opp. Soleil ;
A. FRANCE, 1899, quitte l'ÉCHO DE PARIS : A.S. carré Soleil ;
J.-F. KENNEDY, 1963, décès, Soleil carré A.S. probable ;
PIAF, 1963, décès : Soleil carré A.S. probable ;
Ch. FLOQUET, 1896, décès : Soleil semi-carré A.S. ;
J. VERNE, 1905, décès : A.S. opp. Soleil ;
N° 2, acc. avion, 1936, se tue : A.S. carré Soleil (M. VI) ;
N° 21, acc. avion, 1944, se tue : A.S. carré Soleil (M. XII).

Exemples de transits

BOULANGER, 27.3.88, mis à la retraite : Soleil carré A.S. ;
BOULANGER, 30.9.91, suicide : Soleil carré A.S. ;
G. CLEMENCEAU, 3.9.1893, malade et battu élections : Soleil carré A.S. ;
Ch. FLOQUET, 3.1.1893, échec élections : Soleil carré A.S. ;
Mar. FOCH, 20.3.1929, décès : Soleil carré A.S. ;
PELADAN, 27.6.1918, décès : Soleil opp. A.S. à 3° ;
N° 17, acc. avion, 29.8.60, se tue : Soleil opposition A.S.

128 – SOLEIL EN ASPECT AVEC LE SOLEIL NATAL

Exemples de transits harmoniques

NAPOLÉON Ier, 14.6.1800 : Soleil sextil Soleil, MARENGO ;
NAPOLÉON Ier, 14.6.1807, FRIEDLAND : Soleil sextil Soleil ;
J.-F. KENNEDY, 31.5.1961, voyage à Paris : Soleil conj. Soleil ;
Édith PIAF, premier gala, 17.2.1936 : Soleil sextil Soleil ;
E. FAURE, 19.10.1869, réélu facilement : Soleil sextil Soleil ;
PIE XII, 2.3.1939, élu : Soleil sextil Soleil.

Exemples de transits dissonants

MUSSOLINI, 31.10.1926, attentat : Soleil carré Soleil ;
MUSSOLINI, 28.4.1945, tué par les partisans : Soleil carré Soleil ;
GOERING, 16.10.1946, pendu comme criminel de guerre : Soleil carré Soleil.

Soleil en bon ou mauvais aspect avec MARS voir n° 114 et 115

Soleil en bon ou mauvais aspect avec JUPITER voir n° 32, 37, 38

Soleil en bon ou mauvais aspect avec Saturne voir n° 55, 60, 61

Soleil en bon ou mauvais aspect avec URANUS voir n° 75, 80, 81

Soleil en bon ou mauvais aspect avec NEPTUNE voir n° 98, 99

129 – SOLEIL EN BON ASPECT AVEC LA LUNE OU INVERSEMENT
(Angles de 0-60-120 et 30-150°)

a) Signification des directions

La nature de la conjonction est cependant assez mal définie, il est même difficile de se faire une opinion rigoureuse d'après l'expérience, il faudra surtout tenir compte des indications du Ciel natal.

Ce sont des influences particulièrement en bon augure pour remettre d'aplomb un organisme déficient puisque ces deux astres gouvernent les deux fonctions de l'organisme qui sont d'une importance primordiale : le cœur et l'appareil digestif. Pendant l'enfance et la jeunesse, une bonne direction de ce genre peut engendrer une croissance rapide, assurer une période d'excellente vitalité venant rendre les études plus aisées, ainsi que le succès à un examen difficile, etc. Sur le plan mental, il se produit une amélioration de la mémoire, une amplification de l'imagination, un développement du sens esthétique et de l'aptitude à voir les choses dans leur ensemble, d'où naissance de conceptions judicieuses d'un heureux effet sur l'évolution du destin qui se trouve également aidée par l'endurance physique et mentale que confère une bonne santé. Ce sont donc des aspects qui peuvent convenir pour toutes sortes de réalisations, mais une attention spéciale devra être apportée aux possibilités de mariage si le sujet est encore célibataire (et en âge de se marier) parce que ces directions sont apparemment les meilleures sous ce rapport pour les deux sexes. En effet, on sait que la Tradition attribue la Lune à l'épouse (en thème masculin) et le Soleil au mari (en thème féminin). En plus du changement que peut engendrer un mariage, ces influences conviendraient pour envisager une réorganisation générale et d'existence, par exemple : changement de situation ou de domicile, recherche de protections ou amitiés aussi bien chez les femmes que chez les hommes, choix d'une orientation définitive si ce n'est pas encore fait, tentatives pour « percer » si les aptitudes et les connaissances acquises peuvent laisser espérer l'accès à la notoriété ou tout au moins à quelque poste élevé, etc.

Dans toutes les situations, on peut espérer une amélioration des rentrées qu'il s'agisse de coups de chance ou d'acquisitions à la « force du poignet ». On peut même penser à quelques gains spéculatifs ou bien dus au hasard si l'un des astres est en relation avec la V. Les voyages, les séjours au bord de l'eau, les cures thermales peuvent aussi s'accomoder de ces aspects. Dans le domaine social, politique ou artistique c'est le moment de se mettre en avant, de se porter candidat à quelque poste surtout si la foule peut intervenir, comme, par exemple, dans une élection ou une représentation artistique. Même les astrologues peuvent bénéficier de ces aspects parce qu'ils peuvent accentuer l'intuition.

b) **Signification des transits**

Une différence s'impose selon qu'il s'agira de la Lune ou du Soleil. Dans le premier cas on pourra considérer le jour où se forme l'aspect, dans le second on pourra prendre l'aspect à trois jours près par exemple ou même un peu plus, mais on ne peut pas formuler de règles rigides. Tenir compte que le passage du Soleil semble plus actif à l'époque de l'anniversaire. On pourra choisir ces influences pour toutes sortes de décisions concernant la vie privée, la famille, la profession et même les problèmes financiers (ne pas oublier que le Soleil représente l'or et la Lune l'argent). En cas d'ennuis de santé précédemment, un bon passage de la Lune ou du Soleil serait à envisager pour commencer une cure, un traitement.

Exemples de directions

NAPOLÉON Ier, 1810, remariage : Soleil trigone Lune ;
G. CLEMENCEAU, 1868-1869, fiançailles : Soleil trigone Lune ;
G. CLEMENCEAU, 1906, Président du conseil : Lune trigone Soleil ;
Robert KENNEDY, 1964, élu sénateur : Soleil trigone Lune (C) ;
R. POINCARÉ, 1926, grand Ministère : Lune trigone Soleil ;

A. FRANCE, 1909, voyage Amérique, liaison passagère : Lune sextil Soleil ;

Édith PIAF, 1948, grand succès, liaison heureuse : Soleil trigone Lune ;

Édith PIAF, 1962, second mariage : Lune trigone Soleil ;

MUSSOLINI, 1938, Münich, dernier succès de prestige : Soleil trigone Lune ;

Mce CHEVALIER, 1929, « Parade d'amour » grand succès : Lune trigone Soleil.

Exemples de transits

NAPOLÉON Ier, 18.5.04, référendum : Soleil trigone Lune ;

Édith PIAF, 17.2.1968, premier gala à l'Olympia : Lune conj. Soleil (et Mercure).

J.-F. KENNEDY, 18.09.1953, mariage : Soleil conjonction Lune ;

J.-F. KENNEDY, 09.10.1960, élu Président : Soleil sextil Lune ;

MUSSOLINI, 02.08.1909, nommé rédacteur en chef : Soleil sextil Lune.

130 – SOLEIL EN MAUVAIS ASPECT A LA LUNE OU INVERSEMENT (Angles de 90-180 et 45-135°)

a) Signification des directions

C'est à peu près le contraire des B.A., il peut en résulter toutes sortes de malaises ou maladies en relation avec les parties du corps gouvernées par le Soleil ou la Lune, et secondairement, soit par les signes, soit par les Maisons occupées par les Luminaires ; par exemple : ennuis digestifs de toute nature, troubles cardiaques, déficiences de la circulation sanguine ou humorale et vue déficiente. A ce sujet, si la direction survient à un certain âge il peut se produire un brusque fléchissement de l'acuité visuelle contraignant le sujet à surmonter son amour-propre pour faire appel aux lunettes dont il était fier et heureux de pouvoir se passer jusque-là. S'il s'agit d'une « bonne » constitution, ces directions seront peut-être surmontées sans malaises très précis, mais il en résultera une forte baisse de vitalité, éphémère si le sujet est encore jeune, ou irrécupérable au-delà d'un certain âge.

Psychologiquement, il se produira un fléchissement de l'assurance, de la confiance en soi et, au contraire, davantage d'hésitations, d'indécisions et un manque d'ardeur au travail. Tout cela, venant s'ajouter à une faiblesse de la chance, fait pressentir des flottements dans la situation, des échecs dans des initiatives ou, certainement, une crise passagère notamment dans le domaine des finances. C'est cependant dans le domaine de la vie privée que risquent de survenir les plus gros ennuis : maladie ou perte de parents ou parentes ; complications conjugales, parfois risques de séparation ; déboire au sujet des enfants (surtout au sujet d'une fille ?) et, dans un domaine voisin, mécontentement, désir de changement de résidence qu'il n'est pas possible de satisfaire sous ces aspects. Ils ne conviennent pas, non plus, pour des cures thermales ni pour des séjours au bord de l'eau où pourraient se produire des accidents ou une aggravation des malaises habituels. Pour tout le monde, c'est encore une ambiance pendant laquelle il faut se tenir sur la défensive. Éviter notamment de s'engager sur le plan sentimental et de se marier. Si on est en présence de la Carte du Ciel d'une personnalité de premier plan il faut pronostiquer une « pause », une éclipse, un échec ou même un revers selon le Ciel natal et selon l'encadrement de la direction (car il convient de rappeler qu'un fait saillant est presque toujours annoncé par plusieurs aspects de même nature survenant à peu près en même temps).

b) **Signification des transits**

Ils dénotent simplement des malaises passagers, des excès de table, des petites déceptions ou discussions familiales, des rendez-vous manqués, de courtes contrariétés concernant les relations avec l'autre sexe, etc. En principe, les aspects formés au moment de la nouvelle Lune ou d'une éclipse sont théoriquement plus influents, mais je n'ai pas fait de remarques très particulières à ce sujet.

Exemples de directions

V. H., 1821, mort de la mère : Soleil carré Lune ;
V. H., 1828, mort du père : Lune carré Soleil (C) ;
G. CLEMENCEAU, été 1893, malade (dysenterie) et battu élections : Soleil carré Lune ;
MUSSOLINI, 1913, échec élections : Soleil carré Lune ;
MUSSOLINI, 1925, alité, ulcère estomac : Lune carré Soleil (C) ;
CAILLAUX, 1920, condamné Haute Cour : Lune opp. Soleil ;
J. VERNE, 1905, décès : Soleil opp. Lune.

Exemples de transits

MUSSOLINI, 7.4.1926, attentat, légère blessure : Lune opp. Soleil (journée) ;
MUSSOLINI, 2.3.1921, avion saboté (pas de mal) : Soleil carré Lune ;
V. H., 13.3.1871, mort de Charles : Soleil carré Lune (fils de V. H.) ;
G. CLEMENCEAU, 22.11.1871, duel : Lune opposition Soleil (journée)
Mar. LECLERC, 27.11.1947, tué acc. d'avion : Soleil carré Lune ;
PELADAN, 27.6.1918, décès : Soleil carré Lune.

131 – SOLEIL EN BON ASPECT A MERCURE OU INVERSEMENT
(Angles de 0-60-120 et 30-150°)

a) Signification des directions

Physiquement ces aspects présagent une élaboration normale de la force nerveuse venant faciliter la fonction cardiaque et rendre le sujet moins sensible à la fatigue physique ou intellectuelle, mais c'est évidemment sur le plan mental que l'action doit surtout se révéler bienfaisante par un renforcement du sens synthétique, des facultés de compréhension et d'assimilation. Le Soleil assure une très large ouverture d'esprit permettant d'aborder les sujets difficiles. C'est donc une bonne période pour affronter un examen, un concours, pour rédiger un rapport, pour écrire un livre ou même tenter de se faire connaître du grand public si l'on songe à une carrière artistique, sociale, politique, etc. Toute le monde doit bénéficier des bonnes idées qui se font jour sous ces harmonies, plus spécialement, les voyageurs, les représentants, les commerçants, les secrétaires, les éditeurs et libraires. Chez les sportifs, ce serait plutôt la catégorie vitesse qui serait favorisée et non le demi-fond. Dans la vie politique, des succès sont possibles à la suite de campagnes de presse en faveur du natif ou après de savantes campagnes électorales conçues et organisées par le natif lui-même. Dans la vie courante, ce sont des influences à choisir si on désire changer d'occupation ou entrer en relation avec des milieux intellectuels ou, encore, avec les hautes sphères sociales.

b) **Signification des transits**

Les transits sont à utiliser pour effectuer les petits voyages, pour se mettre à jour dans la correspondance, pour demander quelque faveur à l'entourage familial, pour tenter d'assimiler un passage malaisé à comprendre de l'ouvrage que l'on est en train de lire, etc. On peut aussi prendre des notes si on espère s'en servir plus tard. Bons aspects pour toutes sortes de consultations difficiles.

Exemples de directions

G. CLEMENCEAU, 1874, Elu conseiller municipal : Mercure sextil Soleil ;
A. FRANCE, 1896, élu à l'Académie F. : Mercure sextil Soleil (C) ;
V. H., 1841, élection et réception à l'Académie F. : Soleil sextil Mercure (C) ;
V. H., 1852, s'installe à Jersey : Mercure sextil Soleil ;
V. H., 1869, préside le Congrès de la Paix : Mercure sextil Soleil (C) ;

C. CLEMENCEAU, 1918-1919, victoire et traité de Paix : Mercure sextil Soleil (C) ;

Édith PIAF, 1962, remariage : Mercure M. VII sextil Soleil ;

J. VERNE, 1872, sortie 20 000 lieues : Mercure sextil Soleil.

Exemples de transits

NAPOLÉON Ier, 14.6.1800, MARENGO : Mercure sextil Soleil ;

NAPOLÉON Ier, 2.12.1805, AUSTERLITZ : Mercure trigone Soleil ;

G. CLEMENCEAU, 21.9.1920, part pour les Indes : Mercure conj. Soleil ;

Édith PIAF, 17.2.1936, premier grand gala : Soleil sextil Mercure ;

MUSSOLINI, 2.8.1909, rédacteur en chef : Mercure conj. Soleil (et Mercure) ;

MUSSOLINI, 30.9.1938, succès de prestige à Münich : Soleil sextil Mercure.

132 – SOLEIL EN MAUVAIS ASPECT AVEC MERCURE OU INVERSEMENT (Angles de 90 et 45°)

a) **Signification des directions**

Physiquement elles sont de nature à susciter des malaises très variés par suite d'une altération de la force nerveuse dont les conséquences peuvent surtout se manifester sur la fonction cardiaque. Il convient cependant d'examiner comment sont influencées les voies respiratoires dans le Ciel natal parce que les ennuis peuvent aussi se placer de ce côté. Dans le domaine des directions, en raison des lois astronomiques régissant Mercure et le Soleil, il ne peut pas se former d'opposition entre les deux et le sesqui-carré est extrêmement rare ; mais le semi-carré est très fréquent et le carré reste très possible. Il semble avoir une action sur la santé et la durée de la vie et sur l'activité intellectuelle où il risque de fausser le jugement par des poussées d'orgueil pouvant se traduire par des décisions nuisibles à l'évolution du destin. Une telle dissonance peut inciter le savant (sans aptitudes particulières) à se considérer comme un génie méconnu, l'écrivain jugera que son éditeur ne sait pas le « faire mousser » et que ses lecteurs ne savent pas le comprendre ; l'artiste ne sera pas satisfait des cachets qu'on lui propose ni des applaudissements que lui réserve le public. Tout cela pouvant engendrer des changements décidés un peu par dépit et devenant désastreux par la suite. Dans les situations modestes, les effets seront moins apparents mais personne ne semble à l'abri d'une exagération de ses propres capacités et des ennuis qui en résultent.

Le sujet pourrait être tenté de se « tirer d'affaire » par des actes « discutables ». C'est un aspect au cours duquel il faut s'efforcer de faire preuve de modération en toutes choses.

b) Signification des transits

Mauvaise décision dans les affaires commerciales, mauvais achat, démarches sans succès, lettre désagréable, nervosité, impatience. Ne pas écrire, ne pas rendre de visites délicates, cultiver la diplomatie, ne pas partir en voyage, se méfier encore de la vitesse.

Exemple de directions

R., KENNEDY, 1968, décès : Soleil carré Mercure (tous deux en VIII) (C) ;
A. FRANCE, 1924, décès : Mercure M. I carré Soleil ;
NAPOLÉON III, 1870, guerre et captivité, apparemment par suite d'une très mauvaise appréciation des possibilités et pour des raisons de prestige : Soleil carré Mercure env.

Exemples de transits

J.-F. KENNEDY, 2.8.1949, mort du frère aîné : Mercure carré Soleil ;

J.-F. KENNEDY, 10.2.1955, grave opération : Soleil carré Mercure ;

J.-F. KENNEDY, vers 15.8.1963, perte d'un fils : Soleil carré Mercure ;

J.-F. KENNEDY, 22.11.1963, tué à Dallas : Mercure opposition Soleil, Mercure et Soleil sont en VIII à la naissance (voir direction ci-dessus).

N° 13, acc. avion, 29.8.1960, se tue : Soleil carré Mercure, exact ;

N° 15, acc. avion, 29.8.1960, se tue : Mercure carré Soleil ;

MUSSOLINI, 31.10.1926, attentat : Soleil carré Mercure ;

MUSSOLINI, 28.4.1945, tué par les partisans : Soleil carré Mercure ;

NAPOLÉON Ier, 9.5.1812, départ campagne Russie : Mercure carré Soleil.

133 – SOLEIL EN BON ASPECT A VÉNUS OU INVERSEMENT
(Angles de 0-60-120 et 30°)

a) Signification des transits

Ces directions devront être examinées avec grands soins dans un horoscope féminin parce qu'elles sont particulièrement actives dans ce cas. L'auteur de ces lignes regrette de ne pas avoir à sa disposition les cartes du ciel et les biographies détaillées d'une dizaine de « femmes fatales » parce qu'il est convaincu qu'il pourrait constater un maximum de « ravages » au moment de ces directions. En effet, elles sont de très bon augure pour la santé en favorisant notamment la circulation et les éliminations ce qui engendre, surtout chez les femmes, un teint frais et éclatant, un regard doux et fascinant et un accroissement marqué du sex-appeal avec toutes ses possibilités ou conséquences. On se trouve donc en présence, s'il s'agit d'un horoscope féminin, d'une des meilleures configurations que l'on puisse souhaiter pour nouer des relations amoureuses et également pour envisager et conclure une union légale habituellement avantageuse socialement et financièrement.

Si de telles directions se forment, par exemple vers 14-18 ans on peut craindre des aventures précoces, qui ne sont pas toujours sans danger en raison de l'inexpérience de la jeunesse, mais qui se terminent cependant (en règle générale) sans complications graves parce que l'aspect est assez chanceux. Au contraire, si le bon aspect se forme vers l'âge mûr — ou après — il peut en résulter un « retour de flamme » sur lequel on ne comptait plus. Ce serait cependant un aspect idéal pour un mariage tardif.

Toutefois il ne faut pas seulement considérer le côté affectif, ce sont aussi de bonnes influences pour les musiciens, les comédiens, les décorateurs, les auteurs dramatiques ainsi que pour toutes les professions concernant les vêtements et les soins de beauté, domaines où on peut escompter un accroissement très marqué de la clientèle aussi bien du côté des femmes que des hommes en vue. Pour tout le monde, ces aspects sont de nature à provoquer des coups de chance dans tous les domaines mais plus spécialement dans ceux qui sont en analogie avec les Maisons occupées par le Soleil ou Vénus (1).

b) **Signification des transits**

On peut s'attendre à quelque visite ou rencontre agréable, à une invitation, à une satisfaction artistique, à une rentrée supplémentaire d'argent et à toute nouvelle agréable. A choisir pour faire une démarche auprès d'une femme ou d'une personnalité influente, éventuellement pour la correspondance amoureuse, etc.

Exemples de directions

Édith PIAF, 1939, liaison suite mobilisation : Soleil conj. Vénus (dir. sec.) ;

(1) En raison des lois astronomiques il ne peut guère se produire d'opposition entre VÉNUS et le SOLEIL en directions, sauf cas très particuliers. Le trigone sera également très rare, il s'agira donc habituellement de la conjonction ou du sextil, accessoirement du semi-sextil. La conjonction sera très fréquente.

Édith PIAF, 1941, liaison de 3 ans : Vénus conjonction Soleil (C) ;

Édith PIAF, 1944, nouvelle liaison : Vénus sextil Soleil ;

Juliette DROUET, 1832, rencontre V. H. : Vénus conjonction Soleil ;

Juliette DROUET, 1833, liaison avec V. H. : Soleil sextil Vénus (Dir. Sec.) ;

MUSSOLINI, 1936, liaison Clara PETACCI : Vénus sextil Soleil ;

Clara PETACCI, 1936, liaison Mussolini ; Vénus conj. Merc. M.V. (Dir. Sec.) ;

V. H., printemps 1871, liaison Garreau : Vénus sextil Soleil en 1870 ;

Impératrice SISSI, 1854, mariage : Vénus sextil Soleil ;

NAPOLÉON III, 1837, héritage de sa mère : Soleil sextil Vénus ;

Dir. Sec. signifie direction secondaire ou progressée (un jour par an).

Exemples de transits

Impératrice EUGÉNIE, 31.1.1833, mariage : Vénus trigone Soleil exact

Comtesse de CASTIGLIONE, 9.1.1854, mariage : Soleil sextil Vénus ;

Comtesse de CASTIGLIONE, 20.10.1856, à Compiègne chez N. III : Vénus trigone Soleil ;

G. CLEMENCEAU, 23.5.1869, mariage : Vénus sextil Soleil exact ;

G. SAND, 10.9.1822, mariage : Soleil semi-sextil Vénus exact ;

Marec. DE LATTRE, 22.3.1927, mariage : Soleil conj. Vénus exact ;

A. FRANCE, 14.12.1910, EMMA s'installe chez lui : Vénus trigone Soleil exact.

134 – SOLEIL EN MAUVAIS ASPECT AVEC VÉNUS OU INVERSEMENT
(Angles de 45-90 et rarement 135 et 180°)

a) Signification des directions

Comme signalé pour les B.A. les dissonances sont peu nombreuses parce que seul le carré est de quelque importance et, encore, ne peut-il se former qu'à un âge avancé dans la plupart des horoscopes... Toutefois, d'après les quelques exemples rencontrés aussi bien en directions qu'en transits, il ne faut pas se montrer trop optimiste dans son interprétation. En principe, les directions peuvent affecter la circulation du sang, les ennuis urinaires et vénériens et, dans une moindre mesure : la fonction cardiaque. Chez les femmes, de sérieuses perturbations en rapport avec un accouchement tardif (s'il y a lieu) ou au moment de la ménopause, étant donné que cette direction est assez tardive dans la plupart des cas.

Moralement, surtout chez les femmes, on peut craindre une tendance à négliger les devoirs conJugaux, à se laisser entraîner dans des aventures plutôt épisodiques car les séparations ou divorces ne paraissent pas spécialement en relation avec ces directions. Chez les hommes, il faudrait craindre quelque passion tardive pouvant parfois coïncider avec l'âge critique de la cinquantaine et amenant aussi des perturbations dans le ménage.

En destinée, l'aspect n'est pas très dangereux, il fait surtout penser chez les hommes à des dépenses pour assouvir quelque passion et, pour tout le monde, à des ennuis dans le travail à la suite de jalousies ayant à leur base des problèmes amoureux (par exemple hostilité à la suite de sollicitations repoussées ou attitude distante pour éviter des déclarations qu'on préférerait ne pas entendre). Dans les carrières artistiques, le carré (ou même le demi-carré) peut correspondre à un fléchissement de la notoriété ou même à une éclipse qui prélude parfois à une prise de retraite dictée par le découragement parce que les nouveaux engagements tardent à venir. Le passage n'est cependant sérieux que pour les artistes ayant déjà atteint un certain âge. Tout le monde a intérêt à se méfier des complications familiales et affectives. Ne pas tabler sur la chance tant que dure la direction.

b) Signification des transits

Les TRANSITS conseillent la prudence dans les relations amoureuses pendant quelques jours et aussi dans les affaires de famille. Ce ne serait pas le moment d'écrire une lettre d'amour, de faire une déclaration. Sur le plan physique, se méfier des excès dans tous les domaines. Si l'harmonie au foyer laisse à désirer : éviter les discussions tant que dure l'aspect. Ne pas faire de démarches demandant de la chance pour réussir, notamment s'il s'agit de finances. Eviter les achats inutiles.

Exemples de directions

NAPOLÉON III, 1870, sa maladie de la « pierre » en aggravation a certainement contribué à la perte de la guerre : Soleil carré Vénus ;

Édith PIAF, 1963, décès : Vénus carré Soleil ;

Les quadratures entre ces deux astres sont obligatoirement très rares (sauf si le sujet atteint un grand âge) en raison des lois astronomiques. Même remarque pour Mercure-Vénus et Mercure-Soleil

Exemples de transits

Mireille MATHIEU, 18.2.1968, Interruption de carrière suite accident de la route : Vénus opposition Soleil à 1° 8' ; et opp. Saturne à 20' ;

A. FRANCE, 28.10.1918, mort fille : Vénus opposition Soleil exact ;

V. H., 27.8.1868, mort de Mme Hugo : Vénus opposition Soleil 3° ;

V. H., 22.5.1885, décès : Soleil carré Vénus 1° ;

R. POINCARÉ, 15.10.1934, décès (suite ennuis urinaires) : Soleil carré Vénus ;

Clara PETACCI, 28.4.1945, tuée à cause de son attachement à Mussolini : Soleil carré Vénus.

114-115 Soleil — Mars

37-38 Soleil — Jupiter

60-61	Soleil — Saturne
80-81	Soleil — Uranus
98-99	Soleil — Neptune

DIRECTIONS & TRANSITS DE VÉNUS

Analogies vénusiennes : L'amour, le charme, la douceur, l'art et la beauté, l'harmonie, le raffinement, le dévouement, la vie amoureuse, la maîtresse, les filles, les sœurs, les courtisanes.

135 — SIGNIFICATION GÉNÉRALE

Ces directions attireront principalement l'attention sur tout ce qui touche à la vie sentimentale : aventures, liaisons, mariages, séparations, divorces, etc., mais il faudra faire preuve de modération dans les pronostics et ne pas perdre de vue que les opportunités amoureuses peuvent ne pas être prises en considération, par exemple si le sujet est déjà marié et décidé à respecter ses engagements ou bien si la direction se forme très tôt ou très tard. Il sera donc prudent de ne pas formuler des déductions par trop catégoriques. Par ailleurs, il ne faudra pas perdre de vue le rôle que peuvent jouer les dissonances de Vénus (ou touchant Vénus) dans le domaine physique où, selon l'âge et le sexe, on peut constater des anomalies au moment de la puberté, des perturbations dans les fonctions féminines, des troubles de la circulation, des accouchements difficiles et des déficiences rénales. En destinée : des hauts ou des bas dans les carrières vénusiennes principalement, et pour tout le monde : des satisfactions ou des ennuis dans le domaine familial. Les bons aspects peuvent annoncer de petits coups de chance dans tous les domaines et notamment de multiples succès en relation avec le charme personnel, également des améliorations dans la vie courante se rattachant au confort, aux distractions, etc. Les dissonances font parfois intervenir des jalousies, des complications dans le domaine des collaborations, associations et, chez les hommes, des dépenses exagérées pour les femmes en général (qu'il s'agisse, par exemple d'une maîtresse exigeante ou simplement de l'épouse, des filles, voire de quelque parente à laquelle, par humanité, le sujet doit venir en aide). D'après l'expérience, les mauvais aspects jouent un rôle plus important que ce que l'on aurait pu estimer *a priori* dans les accidents et lors de la fin de la vie.

136 – VÉNUS EN BON ASPECT AVEC LE M.C. OU INVERSEMENT
(Angles de 0-60-120 et 30-150°)

a) Signification des directions

Ces directions agiront particulièrement dans deux directions : 1) Elles jalonneront souvent les étapes saillantes de la vie amoureuse : rencontres, aventures, liaisons, mariage, mais de la prudence dans les pronostics comme indiqué un peu plus haut. 2) On peut les considérer comme des passages susceptibles d'accroître la chance ou de susciter des occasions très propices pour avancer sur le chemin de la destinée. Cela se réalisera souvent par le mariage ou même par une liaison dans laquelle le partenaire aura une situation meilleure ou une influence plus grande que le sujet lui-même. C'est probablement une des meilleures configurations pour les artistes et, secondairement, pour toutes les professions de caractère vénusien (soins de beauté, couture, décoration, etc.), mais tout le monde doit enregistrer une phase heureuse dans sa vie au moment de ces aspects parce que leur action est automatique et ne demande aucune initiative particulière de la part du natif (contrairement à ce qui se passe pour MARS qui demande toujours un effort personnel pour obtenir quelque chose). Par analogie avec le signe du Taureau, les bienfaits seront plus accentués dans le domaine financier ; si le radix est chanceux, on pourra même espérer quelque gain aux jeux de hasard ou dans une spéculation heureuse. Quelquefois un changement radical survient dans la vie du sujet à la suite du mariage ou d'une liaison. Quelle que soit la situation on peut tenter de l'améliorer sous ces directions.

b) **Signification des transits**

S'il s'agit seulement d'un transit, il est logique de placer toute initiative (notamment sentimentale) au moment où l'aspect est exact à quelques jours près. L'opposition entre Vénus et le M.C., si elle semble critique pour la situation, serait plutôt propice pour les affaires concernant la Maison IV — famille, résidence, problèmes immobiliers.

Exemples de directions

POMPIDOU, 1962, Premier ministre : M.C. sextil Vénus ;
A. POHER, 1966, président parlement européen : M.C. conjonction Vénus ;
Mireille MATHIEU, 1969, déclare vouloir se marier (mais ce désir semble se heurter à des obligations prof.) : M.C. trigone Vénus ;
MUSSOLINI, 1920, après crise de quelques mois, trouve des concours et remonte le courant : Vénus conjonction M.C. ;
V. H., 1838, contrat de 300 000 F : M.C. trigone Vénus (C) ;
A. FRANCE, 1916, achète la « Béchellerie » : Vénus conjonction F.C. ;
J. VERNE, 1861, première VAUDEVILLE et naissance fils : M.C. conj. Vénus (M. de II).

Exemples de transits

NAPOLÉON III, 30.1.1953, mariage : Vénus sextil M.C. ;
A. CARREL, 26.12.1913, mariage : Vénus conjonction M.C. ;
NAPOLÉON III, 14.1.1858, échappe à un attentat : Vénus sextil M.C. ;
V. AURIOL, 16.1.1947, élu Président R.F. : Vénus conjonction M.C. ;
R. POINCARÉ, 17.1.1913, élu Président R.F. : Vénus trigone M.C.

137 – VÉNUS EN MAUVAIS ASPECT AVEC LE M.C. OU INVERSEMENT (Angles de 90-180 et 45-135°)

a) Signification des directions

Ces inharmonies ne semblent pas particulièrement dangereuses et cela se comprend du fait du caractère bénéfique de Vénus. On peut cependant tenir compte que leur action est susceptible de se manifester davantage dans la vie privée que dans la vie publique et il se peut que leur portée soit mésestimée par les biographes. Il faudra surtout s'attendre à des contrariétés, déceptions, refus, divergences dans la vie amoureuse, mais sans que cela paraisse aller jusqu'à la séparation. Dans un domaine voisin : maladies ou deuils dans l'entourage ou simplement période d'entente familiale difficile. En destinée, il faudra surtout pressentir des crises ou des revers en relation avec quelque complication de la vie amoureuse que ce soit sur le plan financier ou sur celui du prestige si le sujet occupe une situation en vue (par exemple liaison qui fait jaser ou qui coûte cher).

b) Signification des transits

Discussions dans le ménage ou la famille, petites déceptions au sujet de rendez-vous, éviter les achats et, en général, ne pas compter sur la chance pendant quelques jours.

Exemples de directions

NAPOLÉON III, 1836, échec de la tentative de Strasbourg et projet de mariage abandonné : Vénus opp. M.C. ;

V. H., 1823, mort de son premier fils : M.C. opposition Vénus ;

V. H., 1873, mort d'un autre fils : Vénus carré M.C. (Vénus en IV et maître de la pointe de VIII) ;

Ch. FLOQUET, 1889, démission de Premier ministre : Vénus carré M.C.

Exemples de transits

A. FRANCE, 17.12.1911, suicide d'une liaison : Vénus carré M.C. ;
COUVE DE MURVILLE, 20.6.1969, démission Premier ministre : Vénus carré M.C. exact ;
G. CLEMENCEAU, 24.11.1929, décès, urémie : Vénus carré M.C. ;
N° 9, acc. avion, 10.2.1936, se tue : Vénus carré M.C.

138 – VÉNUS EN BON ASPECT A L'A.S. OU INVERSEMENT
(Angles de 0-60-120 et 30-150°)

a) Signification des directions

En dehors de leur action sur l'état général qui se traduit par un aspect physique qui fait excellente impression, il faut prévoir aussi une amélioration du moral, un accroissement du charme personnel et un comportement plus conciliant, plus doux, plus compréhensif. C'est certainement sous de tels aspects que les discordes et les discussions familiales ou sentimentales sont les moins fréquentes et les plus anodines. Les répercussions sur l'évolution de la destinée sont évidemment heureuses et le sujet obtient des résultats en raison des sympathies qu'il éveille, des appuis qu'il trouve et, il ne faut pas l'oublier, également à la suite de coups de chance faisant suite aux idées ou aux réalisations personnelles (alors que les aspects avec le M.C. font plutôt penser à des bienfaits survenant spontanément). Ce sont évidemment de très bonnes configurations pour toutes les affaires sentimentales : rencontres, aventures, liaisons, fiançailles et mariage, mais ici aussi cela doit faire suite aux démarches du sujet, il y aurait, en somme, une liaison harmonieuse entre la volonté ou les désirs d'une part et le Destin de l'autre. Si on ne recherche rien dans le cadre affectif, ces influences sont à utiliser pour toutes démarches visant à améliorer le sort et demandant une part de chance pour aboutir plus spécialement dans le domaine financier. C'est une bonne période aussi pour voyages d'agrément, distractions, soins de beauté et, s'il y a lieu, pour aplanir les animosités pouvant exister dans la famille ou dans l'entourage professionnel. La naissance (plutôt) d'une fille, peut survenir sous ces aspects. Toutes les activités artistiques peuvent aussi en bénéficier de même que les personnalités en vue (hommes politiques par exemple).

b) Signification des transits

On peut choisir les passages de Vénus pour toute action faisant appel au charme personnel, aux manières douces et aimables, ainsi que pour assister à quelque spectacle, effectuer un voyage d'agrément, rendre visite à des amis, organiser une fête, effectuer des acquisitions vestimentaires, solliciter un rendez-vous important etc. L'aspect exact peut marquer l'annonce d'un petit coup de chance concernant la Maison X ou celle occupée par Vénus.

Exemples de directions

FLOQUET, 1885, Président de la Chambre : Vénus conj. A.S. ;

NIXON, 1968, élu Président : A.S. trigone Vénus env. ;

Maurice DRUON, 1966, élu à l'Académie F. : A.S. sextil Vénus ;

CAILLAUX, 1899, devient ministre des Finances : Vénus conj. A.S. ;

NAPOLÉON III, 1860, après les dépenses de la guerre d'Italie (Vénus en II) annexion de la SAVOIE : A.S. conj. Vénus M. de IV ;

CLEMENCEAU, 1876, député : Vénus trigone A.S. ;

J. VERNE, 1864, premier grand succès : A.S. trigone Vénus.

Exemples de transits

R. POINCARÉ, 17.1.1913, élu président R.F. : Vénus sextil A.S. ;
NAPOLÉON III, 10.12.1852, empereur : Vénus sextil A.S. ;
J.-F. KENNEDY, 12.9.1933, mariage : Vénus sextil A.S. ;
Édith PIAF, 9.10.1962, second mariage : Vénus conjonction A.S. ;
A. FRANCE, 20.12.1896, réception A.F. : Vénus trigone A.S. ;
NAPOLÉON III, 29-30.1.1853, mariage : Vénus conjonction A.S. et sextil M.C.

139 – VÉNUS EN MAUVAIS ASPECT AVEC L'A.S. OU INVERSEMENT (Angles de 90-180-45-135°)

a) Signification des directions

Des réserves sont à formuler au sujet de l'opposition, car le passage sur la pointe de VII peut très bien correspondre à un mariage. Sur le plan physique, on peut craindre toutes sortes de perturbations concernant la gorge et les fonctions rénales ou sexuelles ainsi que des ennuis relatifs à la circulation. Toutefois, si on trouve parfois ces aspects lors de maladies, d'accidents ou lors de la mort, ils ne doivent pas être considérés comme en étant la cause principale (sauf peut-être si les reins sont franchement touchés). Leur action est plus sensible dans le domaine de la vie amoureuse où ils peuvent faire naître des désirs exagérés engendrant des excès ou bien se traduire par des échecs pénibles pour l'amour-propre ou encore, par des divergences, ruptures, etc., sans que l'influence paraisse suffisante pour aller jusqu'au divorce si elle est seule. Chez les femmes, si un aspect se produit au moment de la puberté, il faut craindre des retards ou de petites complications et, si c'est vers 45-50 ans, une ménopause difficile peut en résulter. C'est aussi un mauvais moment pour accoucher. Pour tout le monde, ce n'est pas le moment de se fiancer ou de se marier, ni même d'organiser une collaboration ou association. Ce n'est pas le moment, non plus, de se livrer à des opérations financières, d'accroître son train de vie ou de tenter sa chance au jeu. Quelquefois, dépenses occasionnées par les femmes ou par une procédure de divorce (provoqué surtout par d'autres influences survenant à peu près en même temps). Période de difficultés, de baisse des rentrées chez les artistes et les occupations de caractère vénusien, ceci à la suite de quelque erreur ou maladresse personnelle plutôt qu'à la suite de circonstances indépendantes de la volonté. Si la moralité du sujet n'est pas très étoffée il pourrait être tenté de négliger ses obligations conjugales.

b) Signification des transits

Les TRANSITS font simplement songer à des déceptions concernant les sorties, les amusements, les rendez-vous et sont susceptibles d'inciter à des dépenses excessives concernant le confort, les soins de beauté ou l'habillement. Éviter toute démarche demandant de la diplomatie pendant quelques jours, agir comme si la chance disparaissait passagèrement.

Exemples de directions

MUSSOLINI, 1909, liaison mouvementée (aurait été atteint par la syphilis ?) : Vénus carré A.S. ;

V. H., 1843-1844, mort fille, et délaisse Juliette : A.S. carré Vénus ;

J.-F. KENNEDY, 1956, échoue comme candidat à la Vice-P. : A.S. carré Vénus (C) ;

G. CLEMENCEAU, 1929, décès, urémie : Vénus opposé A.S.

Exemples de transits

NAPOLÉON Ier, 2.4.1810, remariage : Vénus conjonction VII ;

SISSI, 24.4.1854, mariage malheureux avec François-Joseph : Vénus conjonction VII ;
MUSSOLINI, 23.2.1917, blessé : Vénus carré A.S. exact ;
BOULANGER, 30.9.1891, suicide par chagrin d'amour : Vénus carré A.S. ;
N° 6, acc. avion, 10.2.36, se tue : Vénus carré A.S.

140 – VÉNUS EN BON ASPECT AVEC LA LUNE OU INVERSEMENT (1)
(Angles de 0-60-120 et 30-150°)

a) Signification des directions

En dehors de leur bénéfique influence sur la santé (bon fonctionnement de l'appareil digestif, du rein, de la circulation) il en résulte aussi une amélioration du comportement du natif qui cherche à se montrer plus doux, compréhensif, aimable, conciliant et d'un commerce plus facile qu'en temps habituel. Les rapports avec la famille et l'entourage, surtout féminin, s'améliorent et les conséquences vont se manifester sur le plan sentimental, spécialement chez les hommes. Des rencontres, des affections, des fiançailles ainsi que le mariage, sont des faits en parfaite harmonie avec ces directions. Au point de vue de la situation, on peut aussi prévoir une période de facilité, de chance dans tous les cas, mais ce seront surtout les artistes, les romanciers, les navigateurs ou toutes les professions annexes qui en seront les bénéficiaires. Il faut cependant reconnaître qu'il s'agit d'un aspect un peu « mou » qui peut inciter au dilettantisme, à la négligeance et qui ne se prête pas aux grands efforts de sorte qu'une action volontaire serait à souhaiter pour aider le destin afin de retirer de plus grands bienfaits de ces configurations. On peut les choisir pour voyages agréables, pour aménager un intérieur en général, pour accroître le confort et les agrément de l'existence.

b) Signification des transits

Si on est en présence d'un passage de la Lune on ne peut guère en tirer des conclusions, il peut seulement préciser une échéance. S'il s'agit de Vénus on peut le considérer comme propice pour tout ce qui concerne la vie privée, les affaires de famille, l'habitation, les satisfactions artistiques, etc., petit coup de chance possible.

Exemples de directions

NAPOLÉON Ier, 1810, remariage : Lune trigone Vénus ;
J.-F. KENNEDY, 1953, mariage : Lune trigone Vénus ;
A. FRANCE, 1888, liaison très importante : Lune conjonction Vénus ;
BOULANGER, 1886, liaison : Vénus trigone Lune ;
NIXON, 1968, élu à la Présidence : Vénus sextil Lune ;
R. KENNEDY, 1964, élu sénateur : Lune sextil Vénus ;
A. FRANCE, 1921, prix NOBEL : Vénus trigone Lune ;
V. H., 1861, contrat 300 000 F : Lune en II, conj. Vénus.

Exemples de transits

NAPOLÉON Ier, 7.6.1802, consul pour 10 ans : Lune sextil Vénus (journée) ;
A. FRANCE, 5.11.1864, bachelier, Vénus trigone Lune (M. III) ;
A. FRANCE, 31.12.1884, Légion d'Honneur : Vénus trigone Lune exact ;
G. CLEMENCEAU, 13.5.1865, thèse médecine : Vénus sextil Lune exact ;
MUSSOLINI, 23.3.1925, se lève après 75 jours de lit : Lune trigone Vénus (journée) ;
MUSSET, 29.7.1833, se déclare à George SAND : Lune conj. Vénus (journée).

141 — VÉNUS EN MAUVAIS ASPECT AVEC LA LUNE OU INVERSEMENT
(Angles 90-180 et 45-135°)

a) Signification des directions

Tendance aux excès sensuels de toute nature pouvant favoriser les perturbations physiques concernant notamment les parties du corps influencées par la Lune et Vénus, ou bien simplement : des passages de langueur, de dépression. Chez les femmes en particulier : irrégularités dans les fonctions féminines. Pour tout le monde il peut en résulter une baisse du sens moral en ce qui concerne les obligations matrimoniales ou sentimentales d'où tendance à se laisser entraîner dans des aventures risquant de mal se terminer. Il faut noter que ces aspects ne paraissent pas indiquer une action, une initiative du natif, mais plutôt des occasions qui constituent un attrait auquel le sujet ne sait pas résister. Ce sont des moments particulièrement dangereux pour les femmes. Par contre ils ne paraissent pas avoir une grande action sur le destin matériel ; chez les hommes, on peut cependant craindre des dépenses exagérées occasionnées par des femmes peu scrupuleuses ou par une épouse dépensière ou incapable de bien organsier son ménage. On peut aussi penser à des charges de famille excessives, surtout à cause des filles. L'harmonie conjugale, ou même familiale, risque d'être troublée par des intrigues amoureuses, par des jalousies. Dans certains cas : possibilité de veuvage ou perte de parentes. D'une manière très générale, si les B.A. entre Lune et Vénus peuvent être considérés comme des indices de chance en général, les M.A. peuvent très bien contribuer à susciter de très gros ennuis.

b) Signification des transits

S'il s'agit seulement de passages, on ne peut pas en tirer de pronostic caractéristique, il faut considérer ces aspects comme pouvant préciser une échéance : La goutte d'eau qui fait déborder le vase. On peut cependant choisir les B.A. pour toutes initiatives familiales, sentimentales ou pour se divertir, voyager, etc., alors que pendant les dissonances il faut éviter toute discussion et ne pas négliger ses devoirs familiaux.

Exemples de directions

MUSSOLINI, 1925, alité 75 jours pour ulcère : Vénus carré Lune ;
MUSSOLINI, 1943, en minorité au Grand conseil, interné : Lune carré Vénus (C) ;
V. H., 1833-1834, soucis d'argent au sujet de Juliette : Lune carré Vénus ;
Ch. FLOQUET, 1896, décès : Vénus M. VIII carré Lune env.

Exemples de transits

J.-F. KENNEDY, 22.11.1963, tué à Dallas : Vénus M. VIII carré Lune ;
G. CLEMENCEAU, 17.1.1920, démission : Vénus carré Lune ;
Georges SAND, 8.6.1876, décès : Vénus carré Lune exact.

142 – VÉNUS EN BON ASPECT A MERCURE OU INVERSEMENT
(Angles de 0-60-120 et 30-150°)

a) **Signification des directions**

Tout en favorisant un bon équilibre physique et nerveux, ces aspects ont une excellente action sur le moral et augmentent l'optimisme, la gaieté ainsi que le sens psychologique et la diplomatie. Il en résulte de grandes facilités pour se faire des relations, pour effectuer des démarches demandant de la souplesse et de l'amabilité. Chez les femmes en particulier, on remarque un accroissement du charme personnel, un don particulier pour mettre en valeur les avantages physiques et pour s'habiller avec goût et élégance. Si ces aspects se placent pendant la période de scolarité, ils annoncent des succès, de la chance lors des examens et parfois l'éveil de penchants artistiques. Bonnes périodes pour préparer une carrière musicale, dramatique ou même journalistique. Si la direction se place au début d'une carrière quelle qu'elle soit on peut espérer un coup de chance venant aider au démarrage, plus spécialement s'il s'agit d'un comédien ; d'un chanteur, etc. L'influence ne se limite cependant pas au domaine intellectuel, elle s'exerce aussi assez fortement sur le plan affectif où elle fait surtout songer à une rencontre, voire à un mariage, se produisant de bonne heure, avec une personne plus jeune ou très jeune. Dans le domaine professionnel, notamment dans les commerces s'adressant à la clientèle féminine, ainsi que dans les professions touchant aux écrits, à la décoration, on peut considérer ces directions comme apportant généralement une période de chance par suite d'un accord entre l'ingéniosité et les circonstances. Bonne période pour prendre des vacances, pour effectuer des voyages d'étude ou d'agrément voire pour les organiser. On trouve parfois ces aspects chez les hommes politiques au moment de grandes décisions ou négociations, ou encore, simplement lors d'une ascension, d'un succès électoral ou autre.

b) **Signification des transits**

Lorsqu'on est seulement en présence d'un transit on peut le choisir pour un rendez-vous, une démarche (quel qu'en soit l'objet) pour écrire des lettres délicates, pour partir en voyage, etc.

Exemples de directions

Maurice DRUON, déc. 1966, élu à l'Académie F. : Vénus PROGRESSE conjonction Mercure, ce qui est très curieux dans ce cas, c'est que l'aspect est exact à une minute près pendant le mois de l'élection ;

Édith PIAF, 1938, travail artistique fructueux : Vénus conj. Mercure ;

Mireille MATHIEU, print. 1969, déclare vouloir se marier : Mercure conj. Vénus ;

V. H., 1873, liaison avec Blanche à 71 ans ! ! : Mercure (en V) sextil Vénus ;

MUSSOLINI, 1923, aborde négociations difficiles avec le Vatican, elles n'aboutiront que six ans plus tard : Mercure sextil Vénus ;

J.-F. KENNEDY, 1952, sénateur : Mercure conjonction Vénus ;

NAPOLÉON Ier, 1798, succès en Égypte : Vénus conjonction Mercure ;

NAPOLÉON Ier, 1802, Consul à vie : Mercure sextil Vénus ;

Exemples de transits

A. FRANCE, 28.4.1877, mariage : Vénus conjonction Mercure M. V ;

A. FRANCE, 22.3.1904, première théâtrale : Vénus sextil Mercure ;

NAPOLÉON III, 10.12.1848, Président R.F. : Mercure trigone Vénus ;

G. CLEMENCEAU, 26.7.1865, départ pour Londres : Vénus trigone Mercure ;

G. CLEMENCEAU, 28.6.1919, signature Traité de Paix : Vénus sextil Mercure ;

G. CLEMENCEAU, 21.9.1920, départ pour les Indes : Vénus conj. Mercure exact.

143 – VÉNUS EN MAUVAIS ASPECT AVEC MERCURE OU INVERSEMENT (Angles de 90-45-135°)

a) Signification des directions

Ces directions ne paraissent pas avoir une action très prononcée et cela se comprend parce que nous sommes en présence de deux planètes « chanceuses » dont la réunion, même par M.A., ne doit pas former un ensemble très explosif. Toutefois on trouve des transits lors d'événements très importants où ils paraissent jouer le rôle de « déclencheurs ».

En principe, sur le plan physique, il faudrait surtout

craindre des malaises d'origine nerveuse ou des troubles encore en relation avec des excès. Si une dissonance se forme pendant la jeunesse elle peut entraver le développement de la sensibilité et du sens artistique et contribuer à retarder les études et provoquer quelque échec lors d'un examen ou concours. Le moment ne conviendrait pas pour entreprendre des études artistiques, pour entamer une carrière. Dans la vie sentimentale, on peut craindre des précipitations, de la légèreté, de l'insouciance et un manque de correction ou de loyauté si la moralité foncière est faible. Des aventures précoces sont possibles de même qu'un mariage décidé à la légère et comportant des risques de discorde par la suite. En destinée : mauvaises affaires par négligence, dépenses exagérées pour la toilette ou pour les femmes s'il s'agit d'un Ciel masculin, mauvaises idées dans le domaine commercial, etc. Ce sont des aspects critiques pour les artistes qui risquent d'avoir de mauvaises idées ou de présenter de nouvelles créations insuffisamment préparées et ayant peu de chances de réussir. Pour tout le monde, ce sont des périodes qui peuvent porter atteinte au sens diplomatique et il faut éviter toutes démarches ou décisions délicates. Éviter aussi les achats importants, les voyages, etc.

b) **Signification des transits**

Il faut éviter des discussions avec l'entourage familial ou professionnel, ne pas solliciter de faveurs du sexe féminin éviter de partir en voyage ce jour-là, ne pas effecter des achats vestimentaires, se méfier des pertes d'objets, des oublis et distractions.

Exemples de directions

A. FRANCE, 1914, passage de découragement : Vénus carré Mercure ;

V. H., 1883, mort de Juliette (liaison de 50 ans) : Mercure (en V) carré Vénus.

Exemples de transits

NAPOLÉON Ier, 14.4.1814, abdication : Mercure carré Vénus ;
G. CLEMENCEAU, 19.2.1919, blessé poumon : Mercure opposition Vénus ;
J.-F. KENNEDY, 2.8.1944, mort d'un frère : Vénus carré Mercure, exact ;
Édith Piaf, 28.10.1949, gros chagrin (mort de CERDAN) : Mercure carré Vénus exact ;
Édith PIAF, 22.9.1962, opération : Mercure carré Vénus ;
PIE XII, 9.10.1958, décès : Mercure M. VIII opposition Vénus ;
GEORGE VI, 6.2.1952, décès, Mercure carré Vénus M. VIII, exact.

En directions, l'opposition ne peut se former que dans des cas exceptionnels et pour un âge assez avancé. Même le carré est assez rare. Cela provient du fait que ces deux astres ne peuvent pas s'éloigner de plus de 76° environ l'un de l'autre en raison des lois astronomiques qui les régissent.

144 — VÉNUS EN ASPECT AVEC VÉNUS NATALE

Ces directions n'ont pas été prises en considération vu leur peu d'importance et leur action très problématique. Voici simplement quelques exemples de Transits :

G. CLEMENCEAU, 17.10.1920, malade, urémie prob. : Vénus carré Vénus ;
J.-F. KENNEDY, 2.8.1943, blessé : Vénus carré Vénus (avec d'autres aspects) ;
J.-F. KENNEDY, 12.9.1953, mariage : Vénus trigone Vénus ;
GEORGE SAND, 26.11.1851, première théâtrale : Vénus trigone Vénus ;

V. H., 3.4.1862, sortie des MISÉRABLES : Vénus conjonction Vénus exact ;
V. H., 7.1.1872, battu élections : Vénus carré Vénus exact.

VÉNUS EN ASPECT AVEC LE SOLEIL, voir n° 126-127, 133-134

VÉNUS EN ASPECT AVEC MARS, voir n° 114-115, 120-121

VÉNUS EN ASPECT AVEC JUPITER, voir n° 37-38, 43-44

VÉNUS EN ASPECT AVEC SATURNE, voir n° 60-61, 66-67

VÉNUS EN ASPECT AVEC URANUS, voir n° 80-81, 86-87

VÉNUS EN ASPECT AVEC NEPTUNE, voir n° 98-99, 104-105

145 — DIRECTIONS & TRANSITS DE MERCURE

Analogies mercuriennes : La compréhension, l'assimilation, l'ingéniosité, l'adaptation, la souplesse, l'adresse, la rapidité, le sens des affaires, le messager, l'intermédiaire, l'intellectuel, le journaliste, le commerçant ; les écrits, la presse, les personnes jeunes, les frères.

a) Signification générale

Physiquement les directions de Mercure agiront surtout sur le système nerveux et sur les voies respiratoires. Les B.A. dénoteront des périodes agréables pendant lesquelles le sujet se sentira en possession de tous ses moyens et sera en mesure de fournir un effort physique ou intellectuel de longue durée sans trop être gêné par la fatigue. On dirait qu'on peut réduire le temps de sommeil sous ces aspects. Les M.A. indiqueront de la nervosité, des passages de fatigue et des difficultés pour effectuer n'importe quel travail demandant de la patience et de la minutie. Intellectuellement les B.A. peuvent convenir à toutes sortes de réalisations : études difficiles, examens, débuts dans une carrière journalistique, littéraire, artistique ou commerciale selon la situation, les aspirations, les aptitudes et les connaissances acquises. Les M.A. font surtout craindre de mauvaises idées, de mauvaises intuitions et une inaptitude passagère à fournir un travail comportant la moindre minutie, la moindre patience, en raison d'une plus grande sensibilité à la fatigue nerveuse. Le caractère peut aussi devenir plus irritable, discutailleur, etc. En destinée, les initiatives qui peuvent être prises risquent d'échouer par manque de documentation, de connaissances ou de sens pratique. Il est suggéré aux professions mercuriennes de laisser passer la direction avant de songer à faire quelque chose de nouveau. Échecs à craindre notamment pour les écrivains et les artistes. Dans les situations très modestes se rapportant aux emplois de bureau : risque de perte de poste ou, du moins, période de tension parce que le natif a tendance à négliger ses obligations, à fournir un travail bâclé, etc.

146 — MERCURE EN BON ASPECT AVEC LE M.C. OU INVERSEMENT
(Angles de 0-60-120 et 30-150°)

a) Signification des directions

Ce sont des aspects de première importance pour toutes les activités concernant les écrits, qu'il s'agisse d'écrivains, d'auteurs dramatiques, d'artistes écrivant leurs œuvres ou plus simplement de comptables, de secrétaires et de tous autres emplois de bureau. On peut y ajouter les typographes, éditeurs, libraires et, dans un domaine plus terre à terre, les commerçants, les voyageurs-représentants. Dans toutes les activités on peut espérer une réussite, une amélioration de la situation parfois un changement ou une promotion. Cela peut se réaliser aussi bien à la suite d'une décision judicieuse ou ingénieuse du natif qu'avec le concours de ce qu'on peut appeler une phase de chance pure, car il ne faut pas oublier que maître ECKHART disait déjà au XIVe siècle que la chance appartenait à Mercure, ce qui s'est pleinement vérifié dans les recherches qui ont été faites pendant ces dernières années. En conséquence, une bonne direction entre le M.C. et Mercure peut correspondre à un événement heureux dans n'importe quel domaine ou, tout au moins, y contribuer puisque nous savons que les grands événements d'une destinée sont presque toujours annoncés par une série d'influences concordantes.

Pratiquement ces aspects sont donc à choisir pour écrire un livre ou tenter de le lancer, pour entreprendre une recherche scientifique ou plus simplement pour rédiger un rapport susceptible d'avoir des répercussions sur la carrière, pour entreprendre un voyage d'étude de préférence, pour fonder un commerce, pour changer de situation, etc. Si la direction tombe pendant les études : succès aux examens ou concours.

b) **Signification des transits**

Il est évident qu'un simple passage de Mercure ne peut guère donner lieu à un fait très apparent, le plus souvent il réalisera quelque chose résultant d'autres configurations. On peut cependant choisir les quelques jours pendant lesquels l'aspect est très proche pour écrire des lettres importantes, pour amorcer des pourparlers d'affaires, faire des visites ou démarches, partir en voyage, lire un livre ardu à assimiler ou chercher la solution d'un problème professionnel. On peut aussi effectuer une vente, signer un contrat, faire quelques achats dans de bonnes conditions, etc.

Exemples de directions

NAPOLÉON III, 1860, annexion Nice et Savoie : Mercure sextil M.C. ;
MUSSOLINI, 1907, succès examen, 5e sur 200 : Mercure conjonction M.C. ;
MUSSOLINI, 1915, campagne pour l'intervention : M.C. sextil Mercure ;
A. FRANCE, 1867, trouve poste chez éditeur : Mercure trigone M.C. ;
A. FRANCE, 1884, Légion d'Honneur : M.C. trigone Mercure (C) ;
O. GUICHARD, 1969, ministre E. nat. : M.C. conjonction Mercure ;
G. CLEMENCEAU, 1881, réélection : Mercure sextil M.C. ;
G. CLEMENCEAU, 1906, Premier ministre : M.C. sextil Mercure (C).

Exemples de transits

NAPOLÉON Ier, 2.10.1806, entre Berlin : Mercure sextil M.C. ;
NAPOLÉON Ier, 4.8.1802, Consul à vie : Mercure conjonction M.C. ;
A. FRANCE, 16.11.1878, contrat avec éditeur : Mercure sextil M.C. exact ;
A. FRANCE, 10.12.1921, prix NOBEL : Mercure sextil M.C. exact ;
G. CLEMENCEAU, 20.2.1876, élu député : Mercure conj. M.C. env.

147 – MERCURE EN MAUVAIS ASPECT AVEC LE M.C. OU INVERSEMENT
(Angles de 90-180 et 45-135°)

a) **Signification des directions**

Il ne semble pas que ces aspects puissent être la

cause principale de très gros ennuis et il sera bon de ne pas se montrer par trop pessimiste dans l'interprétation. Ils ne paraissent pas porter atteinte à l'activité intellectuelle, mais seulement la rendre désordonnée, superficielles, dispersée d'où un très mauvais rendement. Il est préférable de ne pas entreprendre des travaux difficiles ou bien demandant de la méthode et de la patience. Sur le plan matériel, les commerçants, représentants doivent se méfier des mauvaises idées, de mauvais renseignements, des promesses mirifiques et se contenter des affaires de la vie courante. Dans le domaine familial, il y a danger d'ennuis, de discorde ou simplement des discussions avec les frères et les cousins, parfois aussi avec les enfants, avec les jeunes gens en particulier. Il est préférable d'éviter les voyages ainsi que les gros achats ou toute opération présentant un caractère spéculatif. Dans certains cas, ce sont des médisances, des calomnies, lettres anonymes de la part des inimitiés, de l'entourage ou des concurrents qui viennent assombrir la vie sans motif véritable en engendrant une ambiance de suspicion. Si le sujet a du personnel à son service, ce dernier sera aussi passagèrement une source de soucis, soit en raison de maladies, soit par suite de laisser-aller dans le travail, il arrive que des vols soient constatés sous de mauvais aspects de Mercure. Si on rencontre parfois des directions entre Mercure et le M.C. lors de faits très graves, c'est probablement parce que cet aspect vient s'ajouter à d'autres et qu'il fait disparaître une part des protections qui pouvaient exister dans le Ciel natal.

b) **Signification des transits**

Même remarque que pour le n° 132 bis quant à leur importance et durée. On peut seulement craindre une passe médiocre (de quelques jours) pour le travail, notamment s'il s'agit d'un commerce ou d'une activité intellectuelle. L'aspect peut aussi susciter des idées dépourvues de sens pratique ou peu raisonnables, peu réalisables. Les subalternes doivent éviter de contrarier ceux qui sont au-dessus d'eux. Il est préférable d'éviter les démarches, les achats, les pourparlers difficiles ainsi que les correspondances importantes. Remettre les voyages à plus tard. Parfois soucis au sujet de frères, cousins, etc.

Exemples de directions

V. H., 1843, mort fille : M.C. opp. Mercure ;
V. H., 1846, maladie fils Charles : M.C. carré Mercure (C) ;
V. H., 1856, fille malade : Mercure carré M.C. ;
CLEMENCEAU, 1869, brouille avec beau-père : M.C. carré Mercure (C) ;
CLEMENCEAU, 1906, ministère très difficile, grèves, etc. : M.C. opp. Mercure ;
MUSSOLINI, 1945, assassiné : M.C. carré Mercure ;
J.-F. KENNEDY, 1955, opération : Mercure carré M.C.

Exemples de transits

MUSSOLINI, 31.10.1926, attentat : Mercure carré M.C. ;
G. CLEMENCEAU, 23.11.1927, mort de sa sœur : Mercure carré M.C.

148 – MERCURE EN BON ASPECT AVEC L'A.S. OU INVERSEMENT
(Angles de 0-60-120 et 30-150°)

a) Signification des directions

On doit surtout en attendre une accentuation des diverses capacités intellectuelles ainsi que l'éclosion de multiples idées nouvelles. De ce fait, diverses améliorations peuvent survenir dans la situation, tout comme pour les B.A. entre Mercure et le M.C., mais cette fois la part du travail est plus apparente et les chances de succès sont sensiblement plus grandes parce qu'il existe une alliance plus étroite entre les opportunités et l'effort volontaire du sujet. C'est donc une bonne période pour toutes décisions et réalisations dans le domaine professionnel, plus spécialement dans les activités signalées lors des aspects précédents entre Mercure et le M.C.. Pour les étudiants ce serait une direction idéale pour passer un examen, affronter un concours ou même pour prendre une décision au sujet de l'orientation future. Aide possible de la part de frères, de cousins, de confrères ou de collègues de bureau. Les voyages sont généralement plus nombreux et plus longs, ils peuvent avoir une répercussion sur l'évolution des opinions ou sur le destin ultérieur. Si Mercure influence la V ou la VII, des relations amoureuses avec une personne plus jeune sont possibles, de même qu'une union légale, toujours avec un conjoint plus jeune dans la plupart des cas.

b) **Signification des transits**

On peut choisir ces aspects pour effectuer un travail demandant de la souplesse, de l'adresse et de la rapidité ou bien pour résoudre quelque problème demandant de l'ingéniosité ou de l'intuition, ainsi que pour se mettre à jour dans sa correspondance, pour effectuer un petit voyage d'agrément et pour toute rencontre ou démarche demandant de la diplomatie ou un peu de chance pour aboutir.

Exemples de directions

A. FRANCE, 1868, publie son premier livre : Mercure conj. A.S. ;

A. FRANCE, 1882, termine son HISTOIRE DE FRANCE : A.S. sextil Mercure ;

A. FRANCE, 1888, liaison importante : A.S. sextil Mercure (C), Mercure M.V. ;

MUSSOLINI, 1905-1906, trouve poste de professeur : A.S. trigone Mercure ;

Édith PIAF, 1962, second mariage, Mercure M VII : A.S. conj. Mercure ;

V. H., 1833, liaison avec Juliette : A.S. trigone Mercure (en V) ;

J.-F. KENNEDY, 1952-1953, élu sénateur et mariage : A.S. trigone Mercure et Mercure trigone A.S. ;
LINDBERGH, 1927, trav. Atlantique : Mercure trigone A.S.

Exemples de transits

NAPOLÉON Ier, 18.5.1804, référendum : Mercure trigone A.S. ;
MUSSOLINI, 17.11.1907, gros succès dans examen : Mercure conj. A.S. ;
MUSSOLINI, 21.10.1914, quitte l'AVANTI pour fonder son propre journal : Mercure conj. A.S. ;
R. POINCARÉ, 17.1.1913, élu Président R.F. : Mercure conjonction A.S. ;
LEBRUN, 5.4.1939, réélu Président R.F. : Mercure trigone A.S.

149 – MERCURE EN MAUVAIS ASPECT AVEC L'A.S. OU INVERSEMENT (Angles de 90-180 et 45-135°)

a) Signification des directions

Ce sont des aspects qui tendent à engendrer principalement des troubles nerveux ou respiratoires ou, plus simplement, une période de fatigue, de manque de courage. Les facultés cérébrales fonctionnent avec beaucoup moins d'aisance qu'en temps normal, ou bien les idées qui voient le jour sous ces aspects sont illusoires, utopiques ou en marge de la tendance générale du moment. Dans certains cas, le sujet est obligé de prendre du repos pour éviter le surmenage nerveux. Ce sont donc des périodes particulièrement nuisibles pour toutes les professions intellectuelles ou scientifiques parce qu'elles risquent de provoquer des réalisations mal préparées, incomplètes, parfois basées sur des théories totalement erronées et pouvant, de ce fait, compromettre la carrière ultérieure. Ce ne serait donc pas le moment de sortir un livre pronant quelque nouvelle conception par exemple. Dans un domaine plus matériel, les commerçants, les représentants sont aussi gênés par ces aspects et une baisse dans les rentrées est à prévoir. Des pertes d'argent à la suite de maladresses personnelles ou même à la suite d'abus de confiance, de vols (souvent de la part du personnel si le sujet dirige une entreprise d'une certaine importance) sont parfois à craindre si le Radix est très dissonant. Dans la vie courante : des ennuis au sujet de médisances, de calomnies, voire de lettres anonymes provenant de l'entourage professionnel ou familial ou du voisinage sont assez fréquents, surtout si Mercure influence la Maison XII. Dans certains cas, perte de parents jeunes (frères, cousins). Le passage de Mercure sur la pointe de VII est difficile à cataloguer : Si Mercure est bien disposé et si l'âge convient, il peut en résulter un mariage mais, dans certains cas on dirait que l'aspect peut être nuisible à la santé. Il est préférable de ne pas voyager. Se méfier aussi de la perte de documents ou d'objets.

b) **Signification des transits**

Il faut simplement se méfier des distractions, des oublis, et ne pas entreprendre des travaux intellectuels trop difficiles, éviter les démarches demandant de la souplesse, ne pas partir en voyage, éviter les discussions avec les collègues ainsi qu'au sein de la famille, ne pas conclure d'accords, ne pas signer de contrat, etc.

D'après l'expérience, on dirait cependant que ces directions n'ont pas un caractère très maléfique, sauf peut-être s'il s'agit d'accidents de voyage.

Exemples de directions

V. H., 1845, délit d'adultère : Mercure opposé à l'A.S. ;
V. H., 1851, année très agitée, départ exil : Mercure carré A.S. (C) ;
V. H., 1871, année de déceptions politiques : A.S. carré Mercure ;
Cas n° 7, tué sur la route : Mercure carré A.S.

Exemples de transits

NAPOLÉON Ier, 18.6.1815, Waterloo : Mercure carré A.S. ;
NAPOLÉON Ier, 5.6.1821, décès : Mercure opposé A.S. exact ;
G. CLEMENCEAU, 24.2.1862, en prison, délit de presse : Mercure carré A.S. ;
G. CLEMENCEAU, 22.12.1892, duel (sans résultat) : Mercure opposé A.S.

150 – MERCURE EN BON ASPECT AVEC LA LUNE OU INVERSEMENT
(Angles de 0-60-120 et 30-150°)

a) **Signification des directions**

Ce sont des directions de très bon augure pour l'équilibre physiologique et nerveux, d'où possibilité d'une activité soutenue et d'une bonne résistance à la fatigue nerveuse. Le bon fonctionnement de l'appareil digestif pourrait cependant inciter à quelques exagérations nuisibles pour la ligne, surtout s'il s'agit d'une femme. C'est, évidemment, une des meilleures influences pour le développement des facultés intellectuelles puisqu'on attribue à la Lune une grande influence sur l'imagination et la mémoire et même l'intuition et que Mercure est considéré comme régissant l'ingéniosité, la compréhension, le raisonnement. Il en résulte une grande facilité pour la rédaction, pour l'élocution ainsi que pour jouer la comédie si les facultés du sujet ont été cultivées dans ce sens. Ce serait un aspect idéal pour tenter de se faire connaître dans les milieux littéraires ou artistiques (par exemple pour une première théâtrale) ou même pour affronter une élection dans le domaine politique. Dans les situations plus modestes, on peut prévoir un avancement dans tous les emplois concernant les écrits, une amélioration des affaires commerciales, notamment s'il s'agit de firmes travaillant avec l'étranger ou les régions éloignées. Spécialement propices pour les commerces concernant la librairie, l'alimentation, les liquides. Mêmes les astrologues peuvent tirer parti de ces aspects parce qu'ils annoncent habituellement un accroissement de l'intuition et une plus grande aisance pour rédiger leurs études. Si une de ces directions se situe pendant la scolarité on peut penser à un premier prix ou à un examen surmonté brillament. Bonne période pour une campagne publicitaire ou pour la propagande politique. Si l'une de ces planètes est en relation avec la V ou la VII, spécialement en horoscope masculin, c'est aussi une bonne période pour nouer des relations sentimentales ou pour se marier, plutôt avec une personne plus jeune.

b) **Signification des transits**

On peut en profiter pour effectuer un petit voyage d'étude ou d'agrément, pour demander un rendez-vous, pour chercher une idée, une formule, un titre d'article ou d'ouvrage, pour écrire des lettres demandant de la diplomatie ou une bonne inspiration et, s'il y a lieu, pour choisir des collaborateurs.

Exemples de directions

MUSSOLINI, 1938, Münich, dernier grand succès de prestige : Mercure trigone Lune ;
A. FRANCE, 1865, premiers poèmes inédits : Lune conjonction Mcrcurc ;
A. FRANCE, 1871, fait connaissance monde littéraire : Mercure sextil Lune ;
V. H., 1828, naissance fils et publie ORIENTALES : Lune sextil Mercure ;
V. H., 1833, Liaison Juliette, Mercure en V : Mercure sextil Lune (C) ;
V. H., 1845, Pair de France et liaison : Lune trigone Mercure (C) M.V. ;
G. CLEMENCEAU, 1917, Premier ministre : Mercure sextil Lune environ.

Exemples de transits

G. CLEMENCEAU, 21.10.1906, premier ministre : Mercure sextil Lune exact ;

MUSSOLINI, 12.9.1943, libéré par parachutistes : Mercure sextil Lune exact ;

Maurice DRUON, 6.12.1966, élu Académie F. : Mercure sextil Lune ;

A. FRANCE, 3.8.1876, obtient place de bibliothécaire : Mercure trigone Lune exact ;

Mar. LECLERC, 1.8.1944, débarque en France : Mercure conj. Lune.

151 – MERCURE EN MAUVAIS ASPECT AVEC LA LUNE OU INVERSEMENT (Angles de 90-180 et 45-135°)

a) Signification des directions

Même si l'appareil digestif n'est pas franchement touché par ces aspects, ils risquent de déterminer des troubles nerveux pouvant se traduire par une grande sensibilité à la fatigue, par des insomnies, par un amaigrissement consécutif à un manque d'appétit et, en général, par une période de mollesse et d'inertie au cours de laquelle le sujet éprouve des difficultés pour faire face à ses obligations, surtout s'il doit fournir un effort. C'est cependant sur le plan intellectuel que l'effet est habituellement le plus sensible en se manifestant par un manque d'inspiration et d'intuition, par des faiblesses de la mémoire, par des distractions, oublis, erreurs ou maladresses et par un manque de vivacité dans les réparties ou la compréhension. Pour les écrivains et les savant c'est souvent une période creuse et, chez les artistes, ce peut être un passage de défaveur du public, une phase de pénurie des engagements. Ce n'est évidemment pas le moment de lancer une nouvelle œuvre. Chez les hommes politiques, on peut craindre des campagnes malveillantes et un échec en cas d'élection un tant soit peu difficile.

Pour les situations moins en vue, on peut s'attendre à une baisse dans les entreprises s'adressant spécialement aux femmes, à des tournées moins bien remplies pour les représentants, à des difficultés pour les employés de bureau, notamment avec les collègues de sexe féminin s'il s'agit d'un homme. Il est préférable d'éviter les voyages aussi bien d'information que d'agrément. Une telle direction survenant pendant les études peut se traduire par une très mauvaise année et une obligation de « redoubler ». Pour un astrologue, ce serait un aspect tout indiqué pour rater une prévision inspirée par une fausse intuition.

b) **Signification des transits**

Il faut simplement éviter pendant deux ou trois jours les discussions conjugales ou avec l'entourange et le sexe féminin en général, ne pas demander de rendez-vous, ne pas entreprendre des travaux difficiles, faire un effort pour ne pas négliger les besognes journalières et si on a des serviteurs, ne pas trop compter sur leur diligence et bonne volonté pendant quelques jours. Se méfier des oublis ou des pertes d'argent ou d'objets. Ne pas partir en voyage.

Exemples de directions

NIXON, 1960, échec élection à la Présidence : Lune carré Mercure ;
MUSSOLINI, 1913, échec élection : Mercure carré Lune ;
G. CLEMENCEAU, 1869, beau-père déshérite sa femme : Lune opposé Mercure ;
PELADAN, 1918, décès : Mercure carré Lune en VIII.

Exemples de transits

G. CLEMENCEAU, 22.12.1892, duel sans résultat : Mercure carré Lune ;

NAPOLÉON III, 6.8.1840, échec de Boulogne : Mercure opposé Lune ;

BOULANGER, 14.8.1889, condamné Haute Cour : Mercure opposé Lune.

MERCURE AVEC LUI-MÊME = PEU IMPORTANT OU TROP RAPIDE POUR FOURNIR PRONOSTICS

MERCURE EN ASPECT AVEC VÉNUS, voir n° 142-143

MERCURE EN ASPECT AVEC SOLEIL, voir n° 131-132

MERCURE EN ASPECT AVEC MARS, voir n° 118-119

MERCURE EN ASPECT AVEC JUPITER, voir n° 41-42

MERCURE EN ASPECT AVEC SATURNE, voir n° 64-65

MERCURE EN ASPECT AVEC URANUS, voir n° 84-85

MERCURE EN ASPECT AVEC NEPTUNE, voir n° 102-103

152 — DIRECTIONS & TRANSITS DE LA LUNE

Analogies lunaires : Le changement, le caprice, la rêverie, la fantaisie, l'intuition, l'imagination, la mémoire, l'humidité, les liquides, l'épouse, la mère, le sexe féminin, la vie intime, les faveurs ou l'hostilité des foules.

a) Signification générale

Sur le plan physiologique, les directions dissonantes seront habituellement plus actives chez les femmes que chez les hommes, ces derniers étant davantage sensibilisés par les configurations du Soleil. Cependant, pour tout le monde, elles font craindre des caprices de l'appareil digestif ou bien des perturbations dans la circulation humorale, parfois des troubles de la vue. La Tradition admet aussi une influence de la Lune sur le grand sympathique. Dans les cas bénins il en résultera simplement des malaises en relation avec des excès de liquides ou des ennuis pendant les séjours au bord de l'eau. Moralement une baisse de dynamisme et une période où le natif sera incapable de fournir un effort suivi. Ces aspects seront à surveiller notamment dans le cours de l'été lorsque le Soleil traverse le signe du Cancer. Dans le domaine des accidents, la Lune est en relation avec les dangers de noyade et toutes complications en rapport avec des liquides.

Dans le domaine psychologique et intellectuel, les directions se répercutent principalement sur l'imagination, l'intuition et la mémoire. Elles sont donc de première importance pour les poètes, les artistes, les romanciers, les journalistes, etc., ainsi que pour tous ceux qui s'occupent de pronostics. S'il s'agit de dissonances, elles fausseront le fonctionnement des diverses facultés et provoqueront surtout des emballements de l'imagination, des illusions, parfois des dérèglements cérébraux. Chez les femmes, en particulier, il faudra surtout s'attendre à des sautes d'humeur, à des caprices, à des inconséquences et à une période d'irrégularités dans les fonctions mensuelles.

En destinée, on peut prévoir des modifications dans la résidence, dans la situation, dans la vie sentimentale ou familiale et une tendance plus accentuée pour les voyages peut faire son apparition. Chez les hommes, les bonnes directions peuvent aussi favoriser le mariage, tandis que les dissonances se traduiront par des crises, quelquefois par la perte de parentes ou même par le veuvage. Socialement, les bons aspects peuvent signifier une ascension grâce aux faveurs du public, ce qui peut favoriser une carrière politique ou artistique, surtout si les femmes peuvent jouer un rôle. Les M.A. provoqueront généralement des éclipses dans une carrière, mais ce sera d'une manière transitoire la plupart du temps.

153 – LA LUNE EN BON ASPECT AVEC LE M.C. OU INVERSEMENT
(Angles de 0-60-120 et 30-150°)

a) Signification des directions

Ces influences doivent surtout favoriser les rapports du sujet avec le milieu dans lequel il vit et plus spécialement avec la foule, avec le public, si sa carrière s'y prête. Il en résulte que ces aspects peuvent être d'une très grande importance pour un homme politique, pour un artiste ou même pour un écrivain, puisqu'ils ont tous besoin d'une large audience pour réussir pleinement. Dans ces cas-là, on peut donc annoncer un accroissement de la notoriété ou bien une « percée » s'il s'agit d'un début. Il faut cependant que l'astrologue soit très prudent dans ses pronostics et qu'il évite d'annoncer la « célébrité » à tout bout de champ, car le nombre de ceux qui réussissent à se faire un nom ne doit pas dépasser 1 ou 2 sur mille, peut-être même moins. Il est donc prudent de parler seulement d'une amélioration de la situation, souvent réalisée grâce à quelque sympathie féminine. Dans une destinée modeste et en Thème masculin, on peut d'abord penser à une chance de mariage s'il s'agit d'un célibataire et si l'âge est en rapport ou à quelque faveur de la part des femmes. En second lieu, il peut se produire une amélioration de la situation par exemple, un changement de travail, de résidence ou quelque voyage agréable. Si la situation s'y prête, le sujet devra solliciter un poste le plaçant en contact avec le public – vendeur, guichetier, représentant, etc. On peut aussi tenter, si la situation est indépendante, d'orienter l'activité de manière à faire appel davantage à la clientèle féminine. Ces aspects peuvent être de premier plan pour les hommes politiques, surtout s'ils coïncident avec une période électorale. Même les astrologues peuvent remporter quelques succès sous ces directions en raison d'une amélioration de l'intuition.

b) **Signification des transits**

Ils sont tellement fréquents qu'on ne peut guère les prendre en considération pour élaborer un pronostic de quelque portée, mais le passage de la Lune au M.C. est assez fréquent lorsque se matérialisent d'autres aspects de plus longue durée.

Exemples de directions

NAPOLÉON III, 1853, se marie : M.C. sextil Lune ;
MUSSOLINI, 1914, fonde son journal, qui paraîtra jusqu'à sa mort : Lune sextil M.C. ;
MUSSOLINI, 1918, rentre dans ses foyers après la guerre et commence à préparer la conquête du Pouvoir : M.C. trigone Lune ;
James DEAN, 1954, énormes succès cinématographiques : Lune sextil M.C. ;
A. FRANCE, 1889, change de domicile : Lune trigone M.C. ;
COUVE DE MURVILLE, 1958, devient Ministre A.C. : M.C. sextil Lune ;
Maréchal FOCH, 1918-1919, grande popularité : M.C. trigone Lune ;
LECLERC, 1934, capitaine : M.C. trigone Lune ;
J. VERNE, 1857, mariage : M.C. trigone Lune.

Exemples de transits

J.-F. KENNEDY, 20.1.1961, entre en fonctions : Lune trigone M.C. (journée) ;
G. CLEMENCEAU, 3.3.1906, ministre : Lune trigone M.C. (journée) ;
CARNOT, 3.12.1887, élu Président R.F. : Lune trigone M.C. (journée) ;
LECLERC, 10.8.1941, promu général : Lune conjonction M.C. (journée).

154 – LUNE EN MAUVAIS ASPECT AVEC LE M.C. OU INVERSEMENT
(Angles de 90-180 et 45-135°)

a) Signification des directions

L'attention est d'abord attirée sur les ennuis concernant l'entourage ou la famille : maladie concernant la mère, l'épouse, les sœurs ou les filles ; même perte d'une parente. Plus généralement : période de divergences familiales ou conjugales, soucis pour les filles. En destinées, ce sont des aspects critiques pour la carrière des hommes politiques, des artistes, des écrivains et de tous ceux que leur activité place en contact avec le grand public (et dont le succès dépend surtout des femmes). Dans les carrières modestes, les ennuis peuvent provenir d'inimitiés féminines ou bien de négligences du sujet dans la conduite de ses affaires. L'éventualité de dépenses exagérées provoquées par les femmes n'est pas exclue non plus. Quelquefois ce sont des bavardages malveillants ou des indiscrétions nuisibles qui sont à l'origine des crises ou, encore, les maladresses ou les insouciances de l'épouse dans la conduite d'une affaire commune. Sous ces aspects les personnalités en vue peuvent constater un fâcheux revirement de tendance engendrant un échec ou une crise dans la carrière. Il est suggéré à tout le monde d'éviter les changements aventureux. C'est aussi une influence critique pour les problèmes conjugaux, parce qu'une telle dissonance peut indiquer une séparation ou un veuvage. Ce n'est pas le moment de se lier sur le plan sentimental, ni de prendre des initiatives engageant l'avenir.

b) Signification des transits

Le plus souvent ils marquent simplement l'échéance d'un ennui concernant la situation ou la profession annoncé par d'autres aspects. On peut cependant se méfier de tous les ennuis relatifs aux affaires de famille. Ne pas compter sur des appuis du sexe féminin. Bien que le passage soit rapide, éviter les démarches pendant deux jours.

Exemples de directions

NAPOLÉON III, 1858, attentat (sans blessures) : Lune opposée au M.C. ;
J.-F. KENNEDY, 1956, échec candidature Vice-Prés. : M.C. carré Lune (C) ;
A. FRANCE, 1866, n'obtient pas le poste demandé : Lune carré M.C. ;
A. FRANCE, 1877, mariage malheureux : M.C. carré Lune (C) ;
V. H., 1843, mort fille : Lune opposition M.C. ;
Mar. LECLERC, 1931, retour France après 5 ans Maroc : Lune conjonction M.C.

Exemples de transits

G. CLEMENCEAU, 23.7.1897, mort du père : Lune carré M.C. (journée) ;
MUSSOLINI, 21.10.1914, quitte l'AVANTI : Lune carré M.C. (journée) ;
MUSSOLINI 15.11.1904, rentre en Italie : Lune opposition M.C. (journée).

155 – LUNE EN BON ASPECT AVEC L'A.S. OU INVERSEMENT
(Angles de 0-60-120 et 30-150°)

a) Signification des directions

Physiquement ces directions améliorent les fonctions digestives et la circulation humorale. Par analogie, elles peuvent être choisies pour entreprendre un traitement se rapportant à tous les troubles dépendant de la Lune et, spécialement, pour une cure thermale ou une cure faisant l'intervenir des bains appropriés.

Moralement, ces aspects paraissent favoriser la compréhension, l'esprit de conciliation et toutes les relations avec l'entourage familial ou professionnel, plus spécialement avec le sexe féminin. Intellectuellement, l'imagination, l'intuition et la mémoire sont les bénéficiaires de ces influences et le moment convient tout à fait pour toute réalisation dans le domaine des écrits ou même sur le plan artistique, plus spécialement si le sujet doit affronter le contact du public. Dans cet ordre d'idées, les bons aspects du M.C. font plutôt songer à des circonstances heureuses, tandis que ceux de l'A.S. font davantage intervenir la volonté personnelle et les efforts du natif. En thème masculin, ces aspects peuvent aussi jouer un grand rôle dans la vie sentimentale ainsi qu'au moment du mariage. Plus tard, l'aspect peut correspondre à la naissance d'une fille. Dans la situation, c'est une bonne période en général parce que le sujet sait mettre en œuvre de bonnes idées et obtenir parfois des concours ou appuis très utiles, notamment de la part des femmes. L'épouse peut aussi jouer un grand rôle pour faire aboutir un projet. Pour les célébrités : Période d'initiatives heureuses bien accueillies par le grand public.

b) **Signification des transits**

Un passage de la Lune peut surtout réaliser un fait en gestation, mais, pendant un jour ou deux on peut profiter de ce passage pour faire appel à l'intuition ou à l'imagination pour trouver la solution de quelque problème ou bien pour tenter d'apaiser quelque divergence avec le sexe féminin en général et les parentes en particulier. Le passage conviendrait aussi pour commencer une cure en cas de besoin.

Exemples de directions

NAPOLÉON Ier, 1793, promu Capitaine : Lune trigone A.S. ;

J.-F. KENNEDY, 1948, élu à la Chambre : Lune sextil A.S. (C) ;

G. CLEMENCEAU, 1871, élu député : Lune trigone A.S. (C) ;
V. H., 1859, amnistie, publie LÉGENDE DES SIÈCLES : Lune trigone A.S. ;
V. H., 1878, préside congrès littéraire : A.S. conjonction Lune ;
A. FRANCE, 1890, publie THAIS : Lune conjonction A.S. ;
COUVE DE MURVILLE, 1968, premier ministre : A.S. sextil Lune ;
Ch. FLOQUET, 1882, nommé Préfet de la Seine : A.S. trigone Lune M.X.

Exemples de transits

G. CLEMENCEAU, 3.3.1906, ministre : Lune conjonction A.S. (journée) ;
NAPOLÉON Ier, 4.8.1802, consul à vie : Lune conjonction A.S. (journée).

156 – LUNE EN MAUVAIS ASPECT AVEC L'A.S. OU INVERSEMENT
(Angles de 90-180 et 45-135°)

a) Signification des directions

Ces directions compromettent momentanément le fonctionnement de l'appareil digestif et provoquent un affaiblissement général de la vigueur, même s'il n'y a pas de troubles précis de déclarés. Surtout à partir d'un certain âge, il peut en résulter un affaiblissement très sensible de la vue, notamment l'œil gauche selon la tradition (alors que le Soleil représente plutôt l'œil droit, mais il ne faut probablement pas prendre ces données tout à fait à la lettre). En dehors des ennuis appartenant au domaine de la lune il faut aussi considérer les parties du corps gouvernées par le signe A.S.

Intellectuellement, l'effet peut porter sur la mémoire, l'inspiration, l'intuition et provoquer un ralentissement ou un accroissement des difficultés pour toute publication qui serait envisagée. D'ailleurs le sujet risque de s'illusionner sur les chances de succès et de se laisser affecter et décourager par un insuccès même bénin. Il faudrait éviter toute tentative présentant des difficultés. Chez les hommes, ces aspects risquent surtout de provoquer des maladresses vis-à-vis de l'autre sexe, de compromettre une liaison, un projet de mariage ou même de perturber la vie conjugale si le sujet est marié. Des discordes familiales, surtout avec les femmes, sont possibles. Les filles peuvent aussi constituer une source de soucis, plus spécialement si la Lune se trouve en V ou gouverne cette Maison. Chez les femmes, ces dissonances peuvent surtout indiquer une humeur capricieuse, des malaises variés et de l'irrégularité dans les règles.

b) Signification des transits

Comme pour les aspects précédents, la Lune peut surtout déclencher un malaise préparé par d'autres influences. Toutefois un tel passage ne facilite pas le travail mental et il est préférable d'éviter toute rédaction, toute étude par trop ardue. Eviter aussi toute démarche demandant de la diplomatie (surtout auprès des femmes), éviter les discussions dans la famille, notamment avec frères, cousins. Ne pas partir en voyage, ne pas tenter de traiter des affaires difficiles. Se méfier des pertes, des oublis, etc.

Exemples de directions

MUSSOLINI, 1907, Idylle mouvementée (Syphilis ???) : A.S. opposition Lune ;

A. FRANCE, 1877, mariage malheureux : A.S. carré Lune (et M.C. carré Lune) ;

V. H., 1836, échecs à l'Académie F. : Lune carré A.S. ;

V. H., 1846, maladies dans la famille : A.S. carré Lune (C) ;

CAILLAUX, 1902, chute ministère : Lune carré A.S.

Exemples de transits

R. KENNEDY, 6.6.1968, vers 9 h 44 T.M.G. tué : Lune opposition A.S. à quelques ' ;
J.-F. KENNEDY, 2.9.1944, mort d'un frère : Lune en III carré A.S. (journée) ;
G. CLEMENCEAU, 17.1.1920, démission : Lune opposition A.S. (journée) ;
G. CLEMENCEAU, 24.11.1929, décès : Lune carré A.S. (journée).

LA LUNE EN ASPECT AVEC MERCURE, voir n° 143-144, 150-151

LA LUNE EN ASPECT AVEC VÉNUS, voir n° 134-135, 140-141

LA LUNE EN ASPECT AVEC SOLEIL, voir n° 122-123, 129-130

LA LUNE EN ASPECT AVEC MARS, voir n° 110-111, 116-117

LA LUNE EN ASPECT AVEC JUPITER, voir n° 33-34, 39-40

LA LUNE EN ASPECT AVEC SATURNE, voir n° 56-57, 62-63

LA LUNE EN ASPECT AVEC URANUS, voir n° 76-77, 82-83

LA LUNE EN ASPECT AVEC NEPTUNE, voir n° 94-95, 100-101

157 — DIRECTIONS DU MILIEU DU CIEL

a) Signification générale

Les *bons aspects* ont une action qui porte surtout sur

la profession et sur la situation et ils annoncent presque toujours au moins une période de facilité et souvent une amélioration, un avancement, un changement heureux en relation avec la Planète aspectée et la Maison qu'elle occupe. On dirait que les directions formées par le déplacement du M.C. sont plutôt en rapport avec des initiatives prises par le sujet, tandis que les aspects reçus par le M.C. font plutôt penser à des opportunités qui viennent se placer sur la route du natif. Toutefois, il n'a pas été possible de faire une vérification rigoureuse dans ce domaine.

Le rôle des directions bénéfiques du M.C. est de première importance sur le plan social et honorifique, surtout si la personne occupe déjà une situation plus ou moins en vue, par exemple chez les artistes et les hommes politiques où un bon aspect entre le M.C. et le Soleil ou la Lune ou Jupiter, peut très bien marquer le point culminant de la carrière ou bien dans certain cas un « démarrage » sensationnel. Pour tout le monde, ces aspects sont à choisir pour tenter d'améliorer la situation existante, surtout s'il s'agit d'un aspect intéressant le maître de X ou de I.

Les *mauvais aspects* indiquent presque toujours un passage difficile, qu'il s'agisse seulement d'une difficulté, d'une crise passagère ou, dans les thèmes très maléficiés, de la perte d'une situation ou d'un revers irréparable, surtout si la direction se forme à un âge avancé. Dans les cas les plus bénins, il faut prévoir un passage de tracas, de luttes et de retards. Bien entendu plus la situation est déjà élevée plus les risques sont sérieux, ce n'est pas le moment d'affronter une élection (par exemple) ou de solliciter les faveurs du public lors d'un gala ou d'une tournée. Pour tout le monde, il est préférable de « rester sur la défensive ». Dans le domaine familial, on peut parfois enregistrer des deuils, des séparations ou des changements de domicile imposés par les circonstances. Bien que théoriquement le M.C. représente surtout ce qui se rattache à la profession, à la situation, les constatations faites au cours de ces dernières années font aussi ressortir un certain nombre de dissonances du M.C. lors d'accidents ou lors de la fin de la vie et il sera bon d'en tenir compte dans l'élaboration d'un pronostic : certes il ne s'agira pas d'annoncer la mort, ce qu'on ne doit jamais faire, mais on pourra songer à quelque perturbation de la situation se reliant parfois à des ennuis de santé.

DIRECTIONS ENTRE LE M.C. ET NEPTUNE, voir n° 88-89, 94-95

DIRECTIONS ENTRE LE M.C. ET URANUS, voir n° 70-71, 76-77

DIRECTIONS ENTRE LE M.C. ET SATURNE, voir n° 50-51, 56-57

DIRECTIONS ENTRE LE M.C. ET JUPITER, voir n° 27-28, 33-34

DIRECTIONS ENTRE LE M.C. ET MARS, voir n° 104-105, 110-111

DIRECTIONS ENTRE LE M.C. ET SOLEIL, voir n° 118-120, 124-125

DIRECTIONS ENTRE LE M.C. ET VÉNUS, voir n° 130-131, 136-137

DIRECTIONS ENTRE LE M.C. ET MERCURE, voir n° 139-140, 142-143

DIRECTIONS ENTRE LE M.C. ET LUNE, voir n° 146-147, 150-151

Exemples de directions du M.C.

Dans le Thème de Victor HUGO :
1828, mort du père : M.C. opposition Soleil ;
1833-1834, première théâtrale, grande activité litt. : M.C. trigone Soleil (C) ;
1841, élu Académie F. : M.C. sextil Neptune ;
1843, mort fille : M.C. carré Lune et échec théâtral ;
1846, maladie fils Charles : M.C. carré Mercure (C) ;
1849, député : M.C. trigone Mars ;
1853, séances de « tables mouvantes » : M.C. conjonction Uranus ;

1865, départ Mme Hugo : M.C. carré Soleil (C) ;
1867, reprise HERNANI : M.C. trigone Uranus (C) ;
1871, député, liaison Garreau, expulsion de Belgique, déceptions politiques, démission : M.C. sextil lune ; M.C. carré Vénus (C) ; M.C. carré Saturne (C) ;
1876, sénateur : M.C. sextil Jupiter
1878, cesse pratiquement d'écrire : M.C. carré Mars à 1° ;
1880, cinquantenaire HERNANI : M.C. sextil Saturne ;
1883, dernières publications : M.C. trigone Soleil ;

Dans le Thème probable de NAPOLÉON Ier :

1792, faillit être empoisonné : M.C. carré Jupiter ;
1799, coup d'État : M.C. conjonction Soleil ;
1804, empereur : Soleil sextil M.C. et M.C. sextil Soleil (C) ;
1815, Waterloo : M.C. conj. Neptune et M.C. carré Mars (C).

158 — DIRECTIONS DE L'ASCENDANT

a) Signification générale

Si le M.C. influence surtout tout ce qui a trait aux conditions matérielles de l'existence : profession, situation, élévation et dans une plus faible mesure, ce qui concerne la famille, la résidence, l'A.S. nous indiquera, par contre, les événements qui affectent plus personnellement (plus corporellement) le sujet. Ces directions sont donc d'une importance primordiale lorsqu'il s'agit de déterminer l'état physiologique ou moral du moment ou de rechercher si des risques de complications sont en vue. Mais, en plus de leur action physiologique, ces aspects doivent aussi nous renseigner sur les initiatives du sujet dictées par son seul désir ou par sa volonté (alors que les aspects du M.C. font intervenir une idée d'opportunité indépendante de la volonté). Les *bons aspects* renforceront la santé physique et morale, ils peuvent rétablir une situation compromise, correspondre à une guérison et il renforceront aussi les qualités ou aptitudes inhérentes à la Planète qui formera l'aspect.

Les *mauvais aspects* renseigneront surtout sur les dépressions physiques ou nerveuses, sur les malaises, sur les maladies ou même sur les risques d'opération, d'accident ou de danger pour la vie. Si on cherche à déterminer la nature de la perturbation on pourra tenir compte de la nature du signe A.S. des maladies attribuées aux Planètes qui l'aspectent, mais parfois ce sera sur le *point faible habituel* que l'influence se fera sentir, même si ce point faible n'a rien à voir avec le signe A.S. ou les dissonances qu'il reçoit. En somme, on peut considérer ces directions comme affaiblissant l'immunisation, la résistance, la vitalité, surtout si l'échéance survient à un âge déjà avancé, et, de ce fait, comme pouvant faciliter la manifestation de toutes sortes de malaises. Sur le plan moral, ces aspects sont parfois en relation avec les erreurs, les fausses manœuvres, les illusions ou, encore, avec des périodes de doute, de manque de confiance en soi. Toutefois dans certains cas il peut en résulter des poussées d'orgueil, une surestimation de ses aptitudes tout aussi préjudiciable à l'aboutissement des initiatives.

DIRECTIONS ENTRE L'ASCENDANT ET NEPTUNE, voir n° 90-91, 96-97

DIRECTIONS ENTRE L'ASCENDANT ET URANUS, voir n° 72-73, 78-79

DIRECTIONS ENTRE L'ASCENDANT ET SATURNE, voir n° 52-53, 58-59

DIRECTIONS ENTRE L'ASCENDANT ET JUPITER, voir n° 29-30, 35-36

DIRECTIONS ENTRE L'ASCENDANT ET MARS, voir n° 106-107, 112-113

DIRECTIONS ENTRE L'ASCENDANT ET SOLEIL, voir n° 120-121, 126-127

DIRECTIONS ENTRE L'ASCENDANT ET VÉNUS, voir n° 132-133, 138-139

DIRECTIONS ENTRE L'ASCENDANT ET MERCURE, voir n° 141-142, 148-149

DIRECTIONS ENTRE L'ASCENDANT ET LUNE, voir n° 148-149, 155-156

Exemples de directions de l'A.S.

Dans le Thème probable de Napoléon Ier

1795-1796, promotion, campagne d'Italie : on peut noter, à titre documentaire, que l'A.S. dirigé se trouve à mi-chemin entre Neptune et Mars (le mid-point des anglais) ;
1797, retour d'Italie : A.S. trigone Lune (C) ;
1798-1799, campagne d'Egypte : A.S. sextil Mars ;
1799, coup d'État et Consul : A.S. sextil Saturne (C) ;
1802, Consul à vie : A.S. conjonction Jupiter ;
1804, empereur : A.S. semi-sextil Soleil ;
1812, retraite de Russie : A.S. carré Soleil ;
1815, Waterloo : Mars conjonction A.S.

Dans le Thème de NAPOLÉON III

1837, mort de la mère : A.S. carré Saturne en X ;
1848, président de la R.F. : A.S. conjonction Jupiter ;
1852-1853, empereur et mariage : A.S. trigone Saturne en X ;
1859, campagne d'Italie : A.S. trigone à Neptune ;
1860, annexion Nice et Savoie : A.S. conjonction Vénus en II ;
1866, ennuis expédition du Mexique : Saturne conjonction A.S. ;
1873, décès : A.S. conjonction à Mars.

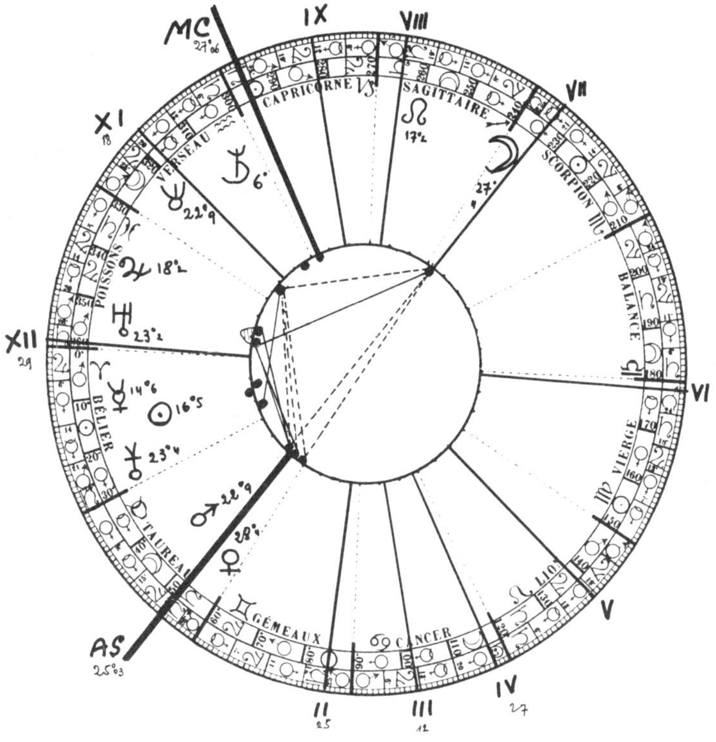

Anatole FRANCE.
Direction Primaires (D.P.)
Transits (T.)

D.P. 1896, élu Académie Fse : Jupiter trigone M.C. D.P. Réception Ac. Fse, 1896 : Jupiter conjonction A.S. D.P. 1905, procès avec éditeur : Jupiter carré Soleil (C). T. 31.05.1922, mis à l'index : Jupiter opposition Lune. T. 31.12.1884, Légion d'honneur : Jupiter trigone Mercure exact. T. 16.03.1894, première d'« ATHAIS » : Mercure conjonction Jupiter exact. T. 13.03.1903, 1re à la Renaissance : Mercure conjonction Jupiter exact. T. 30.04.1909, départ Amérique : Jupiter trigone Mercure. D.P. 1896 élu à Acad. Fse : Jupiter conjonction Vénus. D.P. 1899, entre au Figaro : Jupiter trigone Mars (C). T. 31.05.1922 mis à l'index : Mars carré Jupiter. T. 2.08.1893, divorce prononcé Jupiter : conjonction Mars à 2°. T. 7.12.1905, contestation avec éditeur : Jupiter conjonction Mars exact. D.P. 1896, élu Acad. Fse : Jupiter trigone Saturne (au M.C.). T. 6.06.1892, quitte domicile conjugal : Saturne opposition Jupiter. D.P. 1923, maladie : Jupiter carré Uranus. D.P. 1911, gagne procès : Jupiter trigone Neptune. D.P. 1904, succès au théâtre : Saturne sextil M.C. T. 10.12.1921, prix Nobel : Saturne trigone M.C. et A.S. T. printemps 1911, liaison terminée, suicide : Saturne carré M.C. T. 28.03.1903. D.P. 1888, liaison durable : Lune trigone Saturne. D.P. 1905, ennuis, procès : Saturne conjonction Lune. T. 3.08.1876, devient bibliothécaire : Saturne sextil Mercure à 1°. T. 12.10.1924, décès : Saturne opposition Mercure. D.P. 1884, légion d'honneur : Vénus sextil Saturne (c). D.P. 1877, mariage malheureux, suivi de séparation : Saturne carré Vénus. D.P. 1914, crise passagère de désespoir : Vénus opposition Saturne. D.P. 1920, malade : Mars (maître VI) opposé Saturne. D.P. 1916, achéte villa : Saturne trigone Uranus (c). D.P. 1899, entre au « FIGARO » : Saturne sextil Neptune (c). D.P. 1919, titre Docteur d'Université américaine, Bourdelle fait son buste : Saturne sextil Neptune. T. 16.03.1894, 1re de « THAIS » : Saturne trigone Neptune à 28'. D.P. 1909, grand voyage Amérique du Sud : A.S. trigone Uranus. D.P. 1905, deux ouvrages dans l'année : Uranus sextil Soleil (maître III). T. 23.01.1896, élu Acad. Fse : Soleil sextil Uranus exact. T. 28.03.1903, 1re de « CRAINQUEBILLE » : Uranus trigone Soleil exact. T. 17.12.1911, suicide d'une liaison : Uranus carré Soleil à 1°. D.P. 1922, œuvres mises à l'index : Uranus carré Lune. D.P. 1864, bachelier : Mercure trigone Uranus. T. 10.12.1921, prix NOBEL : Uranus sextil Mercure exact. D.P. 1893, divorce : Mercure (maître V) carré Uranus. T. 6.06.1892, quitte domicile conjugale : Uranus opposition Mercure à 3°. D.P. 1911, nouvelle liaison : Vénus trigone URANUS. T. 10.12.1921, prix NOBEL : Vénus trigone Uranus exact. D.P. 1911, gagne un procès : Mars trigone Uranus. D.P. 1878, brouille avec éditeur : Mars carré Uranus, et Uranus conjonction Mars. T. 28.10.1918, perd sa fille : Uranus conjonction Neptune à 21', et Neptune conjonction M.C. D.P. 1905, sort deux livres dans l'année : Lune trigone Neptune. D.P. 1877, mariage malheureux : Lune carré Neptune. D.P. 1906, sortie des « TEMPS MEILLEURS » : Neptune trigone Mercure (c). T. 3.08.1876, poste bibliothécaire : Neptune conjonction Mercure exact. D.P. 1881, publie Sylvestre Bonnard : Neptune sextil Vénus. T. 6.06.1892, quitte domicile conjugal : Neptune conjonction Vénus. D.P. 1868, sort son 1er livre : Mars trigone Neptune. D.P. 1874, édité chez Lemerre : Neptune trigone Mars. T. 28.03.1903, 1re à la Renaissance : Mars trigone M.C. exact. D.P. 1859, 1re création littéraire : Soleil sextil Mars. D.P. 1870, mobilisé à la Garde Nationale : Mars sextil Soleil. D.P. 1881, publie « Sylvestre Bonnard » : Mars sextil Mercure. D.P. 1892, quitte domicile conjugal : Mercure carré Mars (c). T. 28.04.1877, mariage malheureux : Mercure (maître V) conjonction Mars à 2°. T. 6.06.1898, quitte domicile conjugal : Mercure conjonction Mars, exact. T. 12.01.1910, mort Mme de C. après liaison de vingt ans : Vénus carré Mars. T. 12.10.1924, décès : Mars carré Mars. D.P. 1896, élu Acad. Fse : M.C. trigone Soleil. D.P. 1921, prix Nobel : M.C. conjonction Soleil. T. 30.01.1901, 1re à l'Odéon : Soleil conjonction M.C. D.P. 1874, trouve éditeur : Soleil conjonction A.S. D.P. 1899, quitte « Echo de Paris » : A.S. carré Soleil. D.P. 1909, voyage Amérique, liaison passagère : Lune sextil Soleil. D.P. 1896, élu Acad. Fse : Mercure sextil Soleil (c). D.P. 1924, décès : Mercure (maître I) carré Soleil. T. 14.12.1910, Emma s'installe chez lui : Vénus sextil Soleil, exact. T. 28.10.1918, mort fille : Vénus opposition Soleil exact. T. 17.12.1911, suicide d'une liaison : Vénus carré M.C. T. 20.12.1896, réception Acad. Fse : Vénus trigone A.S. D.P. 1888, liaison très importante : Lune conjonction Vénus. T. 5.11.1864, bachelier : Vénus trigone Lune (Maître III). T. 31.12.1884, légion d'honneur : Vénus trigone Lune exact. T. 28.04.1877, mariage : Vénus conjonction Mercure (maître V). D.P. 1914, découragement passager : Vénus carré Mercure. T. 16.11.1878, contrat éditeur : Mercure sextil M.C. exact. T. 10.12.1921, prix Nobel : Mercure sextil M.C. exact. D.P. 1868, publie 1er livre : Mercure conjonction A.S. D.P. 1882, termine histoire de France : A.S. sextil Mercure. D.P. 1888, liaison importante : A.S. sextil Mercure (c) maître de V. D.P. 1865, 1er poèmes inédits : Lune conjonction Mercure. D.P. 1871, fait connaissance du monde littéraire : Mercure sextil Lune. T. 3.08.1876, obtient poste biliothécaire : Mercure sextil Lune exact. D.P. 1889, change domicile LUNE trigone M.C. D.P. 1866, n'otient pas le poste demandé : Lune carré M.C. D.P. 1877, mariage malheureux : M.C. carré Lune (c). D.P. 1890, publie « THAIS » : Lune conjonction A.S. D.P. 1877, mariage malheureux : A.S. carré Lune.

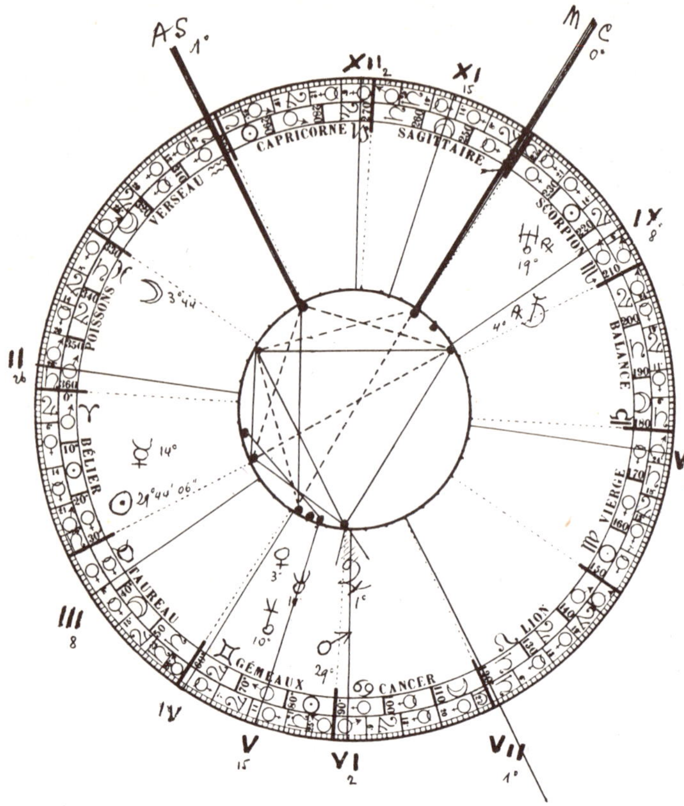

Henry de MONTHERLANT
T. (Transits)
D.P. (Directions Primaires)

21.09.72 : Pluton (T) trigone A.S., sextil M.C. D.P. : M.C. trigone Pluton à 1°. 1960, élu Académie Française : T. Neptune conjonction Saturne, conjonction Lune à 2°. 21.09.72, suicide : D.P. A.S. conjonction Neptune à 0° 40, sextil Mercure. T. Neptune conjonction M.C. à 3°. 1924-1925, succès littéraires, et départ pour longs voyages Uranus ; en transits : trigone Uranus. 21.09.1972, suicide : D.P. Uranus conjonction A.S., carré Soleil, et D.P. Soleil trigone Uranus. en T. Uranus opposition Mercure, et trigone Neptune à 3°. 1924, crise intime T. Saturne conjonction Saturne. 1926, maladie, T. Saturne conjonction Uranus. 1960, élu à Académie Fse : T. Saturne carré Mercure. 1960, élu Acad. Fse : T. Jupiter conjonction A.S., sextil M.C. et carré Soleil Saturne. 21.09.72, suicide : D.P. Lune conjonction Jupiter, et T. Jupiter opposition Jupiter.

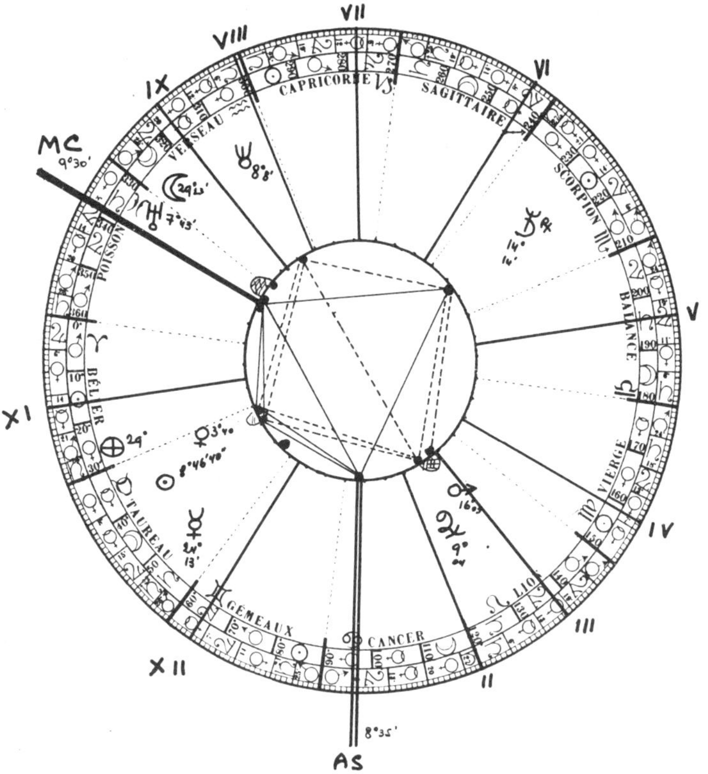

Général BOULANGER

Direction Primaires (D.P.)

Transits (T.)

D.P. 1888, grand prestige : Jupiter trigone A.S. (c). T. 4.04.89, poursuite : Jupiter opposition A.S. T. 27.01.1889, succés électoral : Jupiter sextil Lune. T. 27.03.1888, mis à la retraite : Jupiter carré Uranus à 1°. T. 22.02.1862, blessé : Jupiter à 135° de Neptune. T. 30.11.1870, blessé : Jupiter à 135° de Neptune. D.P. 1886, grande popularité, ministre : Saturne sextil M.C., et Saturne trigone Soleil exact. T. 14.08.1889, condamné : Saturne carré Mercure. D.P. 1888, pont culminant popularité, renonce au pouvoir par amour ; Vénus sextil Saturne. T. 7.01.1886, ministre, et liaison : Saturne trigone Vénus. D.P. 1862, capitaine : Saturne sextil Mars (c) à 1°. T. 3.06.1859, blessure grave : Saturne opposition Neptune à 2'. T. 13.07.1888, blessé en duel : Saturne opposition Neptune à 32' (Neptune en VIII natale). T. 24.2.1862, blessé : Soleil conjonction Uranus. T. 30.11.1870, blessé : Soleil carré Uranus. D.P. 1886, liaision Bonnemain : Uranus sextil Lune. D.P. 1891, suicide par chagrin d'amour : Uranus conjonction Vénus. T. 3.06.1959, blessé : Uranus carré Vénus à 21'. T. 24.02.1862, blessure sérieuse : Vénus opposition Uranus exact. T. 30.11.1870, blessé : Vénus carré Uranus à 1° 30. T. 13.07.1888, duel, blessé gorge : Vénus 135° Uranus. T. 30.09.1891, suicide : Neptune carré M.C. exact. T. 4.04.1889, est objet de poursuites : Neptune carré Lune exact. T. 30.11.1870, blessé : Soleil carré M.C. T. 27.03.1888, mis à la retraite : Soleil carré A.S. T. 30.09.1891, suicide : Soleil carré A.S. T. 30.09.1891, suicide : Vénus carré A.S. D.P. 1886, liaison : Vénus trigone Lune. T. 14.08.1889, condamné par haute cour : Mercure opposition Lune.

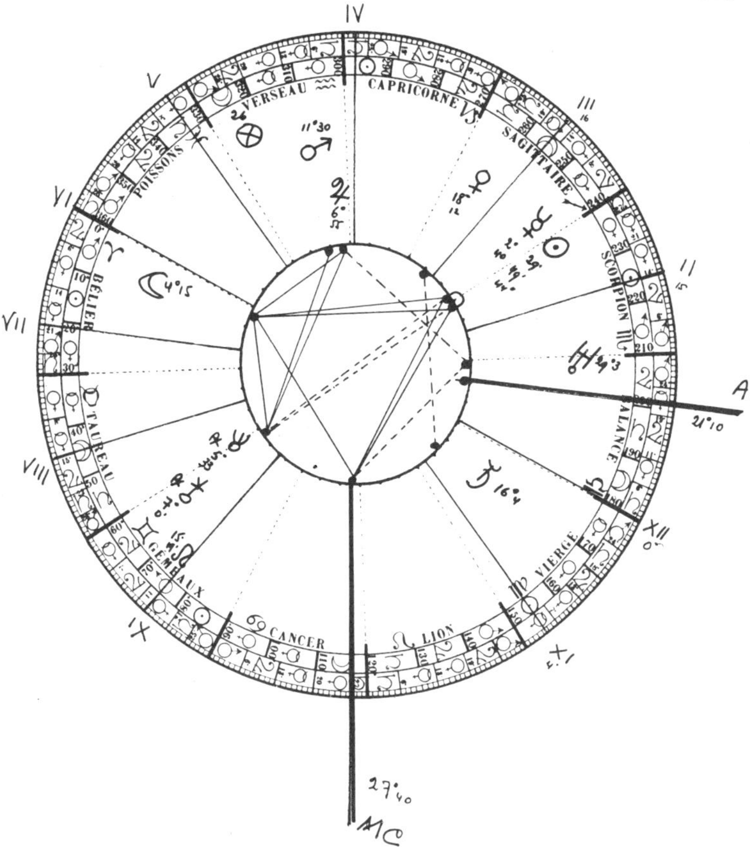

Général de GAULLE
Directions Primaires (D.P.)
Transits (T.)

T. 20.01.1946, démission : Jupiter carré M.C. T. 8.09.61, attentat sans blessure : Jupiter opposition M.C. T. 1.06.58, investiture : Jupiter conjonction A.S. D.P. 1964, opération : Jupiter opposition A.S. T. 23.01.45, chef gouvernement : Jupiter sextil Vénus. T. 28.04.68, démission : Saturne carré M.C. T. 1.06.58, investiture : Saturne sextil A.S. T. 21.01.46, démission et retraite 12 ans : Saturne carré A.S. T. 8.09.61, attentat : Soleil conjonction Saturne exact. T. 17.04.64, Saturne carré Soleil et carré Mercure exact : opération. D.P. automne 1915, nommé capitaine : Mars trigone Saturne (c) à 1° 1. T. 28.04.69, démission : Mars carré Saturne exact, et Saturne opposition Uranus. T. 8.09.61, attentat sans blessure : Uranus carré Soleil. T. 22.08.62, attentat sans blessure : Uranus carré Soleil et carré Mercure. T. 15.08.1914, blessé : Neptune carré Uranus et Neptune conjonction M.C. T. 22.08.62, attentat sans blessure : Neptune carré Mars exact.

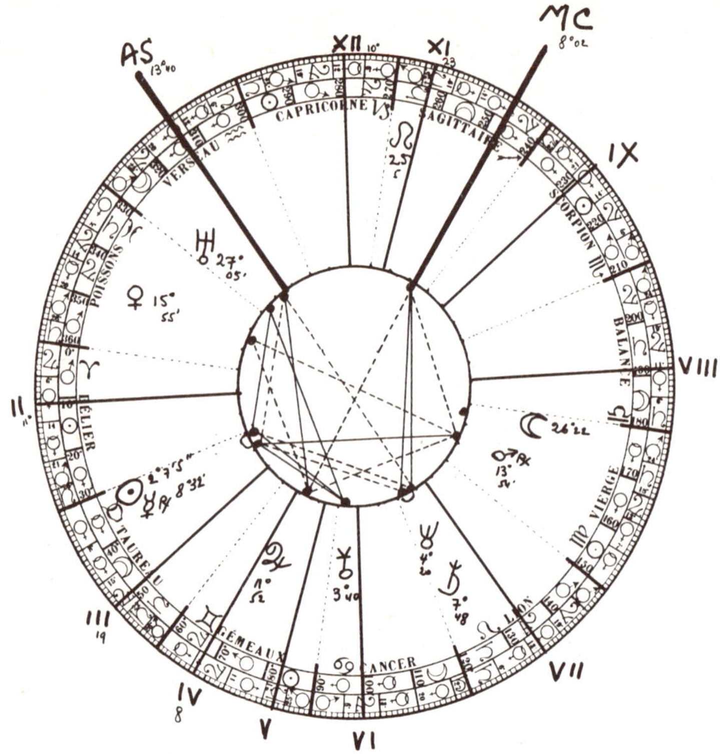

Maurice DRUON
Directions primaires (D.P.)
Transits (T.)

D.P. 1966, élu Académie Française : Jupiter sextil Lune. D.P. 1966, élu Académie Française : Vénus (maître III) sextil Saturne. D.P. 1966, élu Ac. Fse : Lune trigone Neptune. T. 6.12.66, élu Ac. Fse : Soleil sextil A.S. exact. D.P. 1966, élu Ac. Fse : A.S. sextil Vénus. Décembre 1966, élu Ac. Fse : Vénus progressé conjonction Mercure pendant le mois de l'élection, aspect exact. T. 6.12.1966, élu Ac. Fse : Mercure sextil Lune.

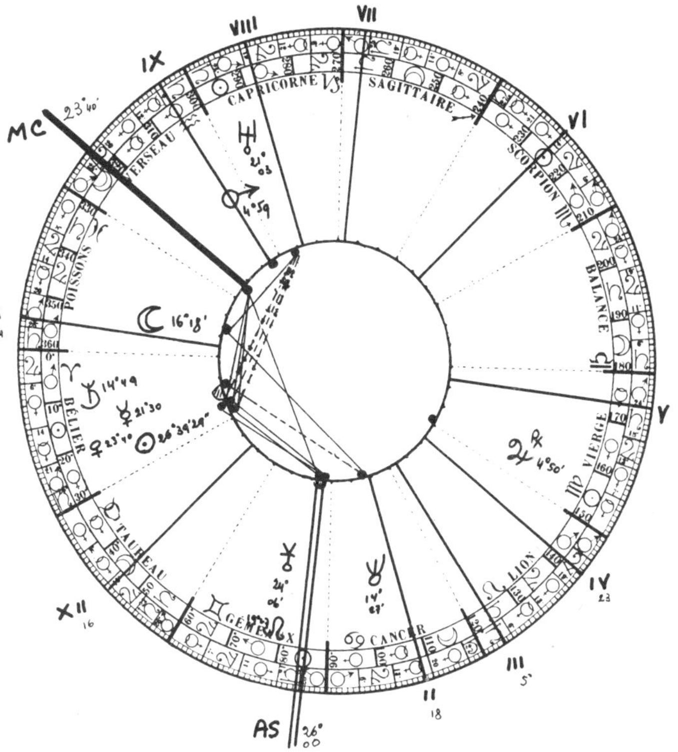

Alain POHER
Directions primaires (D.P.)
Transits (T.)

T. 10.03.66, président Conseil Europe : Jupiter trigone M.C. T. 19.08.38, mariage : Jupiter trigone A.S. T. 5.06.69, échec élection présidentielle : Jupiter carré A.S. D.P. 1968, président Sénat : Soleil sextil Jupiter. D.P. 1969, Président R.F. par intérim : Jupiter trigone Lune (en X). D.P. 1969, président R.F. par intérim : Mercure sextil Jupiter. D.P. 1968, Président Sénat : Vénus sextil Jupiter. T. 1.10.68, Président Sénat : Mars conjoint Jupiter à 1° 50. T. 2.10.68, Président Sénat : Jupiter trigone Uranus exact. T. 2.10.68, Président Sénat : Saturne conjonction Vénus exact. T. 10.03.66, Président Conseil Europe : Neptune sextil Uranus. D.P. 1968-1969, Président R.F. par intérim : M.C. conjonction Soleil. D.P. 1966, Président Conseil Europe : M.C. conjonction Vénus.

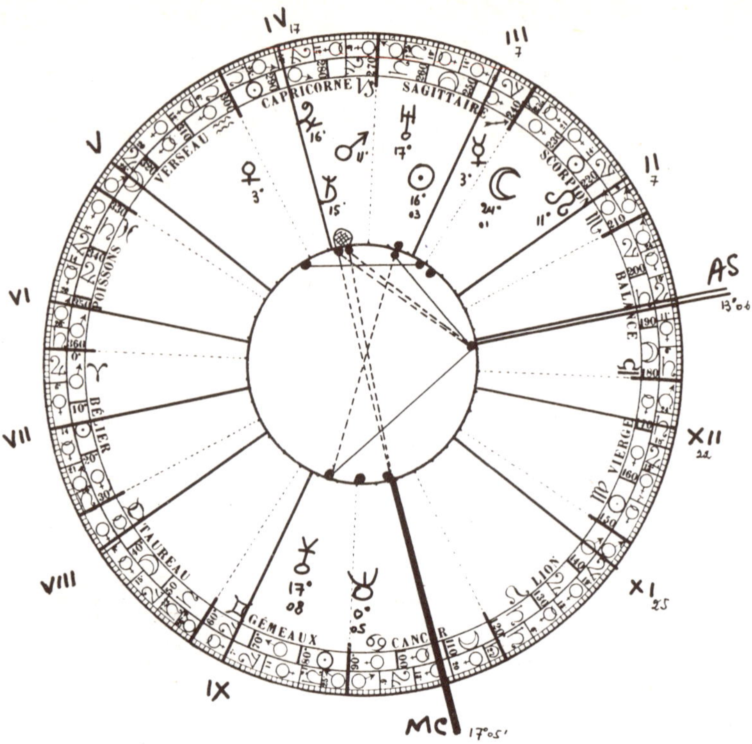

Jean MERMOZ
Directions Primaires (D.P.)
Transits (T.)

T. mai 1930, 1re traversée Atl. Sud : Jupiter conjonction Pluton (en IX) et opposition Soleil-Uranus. Saturne conjonction Mars, Uranus carré Mars-Jupiter. Saturne, Uranus trigone Soleil, Neptune sextil Neptune, Mars carré Mars-Jupiter-Saturne, Soleil trigone Mars-Jupiter-Saturne.

T. 12.1936, Jupiter conjonction Soleil-Uranus, opposition Pluton, Saturne trigone Lune, Uranus conjoint pointe de VIII, Neptune carré Soleil. D.P. Soleil opposition M.C.

Dans la même collection
« La Roue Céleste »

Astrologie rencontre la Science ***(L')***, par Jean BARETS. Préface de Raymond ABELLIO.

Astrologie transcendantale. Karma et régénération, par J. de LARCHE.

Astrologie trans-saturnienne, par B. DUCHATELLE.

Clé ***(La)*** **perdue de la prédiction,** les parts arabes en astrologie, par R. ZOLLER. Traduit de l'américain par Guillaume HEIM.

Domification ***(La),*** par Yves CHRISTIAEN.

Interprétation des aspects en astrologie, par C.E.O. CARTER. Traduit de l'anglais par V. LEPAGE.

Maisons égales ***(Les)*** **en astrologie,** retour à la tradition, par Yves CHRISTIAEN.

Méthode des degrés symboliques, appliquée à l'étude de quelques énigmes historiques, par K. HITSCHLER.

Mutation du monde ***(La),*** par Yves CHRISTIAEN.

Orientation professionnelle ***(L')*** **par les 360 degrés symboliques,** par K. HITSCHLER.

Pour mieux comprendre l'astrologie. Influences astrales ou simples réactions terrestres ? par G.L. BRAHY. Préface de Serge HUTIN.

Prévisions, directions, transits, par Yves CHRISTIAEN.

Recherches et réflexions sur le soleil noir, par Georges RUCHET.

Rectification ***(La)*** **de l'heure de naissance par les événements de la vie,** par G.L. BRAHY.

Retour au zodiaque des étoiles. Vous n'êtes pas né sous le signe que vous croyez, par Jacques DORSAN. Préface de Raymond ABELLIO.

Secret *(Le)* **des 360 degrés symboliques,** pour une meilleure interprétation et prévision en astrologie, par K. HITSCHLER.

Soyez vous aussi astrologue, par G.L. BRAHY.

Symbolisme astrologique *(Le)*, par Oswald WIRTH.

Trilogie de la Rota, ou Roue Céleste, par ENEL.

Ouvrages de A. VOLGUINE

Astrologie lunaire *(L')*.

Significations *(Les)* **des encadrements dans l'horoscope.**

Technique *(La)* **des révolutions solaires.**

ACHEVÉ D'IMPRIMER PAR
CORLET, IMPRIMEUR, S.A.
14110 CONDÉ-SUR-NOIREAU

N° d'Imprimeur : 5314
Dépôt légal : mars 1985

Imprimé en France